高等院校"十三五"规划教材

新编应用文写作教程

（第二版）

主　编　杨晓英　钟翠红
副主编　董自厚　葛　辉
编　委　李建华　赵锁龙
　　　　周　彤　于　鲸

南京大学出版社

图书在版编目(CIP)数据

新编应用文写作教程 / 杨晓英，钟翠红主编. —2 版.
—南京：南京大学出版社，2017.8(2022.12重印)
 高等院校"十三五"规划教材
 ISBN 978-7-305-19143-5

Ⅰ.①新… Ⅱ.①杨… ②钟… Ⅲ.①汉语—应用文—写作—高等学校—教材 Ⅳ.①H152.3

中国版本图书馆 CIP 数据核字(2017)第 179611 号

教师可申请教学资源

学生可见学习资源

出版发行	南京大学出版社
社　　址	南京市汉口路 22 号　　邮　编 210093
出 版 人	金鑫荣
丛 书 名	高等院校"十三五"规划教材
书　　名	新编应用文写作教程(第二版)
主　　编	杨晓英　钟翠红
责任编辑	彭　涛　吴　华　　　　编辑热线　025-83596997
照　　排	南京紫藤制版印务中心
印　　刷	南京人文印务有限公司
开　　本	787×1092　1/16　印张 22　字数 535 千
版　　次	2017 年 8 月第 2 版　2022 年 12 月第 7 次印刷
印　　数	21001～24000

ISBN 978-7-305-19143-5
定　　价　53.00 元

网址：http://www.njupco.com
官方微博：http://weibo.com/njupco
微信服务号：njuyuexue
销售咨询热线：(025)83594756

* 版权所有，侵权必究
* 凡购买南大版图书，如有印装质量问题，请与所购
　 图书销售部门联系调换

前　言

鉴于2012年4月中共中央办公厅、国务院办公厅联合发布了《党政机关公文处理工作条例》(中办发〔2012〕14号)，并已于2012年7月1日起施行，同时规定1996年5月3日中共中央办公厅发布的《中国共产党机关公文处理条例》和2000年8月24日国务院发布的《国家行政机关公文处理办法》停止执行，应用写作的主要组成部分公文的内容相应发生了重大变化，我们对教材内容进行了调整，编写了应用文写作教程。教材经过三年使用，效果较好。鉴于应用文写作与社会生活的密切性，我们对教材进行了修订。

修订后教材具有如下特点：

一、内容新颖。教材适应时代需求和相关规定要求，实用性强，很好地体现了学科的最新发展和时代特色。

二、例文丰富。教材选用了近年党政机关最新例文，时代性强，权威规范，便于学习临摹。

三、训练适当。教材根据多年的教学实践，增加了训练内容，操作性强。通过必要的写作训练，可以方便学生迅速掌握文体特点，使学生的写作能力得以尽快提高。

本教材编写分工如下：主编杨晓英、钟翠红；副主编董自厚、葛辉；第一编绪论，周彤；第二编公务文书写作，杨晓英、钟翠红、李建华、葛辉；第三编事务文书写作，杨晓英、赵锁龙；第四编经济文书写作，董自厚、赵锁龙；第五编个体文书写作，葛辉、钟翠红、于鲸、杨晓英。全书由杨晓英、钟翠红、周彤统稿。

本教材编写过程中，参考并借鉴了近年应用写作学科的最新成果及网络相关资料，选用了一些典型例文，限于篇幅，未能一一罗列，谨在此一并表示诚挚的谢意。对南京大学出版社的大力帮助，也在此谨致谢忱。

由于编者水平与能力有限，难免会有一些错漏与不足，恳请专家读者批评指正，以期及时修正，不断完善。

编者
2017年春

目 录

第一编 绪 论

第一章 应用文概述 3
  第一节 应用文的性质和特点 3
  第二节 应用文的主旨与材料 6
  第三节 应用文的语言 10
  第四节 应用文写作的拟稿过程 13

第二编 公务文书写作

第二章 公文概述 19
  第一节 公文的性质 19
  第二节 公文的格式 21
  第三节 公文的行文规则 25
  第四节 公文的语言 27
  第五节 公文的写作过程 28
第三章 指挥性公文的写作 34
  第一节 命令(令)的写作 34
  第二节 决定的写作 39
  第三节 批复的写作 48
第四章 报请性公文的写作 57
  第一节 报告的写作 57
  第二节 请示的写作 66
  第三节 意见的写作 71

第五章 知照性公文的写作 …… 92
第一节 公告的写作 …… 92
第二节 通告的写作 …… 96
第三节 通知的写作 …… 100
第四节 通报的写作 …… 107
第五节 公报的写作 …… 114
第六节 函的写作 …… 119

第六章 会议性公文的写作 …… 132
第一节 决议的写作 …… 132
第二节 纪要的写作 …… 138
第三节 议案的写作 …… 147

第三编 事务文书写作

第七章 事务文书概述 …… 155
第一节 事务文书的性质与特点 …… 155
第二节 事务文书分类 …… 156

第八章 事务文书写作 …… 157
第一节 计划的写作 …… 157
第二节 总结的写作 …… 178
第三节 简报的写作 …… 190
第四节 调查报告的写作 …… 196
第五节 策划书的写作 …… 211

第四编 经济文书写作

第九章 经济文书概述 …… 219
第一节 经济文书的性质 …… 219
第二节 经济文书的作用与分类 …… 220

第十章 经济文书写作 …… 222
第一节 市场调查报告的写作 …… 222
第二节 市场预测报告的写作 …… 231
第三节 可行性研究报告的写作 …… 244
第四节 招标书和投标书的写作 …… 251
第五节 意向书的写作 …… 256
第六节 协议书的写作 …… 259
第七节 合同的写作 …… 263

第五编　个体文书写作

第十一章　个体文书写作概述 ····································· 273
 第一节　个体文书的性质和特点 ····································· 273
 第二节　个体文书的类别 ··· 273
第十二章　个体文书写作 ··· 275
 第一节　求职信的写作 ··· 275
 第二节　简历的写作 ··· 278
 第三节　述职报告的写作 ··· 282
 第四节　演讲稿的写作 ··· 288
 第五节　感谢信的写作 ··· 295
 第六节　慰问信的写作 ··· 297
 第七节　学术论文的写作 ··· 299
 第八节　申论的写作 ··· 304

附录一　党政机关公文处理工作条例 ································· 317
附录二　党政机关公文格式 ······································· 323

参考文献 ··· 343

第一编 绪论

第一章 应用文概述

第一节 应用文的性质和特点

一、应用文的概念和作用

(一) 应用文的概念

应用文是人类在长期社会实践活动中形成的一种实用文体,也是人们传递信息、处理事务、交流情感的工具。可以说,自有文字开始,就有了应用文。

应用文与人们的日常生活的联系十分密切。我国奴隶社会的殷商时期,人们把占卜吉凶的结果、祭祀祖先的活动等用符号刻记在龟甲、兽骨上,这种甲骨卜辞就是最早的应用文。在封建社会,随着国家统治机器的强化,社会生产力的发展,应用文种类也越来越多,相应对应用文的使用格式也有了较为严格的限定。今天,由于社会的不断进步和科学文化的迅速发展,应用文的使用范围越来越广泛。无论党政机关、企事业单位或是个人,在传递信息、交流思想、介绍经验、联系工作以及进行各种社会活动时都离不开应用文。

"应用文"一词最早可以追溯到清代刘熙载的《艺概·文概》,文中写道:"辞命体,推知可为一切应用之文。应用文有上行,有平行,有下行,重其辞乃所以重其实也。"很显然,这里的"应用文"就是指公务类文书。清代著名文学家徐望之在其所著的《尺牍通论》中写道:"有用于周应人事者,若书札、公牍、杂记、序跋、箴铭、颂赞、哀祭等类,我名之曰'应用之文'。"显然,此处所言"应用之文"主要是指私人事务文书。

香港陈耀南教授在《应用文概说》一书中说:"应用文,就是'应'付生活、'用'于实务的'文'章,凡个人、团体、机关相互之间公私往来,用约定俗成的体裁和术语写作,以资交际和信守的文字,都叫应用文。"

台湾张仁青教授在《应用文》一书中说:"凡个人与个人之间,或机关团体与机关团体之间,或个人与机关团体之间,互相往来所使用之特定形式之文字,而为社会大众所遵循、共同使用者,谓之应用文。"

"应用文"的概念虽被广泛接受并普遍使用,但其定义五花八门,并无统一而严格的说法。一般认为,应用文是指党政机关、社会团体、企事业单位及人民群众在日常生活、学习、工作中,处理公私事务时所使用的具有某种惯用格式和实用价值的文章的统称。

(二) 应用文的作用

应用文是一种工具,它在不同的历史时期,有着不同的作用。如果考察我国的历史,不难看出，历代应用文在当时整个国家的政治、经济、文化、军事、外交等方面起着重要作用。任何一个国家、政党、部门或组织，其行政、组织机构的正常运作、发展壮大，都离不开应用文。应用文最基本的作用，主要有以下几点：

1. 宣传和教育的作用

党和政府为了使各项方针政策得到更好的贯彻执行，经常通过应用文对有关单位和人民群众进行宣传和教育，以提高他们的思想认识，推动各项工作开展。如机关公文，大都具有宣传教育的功能，特别是"决议"、"决定"、"意见"等高级领导机关的文件，其内容一般都包含指导思想、理论和实践的依据、方针政策以及实施方案等，向下传达贯彻这些文件就是为了统一思想，提高认识，推动工作。有些可公开发表或改头换面作为新闻报道的文件，宣传教育的范围就更广，影响就更大。即使下级向上级报送的简报、报告等，实质上也有向上级机关和领导同志作解释、说明的宣传作用。

2. 交流和传递信息的作用

古今中外大量的事实证明，应用文有着重要的交流信息的作用。在国家政府与国家政府之间，党派与党派之间，国家与国际组织之间，都可以通过应用文进行交流、沟通，达到互相了解、理解、信任，最终达到相互合作、共同发展的目的。在经济全球化、信息网络化的今天，应用文作用就更大，应用文中的每一个文种，只要一经成文发布，就是一种信息。如能及时捕捉、利用这些信息，在激烈的竞争中就有主动权，就能创造和把握更好的机遇发展自己，壮大自己。下级机关的希望要求、工作情况以及所属部门、单位的各种动态，特别是新情况、新问题、新经验，需要及时向上级机关反映；上级机关制定的方针、政策和指示、意见等，也需尽快向下级传达；同级或不同部门相互之间商洽工作，交流情况，协作共事，也需要一定的书面材料，这一切多由应用文承担。总之，应用文作为一种为社会普遍使用的交际工具，是沟通上下的渠道，联系左右的桥梁，它把上下左右联系在一起，使之形成一个凝聚合力的统一整体，从而推动各项工作有序、顺利进行。

3. 依据和凭证的作用

"口说无凭，有书为证。"应用文起源和服务于实际生活，所以刘半农在《应用文之教授》一文中把它和文学文作了一个生动而深刻的对比，他说："应用文是青菜黄米的家常便饭，文学文是个肥鱼大肉；应用文是'无事三十里'的随便走路，文学文是运动场上出风头的一英里赛跑。"应用文虽然平凡，却是生活中不可缺少的管理工具，如介绍信、证明信、聘书、公证书等是证明使用人身份和经历的一种凭证，合同、协议书是确定、变更或终止签约双方相互间权利和义务的一种凭证。在工作中更是如此。上级机关在制定方针政策或指导工作时，除了亲自深入实际工作中调查研究外，还可以根据下级上报的简报、报告、计划、总结和秘书部门撰写的调查报告等应用文来进行决策。而下级机关开展工作、处理问题时，上级机关发布的有关"决定"、"决议"、"条例"、"办法"等应用文，不仅成了他们办事的重要依据，而且成为他们解决矛盾、判断是非的凭证。单位之间的横向联系，也常以某一份文件作为纽带和凭证。

4. 管理和指导工作的作用

应用文中的下行文，大都具有行政领导和行政管理的作用。因为应用文不仅是国家政府或执政党实施领导、管理、指导、指挥各部门的有力工具，而且是国家或执政党方针、政策具体化的书面形式。为了更好地开展工作，各级党政领导机关常常通过通知、批复、通报、总结、计划、简报、意见等等形式,对下级提出要求,部署任务,传达情况,使人们在工作中责任明确,有章可循,知道下一步该做什么,怎么做。下级则常常通过请示、报告、简报等形式向上级反映情况,请求指示和指导,以便步调一致,协作行动,共同完成上级交给的任务。经济活动中的协议、合同等,既是为了规范签约各方之间的行为,也是为了指导有关各方的实际活动。

二、应用文的特点

(一) 实用性

应用文是根据人们的实际需要而发展起来的文章门类,它和其他文体之间最大的差别,就在于"应用"二字。应用文写作的目的不是审美,而是应用,每一个文种,每一篇文章,都具有很明确的实用性,都有特定的缘由和需要解决的实际问题,目的明确,针对性强,与实际生活、工作密切相关。它具有实事求是地反映客观事物、解决实际问题的实用价值。

(二) 规范性

规范性是实用性在形式上的体现。在应用文写作中,有些文体的模式是在漫长的历史发展过程中约定俗成的,有一定的历史继承性,如书信、条据、日记等,如不按相对稳定的模式写作,则会贻笑大方;有的则是由权力机关以法规的形式加以认定而形成的,如行政公文、司法文书,如不按规定格式写作,则会影响文件的传递和办理,影响工作效率。我们必须了解这些规范和程式,共同遵守,不能随意更改和杜撰。

(三) 真实性

应用文所涉及的人与事必须绝对真实,包括事件、情节、数字、细节等,绝不允许有半点虚构和夸张。否则,不但不能达到解决现实生活中实际问题的目的,还会给工作造成很大损失。如公务文书中的发布法规、传达指示、做出决定,它体现的是国家政权的权威性和法规政策的严肃性,绝不能有任何不真实之处。经济文书中的商品介绍、贸易洽商,也都要实事求是,杜绝"想当然",以虚假的情况骗取对方一时的信任,最终会带来不良后果。

(四) 时效性

应用文写作必须讲究时间和效益。随着生活节奏的加快,机关、企事业单位的工作效率也必然加快,而为之服务的应用文必然要求更加迅捷、高效。

时效性的要求包括两方面。首先,文章撰写时要讲究时效,要及时捕捉、反馈各种意见,迅速领会有关方针政策的精神及领导意图,甚至在某些问题刚出现蛛丝马迹时就需做出预测,迅速拟稿,给有关部门及领导提供有益的借鉴参考,以便顺利开展工作。如果是急件,还要加班赶写,保证不误时机。如会议通知,就一定要在开会前发出,若会议开过后再写通知,就会失去其效用。其次,应用文的处理也要讲究时效,传递、阅读以及办理的整个过程都要迅疾。

(五) 简约性

应用文一般篇幅短小,要求用最精练的文字准确地说明缘由,解说事理,陈述办法,从而达到解决问题的目的。在表达方式上,应用文写作多用说明、叙述、议论。但叙述多用概述,不用详述,议论不旁征博引,只就事论理。在语言运用上,应用文写作贵在精要,要根据处理事务和文种的要求,用精练的语言平实明快地表达,有什么说什么,有多少说多少,去掉空话和废话。

三、应用文的分类

应用文在人类社会中产生，并随着社会的发展而不断发展变化。社会越进步，分工越复杂，应用文使用就越广泛，形式就越多样，种类越繁多。从不同的角度出发，按不同的标准，应用文可以划分成不同的类别。

（一）根据作者和使用目的的不同

应用文可分为公务文书和私务文书两大类。

公务文书是指党政机关、企事业单位和人民团体在处理公务活动中形成和使用的内容完备、体式规范的各种书面文书，如公告、报告、请示、函等。

私务文书是指处理个人事务，表达个人意愿，为实现个人某种目的而书写的应用性文章，如遗嘱、书信、日记等。

（二）根据使用范围和文体特征的不同

应用文可分为通用公文、事务文书、专业文书三大类。

通用公文指国家党政机关、企事业单位和群众团体在公务活动中按国家政府发布的公文处理条例有关规定共同遵守、共同使用的应用文章，如决定、决议、通知、通报、请示等。这类公文主要用来传达和贯彻党和国家的政策法令，指导工作，通报情况，交流经验，传递信息。其制作和使用较为严格，具有一定的法律效力。

事务文书是指机关、企事业单位和群众团体处理单位日常事务时所使用的除国家法定公文之外的其他通用应用文书，如总结、计划、调查报告、简报、条例、办法等。它们的行文格式不像法定公文那样严格，制作相对自由，不具有公文的权威性。

专业文书是指在一定的专业领域内，因特定需要而专门形成和使用的应用文。由于分工不同，社会各行业经营的事务有很大的差异，在长期的工作实践中逐渐形成了一些与其专业相适应的应用文。这些专业文书除了遵守应用文的一般规则外，还有很强的专业特点，需要相应的专业知识才能完成写作。如司法部门常用的起诉书、判决书、立案报告、辩护词等，财经部门常用的审计报告、市场预测报告、项目可行性研究报告、经济合同、预决算报告等，外事工作常用的照会、声明、国书、备忘录、国际公约、联合公报等，医务部门常用的处方、病历、护理日志、诊断说明书、死亡报告等，它们都有各自应用的特殊性和明显的专业特点。

第二节 应用文的主旨与材料

一、应用文的主旨

主旨是一篇文章的灵魂和统帅，它是作者对所要处理的事务、所要解决的问题的基本看法和主张。无论是基础写作、文学创作还是应用文写作，确立文章主旨都是一件非常重要的、第一步的工作。萧统在《文选序》中指出："作文必须以意为宗。"主旨反映了一篇文章的写作目的和基本精神。

（一）影响应用文主旨确立的因素

与基础写作、文学创作相比，应用文主旨的确立有其自身的特点：

1. 受制于规律和政策法规

应用文的写作与其他实践活动一样，受制于客观规律，是对客观规律的反映。如果主旨违反客观规律，行文就无法正确地解决具体问题，指导实际工作。例如一份市场调研报告，如果完全与市场规律相违背，这个报告实际上就是无效的，甚至对工作产生负面影响。

应用文主旨的确立，同时还受制于国家的政策法规等。作者必须在政策法规允许的范围内，按照某个单位的集体意见或领导意图去写作文章，因此，应用文常常是"主旨先行"、"意在笔先"。这一点和基础写作、文学创作的区别是明显的。作家虽然也要在国家政策法规的框架内写作，但作家可发挥更多的自由和主观能动性，可叙事，可抒情，可表达自己的某种观点而不受任何人的制约。其作品的主旨可事先确定，也可以边写边确定，这是作家个人的事。

2. 受命于集体和领导

应用文主旨的确立、深化和提炼不完全取决于作者个人。大多数情况下，作者是奉命而作，受制于集体和领导的意图，所写文章要符合他们的要求。因此，文章初稿形成以后，往往要经过自上而下或自下而上数个环节的斟酌、检验，有些内容重要或者涉及面较广的文章，还要事先发提纲、草稿或讨论稿，听取多方面的意见，经过各方反复讨论和修改，最后才正式定稿。应用文的主旨是集体智慧的结晶，是群体创作的成果，较少甚至根本没有作者个人的主观感情色彩。

3. 来源于实际需要

应用文以实用为目的，是为处理实际事务而服务的。无论是人们在社会实践中遇到的具体事情和问题，还是人类社会在特定时期、环境和关系中的特定问题，都需要运用应用文来进行沟通、指导、处理或解决。每一篇具体的应用文都是根据人们的实际需要而产生的，其主旨也是根据实际需要而确定的。所以，应用文的主旨，其实就是办事的主旨，就是拟办事情的中心意图。

4. 产生于调查研究

在领会了集体和领导的意图，确定写作目的之后，应用文的写作者就要着手搜集材料，开展调查研究，并在此过程中全面充分地占有材料，反复深入地分析研究材料，从中找出意图、需要与材料之间的内在关系，深刻、完整地得出既符合领导意图又符合实际工作需要的认识结果，逐步形成文章的主旨。

（二）应用文主旨的要求

应用文主旨的形成具有以上特点，它对主旨的要求自然和基础写作、文学创作有所不同。而其最大的不同是，应用文的主旨必须做到正确、鲜明、集中。

1. 正确

主旨正确，是指应用文的主要思想和观点必须符合客观规律，必须符合国家有关的方针、政策和法律、法规，能对实际工作有指导作用，解决具体问题经得起实践的检验。

应用文主旨的正确和基础写作、文学写作的主旨正确不完全一致。基础写作、文学作品只要真实地反映出特定时代的特点和本质，就会得到历史的肯定与人们的喜爱，但应用文必须有正确的主旨，才会具有社会意义，才能在实际工作中发挥作用。例如，按国家相关规定，政府部门的领导人要经过人民代表大会或人大常委会批准任命，倘若某单位只以党委或行政领导的名义发出任命通知，就会违反选举法，是错误的，文件无效。在承包山林的合同上列入"不准外人进山,否则电枪打人概不负责"的条款,在工厂大门的通告上要求"出厂时应该接受开包检查,搜身检查"等等,都是违法行为,主旨都不正确。

2. 鲜明

主旨的鲜明,就是指作者以鲜明的立场和观点评判客观现实中相应事实的是与非、好与坏、真理与谬误。汉代王充在《论衡》中说道:"口则务在明言,笔则务在露文。"所谓"明言"、"露文",就是主旨的表达必须明确,它要求作者旗帜鲜明地说出自己的观点,表明自己的态度。肯定什么,否定什么;提倡什么,反对什么;赞扬什么,批评什么,必须明白显露地在文中表达出来,毫不含糊。要用"直笔",不要用"曲笔",绝不可模棱两可,似是而非。

应用文的主旨之所以要求鲜明,是由其目的、内容和传播方式决定的。不少应用文是行政机关制发的,往往具有行政效应或法律效力,因此主旨鲜明就显得尤为重要了。一些以处理具体事务和行业工作为内容的文书,其目的就是办实事,做好具体工作,所以哪些事情该办,哪些不该办,哪些该这样办,哪些该那样办,都必须明确无误地表达出来,否则后果会很严重。

3. 集中

主旨集中,是指一篇应用文只能表达一个主要意图、基本观点。应用文一般都是"一文一事",主旨集中,不要有"副产品"或"搭车的"。倘若一篇应用文头绪纷繁,主旨分散,就会使人难以把握,不明其意。

要使主旨集中,可从两方面入手:第一,要主旨单一,就题论事,不宜贪多而湮没主旨。除了综合性的大型报告外,一般要一文一事,一题一议,一个主要意图、基本观点贯穿全篇。第二,动笔之前要明确目的。明确为什么要写这篇公文,重点要解决什么问题,如果这些都已明确,那么,与这篇公文的主要意图关系不大的其他问题,自然就被淘汰掉了。删除与主旨表达无关的材料,剩下来的就是表达主旨所必需的东西了。

二、应用文的材料

假如说主旨是文章的灵魂,那么材料便是文章的血肉。在确立了文章主旨之后,自然就要考虑用什么来表现主旨了,这就是材料的作用。所谓材料,指的是构成一篇文章的事实、论据、道理。它包括经过作者选择提炼后写进具体文章中的材料,以及作者在写作之前搜集积累的原始材料。在应用文写作中,材料的选取工作包括搜集、鉴别、选择和使用四个环节。

(一) 搜集材料的方法

为了阐述特定的主旨,应用文的材料搜集工作就要做到全面、典型,尽可能地占有所有材料,揭示客观事物的特征与本质。

搜集材料主要依靠直接获取第一手材料和间接获取第二手材料两种途径。直接材料是通过作者的观察、体验、感受直接得到的材料,可以运用一定的调查方法,如普查法、抽样调查、问卷调查、访问调查、观察法、实验法、态度测量表法等搜集原始材料。这种材料较真实可靠,但要得到这些材料,必须深入实际,参加社会实践,花费一定的人力、物力和财力。间接材料是通过不同的途径所获得的各种现成材料,如简报、报告、文献资料、书籍、报刊、部门或单位的档案等。这些材料的获取快捷、方便、省时、省力,但材料覆盖的范围常常有一定的局限性,有些组织的内部材料涉及组织机密,会给撰写者搜集材料带来一定的困难。

（二）材料的鉴别

无论哪种类型的材料，并不是都对写作有用，因此要进行鉴别和选择。鉴别相当于企业经营管理中对成品的检测和检验。从应用文材料处理与分析的要求看，鉴别的内容应包括：真实性鉴别，即检验信息材料的真伪；准确性鉴别，即判断信息材料的精确程度；系统性鉴别，即确定信息材料的完整程度；适用性鉴别，即检测信息材料的适用程度和价值大小。

（三）选材的原则

1. 紧扣主旨

选材要少而精，要为主旨服务。与主旨有关，且能说明主旨的材料就取，与主旨无关或者与主旨相游离、相背离的材料则舍。材料的取舍与文种的关系很大，如报告、请示、调查报告、情况通报等选用的材料就要详尽些，通知、通告选用材料就要简略些。

2. 准确典型

准确，即材料要确凿无误，持之有据。记人，要实有其人，姓氏籍贯、面目特点、语言动作，要表述准确；叙事，要确有其事；引文，要完整无错，作者、篇名、书名、出处，包括出版社、版次、页数等，都要摘引准确；运用数据、统计数字，更要精确无误。

典型，指材料所具有的代表性和普遍意义，能起到以少胜多，以一当十的作用。选材贵在精，精就精在"典型"上。社会生活是复杂的，事物的表现形式多种多样，材料也是丰富多彩的，如不加选择，随便用几个事例来说明某个问题或某种观点，不仅无助于应用文主旨的表述，而且会影响应用文的作用与权威。

3. 新颖

材料的新颖是指新发生、新发展，别人尚未使用过的材料。一是新近发生的别人未曾使用过的、鲜为人知的材料，如新人、新事、新方针、政策、新的统计数字、新成果、新产生的问题等；二是虽为人知却因变换角度而具有新意的材料。材料新颖，能给人以清新感，有了新颖的材料，文章才能写出新意，才能吸引人，感动人，给人以新的知识、新的启迪。

（四）材料的使用

选好材料之后，要正确使用，应注意：

1. 取舍得当，量体裁衣

取舍针对的是一些法规性、指令性文书，多数材料只是作为写作的依据，不进入正文。或虽然通过了挑选，但实际写作过程中还是要舍的。"量体裁衣"，是根据文章体裁不同，对选定的材料进行不同的剪裁加工。

2. 详略得当，主次分明

使用材料时，能直接说明和表现主题的材料，应有意识地置于主要核心地位；配合或间接说明、表现主题的材料，可置于次要地位。两者是"红花"与"绿叶"的关系。骨干核心材料，要注意详尽；过渡性材料、交代性材料，要相应简略；读者感到生疏或难以把握的材料应详尽，读者已了解或容易接受的材料可从略。

3. 顺序得当，条理清晰

对已选定的材料，应根据事物发展的过程、人们的认识规律或材料之间的逻辑关系排好顺序，将各种不同类型的材料合理搭配，有条不紊地写出来。大多数应用文，会选择若干材料，从不同角度、不同层次来阐明主题。写作过程中将同类型的材料结合起来使用，可以优势互补，提高整体表达效果。常用的结合方式有：理论材料与事实材料结合，具体材料与概括材料结合,文字材料与数字材料结合等。

第三节 应用文的语言

一、应用文语言的要求

应用文的语言受制于应用文的性质、内容、功能,具有准确、简明、平实、得体的特点,和基础写作、文学作品的语言有很大差异。撰写应用文时,应根据这些特点的要求,选词造句,组段成篇,使语言能更好地为表达内容服务。

(一)准确

应用文语言的准确性主要是指语言要恰如其分地表达内容,使人一看就知道眼前这篇应用文的中心思想或基本意思,不要产生歧义或误解。应用文写作是一种实用写作,用以解决社会生活中的各种问题,因此对语言准确性的要求特别高。应用文要做到求真务实,就必须在准确上下功夫,而要做到准确就必须注意以下几点:

1. 所写内容要准确

写应用文时,必须准确,不能走样。一则"启事"是什么就写什么,不可随意地歪曲内容;一则招生广告也要将各种要求、条件如实列出,不可为了吸引生源,而发布虚假的信息。写应用文,不能凭主观臆想,凭一时的热情,而要靠实事求是的态度。如果偏离了"内容准确"这一原则,无论说得如何头头是道,也会给工作带来某些不必要的损失。

2. 所用语汇要准确

应用文必须用语准确,具体可从词语的选用、句子的组合、修辞格的使用等方面来实现。

词语的选用。写文章离不开词,词是构成句子、篇章的最基本的语言单位,所以词语的选择就显得十分重要。汉语语言词汇相当丰富,表达同样的意思,可以选用不同的词语,因此选择词语要注意不要用错词义。除此之外,词语的选用还要考虑到不出现词类误用现象,不出现词语情感色彩不配的现象以及产生歧义甚至生造词语等问题。

句子的使用。应用文句子的使用要做到少用长句,多用短句;少用整句,多用散句;少用感叹句、疑问句,多用陈述句。选择合适的句子形式可以使读者更好地理解文章的内容。如果长句太多,既易出现病句,也会给理解带来困难,而整句、感叹句、疑问句使用太多,也会使应用文失去其独有的平实、自然的文风,降低其作为实用文章的存在价值。除此之外,造句时要避免出现病句,病句的出现不仅不能正确地表达所要说明的意思,反而会影响所要传递的信息。

修辞格的运用。应用文要少用修辞,若确实必须使用,要注意恰当、合适,不可滥用。一般来讲,应用文中可用的修辞格有比喻、对比、引用、设问、反问等。

3. 所列的数字、事例,引用的话语要准确

应用文所引用的内容,往往是做出判断、处理事情的依据,因此要反复核对,做到准确无误。引用话语要写原话,不随意改动,必要时还要注明出处。

除此之外,应用文还要准确地使用标点符号。总之,"准确"是应用文语言最基本的要求。

（二）简明

简明，指文字的简洁、明了。"有话则长，无话则短。"为了加快读文办事的节奏，应用文用语必须简明精练，即用尽可能少的文字，浓缩大量的信息，将可有可无的字、词、句、段和空话、套话删去，做到言简意赅。要做到简明，首先要精简文意，压缩篇幅，突出主干，把无关或关系不大的内容删去。其次要反复修改，提高概括能力，杜绝堆砌修饰语，适当使用缩略语。第三，要推敲词语，锤炼句子，一句话就能说明白的决不用两句话，一个词能概括清楚的决不用两个词。恰当地运用成语、文言词语等，也有助于语言的简明。第四，要注意用词通俗，不用生僻晦涩的字句。应该指出的是，"简"要得当，不能过简，要以不妨碍内容的表达为前提，绝不能为简而生造词语、乱缩略、滥用文言，不能让人不明白或产生歧义，引起误解。

长期以来，人们在公文中沿用一些使用频率较高的专用词语。这些词语虽非法定，但已约定俗成。尤其是公文中的专用词语，虽然与旧文书中的套语有一定的联系，但经过历次公文改革的筛选提炼，已去除糟粕，保留了至今仍具积极作用的部分。掌握这些词语，有助于文章表述得简练。

（三）平实

平实，即文风要朴实无华，语言实在，不追求华丽辞藻，也不搞形象描写，更不用含蓄、虚构的写作技巧。应用文是为解决实际问题而写的，为了便于读者理解，应用文语言应力求平实。行文时多用平直的叙述，恰当的议论，简洁的说明。比如公文，它具有行政约束力和法定的权威性，因此，用语必须朴素、切实，不能浮华失实，不能乱用形容词或俚俗口语。应用文写作要求用语平实，但平实不等于平淡。我国历史上保留下来的许多文章既是应用文，同时又是文学佳作。

（四）得体

得体，指应用文语言应适应不同文体的需要，说话讲究分寸、适度。应用文的语言是为特定的需要服务的，有确定的写作目的、专门的读者对象和一定的使用场合，因此要根据对象和功用来选择恰当的语体、语气。说什么，不说什么，说到什么程度，用什么语气，选择什么词汇，都要考虑最后的效果。一般来讲，公文语言应简明庄重，比如给上级的公文，用词要谦恭诚挚；给下级的公文，用词要肯定平和；给平级机关或不相隶属的机关，用词要谦敬温和。公告、通告等公布性公文，往往通过报刊、广播电视等大众媒体发布或在一定范围内的公共场所张贴，语言就应严肃、庄重而通俗易懂。此外，事务文书的语言应朴实客观，学术文章应严谨缜密，礼仪文书则应端庄大方、不卑不亢、情感适度。

二、应用文语言的表达方式

（一）叙述

叙述，是应用文写作中最基本、最常用的表达方式，是作者通过一般性的陈述、介绍，把人物的活动、经历和事件发展变化过程交代出来的一种表达方式。叙述的要素是时间、地点、人物、事件、原因、结果。

应用文写作中叙述的人称，有第一人称（"我"、"我们"）和第三人称（"他"、"他们"）。使用第一人称"我"、"我们"系指作者本人，或作者所代表的群体、单位，如书信、请示、报告、总结等文体的写作，多用第一人称。有时，为简要起见，常使用无主句。有的应用文体，如新闻报道、简介、调查报告、会议纪要，为表明作者立场客观、公正，传播的信息真实、可信，常采用第三人称。

应用文中的叙述方式有顺叙、倒叙、插叙、分叙等。应用文中记叙事件的发展过程，介绍单位的基本情况，一般都运用顺叙，即以时间先后为序来叙述。其原因在于，应用文重在实用，不求委婉、曲折，宜采用直接的笔法叙事、说理。倒叙、插叙、分叙等用得较少，只在通讯、消息、调查报告的写作中才用得上。

应用文中的叙述要力求真实、准确，不带主观感情色彩；头绪清晰，交代明白；以概述为主，尽可能用概括的语言说出其前因后果、来龙去脉，使读者了解其梗概。

（二）说明

说明，是用简明扼要的文字对事物、人物和抽象事理进行解说的一种表达方式，用于使读者对事物的形态、构造、成因、性质、种类、功能，对事理的概念、特点、来源、演变、关系等有一个鲜明的了解和认识。

说明在应用文中使用广泛，如解说词、广告词、说明书、简介等文体，主要是用说明的方法来写的。其他文体如经济文书、科技文书、诉讼文书、行政公文等，也常常借助说明的方法解释、剖析事理。

说明的方法多种多样，在使用过程中应注意：定义说明要求"被定义者"和"定义者"外延相等，用语简明准确，具有科学性，不能用否定形式；解释说明要力求抓住要领，言简意明；分类说明注意根据写作意图选择恰当的分类角度，分类只能依据一个标准，各类的总和要等于被分类的事物；比较说明运用时要求用来作比的事物与被比物要相似，有明确的相比点，尽量用人们熟悉的事物作比；举例说明要求事例典型，能给人以深刻的印象，举例应扼要，只需概述介绍，不必具体铺叙；引用说明要求引文要有针对性，要贴切，所引资料要认真核实，使之准确可靠；比喻说明应力求准确贴切；数字说明要求数字准确无误，每个数据都要有来源；图表说明要求选择图表要有代表性和针对性，表格的设计要合理，使人一目了然。

（三）议论

议论，即评事论理，是运用事实材料和理论材料进行逻辑推理，阐明自己观点和态度的一种表达方式。它的主要特点是证明性，即通过摆事实、讲道理，或证明自己观点的正确，或驳斥对方观点的错误。

在应用文写作中，议论经常使用。调查报告、总结、通报等文体，经常在叙述事实、说明情况的基础上，表明对人物、事件、问题的评价。决定、决议、会议纪要等公文，也常用议论来阐明党和国家的方针、政策，让下级机关和群众理解和执行。

应用文写作中的议论，与一般议论文中的议论有明显的区别。一般议论文中，议论是最主要的表现方法，贯穿全文始终，论点、论据、论证三要素齐备。而在应用文写作中，最主要的表达方式是叙述和说明，议论居于从属的地位，一般只是在叙述、说明的基础上进行。另外，应用文的议论，一般也不需要作长篇大论，不需作复杂的多层次的逻辑推理，也不一定具备论点、论据、论证这样完整的议论过程，而只是在需要分析论证的地方，采取夹叙夹议的方法，或采取三言两语的方式，点到即止，不作深入论证。

运用议论要注意：一要庄重，对任何事物的评价要把握分寸，以理示人，以理服人；二要明快，要直截了当地阐明观点，不拐弯抹角，不回避矛盾。

第四节　应用文写作的拟稿过程

任何作品和文章都有一个构思写作、修改完成的过程,应用文写作也不例外。从占有材料,精心构思,草拟初稿,推敲修改,到最后定稿,有一个完整的过程。一般要经历四个阶段:准备阶段、构思阶段、起草阶段和修改定稿阶段。

一、准备阶段

写作的准备阶段包括平时的准备和即时的准备。

平时的准备包括作者的思想修养、心理素质、生活积累、学识储备、写作经验以及文字表达能力。

即时的准备指的是开始动笔之前的材料准备,包括观察体验、采访调查、阅读书刊等。

写作的准备工作十分重要,切不可掉以轻心。只有准备充分,写作起来才能得心应手,意到笔随;反之,"临时抱佛脚",仓促下笔,随想随写,很难写出好的文章。

二、构思阶段

构思是文章写作的初始阶段,也是最重要的阶段,是写作过程中根据一定的表达意图和文章体裁要求锤炼写作思路的一种特定的思维活动。它包括确定主旨、选择材料、谋篇布局、权衡文笔基调等,是对文章写作的整体酝酿过程。

构思主要考虑两方面问题:一是考虑文章的内容,也就是思考写什么,明确主旨,确定材料;二是考虑如何表达,也就是琢磨怎样写,理顺思路,谋篇布局,搭建文章的整体框架。

三、起草阶段

当准备充分,构思成熟,就可以动笔行文,进入起草阶段了。起草,就是打草稿,写初稿。它既是作者将对于文章从内容到形式所做的准备和构思一一记录下来的过程,也是作者将思想认识和主观感受进行深化的过程。

起草之初,要养成编写提纲的习惯。提纲是文章的基本思路和写作纲要,编写提纲没有特别固定的格式,一般要求搭出文章的框架,写清每部分各个层次的安排及内容要点、大致篇幅。

起草方式有个人起草和集体分工分头起草两种,其步骤为:明确主题,拟制标题;确定体裁,选择文体;理清思路,选择结构形式;认真动笔,从容成文。

在起草过程中应注意尽可能地按照提纲规定的范围去写作,不要轻易地更改提纲的内容,尽量在思维活跃的时候动笔,写不出来的时候不要硬写。最好一气呵成,中途不要总是删删改改,写写停停。

四、修改定稿阶段

修改润色是写作不可缺少的一道工序,是应用文写作的最后阶段,是初稿完成以后,对文章的进一步加工完善。

对文章的修改,主要是对内容的增、删、改、调,以及对语言的润色和对字面的处理。修改大致从以下几个方面进行:

(一) 主旨的变动

这是相对比较大的修改,有时甚至需要重新起草。初稿完成以后发现文章的主旨与写作的目的有出入,或者有有悖初衷的现象,需要重新确立主旨。但是这种情况不多,因为应用文的写作,一般目的都是很明确的,文章的主旨不像基础写作、文学创作的主题那样会在写作中发生很大变化。更多的情况不是主旨需要改变,而是主旨表达无力、阐述不清、中心不明确等等,需要重新调整表达角度。不论哪种情况,在审阅初稿时都要认真研究,反复讨论,仔细分析为什么文章没有表达清楚作者的意图,找出原因,然后才能决定是重新确立主旨,还是调整文章的表达角度。

(二) 观点的修正

初稿完成以后回头再来研究观点,更容易发现问题。在修改时,有必要重新审视文章所主张的观点,发现观点错误、偏颇或者不够妥当的地方,都要进行纠正和修改。观点的问题,有时是立论的错误,成文以后仔细研究,发现不能自圆其说;有时是论据不足,所用材料不能形成完整的论据链,或者论据牵强,不能服人;有时是持论偏颇,没有把握好分寸,对问题所下的结论不能正确地反映事物的本质;有时是论证不够严密,存在疏漏或者不够妥当的地方等等。

(三) 材料的增删

使用材料的原则以能否充分说明主旨为准绳。材料与主旨的关系是血肉与灵魂的关系。如果材料不能和主旨和谐统一,而主旨又没有问题,那就要对材料进行增删。如果使用的材料过多,淹没了主旨,或者材料不够典型,不能充分说明主旨,抑或选材不精,良莠不分地将材料堆砌在一起,冲淡了典型材料的作用,就要删去那些多余的、与表现主旨关系不大的以及那些不典型的材料,使文章的主旨凸显出来,达到材料与主旨的有机统一。尽管有些材料非常精彩,若属于多余的,就要割爱。如果材料不够丰满,或者具体的典型材料还不够充实,导致文章的表述空洞抽象,或者对主旨的论证枯燥无力,就要增添新的材料,使材料丰满详实,能够充分说明文章的主旨。如果材料不够准确,有时是材料本身不准确,失真失实;有时是材料使用得不够准确,与主旨不能统一,影响了文章主旨或作者的观点,就要进行订正和调整。

(四) 结构的调整

这是对文章形式的调整,包括文章的层次段落、开头结尾、过渡照应以及疏密详略等等。一方面,文章的内容与形式是密不可分的,形式要为表达内容服务,内容的变动必将引起形式的调整;另一方面,即使内容不变动,也要考虑文章的层次是否分明,前后是否照应得当,衔接过渡是否自然和谐,段落是否规范,或者是否有多余的段落,句与句是否顺畅等等,如果有不合适的地方,也要进行调整。如果是行政公文、法律文书等文体,还要检查格式是否规范,谋篇布局是否符合体裁(文种)要求,一旦有问题,也要进行调整。

(五) 语言的润色

这是对文章局部的精修,从以下两个方面着手:一是对那些表述啰唆拉杂、不够准确或者苍白枯燥、缺少表现力的语言进行修改,经过修改润色,使之精练准确,文从字顺,简洁流畅。二是对字句的锤炼,包括对语法句式的规范和对字词的锤炼,也就是通常所说的要炼词炼句。对文字的修改润色,是修改文稿的重要工作,也是一项十分细致、精益求精的工作,要尽心尽力做好,同时通过对文稿语言的反复修改和钻研,不断提高自己的文字表现力。

【练习】

一、名词解释

    1. 应用文

    2. 主旨

    3. 叙述

    4. 议论

二、简答题

    1. 应用文的作用是什么?

    2. 应用文选材的原则主要有哪些?

    3. 应用文语言的特点是什么?

    4. 应用文采用的表达方式有哪些?

    5. 应用文写作的拟稿过程是怎样的?

三、改正病句

    1. ××煤矿全体同志要从这次塌方事故中吸取教训,今后要坚决杜绝这类事故不再发生。

    2. 全乡没有一个人不认为,今天生活这样好不是改革开放的结果。

    3. 通过这次会计培训班的学习,使我的业务能力得到提高。

    4. 纳税情况比较复杂的大中型企业,安排专人进行征税管理工作。

    5. 经过整顿,企业的余利既体现了鼓励先进,又符合奖优罚劣的原则。

    6. 请同志们出差本着勤俭节约的精神,尽量减少开支,避免不必要的浪费。

    7. 通知要求各单位派2人参加会议。

    8. 由于狠抓质量管理,某厂产品合格率从40%提高了65%。

    9. 他们违反财经纪律,滥用基建资金购买高档生活用品。

    10. 七届五次全国人大做出了对于兴建长江三峡工程的决定。

    11. 从大量的报道材料中,反映出我国经济建设战线的大好形势。

    12. 财会人员办事时应十分仔细认真,尽量防止不出现差错。

第二编 公务文书写作

第二章 公文概述

第一节 公文的性质

一、党政公文的定义

公务文书,即党政机关公文。

2012年4月6日,中共中央办公厅、国务院办公厅联合印发了《党政机关公文处理工作条例》(中办发〔2012〕14号)(以下简称《条例》),并规定从2012年7月1日起正式实施。《条例》指出,党政机关公文是党政机关实施领导、履行职能、处理公务的具有特定效力和规范体式的文书,是传达贯彻党和国家方针政策,公布法规和规章,指导、布置和商洽工作,请示和答复问题,报告、通报和交流情况等的重要工具。

这个定义包括四个要点:公务文书主体是国家党政机关及其他社会组织;特点是具有法定效力和规范体式;性质和作用是实施领导、履行职能、处理公务的工具;主要内容是传达贯彻党和国家方针政策,公布法规和规章,指导、布置和商洽工作,请示和答复问题,报告、通报和交流情况。明白与掌握这四个要点,有利于全面正确认识公文,学习公文写作。

二、党政公文的特点

党政公文具有以下几方面的特点:

(一) **法定的权威性**

公文的作者一般是具有制发公文权力的机关、部门或法定组织。即使以领导者个人名义发文,也是代表一级机关、组织,而不是个人行为。由于领导机关具有在职权范围内制发公文的权力,其制发的公文内容与党和国家的方针、政策、法律、法规密切相关,直接反映了国家领导机关的指挥意志、政策意向、行动要求和人民群众的根本利益,是实施行政管理的重要工具。因此具有法定的权威性,下属机关必须遵照执行,不得违抗。

(二) **鲜明的政治性**

公文政策性强、政治观点鲜明,体现领导机关政治意图、全局利益。下行文用于贯彻党和国家的方针政策、法律法规,具有鲜明的政治倾向;上行文也以党和国家的政策、法规为依据,具有鲜明的政治色彩;即使是平行文,也具有政治性。

(三) **体式的规范性**

公文具有明确的、严格的规范体式。通常由版头、主体、版记三部分组成,标题、正文、发文机关等基本要素构成都有一定的要求，每个文种也有各自的适用范围、性质和写作规范。在撰写和处理时都必须严格遵守，不能擅自改变。

（四）制发的程序性

《条例》规定了公文制发和办理的程序。如公文拟制包括公文的起草、审核、签发等程序，公文发文要经过复核、登记、印制等程序。这些程序必须按序进行，不能改变、缺少。

三、党政公文的作用

（一）指导作用

党政领导机关通过公文传达国家的方针政策，做出工作部署和提出工作意见，对下级机关起指导作用。

（二）沟通作用

公文在上级机关、下级机关、平级机关以及不相隶属机关之间起到桥梁沟通作用，使彼此了解情况，交流信息，相互协调。

（三）宣传教育作用

公文是宣传党和国家的方针政策以及法规的主要渠道。通过公文的传达，可以让广大群众进一步了解政策意图，统一思想认识，促进工作开展。

（四）凭证备查作用

各类公文，都是一定历史时期内的政治、经济、文化等方面活动的真实记录。在归档后，对今后的工作具有查考、凭证作用，或成为研究历史的第一手资料，具有重要的史料价值。

四、党政公文类型

公文按照不同标准，可以有许多分类法。

（一）按适用范围分类

《条例》从适用范围角度，将党政机关公文划分为15种，即决议、决定、命令(令)、公报、公告、通告、通知、通报、议案、报告、请示、批复、意见、函、纪要。

（二）按行文方向分类

1. 上行文

具有直接隶属关系的下级机关向上级机关呈送的公文，如报告、请示及呈转性意见等。

2. 下行文

具有直接隶属关系的上级机关向下属机关发送的公文，如命令(令)、批复、决定及规定性通知、通报、部署性意见等。

3. 平行文

平级机关或者不相隶属机关之间，由于工作需要相互往来的公文，如函、交流性的纪要、平级的议案等。另外，平级政府机关向立法机构请求审议的公文，也属平行文。

（三）按性质作用分类

1. 指挥性公文

上级机关对下级机关的具有指挥、管理性的公文，如命令(令)、决定、批复、通知等。

2. 报请性公文

向上级机关汇报工作、反映情况、提出建议或请求指示、批准的公文，如报告、请示等。

3. 知照性公文

向有关组织或公众告知有关事项和要求的公文,如公报、公告、通告、通报、函等。

4. 会议性公文

用来记载会议内容、传达会议精神和议定事项,请求会议审议的公文,如决议、纪要、议案等。

(四) 按紧急程度分类

按紧急程度,公文可分为紧急公文和普通公文。紧急公文通常还分"特急"和"加急"两类。电报应当分别标注"特提"、"特急"、"加急"、"平急"。

(五) 按秘密等级分类

按秘密等级,公文可分为无保密要求的普通文件和有保密要求的保密文件两类。按照秘密等级的不同,还可分为绝密、机密、秘密文件。

第二节 公文的格式

《条例》第三章"公文格式"对公文格式的各要素作了严格的规定。同时,国家质量监督检验检疫总局于2012年6月29日发布了《党政机关公文格式》新标准(简称《新标准》GB/TG9704—2012),规定了公文中各组成部分的标识规则。公文格式各要素分为版头、主体、版记三部分。公文首页红色分隔线以上的部分称为版头;公文首页红色分隔线(不含)以下、公文末页首条分隔线(不含)以上的部分称为主体;公文末页首条分隔线以下、末条分隔线以上的部分称为版记。页码位于版心外。

一、公文格式构成

(一) 公文版头

公文版头,俗称文头、红头。由发文机关标志、公文份数序号、秘密等级和保密期限、紧急程度、发文字号、签发人、红色分隔线等要素组成。

1. 发文机关标志标识规则

发文机关标志,由发文机关全称或者规范化简称加"文件"二字组成,也可以使用发文机关全称或者规范化简称。联合行文时,发文机关标志可以并用联合发文机关名称,也可以单独用主办机关名称。联合行文时,如需同时标注联署发文机关名称,一般应当将主办机关名称排列在前;如有"文件"二字,应当置于发文机关名称右侧,以联署发文机关名称为准,上下居中排布。发文机关标识排布,上边缘至版心上边缘为35 mm,推荐使用小标宋体字,颜色为红色,以醒目、美观、庄重为原则。

2. 公文份数序号标识规则

公文印制份数的顺序号。涉密公文应当标注份号。如需标注份号,一般用6位3号阿拉伯数字,顶格编排在版心左上角第一行,顶格书写,也就是天头边缘,距公文上页边37 mm处下面第1行。

3. 发文字号标识规则

发文字号,简称文号,包括机关代字、年份、序号。联合行文,一般只标明主办机关发文字号。发文字号位于发文机关标识下空2行,用3号仿宋体字,居中排布。年份、序号用阿拉伯数码标识。年份应标全称,用六角括号"〔〕"括入,序号不编虚位(即1不编001),不加"第"字。如《国务院关于授予巴金"人民作家"荣誉称号的决定》一文,发文字号是"国发〔2003〕27号"。"国"是国务院的代字,〔2003〕是发文年份,27号是国务院2003年发文顺序号,即表明这一文件是该年度国务院发出的第27号文件。上行文的发文字号居左空一字编排,与最后一个签发人姓名处在同一行。

4. 签发人标识规则

上行文应当注明签发人。由"签发人"三字加全角冒号和签发人姓名组成,居右空一字,编排在发文机关标志下空二行位置。"签发人"三字用3号仿宋体字,签发人姓名用3号楷体字。如有多个签发人,签发人姓名按照发文机关的排列顺序从左到右、自上而下依次均匀编排,一般每行排两个姓名,回行时与上一行第一个签发人姓名对齐。

5. 秘密等级和保密期限标识规则

涉密公文应当根据涉密程度分别标注"绝密"、"机密"、"秘密"和保密期限。如需标注密级和保密期限,一般用3号黑体字,顶格编排在版心左上角第二行;保密期限中的数字用阿拉伯数字标注。如需同时标识秘密等级和保密期限,秘密等级和保密期限之间用"★"隔开。

6. 紧急程度标识规则

紧急程度指公文送达和办理的时限要求。根据紧急程度,紧急公文应当分别标注"特急"、"加急"。电报应当分别标注"特提"、"特急"、"加急"、"平急"。如需标注紧急程度,一般用3号黑体字,顶格编排在版心左上角;如需同时标注份号、密级和保密期限、紧急程度,按照份号、密级和保密期限、紧急程度的顺序自上而下分行排列。有的紧急公文不仅标明紧急程度,还可在标题的文种前加以限定,如"××局关于××的紧急通知"等。

7. 红色分隔横线标识规则

发文字号之下4 mm处居中印一条与版心等宽的红色分隔线。红色分隔横线的作用在于把版头部分和主体部分隔开。一般放在发文机关标志或发文字号之下。

(二)公文主体格式构成

公文主体格式包括标题、主送机关、正文、附件说明、发文机关署名、成文日期、印章、附注、附件等要素。

1. 公文标题标识规则

公文标题应当准确简要地概括公文的主要内容并标明公文种类。公文标题由发文机关名称、事由和文种组成。公文标题位于红色分隔线下空2行,用2号小标宋体字,可分一行或多行居中排布;回行时,要做到词意完整,排列对称,长短适宜,间距恰当。标题排列应当使用梯形或菱形。

公文的标题有三项式、两项式两种。

三项式公文标题。由发文机关、事由和文种名称三项内容构成。发文机关用机关全称或规范化的简称。事由指公文中所反映的主要事项,一般用"关于"引出。文种的名称放在最后。如"国务院关于做好免除城市义务教育阶段学生学杂费工作的通知"。其中"国务院"是发文机关,"关于做好免除城市义务教育阶段学生学杂费工作"是事由,"通知"是文种。

两项式公文标题。由发文机关和文种名称构成,如"中华人民共和国人民代表大会公告";或者由事由和文种名称构成,如"关于计划外增加出口涤棉布的复函"。

2. 主送机关标识规则

公文主送机关是指要求对公文予以办理或答复的主要受理机关。主送机关应当使用全称或者规范化的简称。上行文一般只写一个主送机关,下行文可标一个或多个主送机关。公开发布或公布的周知性公文,可不标主送机关。

主送机关应在标题下空一行位置,居左顶格,回行时仍顶格,最后一个机关名称后标全角冒号。用3号仿宋体字标识。

3. 正文结构标识规则

正文是公文的主体部分。正文内容除简短公文外,一般由开头(引言)、主体、结语三部分构成。写好正文是公文写作最基本最主要的任务,但如何写好正文,应根据每份公文的实际情况和惯用体式来确定,没有适合一切公文的统一模式。各种公文的基本写法,在各文种中将分别予以介绍。

公文首页必须显示正文。一般用3号仿宋体字,编排于主送机关名称下一行,每个自然段左起空两字,回行顶格。文中结构层次序数依次可以用"一、"、"(一)"、"1."、"(1)"标注;一般第一层用黑体字,第二层用楷体字,第三层和第四层用仿宋体字标注。

4. 附件说明标识规则

公文正文的说明、补充或者参考资料。如有附件,在正文下空一行左起空两字编排"附件"二字,后标全角冒号和附件名称。如有多个附件,使用阿拉伯数字标注附件顺序号(如"附件:1.××××");附件名称后不加标点符号。附件名称较长需回行时,应当与上一行附件名称的首字对齐。

附件应当另面编排,并在版记之前,与公文正文一起装订。"附件"二字及附件顺序号用3号黑体字顶格编排在版心左上角第一行。附件标题居中编排在版心第三行。附件顺序号和附件标题应当与附件说明的表述一致。附件格式要求同正文。如附件与正文不能一起装订,应当在附件左上角第一行顶格编排公文的发文字号并在其后标注"附件"二字及附件顺序号。

5. 发文机关签署标识规则

也称发文机关落款,位于正文之下偏右位置。签发机关落款要写与印章相符的机关全称或规范化简称。几个机关联合行文的,主办机关落款在先。如果标题上已有发文机关名称,落款可以不写签发机关名称,直接写签发日期,盖章即可。

6. 印章标识规则

公文中有发文机关署名的,应当加盖发文机关印章,并与署名机关相符。联合上报的公文,由主办机关加盖印章;联合下发的公文,发文机关都应加盖印章。

单一机关行文时,一般在成文日期之上,以成文日期为准居中编排发文机关署名,印章端正、居中下压发文机关署名和成文日期,使发文机关署名和成文日期居印章中心偏下位置,印章顶端应当上距正文(或附件说明)一行之内。

联合行文时,一般将各发文机关署名按照发文机关顺序整齐排列在相应位置,并将印章一一对应、端正、居中下压发文机关署名。当联合行文需加盖两个印章时,应将成文时间拉开,左右各空7字;主办机关印章在前;两个印章均压成文时间,印章用红色。两印章间互不相交或相切,相距不超过3 mm。当联合行文需加盖3个以上印章时,为防止出现空白印章,应将各发文机关名称(可用简称)排在发文时间和正文之间。主办机关印章在前,每排最多排 3 个印章,两端不得超出版心;最后一排如余一个或两个印章,均居中排布;印章之间互不相交或相切;在最后一排印章之下右空 2 字标识成文时间。最后一个印章端正、居中下压发文机关署名和成文日期。首排印章顶端应当上距正文(或附件说明)一行之内。

当公文排版后所剩空白处不能容下印章位置时,应采取调整行距、字距的措施加以解决,务使印章与正文同处一面,不得采取标识"此页无正文"的方法解决。

有特定发文机关标志的普发性公文和电报可以不加盖印章。单一机关行文时,在正文(或附件说明)下空一行右空二字编排发文机关署名,在发文机关署名下一行编排成文日期,首字比发文机关署名首字右移二字,如成文日期长于发文机关署名,应当使成文日期右空二字编排,并相应增加发文机关署名右空字数。联合行文时,应当先编排主办机关署名,其余发文机关署名依次向下编排。

单一机关制发的公文加盖签发人签名章时,在正文(或附件说明)下空二行右空四字加盖签发人签名章,签名章左空二字标注签发人职务,以签名章为准上下居中排布。在签发人签名章下空一行右空四字编排成文日期。联合行文时,应当先编排主办机关签发人职务、签名章,其余机关签发人职务、签名章依次向下编排,与主办机关签发人职务、签名章上下对齐;每行只编排一个机关的签发人职务、签名章;签发人职务应当标注全称。签名章一般用红色。

7. 成文日期标识规则

位于签发机关或领导人签署之下,署会议通过或者发文机关负责人签发的日期。联合行文时,署最后签发机关负责人签发的日期。成文日期必须标识年、月、日。《新标准》规定用阿拉伯数字将年、月、日标全,年份应标全称,月、日不编虚位(即 1 不编为 01)。

8. 附注标识规则

公文印发传达范围等需要说明的事项即为附注。附注一般居左空二字加圆括号编排在成文日期下一行。

(三) 公文版记构成

版记部分,又称文尾部分,通常由抄送机关名称、印发机关名称和印发时间等项目构成。

1. 抄送机关标识规则

抄送机关是指主送机关外,需要执行或者知晓公文内容的其他机关。使用机关全称、规范化简称或者同类型机关统称。如果需要抄送的机关有上级或平级、不相隶属机关等,在安排顺序上应上级机关在前,不相隶属机关在后。向下级机关的重要行文应同时抄送直接上级机关。向上级请示、报告时,不得同时抄送下级机关。受双重领导的机关,在向一个机关主送时,应同时向另一个机关抄送。抄送机关应该是确实需要知晓公文内容的机关,防止滥抄滥送。同时,也要防止漏抄漏送。

如有抄送机关,一般用 4 号仿宋体字,在印发机关和印发日期之上一行、左右各空一字编排。"抄送"二字后加全角冒号和抄送机关名称,回行时与冒号后的首字对齐,最后一个抄送机关名称后标句号。如需把主送机关移至版记,除将"抄送"二字改为"主送"外,编排方法同抄送机关。既有主送机关又有抄送机关时,应当将主送机关置于抄送机关之上一行,之间不加分隔线。

2. 印发机关和日期标识规则

公文的印制工作一般由发文机关的办公厅(室)承担,此为送印机关。印发时间,指公文开印的具体时间,不同于发文时间。

印发机关和印发日期一般用 4 号仿宋体字,编排在末条分隔线之上,印发机关左空一字,印发日期右空一字,用阿拉伯数字将年、月、日标全,年份应标全称,月、日不编虚位(即 1 不编为 01),后加"印发"二字。版记中如有其他要素,应当将其与印发机关和印发日期用一条细分隔线隔开。

3. 印发份数

在印发机关和日期之下行末,用阿拉伯数字标明"共印××份"。

4. 页码

一般用 4 号半角宋体阿拉伯数字,编排在公文版心下边缘之下,数字左右各放一条"—"字线;"—"字线上距版心下边缘 7 mm。单页码居右空一字,双页码居左空一字。公文的版记页前有空白页的,空白页和版记页均不编排页码。公文的附件与正文一起装订时,页码应当连续编排。首页不显示页码。

二、公文的印装规格

为了公文处理和管理现代化,公文用纸和排版格式应根据《党政机关公文处理条例》和《党政机关公文格式》的规定实行。

(一) 公文用纸

公文用纸采用 GB/T148 中规定的 A4 型纸,其成品幅面尺寸为:210 mm×297 mm。

公文页边与版心尺寸为:公文用纸天头 37 mm,公文用纸订口 28 mm,版心尺寸 156 mm×225 mm(不含页码)。

发文机关标志边缘至版心上边缘为 25 mm。

(二) 文字排列

文字从左到右横写、横排;少数民族按其习惯书写、排版。在民族自治区域,可同时使用汉字和民族文字。

(三) 字号的选用

发文机关标志使用 2 号小标宋体字,红色标识;秘密等级、保密期限、紧急程度用 3 号黑体字;发文字号、签发人、主送机关、附注、抄送机关、印发机关、印发时间用 3 号仿宋体字;签发人姓名用 3 号楷体字;正文以 3 号仿宋体字,正文中如有小标题可用 3 号小标宋体字或黑体字。如无特殊说明,公文格式各要素一般用 3 号仿宋体字。特定情况可以适当调整。

(四) 行数和字数

一般每面排 22 行,每行排 28 个字,并撑满版心。特定情况可以适当调整。

第三节 公文的行文规则

一、公文行文规则概述

学习和把握行文规则,必须首先了解行文关系、行文方向和行文方式。

（一）行文关系

行文关系根据隶属关系和职权确定。

1. 上下级关系

上下级关系即领导和被领导关系。这是直接隶属的关系，如国务院和省政府，省政府和厅、局之间的关系。

2. 平级关系

平级关系是指在一个系列中的同等级别的机关或者部门、单位之间的关系。

3. 非隶属关系

非隶属关系指不是同一垂直系列，不发生直接职能往来的机关及其部门、单位之间的关系。

（二）行文方向

行文方向是以发文机关为立足点向不同机关运行的公文去向。

1. 上行

指公文向上级机关运行。党政公文的上行文有报告和请示等。

2. 下行

指公文向下级机关运行。下行的党政公文较多，如命令（令）、决定、通报等。

3. 平行

指公文向同级或不相隶属的机关单位运行。主要是函。

4. 普行

指向社会公布的公文。主要是公告和通告等。

（三）行文方式

行文方式，指行文的形式和方法。

1. 按行文对象分

逐级行文，即向直接的上级或者直接下级进行行文。越级行文，即越过自己的直接上级或下级进行行文。多级行文，即向直接上级并呈非直接上级或者向直接下级并转非直接下级的一次性行文。通行行文，即向隶属机关和非隶属机关以及社会群体一次性普向行文。

2. 按发文机关分

可分为单独行文、联合行文。

3. 按对象主次分

可分为主送、抄送。

二、公文的行文规则

《条例》第十三条指出："行文应当确有必要，讲求实效，注重针对性和可操作性。"第十四条指出："行文关系根据隶属关系和职权范围确定。"具体的行文规则包括下行文规则、上行文规则、联合行文规则等。

（一）上行文规则

原则上主送一个上级机关，根据需要同时抄送相关上级机关和同级机关，不抄送下级机关。

党委、政府的部门向上级主管部门请示、报告重大事项，应当经本级党委、政府同意或者授权;属于部门职权范围内的事项应当直接报送上级主管部门。

下级机关的请示事项,如需以本机关名义向上级机关请示,应当提出倾向性意见后上报,不得原文转报上级机关。

请示应当一文一事,不得在报告等非请示性公文中夹带请示事项。

除上级机关负责人直接交办事项外,不得以本机关名义向上级机关负责人报送公文,不得以本机关负责人名义向上级机关报送公文。

受双重领导的机关向一个上级机关行文,必要时抄送另一个上级机关。

(二)下行文规则

主送受理机关,根据需要抄送相关机关,重要行文应当同时抄送发文机关的直接上级机关。

党委、政府的办公厅(室)根据本级党委、政府授权,可以向下级党委、政府行文,其他部门和单位不得向下级党委、政府发布指令性公文或者在公文中向下级党委、政府提出指令性要求。需经政府审批的具体事项,经政府同意后可以由政府职能部门行文,文中须注明已经政府同意。

党委、政府的部门在各自职权范围内可以向下级党委、政府的相关部门行文。

涉及多个部门职权范围内的事务,部门之间未协商一致的,不得向下行文;擅自行文的,上级机关应当责令其纠正或者撤销。

上级机关向受双重领导的下级机关行文,必要时抄送该下级机关的另一个上级机关。

(三)其他行文规则

1. 同级原则

《条例》第十七条规定,联合行文必须是同级的党、政、军、人民团体和"具有行政职能的事业单位"。同级是原则。不同级则不得联合行文。

2. 党政分开行文原则

《条例》第十七条规定:"属于党委、政府各自职权范围内的工作,不得联合行文。"

第四节　公文的语言

公文写作在语言及其表达方式上有其特殊要求,独特的语言风格称公文语体。用词准确贴切,句式简练严谨,保留固定的惯用语。公文的表达方式以客观直陈式说明为主,包括概括叙述、断定性议论等。

一、用词准确贴切

这是对公文语言最基本的要求。公文使用规范的书面语言,不用口语、方言、俗语俚词。概念清晰,词义准确,概括性强,简洁明确,"一字入公文,九牛拔不出"。一般不用描述性、比喻性词语。

二、句式简练严谨

简练是指用简洁的语言把意思表达明白;严谨是指语句紧凑,表达严密。多一字则冗,少一字不明。多用短语、短句,操作性强的直陈句,省主语的动宾式,少用长句、复句。避免重复啰唆,句子冗长。

三、固定的惯用语

公文中适当运用惯用语,可以使公文显得简洁明了,严谨平实,言简意赅,突出庄重性。常见惯用语有:

1. 开头用语

用于说明发文缘由、意义、根据或介绍背景材料及情况。

表示依据,如"根据"、"依据"、"依照"、"按照"、"遵照";表示目的,如"为"、"为了";表示原因,如"由于"、"因"、"因此";表示伴随情况,如"目前"、"当前"、"兹"、"查"、"奉"等。

2. 承启用语

用于承接上文、引起下文。如"特作如下通知(决定、规定)","通告(通知)如下","现将有关事项通告(通知)如下","提出以下意见","拟采取以下措施"或"综上所述"等。

3. 结尾用语

用于结尾,表示收束。不同的文种,有不同的结尾用语,如函用的结尾"为盼"、"为荷";通知(通告)用"特此通知(通告)";报告用"特此报告"、"专此报告"等;请示用"当否,请批复"、"可否,请批复"等;批复用"此复"、"特此批复"等。

4. 称谓用语

对各机关称谓的简称,如"我(局、公司)"、"本(局、公司)"、"你(局、公司)"、"贵(局、公司)"、"该(局、公司)"等。

5. 经办用语

用于说明公务处理情况或要求,如"经"、"业经"、"现将"、"已经"、"兹经"、"责成"、"执行"、"试行"、"贯彻执行"、"研究执行"、"参照执行"、"遵照执行"等。

6. 引叙用语

即引叙来件的用语,如"悉"、"收悉"、"欣悉"、"惊悉"、"接"、"前接"、"近接"、"现接"等。

7. 表态用语

用于表明公文办理机关对公务事项的态度,如"同意"、"不同意"、"照办"、"可办"、"不可"、"应"、"应该"、"批准执行"、"请遵照执行"、"原则同意"、"原则批准"等。

8. 期请用语

表示发文者的期望、要求,如"请"、"希"、"望"、"盼"、"拟请"、"恳请"、"即请"、"报请"等。

9. 批转用语

用于批转、转发、印发时的用语,如"印发"、"批转"、"转发"等。

10. 征询用语

表示征求、询问对有关事项的意见和态度,如"当否"、"妥否"、"可否"、"是否妥当"、"是否同意"、"如无不当(妥)"、"如果可行"等。

第五节 公文的写作过程

公文写作从交拟开始至签发结束,是集体性、程序性的复杂过程。

一、交拟

领导或领导集体将公文的写作意图交给草拟者,草拟者必须全面、准确、深刻领会,把握写作意图。写作意图包括事项、目的、文种、收文对象及要求等。

二、构思

草拟者要严格按写作意图进行构思、拟稿。首先理清思路,整理材料,确定写作角度、依据、对象、目的和内容。其次分清主次、轻重、虚实、先后等,反复思考写什么、写哪些、为什么写、谁做、怎样做、达到什么效果及提哪些规定或要求等问题。最后制定大体思路与内容的框架。如有问题,应及时请示、汇报,不能自作主张。

三、确立提纲

根据构思所思考清楚的问题,写出简单而又明了的提纲。必要时,提纲要经集体讨论,并经领导批准。

四、草拟

拟写初稿,必须符合《条例》规定。《条例》第十九条规定,"草拟公文应当做到"以下要求:

符合国家法律法规和党的路线方针政策,完整准确地体现发文机关意图,并同现行有关公文相衔接。

一切从实际出发,分析问题实事求是,所提政策措施和办法切实可行。

内容简洁,主题突出,观点鲜明,结构严谨,表述准确,文字精练。

文种正确,格式规范。

深入调查研究,充分进行论证,广泛听取意见。

公文涉及其他地区或者部门职权范围内的事项,起草单位必须征求相关地区或者部门意见,力求达成一致。

机关负责人应当主持、指导重要公文的起草工作。

五、修改

公文修改,可以由草拟人对初稿自行修改,也可以集体修改或会议修改。领导签发后,则不能私自改动。

公文修改,必须高度重视,十分严谨,反复多次进行。首先,从总体上检查内容是否准确、全面、深刻地体现出写作意图,是否符合行政实践,是否可行有效。第二,从总体上检查结构是否合乎逻辑,即要点(或小标题)是否明确、简要;语言结构、字数是否大体统一;分类是否恰当;分层是否清楚;前后关系是否必然;总体是否全面、完整、严密。第三,检查层、段的内容要点概括是否准确、明了,内容是否与要点一致;层、段之间关系是否必然、协调,语言风格、字数是否相同或大体相似。第四,检查词语、标点是否准确、规范。

六、审核发布

公文送领导人签发之前,应当由办公厅(室)进行审核。

行文理由是否充分,行文依据是否准确。

内容是否符合国家法律法规和党的路线方针政策;是否完整准确体现发文机关意图;是否同现行有关公文相衔接;所提政策措施和办法是否切实可行。

涉及有关地区或者部门职权范围内的事项是否经过充分协商并达成一致意见。

文种是否正确,格式是否规范;人名、地名、时间、数字、段落顺序、引文等是否准确;文字、数字、计量单位和标点符号等用法是否规范。

其他内容是否符合公文起草的有关要求。

需要发文机关审议的重要公文文稿,审议前由发文机关办公厅(室)进行初核。经审核不宜发文的公文文稿,应当退回起草单位并说明理由;符合发文条件但内容需作进一步研究和修改的,由起草单位修改后重新报送。

公文应当经本机关负责人审批签发。重要公文和上行文由机关主要负责人签发。党委、政府的办公厅(室)根据党委、政府授权制发的公文,由授权机关主要负责人签发或者按照有关规定签发。签发人签发公文,应当签署意见、姓名和完整日期;圈阅或者签名的,视为同意。联合发文由所有联署机关的负责人会签。

【练习】

一、填空题

1. 一份完整的公文格式,是由_____、_____、_____三大部分组成的。
2. 发文机关标志,一般是由_____加_____组成,或者直接以_____为标志。
3. 发文字号由_____、_____、_____三部分组成。
4. 秘密等级分为_____、_____、_____三级,密级的位置在版心的_____。
5. 公文的紧急程度分_____、_____两种,位置在"秘密等级"的_____。
6. 签发人指_____。
7. 标题中除_____、_____名称加书名号外,一般不加标点符号。
8. 行文方向,分为_____、_____和_____三种。
9. 报告中不得夹带_____事项。
10. 联合行文的必要条件是机关单位必须_____。

二、修改公文标题

1. ××局关于更新××医院锅炉设备的请示报告
2. ××市工业公司关于拟在2012年下半年建立中心化验室,需要增添部分仪器设备,请批准在××费中开支的请示
3. 省××厅严格控制会议费规定的通知
4. ××局关于张明同志任职批复的通知
5. ××市交通管理局公告
6. 关于请求追认××同志为革命烈士的报告
7. 财政部复中国黄金总公司关于对年产万两以上黄金矿可酌情减征耕地占用税问题

8. ××大学关于呈报试行教学津贴情况的报告

9. 在职称评审工作中几个具体政策问题的请示报告

10. ××省人民政府批转《国务院关于进一步加强药品管理的紧急通知》的通知

三、判断说明题

1. 公文的标题必须三要素俱全。（　　）
2. 几个单位联合发文，只标明主办单位的发文字号即可。（　　）
3. 几个单位联合发文，只加盖主办单位的印章即可。（　　）
4. 无论是普发性公文，还是特指性公文，都可以有两个或两个以上的主送机关。（　　）
5. 公文的紧急程度可分为特急、急件、平件。（　　）
6. 落款的发文机关可以使用全称或简称。（　　）
7. 上下行文中都要标识签发人。（　　）
8. 公文作者指单位第一负责人。（　　）
9. 收到请示可以根据事情的大小或必要性决定是否行文。（　　）
10. 报刊上发布的公文，收文机关可以视为资料供学习参考。（　　）

四、单项选择题

1. 下列发文字号写作正确的是（　　）
   A. 国发〔2016〕30号　　　　B. 苏府（2015年）128号
   C. 国办函[2011]78号　　　　D. 粤科院〔2015〕078号

2. 公文的主送机关是指（　　）
   A. 担负领导责任的上级机关　　B. 对公文有办理和答复责任的机关
   C. 对公文有主要监督责任的机关　　D. 与公文涉及内容有关的上下级机关

3. 公文标题中不可以省略的要素是（　　）
   A. 发文机关　　　　B. 发文事由
   C. 文种　　　　　　D. 发文对象

4. 需要注明签发人姓名的是（　　）
   A. 上行文　　　　　B. 下行文
   C. 平行文　　　　　D. 所有行文

5. 下列公文格式的表述中错误的一项是（　　）
   A. 主送机关即受文机关
   B. 公文印发工作由发文机关的办公部门承担
   C. 发文字号由发文机关代字、发文年度、发文序号组成
   D. 附件是附在正文之后的文件、材料

6. 下列公文中属于知照类公文的是（　　）
   A. 议案　　　　　　B. 请示
   C. 通告　　　　　　D. 决定

7. 公文的作者必须是（　　）
   A. 单位的领导　　　B. 法定的机关、组织及其负责人
   C. 办公室秘书　　　D. 制发文件的机关

8. 不属于发文字号的内容是（　　）

    A. 机关代字   B. 文件名称
    C. 年份   D. 顺序号

9. 行政机关公文秘密等级和保密程度应标注于　　　　　　　　　　(　　)
    A. 首页版心左上角   B. 首页版心右上角
    C. 公文标题左上角   D. 公文标题右上角

10. 下面哪种情况可以联合行文　　　　　　　　　　　　　　　　(　　)
    A. 同级政府之间   B. 政府及其部门与同级党委之间
    C. 上级政府与下一级政府之间   D. 政府及其部门与同级人民团体之间

五、双项选择题

1. 下列发文字号正确的是　　　　　　　　　　　　　　　　　　(　　)
    A. 南财教〔2016〕11 号   B. 苏政发(2014 年)3 号
    C. 国函[2014] 8 号   D. 粤府发〔2015〕7 号

2.《××县文新广局向××县土地局申请划拨建设电视转播台用地的请示报告》，该标题主要错误是　　　　　　　　　　　　　　　　　　　　　　　　　　(　　)
    A. 错误使用文种，本文是一个请示   B. 错误使用文种，本文是一个报告
    C. 错误使用文种，应使用函   D. 错误使用文种，本文是请示性函

3. 下列公文标题中正确的是　　　　　　　　　　　　　　　　　(　　)
    A. 国务院关于中国人民抗日战争暨世界反法西斯战争胜利 70 周年纪念日调休放假的通知
    B. 国务院关于印发《"十三五"促进就业规划》的通知
    C. 国务院办公厅关于印发乡村教师支持计划(2015—2020 年)的通知
    D. 教育部追授孟瑞鹏同学"全国优秀大学生"荣誉称号的决定

4. 下列表述不当的是　　　　　　　　　　　　　　　　　　　　(　　)
    A. 下行文也需要标识签发人
    B. 发文字号由发文机关代称、发文年份以及本年度发文序号组成
    C. 按照秘密等级的不同，公文可分为绝密、机密、秘密文件
    D. 平行文即指平级机关之间的公文

5. 根据《国家党政机关公文处理条例》的规定，使用"通知"的是　　(　　)
    A. 南京邮电大学任命学校中层干部
    B. 国务院办公厅要求贯彻落实国务院常务会议精神有关事项
    C. 教育部同意建立福州理工学院
    D. 国务院对全国政府网站抽查情况进行通报

6. 下列公文标题中错误的是　　　　　　　　　　　　　　　　　(　　)
    A. 教育部关于印发《学校体育运动风险防控暂行办法》的通知
    B. 教育部转发《国务院关于进一步加强新时期爱国卫生工作的意见》的通知
    C. 国家民委办公厅关于国家民委官方微信建设有关事项的通知
    D. 国务院办公厅关于印发《乡村教师支持计划(2015—2020 年)》的通知

7. 下列事项采用请示行文的是　　　　　　　　　　　　　　　　(　　)
    A. 福建省人民政府向教育部申请建立福州理工学院

B. 南京市江宁区国税局代企业向南京市国税局申请减免税款
C. 江苏省驻北京办事处向北京市规划局行文,请求批准建造临时建筑物
D. 江苏省文化厅报文化部邀请台湾歌手周杰伦到南京市演出

8. 公文使用的正确表述是　　　　　　　　　　　　　　　　　　　　（　）
   A. 公文的标题不可以省略文种
   B. 受双重领导的下级机关向上行文,应当给两个领导机关主送公文。
   C. 向一切有审批权的机关请求批准时应写请示
   D. 请示在行文时无需抄送下级机关

9. 以下不可以联合行文的是　　　　　　　　　　　　　　　　　　　　（　）
   A. 江西省民政厅、江苏省人社厅、山东省教育厅
   B. 江苏省教育厅、南京市卫计委、鼓楼区工商局
   C. 国务院、团中央、全国妇联
   D. 南京市民政局、南京市地税局、南京市教育局

10. 下列文种既可用作上行文又可用作下行文的是　　　　　　　　　　　（　）
    A. 通知　　　　　B. 意见　　　　　C. 函　　　　　D. 报告

第三章 指挥性公文的写作

指挥性公文,是上级机关向下级机关及所属部门、单位的行文,从行文方向来说,属下行文。主要文种有命令(令)、决议、决定、批复。其次,规定性通知、部署性意见、决定性纪要等,也有指挥功能。这类公文,下级机关必须遵照、贯彻执行。

第一节 命令(令)的写作

一、命令(令)的适用范围

《条例》指出,命令(令)"适用于公布行政法规和规章、宣布施行重大强制性措施、批准授予和晋升衔级、嘉奖有关单位和人员"。

二、命令的特点

(一)内容的重大性

命令(令)涉及的内容都是重大事项,或重大的强制性的行政措施,影响面广。非重大的事项不能用命令来行文。

(二)作者的权威性

根据我国法律,国家主席、全国人大常委会及其委员长,国务院及其总理,县以上各级人民政府及其首脑以及其他法定机关和负责人有权发布命令。党的机关、其他行政机关和各企事业单位、人民团体不能使用命令。命令的权威性最高、最强,必须不折不扣地坚决执行、照办。

(三)执行的强制性

命令(令)严肃、庄重。命令的强制性和约束力最强,令行则行,令禁则止,一旦发布,必须坚决服从和严格执行。

(四)语体的庄重性

命令(令)语体十分严谨、庄重,言简意赅,一丝不苟,字字千钧,坚定有力,体现了集体的意志和利益。

三、命令的类型

命令按作用可分为发布令、行政令、嘉奖令、任免令。

(一)发布令

用以发布主要法规或规章的命令。

（二）任免令

用以任免国家行政机关首长的命令。

（三）行政令

用以宣布重大强制性行政措施的命令。

（四）嘉奖令

用以嘉奖杰出贡献有功单位、人员的命令。

四、命令的结构

（一）命令的标题

命令的标题一般由发文机关名称和文种的名称构成。如"中华人民共和国主席令"、"北京市人民政府令"。有的由三项式即发文机关名称、事由和文种构成。如"中华人民共和国国务院关于发行新版人民币的命令"。

（二）命令的文号

命令的发文字号有两种构成方式。

一是由发文机关代字、年份、序号组成，如国发〔2016〕25号。

二是用令号代替发文字号，写在标题的正下方。令号的编排用流水号，从发令机关或发令人的任职开始编号，直至其任职期满。下任另外从头编号。令号无须加括号，如"第12号"。

（三）发布日期及施行日期

命令必须写清两个日期：一个是发布命令的日期，标注在落款处；另一个是命令的施行日期，写在令文的结尾处，如"自发布之日起施行"。

（四）命令的署名

以国家行政机关名义发布的命令，在落款处标注机关名称；以领导人名义发布的命令，应署明发令人的职务和姓名。如国务院及国务院各部、委发布的命令，由国务院总理和部长、主任署名。

五、命令的正文写作

命令的正文分为单段体和多段体两种结构。单段体常用于发布某项法规，或者奖惩人员及任免人员。多段体常用于发布重大的强制性的行政措施。

（一）发布令的写作

发布令正文由发布的法规、规章的名称及通过的单位和时间、施行的日期组成。在正文中，一般只需写明法规或规章的名称，法规或规章文件的正文附在文后。

［例文 1］

中华人民共和国国务院令

第 667 号

《全国社会保障基金条例》已经 2016 年 2 月 3 日国务院第 122 次常务会通过，现予公布，自 2016 年 5 月 1 日起施行。

附件：全国社会保障基金条例

总理　李克强
2016 年 3 月 10 日

[例文 2]

中华人民共和国国务院令

第 665 号

根据 1993 年 3 月 31 日第八届全国人民代表大会第一次会议通过的《全国人民代表大会关于设立中华人民共和国澳门特别行政区的决定》，《中华人民共和国澳门特别行政区行政区域图》已经 2015 年 12 月 16 日国务院第 116 次常务会议通过，现予公布，自 2015 年 12 月 20 日起施行。1999 年 12 月 20 日国务院公布的《中华人民共和国澳门特别行政区行政区域图》同时废止。

附：中华人民共和国澳门特别行政区行政区域界线文字说明

总理　李克强
2015 年 12 月 20 日

（二）任免令的写作

任免令的正文常用一句话，写明根据什么会议决定、任命或免去什么人什么职务，不需要阐述理由。适用于级别较高的行政机关或立法机关。一般单位不能用命令（令）任免干部。

[例文 1]

中华人民共和国主席令

第一号

根据中华人民共和国第十二届全国人民代表大会第一次会议的决定，任命李克强为中华人民共和国国务院总理。

中华人民共和国主席　习近平
2013 年 3 月 15 日

[例文 2]

中华人民共和国国务院令

第 655 号

依照《中华人民共和国澳门特别行政区基本法》的有关规定，根据澳门特别行政区第四任行政长官选举委员会选举产生的人选，任命崔世安为中华人民共和国澳门特别行政区第四任行政长官，于 2014 年 12 月 20 日就职。

总理　李克强
2014 年 9 月 17 日

[例文 3]

中华人民共和国国务院令

第 678 号

依照《中华人民共和国香港特别行政区基本法》的有关规定,根据香港特别行政区行政长官选举委员会选举产生的人选,任命林郑月娥为中华人民共和国香港特别行政区第五任行政长官,于 2017 年 7 月 1 日就职。

总理　李克强
2017 年 3 月 31 日

(三) 行政令的写作

行政令的正文一般由两部分组成,包括前言和事项。前言部分说明发布命令的原因(依据、目的),理由充分,使人信服。事项主要包括强制性行政措施及执行机关等内容。条目清晰,层次分明,便于执行。

[例文]

国务院关于在西藏自治区拉萨市实行戒严的命令

国发〔1989〕20 号

鉴于少数分裂主义分子不断在西藏自治区拉萨市制造骚乱,严重危害社会安定。为了维护社会秩序,保障公民人身、财产的安全,保护公共财产不受侵犯,根据宪法第八十九条第十六项的规定,国务院决定,自 1989 年 3 月 8 日零时在拉萨市实行戒严,由西藏自治区人民政府组织实施,并根据实际需要采取具体戒严措施。

国务院总理　李　鹏
1989 年 3 月 7 日

(四) 嘉奖令的写作

嘉奖令的正文包括三部分内容。

1. 嘉奖对象的主要事迹和功勋

这是嘉奖的依据,概括嘉奖对象的主要事迹并作简要评价。

2. 嘉奖的具体内容

即授予嘉奖对象荣誉称号或奖励(包括荣誉名称、记功、受勋、晋级、奖金等)。

3. 提出希望或发出号召

号召向被嘉奖人员的精神或思想品德学习,提出促进工作或事业发展的希望或要求。

[例文1]

国务院 中央军委
关于授予钱学森同志"国家杰出贡献科学家"荣誉称号的命令

国发〔1991〕51号

国防科工委:

  钱学森同志是我国著名科学家。他早年在空气动力学、航空工程、喷气推进、工程控制论等技术科学领域作出许多开创性的贡献。1955年9月,在毛泽东、周恩来等老一辈无产阶级革命家的关怀下,他冲破重重阻力,离开美国回到社会主义祖国。1959年8月,他光荣地加入了中国共产党。数十年来,他以对祖国、对人民的无限热爱和忠诚,满腔热忱地投身于我国国防科研事业,为我国火箭、导弹和航天事业的创建与发展作出了卓越的贡献。他潜心研究的工程控制论,发展成为系统工程理论,并广泛地运用于军事运筹、农业、林业,乃至整个社会经济各个领域的实践活动,在我国现代化建设中发挥了重要作用。在发展系统工程理论与实践方面,他是我国科技界公认的倡导人。他一贯努力学习马克思主义、毛泽东思想,坚持运用马克思主义哲学理论指导科学活动。他热爱中国共产党,热爱社会主义祖国,热爱人民,充分体现了新中国知识分子的高尚品德,他是我国爱国知识分子的杰出典范。

  为了表彰钱学森同志全心全意为人民服务,为祖国科技事业的发展所作出的卓越贡献,国务院、中央军委决定,授予钱学森同志"国家杰出贡献科学家"的荣誉称号。

  国务院、中央军委号召广大科技工作者向钱学森同志学习,学习他崇高的民族气节、严谨的科学态度、朴实的工作作风。像他那样忠于党、忠于社会主义祖国、忠于人民,像他那样坚持运用辩证唯物主义和历史唯物主义的科学世界观、方法论指导科研工作;像他那样勤勤恳恳,艰苦奋斗,顽强拼搏,无私奉献,为发展和繁荣我国科技事业,推进社会主义现代化建设作出新的贡献。

  科学技术是第一生产力,是推动经济和社会发展的强大力量。各级领导干部都要继续认真贯彻落实党的知识分子政策和发展科技的方针,以对党对人民高度负责的精神,关心爱护和大力培养科技队伍,造就更多的世界第一流的科学技术专家,为在全社会进一步形成尊重知识、尊重人才的良好风尚而努力奋斗。

国务院总理 李 鹏
中央军委主席 江泽民
1991年10月14日

[例文2]

国务院 中央军委
关于授予丁晓兵同志"保持英雄本色的忠诚卫士"荣誉称号的命令

国发〔2006〕126号

公安部、中国人民武装警察部队:

  丁晓兵,男,1965年9月出生,现任武警一八一师五四二团政治委员,上校警衔,1983年10月入伍,1984年10月在遂行军事任务中英勇负伤,失去右臂。该同志入伍20多年来,牢记使命,献身国防,以伤残之躯续写人生辉煌篇章,先后被人事部和中国残联授予"全国自强模范"称号,被武警部队评为第八届"中国武警十大忠诚卫士",被中组部授予"全国优秀共产党员"荣誉称号,荣立一等功1次、三等功2次。他自强不息,争创一流业绩,任指导员期间,所在连队被军区评为基层建设先进连,荣立集体一等功1次、三等功2次;任营教导员和团政治处主任期间,所在单位年年被评为先进。他刻苦钻研,积极探索新形势下的带兵特点规律,总结归纳出"心理自我调节12法"、"群众性教育20法"等105条带兵经验,被上级推广。他关爱部属,以情带兵,先后捐款5万多元救助67名家庭困难的干部战士,在他的教育帮助下,28名后进战士被转化,30多名战士考上军校,17名战士直接提干。

为表彰先进,国务院、中央军委决定,授予丁晓兵同志"保持英雄本色的忠诚卫士"荣誉称号。

丁晓兵同志是践行"三个代表"重要思想和落实科学发展观的楷模,是保持共产党员先进性的典范。

国务院、中央军委号召全体公安民警、武警官兵和全军指战员向丁晓兵同志学习,学习他爱党爱国、永葆党和人民忠诚卫士本色的崇高品质,坚决听党话,始终跟党走;学习他战时舍身、平时忘我的崇高思想境界,努力实践我军宗旨,自觉为祖国和人民的利益不懈奋斗;学习他心系基层、情注士兵的高尚情操,坚持为基层官兵做好事、办实事、解难事;学习他自强不息、奋发有为的进取精神,立足本职岗位争先创优、建功立业。广大官兵要以丁晓兵同志为榜样,高举邓小平理论和"三个代表"重要思想伟大旗帜,牢固树立和落实科学发展观,爱岗敬业,无私奉献,为构建社会主义和谐社会,更好地履行新世纪新阶段我军历史使命而努力奋斗!

国务院总理　温家宝
中央军委主席　胡锦涛
2006年12月5日

第二节　决定的写作

一、决定的适用范围

《条例》指出,决定"适用于对重要事项做出决策和部署、奖惩有关单位及人员、变更或者撤销下级机关不适当的决定事项"。用决定来做出安排的,必须是"重大行动"和"重要事项"。布置日常工作和处理一般事项可以用其他文种,如"通知"等。

二、决定的特点

(一)制约性

决定是下行文,要求下级机关贯彻执行。决定的制约性虽没有命令那么强硬,但比其他公文要强。

（二）稳定性

决定的内容具有一定的稳定性。主要事项或重大行动做出决定后，相当长时期内必须贯彻执行。如《中共中央关于构建社会主义和谐社会若干重大问题的决定》是今后较长一段时期内的工作重心，必须贯彻执行。

三、决定的类型

按内容分，主要有部署性决定、表彰性决定、惩戒性决定。

（一）部署性决定

又叫指挥性决定，这是党和国家行政机关为部署全局工作，或采取重大举措而使用的一种指挥性公文，如《中共中央关于经济体制改革的决定》。

（二）表彰性决定

对有重大贡献的单位、人员做出嘉奖表彰。如《中共中央　国务院　中央军委关于表彰为研制"两弹一星"做出突出贡献的科技专家并授予"两弹一星功勋奖章"的决定》、《中共中央　国务院　中央军委关于表彰全国抗震救灾英雄集体和抗震救灾模范的决定》、《中共中央　国务院　中央军委关于授予杨利伟同志"航天英雄"荣誉称号并颁发"航天功勋奖章"的决定》。

（三）惩戒性决定

对犯有重大事故或严重错误的单位、人员做出处分的一种决定。如《关于××学生考试作弊的处分决定》。

四、决定的结构

决定的结构一般包括标题、主送机关、正文、日期等部分。

（一）标题

决定的标题一般由三项式构成，即发文机关、事由和文种三个要素构成。如"国务院关于表彰国家测绘局第一大地测量队的决定"、"国务院关于第六批取消和调整行政审批项目的决定"。决定标题也可以省略其中的一项，即由发文机关加文种或发文事由和文种组成。如"关于加快发展中西部地区乡镇企业的决定"、"全国人民代表大会常务委员会决定"等。

（二）主送机关

有特定下发单位的决定，要写上主送机关的名称；普发性的决定，则不写主送机关。标题已有发文机关名称，结尾可不用签署发文机关。

（三）正文

不同的决定类型，其正文结构各有不同，见下文。

（四）日期

决定的日期有两种写法：一种是标注在正文的右下方，用于机关做出的决定；另一种是标注在标题正下方的括号内，用于会议做出的决定。

五、决定的正文写作

(一) 部署性决定的正文写作

正文一般由前言、决定事项、决定要求三部分组成。

1. 前言

写清决定的依据、原因、目的、意义等,即根据什么、为什么要发布决定。决定依据要高度概括,简洁明了;依据文件或有关精神等,可直接引用相应名称,并用"现决定如下"引出下文。

2. 决定事项

决定事项是决定的主体部分,主要包括指导思想、方针、原则、应完成的任务、措施、要求等。内容较多的用条列式。条列式按先虚后实安排顺序,即先原则后具体。

3. 决定要求

如正文是条列式,最后一条为要求。一般情况单列一段写要求或号召。

[例文]

国务院关于机关事业单位工作人员养老保险制度改革的决定

国发〔2015〕2号

各省、自治区、直辖市人民政府,国务院各部委、各直属机构:

按照党的十八大和十八届三中、四中全会精神,根据《中华人民共和国社会保险法》等相关规定,为统筹城乡社会保障体系建设,建立更加公平、可持续的养老保险制度,国务院决定改革机关事业单位工作人员养老保险制度。

一、改革的目标和基本原则。以邓小平理论、"三个代表"重要思想、科学发展观为指导,深入贯彻党的十八大、十八届三中、四中全会精神和党中央、国务院决策部署,坚持全覆盖、保基本、多层次、可持续方针,以增强公平性、适应流动性、保证可持续性为重点,改革现行机关事业单位工作人员退休保障制度,逐步建立独立于机关事业单位之外、资金来源多渠道、保障方式多层次、管理服务社会化的养老保险体系。改革应遵循以下基本原则:

(一) 公平与效率相结合。既体现国民收入再分配更加注重公平的要求,又体现工作人员之间贡献大小差别,建立待遇与缴费挂钩机制,多缴多得、长缴多得,提高单位和职工参保缴费的积极性。

(二) 权利与义务相对应。机关事业单位工作人员要按照国家规定切实履行缴费义务,享受相应的养老保险待遇,形成责任共担、统筹互济的养老保险筹资和分配机制。

(三) 保障水平与经济发展水平相适应。立足社会主义初级阶段基本国情,合理确定基本养老保险筹资和待遇水平,切实保障退休人员基本生活,促进基本养老保险制度可持续发展。

(四) 改革前与改革后待遇水平相衔接。立足增量改革,实现平稳过渡。对改革前已退休人员,保持现有待遇并参加今后的待遇调整;对改革后参加工作的人员,通过建立新机制,实现待遇的合理衔接;对改革前参加工作、改革后退休的人员,通过实行过渡性措施,保持待遇水平不降低。

(五)解决突出矛盾与保证可持续发展相促进。统筹规划、合理安排、量力而行,准确把握改革的节奏和力度,先行解决目前城镇职工基本养老保险制度不统一的突出矛盾,再结合养老保险顶层设计,坚持精算平衡,逐步完善相关制度和政策。

二、改革的范围。本决定适用于按照公务员法管理的单位、参照公务员法管理的机关(单位)、事业单位及其编制内的工作人员。

三、实行社会统筹与个人账户相结合的基本养老保险制度。基本养老保险费由单位和个人共同负担。单位缴纳基本养老保险费(以下简称单位缴费)的比例为本单位工资总额的20%,个人缴纳基本养老保险费(以下简称个人缴费)的比例为本人缴费工资的8%,由单位代扣。按本人缴费工资8%的数额建立基本养老保险个人账户,全部由个人缴费形成。个人工资超过当地上年度在岗职工平均工资300%以上的部分,不计入个人缴费工资基数;低于当地上年度在岗职工平均工资60%的,按当地在岗职工平均工资的60%计算个人缴费工资基数。

个人账户储存额只用于工作人员养老,不得提前支取,每年按照国家统一公布的记账利率计算利息,免征利息税。参保人员死亡的,个人账户余额可以依法继承。

四、改革基本养老金计发办法。本决定实施后参加工作、个人缴费年限累计满15年的人员,退休后按月发给基本养老金。基本养老金由基础养老金和个人账户养老金组成。退休时的基础养老金月标准以当地上年度在岗职工月平均工资和本人指数化月平均缴费工资的平均值为基数,缴费每满1年发给1%。个人账户养老金月标准为个人账户储存额除以计发月数,计发月数根据本人退休时城镇人口平均预期寿命、本人退休年龄、利息等因素确定(详见附件)。

本决定实施前参加工作、实施后退休且缴费年限(含视同缴费年限,下同)累计满15年的人员,按照合理衔接、平稳过渡的原则,在发给基础养老金和个人账户养老金的基础上,再依据视同缴费年限长短发给过渡性养老金。具体办法由人力资源社会保障部会同有关部门制定并指导实施。

本决定实施后达到退休年龄但个人缴费年限累计不满15年的人员,其基本养老保险关系处理和基本养老金计发比照《实施〈中华人民共和国社会保险法〉若干规定》(人力资源社会保障部令第13号)执行。

本决定实施前已经退休的人员,继续按照国家规定的原待遇标准发放基本养老金,同时执行基本养老金调整办法。

机关事业单位离休人员仍按照国家统一规定发给离休费,并调整相关待遇。

五、建立基本养老金正常调整机制。根据职工工资增长和物价变动等情况,统筹安排机关事业单位和企业退休人员的基本养老金调整,逐步建立兼顾各类人员的养老保险待遇正常调整机制,分享经济社会发展成果,保障退休人员基本生活。

六、加强基金管理和监督。建立健全基本养老保险基金省级统筹;暂不具备条件的,可先实行省级基金调剂制度,明确各级人民政府征收、管理和支付的责任。

机关事业单位基本养老保险基金单独建账,与企业职工基本养老保险基金分别管理使用。基金实行严格的预算管理,纳入社会保障基金财政专户,实行收支两条线管理,专款专用。依法加强基金监管,确保基金安全。

七、做好养老保险关系转移接续工作。参保人员在同一统筹范围内的机关事业单位之间流动,只转移养老保险关系,不转移基金。参保人员跨统筹范围流动或在机关事业单位与企业之间流动,在转移养老保险关系的同时,基本养老保险个人账户储存额随同转移,并以本人改革后各年度实际缴费工资为基数,按12%的总和转移基金,参保缴费不足1年的,按实际缴费月数计算转移基金。转移后基本养老保险缴费年限(含视同缴费年限)、个人账户储存额累计计算。

八、建立职业年金制度。机关事业单位在参加基本养老保险的基础上,应当为其工作人员建立职业年金。单位按本单位工资总额的8%缴费,个人按本人缴费工资的4%缴费。工作人员退休后,按月领取职业年金待遇。职业年金的具体办法由人力资源社会保障部、财政部制定。

九、建立健全确保养老金发放的筹资机制。机关事业单位及其工作人员应按规定及时足额缴纳养老保险费。各级社会保险征缴机构应切实加强基金征缴,做到应收尽收。各级政府应积极调整和优化财政支出结构,加大社会保障资金投入,确保基本养老金按时足额发放,同时为建立职业年金制度提供相应的经费保障,确保机关事业单位养老保险制度改革平稳推进。

十、逐步实行社会化管理服务。提高机关事业单位社会保险社会化管理服务水平,普遍发放全国统一的社会保障卡,实行基本养老金社会化发放。加强街道、社区人力资源社会保障工作平台建设,加快老年服务设施和服务网络建设,为退休人员提供方便快捷的服务。

十一、提高社会保险经办管理水平。各地要根据机关事业单位工作人员养老保险制度改革的实际需要,加强社会保险经办机构能力建设,适当充实工作人员,提供必要的经费和服务设施。人力资源社会保障部负责在京中央国家机关及所属事业单位基本养老保险的管理工作,同时集中受托管理其职业年金基金。中央国家机关所属京外单位的基本养老保险实行属地化管理。社会保险经办机构应做好机关事业单位养老保险参保登记、缴费申报、关系转移、待遇核定和支付等工作。要按照国家统一制定的业务经办流程和信息管理系统建设要求,建立健全管理制度,由省级统一集中管理数据资源,实现规范化、信息化和专业化管理,不断提高工作效率和服务质量。

十二、加强组织领导。改革机关事业单位工作人员养老保险制度,直接关系广大机关事业单位工作人员的切身利益,是一项涉及面广、政策性强的工作。各地区、各部门要充分认识改革工作的重大意义,切实加强领导,精心组织实施,向机关事业单位工作人员和社会各界准确解读改革的目标和政策,正确引导舆论,确保此项改革顺利进行。各地区、各部门要按照本决定制定具体的实施意见和办法,报人力资源社会保障部、财政部备案后实施。人力资源社会保障部要会同有关部门制定贯彻本决定的实施意见,加强对改革工作的协调和指导,及时研究解决改革中遇到的问题,确保本决定的贯彻实施。

本决定自2014年10月1日起实施,已有规定与本决定不一致的,按照本决定执行。

附件:个人账户养老金计发月数表

国务院
2015年1月3日

(二) 表彰性决定的写作

表彰性决定的正文分为被表彰对象的先进事迹、表彰决定、号召或希望。

1. 先进事迹

这是表彰的依据或缘由。概述表彰对象的先进事迹和事迹意义。如概述被表彰者的身份、事迹或事实的经过、时间、地点、当事人等。事迹应具有可信度和说服力。

2. 表彰决定

按事实、程序(如"经研究")、依据做出授予荣誉称号或记功、受勋、晋级等的表彰决定。

3. 号召或希望

号召学习被表彰对象的精神或思想、品德,结合当前工作,提出希望或发展方向。

[例文1]

国务院关于2016年度国家科学技术奖励的决定

国发〔2017〕2号

各省、自治区、直辖市人民政府,国务院各部委、各直属机构:

为全面贯彻党的十八大和十八届三中、四中、五中、六中全会精神,大力实施科教兴国战略、人才强国战略和创新驱动发展战略,国务院决定,对为我国科学技术进步、经济社会发展、国防现代化建设作出突出贡献的科学技术人员和组织给予奖励。

根据《国家科学技术奖励条例》的规定,经国家科学技术奖励评审委员会评审、国家科学技术奖励委员会审定和科技部审核,国务院批准并报请国家主席习近平签署,授予赵忠贤院士、屠呦呦研究员国家最高科学技术奖;国务院批准,授予"大亚湾反应堆中微子实验发现的中微子振荡新模式"国家自然科学奖一等奖,授予"亚洲季风变迁与全球气候的联系"等41项成果国家自然科学奖二等奖,授予"高温/超高温涂层材料技术与装备"等3项成果国家技术发明奖一等奖,授予"良种牛羊高效克隆技术"等63项成果国家技术发明奖二等奖,授予"第四代移动通信系统(TD-LTE)关键技术与应用"等2项成果国家科学技术进步奖特等奖,授予"嫦娥三号工程"等20项成果国家科学技术进步奖一等奖,授予"多抗稳产棉花新品种中棉所49的选育技术及应用"等149项成果国家科学技术进步奖二等奖,授予凯瑟琳娜·科瑟·赫英郝斯教授等5名外国专家和国际玉米小麦改良中心中华人民共和国国际科学技术合作奖。

全国科学技术工作者要向赵忠贤院士、屠呦呦研究员及全体获奖者学习,继续发扬求真务实、勇于创新的科学精神和服务国家、造福人民的优良传统,深入实施创新驱动发展战略,坚定不移走中国特色自主创新道路,为加快建设创新型国家、建设世界科技强国,实现"两个一百年"奋斗目标和中华民族伟大复兴的中国梦作出新的更大贡献。

国务院
2017 年 1 月 2 日

[例文 2]

中共中央　国务院　中央军委
关于给景海鹏颁发"一级航天功勋奖章"授予陈冬"英雄航天员"荣誉称号并颁发"三级航天功勋奖章"的决定

2016 年 10 月 17 日,我国航天员景海鹏、陈冬同志驾乘神舟十一号载人飞船成功进入太空,在进行 33 天太空飞行,完成与天宫二号空间实验室交会对接,开展一批体现国际科学前沿和高新技术发展方向的空间科学与应用任务后,于 11 月 18 日顺利返回地面。天宫二号和神舟十一号载人飞行任务圆满成功,首次实现了我国航天员中期在轨驻留,标志着我国载人航天工程取得新的重大进展,展示了我国建设创新型国家和世界科技强国的最新成果,展示了中国人民攀登世界科技高峰的最新成就,对于进一步提升我国综合国力、科技实力、民族凝聚力,激励全党全军全国各族人民统筹推进"五位一体"总体布局和协调推进"四个全面"战略布局,不断开创中国特色社会主义事业新局面,具有重大意义。

天宫二号和神舟十一号载人飞行任务圆满成功,凝聚着参加工程研制、建设、试验的广大科技工作者、航天员、干部职工、解放军指战员的智慧和心血。景海鹏、陈冬同志作为其中的杰出代表,团结协作、迎难克艰,体现了一流的、过硬的素质。景海鹏同志忠诚使命、顽强拼搏,先后 3 次执行航天飞行任务,为我国载人航天事业作出重大贡献。陈冬同志坚毅果敢、勇于挑战,精心精细操作,出色完成各项任务。

为褒奖他们的卓著功绩,中共中央、国务院、中央军委决定,给景海鹏同志颁发"一级航天功勋奖章",授予陈冬同志"英雄航天员"荣誉称号并颁发"三级航天功勋奖章"。

景海鹏、陈冬同志是投身建设航天强国事业的飞天勇士,是实现中国梦强军梦征程上的时代先锋。中央号召,全党全军全国各族人民要以他们为榜样,学习他们爱党报国、忠诚使命的坚定信念,学习他们勇挑重担、恪尽职守的奋斗精神,学习他们不畏艰险、无私奉献的高尚品格,学习他们严谨细致、精益求精的扎实作风,努力在本职岗位上争创一流业绩。

让我们更加紧密地团结在以习近平同志为核心的党中央周围,高举中国特色社会主义伟大旗帜,全面贯彻党的十八大和十八届三中、四中、五中、六中全会精神,以邓小平理论、"三个代表"重要思想、科学发展观为指导,深入贯彻习近平总书记系列重要讲话精神和治国理政新理念新思想新战略,大力弘扬"两弹一星"精神和载人航天精神,艰苦奋斗,开拓创新,扎实工作,为实现"两个一百年"奋斗目标、实现中华民族伟大复兴的中国梦而努力奋斗!

2016 年 12 月 26 日

[例文 3]

江苏省人民政府关于追授孙孟涛同志
"江苏省见义勇为英雄"荣誉称号的决定

苏政发〔2016〕103 号

各市、县(市、区)人民政府,省各委办厅局,省各直属单位:

孙孟涛,男,21 岁,江苏沭阳县人,生前系沭阳县公安局永安路派出所辅警。

2016 年 3 月 24 日上午 9 时许,沭阳县公安局永安路派出所获取重要线索,犯罪嫌疑人在南通启东市出现,孙孟涛主动请缨参与抓捕工作。当晚 7 时许,孙孟涛随抓捕组进入启东市吕四港镇水产路店铺内,在逐一核实店内 8 名可疑人员身份时,一名青年男子提出上厕所的要求,孙孟涛和其他两名民警带其到后门口。在此过程中,该男子突然推开民警,转身向吕四港镇码头方向逃窜,孙孟涛紧追不舍,在犯罪嫌疑人即将跳水潜逃时,孙孟涛奋不顾身朝犯罪嫌疑人扑去,紧抱不放,犯罪嫌疑人拼命挣扎致使两人同时跌入码头。后续赶到的同事迅速进行救援,但因码头水太深,且无灯光,孙孟涛不幸光荣牺牲。犯罪嫌疑人于当夜 10 时许被抓获归案。

孙孟涛同志在协助公安民警执行抓捕犯罪嫌疑人的任务中,冲锋在前,英勇献身,诠释了舍身忘我、舍己为人的崇高精神,弘扬了中华民族传统美德,践行了社会主义核心价值观。为表彰先进,弘扬正气,根据《江苏省奖励和保护见义勇为人员条例》规定,省人民政府决定追授孙孟涛同志"江苏省见义勇为英雄"荣誉称号。

全省各行各业广大干部群众要以孙孟涛同志为榜样,大力弘扬见义勇为精神,模范践行社会主义核心价值观,为推进平安江苏建设,建设"强富美高"新江苏作出应有的贡献。

江苏省人民政府

2016 年 8 月 5 日

[例文 4]

浙江省人民政府关于授予浙江大学医学院附属
第二医院"浙江省模范集体"荣誉称号的决定

浙政发〔2014〕47 号

各市、县(市、区)人民政府,省政府直属各单位:

2014 年 7 月 5 日,杭州突发公交车纵火事件,导致数十名无辜群众受伤。浙江大学医学院附属第二医院作为本次事件中烧伤群众的救治指导中心,全院动员、精心组织、科学施救,经过医护人员共同努力,成功救治了病情最为危重的19名伤员。

为表彰先进、树立典型,省政府决定,授予浙江大学医学院附属第二医院"浙江省模范集体"荣誉称号。

希望浙江大学医学院附属第二医院珍惜荣誉、再接再厉,以救死扶伤为己任,不断激发和传递社会正能量,大力弘扬社会主义核心价值观和"最美浙江人"精神。全省各行各业要以模范集体为榜样,辛勤劳动、诚实劳动、科学劳动,为深入实施"八八战略",建设美丽浙江、创造美好生活作出新的贡献。

浙江省人民政府
2014年12月26日

(三)惩戒性决定的写作

包括错误的事实与性质,危害和影响、原因;处分依据、处分决定;希望或要求。

1. 错误的事实和性质

错误发生的时间、地点、事情过程、后果等;错误的性质,造成的危害和影响;错误的原因。事实应高度概括,原因须简明、深刻。

2. 处分依据

被处分单位或人员对错误性质、危害的态度和认识程度,应承担的责任,处分的法规、纪律或规定的文件依据。

3. 处分决定

按依据、程序(如"经研究")做出相应的行政处分,如警告、记过、撤销职务、开除公职或经济处罚等。

4. 希望或要求

指出应吸取教训,做好今后工作。必要时应重申和强调有关法律、法规或有关规定,要准确深刻、严肃有力,起警诫作用。

[例文1]

哈尔滨××大学关于学生考试违纪处分决定

杨×,男,基础学部×班学生;

唐××,男,基础学部×班学生。

2016年11月13日,在《计算机实用基础》考试中,杨×、唐××利用手机上网搜索与考试内容有关的资料,其二人行为:① 将手机带入考场构成违纪;② 考试过程中手机开机,查看手机构成作弊;③ 考试过程中利用手机作弊构成严重作弊。

经调查,以上事实清楚,证据确凿,根据《哈尔滨××大学关于考场纪律及考试违纪处分的规定》第三条第二款和《哈尔滨××大学学生违纪处分条例》第六章第二十八条规定,学校学生违纪处理委员会决定给予杨×、唐××两位同学留校察看一年处分。

对此决定有异议,在处分决定送达起5个工作日内,可以向学校申诉处理委员会提出申诉。

哈尔滨××大学学生违纪处理委员会
2016年11月18日

[例文2]

关于给予李××同学退学处理的决定

财务与会计系、教务部、学生工作部:

  李××,女,学号:12122042,财务与会计系会计学专业2012级学生。

  经查,该生自2015年1月申请休学,休学期满逾期未办理相关手续。根据《普通高等学校学生管理规定》(教育部令第21号)第二十七条第二款及《××大学××学院全日制本科学生学籍管理办法(试行)》第九章第五十八条第三款之规定,现决定给予李××同学退学处理。

  此退学处理决定在学院教务部主页予以公告,学生本人若对以上处理决定有异议,在处理决定书公告之日起5个工作日内,可以向学院学生申诉处理委员会提出书面申诉。

××大学××学院
2016年6月27日

第三节 批复的写作

一、批复的适用范围

《条例》指出,批复"适用于答复下级机关请示事项"。批复是直接上级机关针对下级机关或部门、单位的请示作出指示、批准的下行文,没有直接上下级关系或直接隶属关系的不能用批复。

二、批复的特点

(一)针对性

批复和请示是相互对应的一组公文。批复专门针对请示行文,有请必批,与请示事项无关的内容则不必涉及。

(二)权威性

上级机关对请示做出的批复具有一定的权威性,代表组织与全局的意志。下级机关必须以上级的批复精神指导、规范自己的工作或实践。

（三）政策性

批复有很强的政策性。写作批复必须有政策依据，批复内容必须体现政策，或重申政策，或发布新政策、新规定。下级机关必须执行政策，照章办事，不能自行其是或阳奉阴违。

三、批复的类型

按批复的性质和内容，可分为批准性批复和指示性批复。

（一）批准性批复

这是针对下级机关请求批准的请示而作的答复，即针对有关人、财、物的请示而作的批复。

（二）指示性批复

这是针对下级机关请求指示的请示而作的答复，即针对有关政策、方案、规划等的请示而作的批复。

四、批复的结构

批复由标题、发文字号、正文和落款组成。

（一）标题

1. 完全式

批复标题一般由机关名称、事由、文种三部分组成。如"上海市人民政府关于黄浦江大桥问题的批复"、"国家税务总局关于个人通过网络买卖虚拟货币取得收入征收个人所得税问题的批复"等。

2. 省略式

省略发文机关，一般由事由、文种构成。如"关于清除街道违章建筑的批复"。

3. 表态式

事由的写法除用"关于"加批复的事项外，还可在"关于"和事项之间插入"同意"二字，明确表态。如"国土资源部关于同意命名长白山火山国家地质公园和吉林乾安泥林国家地质公园的批复"、"文化部关于同意美籍歌手潘玮柏到江苏南京演出的批复"、"国务院关于同意江西省南昌市人民政府驻地迁移的批复"等。

（二）批复的发文字号

批复的发文字号由发文机关代字、年份、序号三部分组成。由于批复常以函的形式发布，故机关代字后可加"函"字，如"国函〔2017〕12号"、"国土资函〔2016〕741号"。

（三）正文

批复正文一般包括引述来文（即请示）、批复事项、结语三个部分。

1. 引述来文

批复开头应当先引请示标题，后引发文字号，如"《徐州市大龙湖旅游度假区关于申报省级旅游度假区的请示》（徐政发〔2016〕45号）收悉"、"你局《关于×××的请示》（××〔2016〕×号）收悉"。批复是被动行文，开头必须交代针对哪个请示作的答复。

2. 批复事项

上级机关针对请示事项应给予具体、明确的答复。答复一般有三种情况：同意、原则同意、不同意。"原则同意"，应写明同意的部分、变动的部分与变动的理由；"不同意"，应写明不同意的理由,指出解决的方向、途径、办法。

3. 批复结语

常用"特此批复"、"此复"等专门用语。

(四) 落款

如在批复的标题中已包含有发文机关,落款可不署发文机关,但必须署日期。标题中没有发文机关的,应署发文机关和日期。落款处均需加盖印章。

五、批复的正文写作

(一) 批准性批复的写作

先引述来文,表明态度,再按批复内容和结束语的顺序写作。如内容较多,应该分条陈述。若不同意,应说明不同意的理由,并做出应该如何处理的指示,使下级机关明白原因,并有所遵循。如对所请示的事项有的可行,有的不可行,有的需要做改动,则需逐项明确表态,分别说明。结束时用"此复"、"特此批复"等习惯用语。批准性批复应该态度明确,措辞准确,语气肯定,文字简洁,有切实的针对性。

[例文1]

国务院关于同意设立"全国科技工作者日"的批复

国函〔2016〕194号

中国科协、科技部:

你们《关于建议设立"全国科技工作者日"的请示》(科协发组字〔2016〕85号)收悉。同意自2017年起,将每年5月30日设立为"全国科技工作者日"。具体工作由你们商有关部门组织实施。

此复

国务院

2016年11月25日

[例文2]

文化部关于同意美籍歌手潘玮柏到江苏南京演出的批复

文市函〔2009〕2042号

江苏省文化厅:

你厅《关于美籍歌手潘玮柏到江苏南京演出的请示》(苏文市〔2009〕433号)收悉。

经研究,同意江苏中奥国际体育文化产业有限公司邀请美籍歌手潘玮柏于2009年10月18日到江苏南京演出。

请严格按照《营业性演出管理条例》及其实施细则的有关规定组织演出,并依法纳税。

请你厅做好监督检查工作。

此复

2009 年 10 月 9 日

[例文 3]

山东省人民政府
关于调整日照市东港区岚山区部分行政区划的批复

鲁政发〔2014〕19 号

日照市人民政府：

你市《关于调整东港区和岚山区部分行政区划的请示》(日政发〔2013〕41 号)收悉。现批复如下：

同意将你市岚山区后村镇划归东港区管辖。

你市要按照国务院《行政区域界线管理条例》(国务院令第 353 号)、《山东省行政区域界线管理办法》(省政府令第 190 号)有关规定和勘界工作规范，于本批复下达之日起 6 个月内完成有关县级行政区域界线的重新勘定工作，并将勘界成果报省民政厅。

此复

山东省人民政府
2014 年 1 月 9 日

（二）指示性批复的写作

指示性批复也是由引述来文、批复内容、结语组成。批复内容是针对请示的问题提出原则性指示，一般先指明来文所述问题，然后强调其中需要特别注意的问题并提出意见。如请示中有下级机关的不同看法或几个方案，需明确表态同意一种看法或一个方案，或综合提出意见，或另提出意见，必须写明本机关的充分依据、理由，使下级机关理解、信服。最后用"特此批复"或"此复"作结语。指示性批复兼有发布指令的职能，语气要表现出严肃性和权威性，不能含糊、疲软。

批复内容若涉及其他部门，应先协商，取得一致后方可行文。

[例文 1]

国家税务总局关于企业为股东个人购买汽车征收个人所得税的批复

国税函〔2005〕364 号

辽宁省地方税务局：

你局《关于企业利用资金为股东个人购买汽车征收个人所得税问题的请示》(辽地税发〔2005〕19 号)收悉。经研究，批复如下：

一、依据《中华人民共和国个人所得税法》以及有关规定，企业购买车辆并将车辆所有权办到股东个人名下,其实质为企业对股东进行了红利性质的实物分配,应按照"利息、股息、红利所得"项目征收个人所得税。考虑到该股东个人名下的车辆同时也为企业经营使用的实际情况,允许合理减除部分所得;减除的具体数额由主管税务机关根据车辆的实际使用情况合理确定。

二、依据《中华人民共和国企业所得税暂行条例》以及有关规定,上述企业为个人股东购买的车辆,不属于企业的资产,不得在企业所得税前扣除折旧。

国家税务总局
2005 年 4 月 22 日

[例文 2]

国家税务总局关于个人通过网络
买卖虚拟货币取得收入征收个人所得税问题的批复

国税函〔2008〕818 号

北京市地方税务局:

你局《关于个人通过网络销售虚拟货币取得收入计征个人所得税问题的请示》(京地税个〔2008〕114 号)收悉。现批复如下:

一、个人通过网络收购玩家的虚拟货币,加价后向他人出售取得的收入,属于个人所得税应税所得,应按照"财产转让所得"项目计算缴纳个人所得税。

二、个人销售虚拟货币的财产原值为其收购网络虚拟货币所支付的价款和相关税费。

三、对于个人不能提供有关财产原值凭证的,由主管税务机关核定其财产原值。

国家税务总局
2008 年 9 月 28 日

【练习】

一、判断题

1. 一般来说,领导机关及其领导人都可使用命令。（　）
2. 团中央授李博亚同志"中国青年五四奖章"称号可用命令发文。（　）
3. 嘉奖有突出成就和重大贡献的单位和人员的公文是嘉奖令。（　）
4. 批复内容若涉及其他部门,起草批复时应同有关部门协商,取得一致后,方可行文。（　）
5. 批复的开头必须首先引述来文的文号和标题。（　）
6. 无论是普发性公文还是特指性公文都可以有两个或两个以上的主送机关。（　）
7. 批复和请示一样,也应一文一事。（　）
8. 政府与同级党委和军队机关不可以联合行文。（　）
9. 公文标题中一律不得使用标点符号。（　）
10. 所有公文都要有签发人,标识在发文字号的左侧。（　）

二、标题改错

1. ××省交通厅关于国家安全部、交通部两部贯彻国家安全法有关规定文件中有关问题的请示
2. ××厂关于组装车间三组工人偷盗电器器材的处理决定
3. ××大学关于年终清查财产情况的报告
4. 关于命名省级文明单位的申请
5. 中国社会科学院关于给××活动经费的批文
6. 关于切实做好春耕生产各项准备工作问题的通知
7. 关于转发《××省财政厅转发"财政部关于修改国家工作人员出差补助标准暂行规定的通知"的通知》
8. ××市教育局2012年高考情况的汇报
9. ××大学关于自学考试报名的公告
10. ××学院关于××厂废气污染校园的请示报告

三、单项选择题

1. 一般不得同时抄送下级机关的公文文种是 （　　）
   A. 通知　　　B. 请示　　　C. 意见　　　D. 通报
2. 属于国家行政机关公文的文种有 （　　）
   A. 会议记录　　B. 指示　　　C. 纪要　　　D. 提案
3. 下列公文中属于平行文的有 （　　）
   A. 请示　　　B. 函　　　C. 批复　　　D. 报告
4. 下列文件用于向社会公众发布的是 （　　）
   A. 通知　　　B. 意见　　　C. 通报　　　D. 通告
5. 下列有关公文格式的正确表述是 （　　）
   A. 发文机关标识可由发文机关全称或规范化简称后面加"文件"组成。
   B. 函能起"请示"的作用，该用请示行文的时候可用函代替它。
   C. 公告、通告内容相近，形式相同，可以交换使用。
   D. 公文都可以有两个或两个以上的主送机关。
6. 某路段因为施工需要机动车辆绕道而行，交通局为此制发了一份公文，该公文的文种应选用 （　　）
   A. 通告　　　B. 公告　　　C. 通知　　　D. 命令
7. 报告不适用于 （　　）
   A. 汇报工作　　B. 反映情况　　C. 提出建议　　D. 报送文件
8. 浙江省教育厅拟将教育部某通知发给省内各高校，省教育厅应用（　　）类通知。
   A. 批转　　　B. 转发　　　C. 印发　　　D. 颁发
9. 公文行文规则是 （　　）
   A. 越级行文　　B. 多级行文　　C. 逐级行文
10. 下列不能用于奖惩人员的文种是 （　　）
    A. 命令　　　B. 决定　　　C. 通报　　　D. 意见

四、双项选择题

1. 下列发文字号正确的是　　　　　　　　　　　　　　　　　　　　（　）
   A. 南财教〔2015〕11 号　　　　　　B. 沪府发〔2015〕13 号
   C. 国函[2016]第 8 号　　　　　　　D. 粤府发〔2015〕01 号

2. 下列有关说法，能用来说明批复有明确针对性的是　　　　　　　　（　）
   A. 批复只印发给申报请示的单位
   B. 批复的内容只答复请示的具体事项
   C. 批复的内容应予认真遵守与执行
   D. 批复的开头和结尾要与请示的标题与发文字号相互照应

3. 下面说法错误的有　　　　　　　　　　　　　　　　　　　　　　（　）
   A. 盖印应端正、清晰，做到上压正文，下压成立日期
   B. 联合行文使用主办机关的发文字号
   C. 联合行文的成文日期以主办机关的签发日期为准
   D. 公文附件是公文正文内容的组成部分，其作用在于补充和完善公文正文的内容，与正文具有同等效力。

4. 下列文种哪个能用于惩奖人员　　　　　　　　　　　　　　　　　（　）
   A. 通知　　　　　B. 决定　　　　　C. 批复　　　　　D. 通报

5. 下列公文规定表述正确的有　　　　　　　　　　　　　　　　　　（　）
   A. 公文如有附件，应当标明附件顺序和名称
   B. 公文标题中除法规、规章名称加书名号外，一般不用标点符号
   C. 公文可以不用加盖印章
   D. 向下级机关或本系统的重要行文，应当同时抄送下级机关

6. 在下列四组机关部门中，可以联合行文的是　　　　　　　　　　　（　）
   A. 省人民政府、省民政厅、省公安厅
   B. 市人大、市民政局、市公安局
   C. 市公安局、市民政局、市卫计委
   D. 江西省民政厅、江苏省公安厅、山东省教育厅

7. 下列四个标题，错误的是　　　　　　　　　　　　　　　　　　　（　）
   A. 国务院办公厅转发国家旅游局关于进一步清理整顿旅行社的意见的通知
   B. 财政部 商务部 工业和信息化部关于加大家电下乡政策实施力度的通知
   C. 国务院做好免除城市义务教育阶段学生学杂费工作的通知
   D. 泗阳县人民政府关于调整县政府领导班子成员分工的公告

8. 根据《党政机关公文处理条例》的规定，可以使用"决定"的事由是　（　）
   A. 严惩严重破坏社会治安的犯罪分子的工作安排
   B. 在太平洋某地区实验运载火箭，使过往船只注意
   C. 某自来水公司因检修管道决定停水一天
   D. 授予××"全国劳动模范"称号的表彰

9. 下列写作完全正确的公文标题有　　　　　　　　　　　　　　　　（　）
   A. 中共中央关于全面深化改革若干重大问题的决定

B. 文化部关于同意邀请台湾歌手林志炫到南京演出的批复
C. ××市人民政府关于几起特大交通事故的通知
D. 国务院办公厅加强农产品质量安全监管工作的通知

10. 下列公文中属于上行文的是 （　　）
　A. 命令　　　B. 批复　　　C. 报告　　　D. 请示

五、修改病文

1.　　　　关于要求拨给抢修校舍专款请示的批复
　　　　　　　××教〔2016〕082 号

××区教育局：

你们的请示收悉。这次强台风的破坏,使你镇校舍损失惨重,造成许多班级无教室上课。经研究,可考虑拨专款 25 万元以内给你镇抢修教室,不足部分请自筹解决。此外,同意你们提出的关于开展向××学习的活动,希望你们安排好。

　　　　　　　　　　　　　　　　　　　　　　　　　　　　××市教育局
　　　　　　　　　　　　　　　　　　　　　　　　　　　　2016.6.20

2.　　　××省人民政府教育厅关于××大学开设新闻专业的批复
　　　　　　（2016）×教字第 51 号

××大学李校长：

你们的申请报告收悉。关于你校计划从 2016 年暑假起增设新闻专业的问题,我们已请示省委文教部。限于校舍和经费开支有一定困难,可暂缓进行,以后再行研究决定。

　　　　　　　　　　　　　　　　　　　　　　　　　　　　××省人民政府教育厅
　　　　　　　　　　　　　　　　　　　　　　　　　　　　二〇一六年一月二十日

六、阅读下面材料，拟发决定

2009 年的最后一晚,原本是要召开各班班长会议,但浙江工业大学化学与材料工程学院 2007 级学生杨济源没去,他叫上了几名同学外出。另一个班的班长吕同学说："他们班最近有好几个同学的手机都丢失了,他和同班的同学去抓小偷了,没想到就真的遇见了,他是个很为班级同学着想的人,没想到……"说着,吕同学掩盖不住内心的悲哀哭起来。

原来这天晚上 10 点多,杨济源和其他两名同学一起出了学校北门,途经德胜路小吃店门口时遭遇小偷,杨济源与同学一起将正在行窃的小偷扭获。

但在与歹徒搏斗的过程中,杨济源被其中一名歹徒用随身携带的刀子捅伤,当即倒地。晚上 11 点多,杨济源被送往浙江省人民医院,伤势严重,生命垂危,最终于 2010 年 1 月 1 日,抢救无效,不幸牺牲,年仅 22 岁。

杨济源同学勇斗歹徒的先进事迹,在高校和社会各界引起了强烈反响。为表彰他的先进事迹,2010 年 2 月 21 日,教育部追授杨济源同学"全国见义勇为优秀大学生"荣誉称号。

请以教育部的名义发一个决定。

七、拟写决定

某大学工商系 2015 级学生吴某,入学以来经常旷课。本学期旷课已达 56 节。2016 年 12 月 5 日,吴某又因小事与同学张某大打出手,并将其打成重伤。试根据上述材料,以学校名义拟一处分决定。

八、拟写处分决定

在2014～2015学年第二学期期末考试中，××学院××系学生李佳无视学校规定，违反考试纪律，在《高等数学》考试中作弊，影响极坏。根据《××学院学生学籍管理条例》第××条、《××学院学生考试作弊处理条例》第××条，给予李佳严重警告处分。请拟一处分决定。

九、撰写请示

南京××大学计算机实验中心需添置1000台计算机，需经费200万元人民币，拟向省教育厅请求拨款。请代该大学写一份请示，再代省教育厅拟写一份同意拨款150万元人民币的批复。添置设备的理由可自行补充，要求按正规公文的格式写作（含版头、主体、版记）。

十、根据要求，完成任务

××市职业技术学院近年由于扩招，住宿生急剧增加，已有的学生宿舍已无法容纳，请上级拨给学院建造学生宿舍楼经费500万元。

1. 请代学院写一份请示。
2. 再代拟写一份同意拨款300万元人民币的批复。（请示理由可自行补充。）

第四章　报请性公文的写作

报请性公文,是下级机关或单位向直接上级机关的行文,从行文方向来说,属于上行文。主要有报告、请示,其次有呈转性的意见。非上、下级隶属关系,不能用报请性公文,如政府机关不能向上级机关的主管部门用报请性公文。

第一节　报告的写作

一、报告的适用范围

《条例》指出,报告"适用于向上级机关汇报工作、反映情况、回复上级机关的询问"。报告是下级机关或单位按报告制度或要求向上级机关提供决策参考的信息,以便上级机关及时了解工作动态,做出工作指导的一种陈述性公文。

二、报告的特点

(一) **表达的直陈性**
报告以高度概括的事实和精确数据为主要内容,重在写实,但实中有理。表达方式主要是直陈其事,简明扼要。

(二) **选材的灵活性**
报告选材的自由度较大,根据目的、作用选择最有特色、最有价值、最有新意的材料,加以提炼组合。

(三) **行文的单向性**
报告是向直接上级机关的行文,主要目的是为上级机关实施宏观指导提供依据,上级机关一般不需回复,属于单向行文。

三、报告的类型

报告根据其功用的不同可以分为工作报告、情况报告、答复报告、报送报告。

(一) **工作报告**
将本单位的日常情况或工作进程向上级机关做出报告。内容包括一定时期内的工作情况或目前工作的进展情况,取得的成绩和存在的问题以及今后的打算等。

(二) **情况报告**
向上级机关反映工作中遇到的新情况或重大事件。包括问题报告、事故报告、检查报告等。

（三）答复报告
这是针对上级机关的询问回复有关情况的报告，是一种被动行文。

（四）报送报告
这是向上级机关报送文件或材料、表格的报告，如报送计划、方案、总结、调查报告、财务报表等。

四、报告的结构

包括标题、主送机关、正文、落款、附件等基本要素。

（一）标题
报告的标题主要有两种写法：

1. 三要素式

完整地写出发文机关、事由和文种，如"国务院关于2015年中央决算的报告"、"国务院关于水污染防治工作进展情况的报告"、"铁道部关于193次旅客快车发生重大颠覆事故的报告"、"国家旅游局关于'十一'黄金周的情况报告"等。

2. 省略式

省略发文机关名称，只有发文事由和文种两个部分。如"关于我市连续发生交通安全事故的情况报告"、"关于我市农村电商发展的情况报告"等。

（二）主送机关
报告是上行文，必须有主送机关。主送机关是直接上级领导机关。报告的主送机关只能是一个，不能送给领导者个人。

（三）正文
报告的正文大多分为缘由、事项和结束语三个部分。

报告缘由需写明报告的原因，主要是直陈其事，把情况的前因后果写清楚。报告事项主要写工作步骤、措施和效果，也可以写工作的意见、建议或应该注意的问题。在叙述事实情况时要做到重点突出、中心明确。在正文的最后，单独成段可写"特此报告"、"专此报告"等结束语，但不用"请求批复"作结语。

（四）落款
标题中出现发文机关名称的，在落款处可以不署名，只署成文日期。

（五）附件
报告如有附件，可在正文左下方注明；但报送报告必有附件。

五、报告的正文写作

（一）工作报告的写作

1. 前言

简要说明工作的时间、依据、内容、成绩等，起开宗明义的作用，然后用"现将有关工作情况报告如下"引起下文。

2. 工作情况和成绩

逐一汇报工作的基本情况（做了哪些、怎样做的）和主要成绩或者事情发生的过程、结果、影响。内容较多的,可用条列式。

3. 主要经验和教训

这是工作报告的重点,把工作中行之有效的做法、措施加以归纳,总结出带有规律性的经验。也可用条列式,分别写出几条经验。

4. 今后工作的意见或打算

针对存在的问题和不足提出今后工作的意见或打算。提纲式地写出几条,可标序号,不必展开详述。

[例文]

<h3 style="text-align:center">国务院关于城镇化建设工作情况的报告</h3>

——2013年6月26日在第十二届全国人民代表大会常务委员会第三次会议上

国家发展和改革委员会主任　徐绍史

全国人民代表大会常务委员会:

我受国务院委托,向全国人大常委会报告城镇化工作情况,请审议。

一、近年来围绕城镇化开展的主要工作

城镇化是现代化的必由之路,是转变发展方式、调整经济结构、扩大国内需求的战略重点,是解决农业农村农民问题、促进城乡区域协调发展、提高人民生活水平的重要途径。党中央、国务院高度重视城镇化工作,"十二五"规划纲要对积极稳妥推进城镇化进行了部署,党的十八大报告提出了城镇化质量明显提高的战略目标,明确了促进工业化、信息化、城镇化、农业现代化同步发展的总体要求,对科学规划城市群规模和布局、增强中小城市和小城镇功能、有序推进农业转移人口市民化等进行了重点部署。围绕推进城镇化发展、提高城镇化质量,国务院有关部门和地方积极探索,做了大量工作。

一是积极稳妥推进户籍制度改革。2011年,《国务院办公厅关于积极稳妥推进户籍管理制度改革的通知》(国办发〔2011〕9号)印发实施,发展改革委、人力资源社会保障部等相关部门出台了配套政策,18个省(区、市)出台了具体实施意见,14个省(区、市)探索建立了城乡统一的户口登记制度,初步为农业人口落户城镇开辟了通道。据公安部统计,2010—2012年,全国农业人口落户城镇的数量为2505万人,平均每年达835万人。

二是努力提升基本公共服务水平。国务院印发实施《国家基本公共服务"十二五"规划》,明确了提升基本公共服务水平的具体任务。2011—2012年,全国开工建设城镇保障性安居工程住房1824万套,比"十一五"期间开工总量还高12%左右;基本建成1033万套,相当于"十一五"期间建成总量。2012年,城镇基本养老保险、基本医疗保险常住人口覆盖率分别达到63.9%和75.5%。努力解决农民工最关心的随迁子女教育问题,确定了以流入地为主、以公办学校为主的"两为主"原则,2012年农民工随迁子女进入公办学校就读的比例达到80.2%。

三是切实加强土地利用管控和综合整治。为确保耕地保有量18.18亿亩不减少,完善了以规划计划管理、基本农田保护、耕地占补平衡等为手段的土地利用管控体系。围绕建设高标准农田开展农村土地整治,通过城市低效用地再开发、工矿废弃地复垦等模式开展建设用地整治。大力推进农村集体土地确权登记,截至2012年10月底,全国农村集体土地所有权确权登记颁证率达到86%。

四是加快推进城市市政设施建设。有关部门和地方不断加大市政设施建设,市政设施供给能力和服务水平明显提高。2011年,城市人均道路面积达到13.8平方米,人均公园绿地面积达到11.8平方米,分别是2000年的2.3倍和3.2倍;城市用水普及率、污水处理率分别达到97%、83.6%,比2000年提高33.1个和49.3个百分点。为加强市政建设的资金保障,中央财政在安排转移支付时将外来人口作为考虑因素,连续几年代地方政府发行债券,并强化对资源枯竭型城市的财政支持等。与此同时,采取有效措施,防范地方政府债务风险失控。

五是不断强化城镇化领域国际合作。2012年5月,时任国务院副总理李克强与欧盟主席巴罗佐在欧盟总部签署了《中欧城镇化伙伴关系共同宣言》。目前,发展改革委与欧盟能源总司正在积极落实共同宣言,筹备开展中欧城镇化伙伴关系论坛、中欧城市博览会等,着力推进中欧城市间、企业间务实合作。国务院有关部门还积极推进与联合国人居署、世界银行、亚洲开发银行、经济合作与发展组织等机构的合作交流,筹备与金砖国家开展城镇化领域合作。

六是组织编制国家城镇化规划。2010年底,发展改革委即会同财政部、国土资源部、住房城乡建设部等14个部门启动城镇化规划编制工作。在大量前期研究、实地调研和专题研讨基础上,起草形成了规划文稿。目前正在广泛征求意见并抓紧修改完善中。

二、我国城镇化现状及趋势

改革开放以来,我国城镇化率年均提高1.02个百分点;2000年以来,城镇化率年均提高1.36个百分点,2012年城镇化率达到52.57%,与世界平均水平大体相当。城镇数量和规模不断扩大,城市群形态更加明显,京津冀、长江三角洲、珠江三角洲三大城市群以2.8%的国土面积集聚了18%的人口,创造了36%的国内生产总值,成为拉动我国经济快速增长和参与国际经济合作与竞争的主要平台。城市综合服务能力明显提升,人居环境逐步改善。但也必须看到,我国城镇化质量不高的问题也越来越突出,主要表现为五个方面:

一是大量农业转移人口难以融入城市社会,市民化进程滞后。被纳入城镇人口统计的2亿多农民工及其随迁家属,未能在教育、就业、医疗、养老、保障性住房等方面平等享受城镇居民的基本公共服务,城镇内部出现新的二元结构矛盾,制约了城镇化对扩大内需和结构升级的推动作用,也存在着社会风险隐患。

二是土地城镇化快于人口城镇化,城镇用地粗放低效。一些城市"摊大饼"式扩张,脱离实际建设宽马路、大广场,新城新区、开发区和工业园区占地过多,建成区人口密度偏低,耕地减少过多过快。这不仅浪费了大量土地资源,也威胁到国家粮食安全。

三是城镇空间分布与资源环境承载能力不匹配,城镇规模结构不合理。东部一些城镇密集地区资源环境约束加剧,中西部资源环境承载能力较强地区的城镇化潜力有待挖掘。城市群布局不尽合理,城市群内部分工协作不够、集群效率不高;部分特大城市主城区人口压力偏大,与综合承载能力之间的矛盾加剧;中小城市集聚产业和人口功能不足,潜力没有得到充分发挥;小城镇数量多、规模小、服务功能弱。城镇空间分布和规模结构不合理,增加了经济社会和生态环境成本。

四是"城市病"问题日益突出,城市服务管理水平不高。一些城市空间无序开发、人口过度集聚,重经济发展、轻环境保护,重城市建设、轻管理服务,交通拥堵问题严重,食品药品等公共安全事件频发,大气、水、土壤等环境污染加剧,城市管理运行效率不高,公共服务供给能力不足,城中村和城乡接合部等外来人口聚集区人居环境较差。

五是体制机制不健全,阻碍了城镇化健康发展。现行户籍管理、土地管理、社会保障、财税金融、行政管理等制度,在一定程度上固化了已经形成的城乡利益失衡格局,制约了农业转移人口市民化和城乡发展一体化。

根据世界城市化的一般规律,我国仍处在城镇化率30%—70%的快速发展期,但我国城镇化的外部条件和内在动力也在发生深刻变化。随着全球经济再平衡和产业格局再调整,以及越来越多的发展中国家进入工业化城镇化快速发展阶段,全球市场争夺、资源供求矛盾和减排压力加剧;随着国内农业富余劳动力减少和人口老龄化程度提高、资源环境瓶颈制约日益加剧、户籍人口与外来人口公共服务差距造成的城市内部二元结构矛盾日益凸显,过去主要靠高投入、高消耗、高排放的工业化、城镇化发展模式难以为继,必须走以提升质量为主的转型发展之路。

三、促进城镇化健康发展的基本思路

我国城镇化是在人口多、资源相对短缺、生态环境比较脆弱、城乡发展不平衡的背景下推进的,这决定了必须从基本国情出发,遵循城镇化发展规律,积极稳妥推进城镇化健康发展。要紧紧围绕推动城镇化转型发展,以人口城镇化为核心,以城市群为主体形态,以综合承载能力为支撑,以体制机制创新为保障,促进产业发展、就业转移和人口集聚相统一,走以人为本、集约高效、绿色智能、四化同步的中国特色新型城镇化道路,全面提高城镇化质量。

以人口城镇化为核心,就是要有序推进农业转移人口市民化,不断提升城镇居民生活品质。以城市群为主体形态,就是要以大城市为依托、以中小城市为重点,逐步形成辐射作用大的城市群,促进大中小城市和小城镇协调发展。以综合承载能力为支撑,就是要增强城市经济、基础设施、公共服务、资源环境对人口集聚的支撑作用,提升城市可持续发展能力。以体制机制创新为保障,就是要营造有利于城镇化健康发展的制度环境,以改革的红利释放发展的潜力。

促进城镇化健康发展,必须坚持公平共享,有序推进农业转移人口市民化,推动城镇基本公共服务常住人口全覆盖,使全体居民共享城镇化发展成果;坚持合理布局,根据资源环境承载能力、发展基础和潜力,科学规划城市群规模和布局,促进大中小城市和小城镇协调发展;坚持产城融合,繁荣城镇经济,加快产业转型升级和服务业发展壮大,统筹产业功能和居住功能,促进城镇化与工业化、信息化良性互动;坚持集约低碳,合理控制城市开发边界,提高现有空间利用效率,推进绿色循环低碳发展;坚持统筹城乡,加快城乡发展一体化,促进生产要素在城乡间自由流动和平等交换、公共资源在城乡间均衡配置;坚持制度创新,深化重点领域和关键环节改革,更好地发挥市场主导和政府引导作用,为城镇化健康发展奠定制度基础。

促进城镇化健康发展的四大战略重点是:

第一,有序推进农业转移人口市民化。按照因地制宜、分步推进,存量优先、带动增量的原则,以农业转移人口为重点,兼顾异地就业城镇人口,统筹推进户籍制度改革和基本公共服务均等化。全面放开小城镇和小城市落户限制,有序放开中等城市落户限制,逐步放宽大城市落户条件,合理设定特大城市落户条件,逐步把符合条件的农业转移人口转为城镇居民。加快推进基本公共服务均等化,努力实现义务教育、就业服务、社会保障、基本医疗、保障性住房等覆盖城镇常住人口。

第二,优化城市化布局和形态。优化提升东部地区城市群,培育发展中西部地区城市群,用综合交通网络和信息化网络把大中小城市和小城镇连接起来,促进各类城市功能互补、协调发展。在发挥中心城市辐射带动作用基础上,强化中小城市和小城镇的产业功能、服务功能和居住功能,把有条件的东部地区中心镇、中西部地区县城和重要边境口岸逐步发展成为中小城市。

第三,提高城市可持续发展能力。加快转变城市发展方式,优化城市空间结构,统筹中心城区改造和新城新区建设,有效预防和治理"城市病"。加快产业转型升级,强化城市产业支撑,营造良好创业、创新环境,增强城市经济活力和竞争力。完善城镇基础设施和公共服务设施,提升社会服务和居住服务水平,增强城市承载能力。推进创新城市、绿色城市、智慧城市和人文城市建设,全面提升城市内在品质。完善城市治理结构,创新城市管理方式,提升城市社会管理水平。

第四,推动城乡发展一体化。坚持工业反哺农业、城市支持农村和多予少取放活方针,着力在城乡规划、基础设施、公共服务等方面推进一体化。完善城乡发展一体化体制机制,促进城乡要素自由流动、平等交换和公共资源均衡配置。牢牢守住18亿亩耕地红线,确保国家粮食安全。加快推进农业现代化,建设农民幸福生活的美好家园。

促进城镇化健康发展,需要着力加强制度顶层设计,统筹推进人口管理、土地管理、财税金融、城镇住房、行政管理、生态环境等重要领域的体制机制改革。创新和完善人口服务和管理制度,逐步消除城乡区域间户籍壁垒,促进人口有序流动、合理分布和社会融合。实施最严格的耕地保护制度和节约用地制度,按照管住总量、严控增量、盘活存量的原则,创新土地管理制度,优化土地利用结构,提高土地利用效率,合理满足城镇化用地需求。建立可持续的城市公共财政体系和投融资机制,为实现城镇基本公共服务常住人口全覆盖和城镇基础设施建设提供资金保障。建立市场配置和政府保障相结合的住房制度,推动形成总量基本平衡、结构基本合理、房价与消费能力基本适应的住房供需格局,有效保障城镇常住人口的合理住房需求。优化行政层级和行政区划设置,合理增设城市建制,形成设置科学、布局合理、服务高效的行政区划和管理体制。加强生态文明制度建设,形成节约资源和保护环境的空间格局、产业结构、生产方式和生活方式。

以上报告,请审议。

2013年6月26日

(二) 情况报告的写作

除前言概述总的情况外,主体部分,一般分为三个层次。

1. 汇报情况

客观扼要地写清楚情况发生的时间、地点、情节、当事人等。情节,必须是关键的,反映性质、特点的事项,仍应概述,不必细致描述。

2. 分析情况

分析情况发生的原因、性质,事故报告还可分清责任和造成的影响等。

3. 处理意见或下一步安排

如果是事故报告,事故已经做了处理的,应该报告处理结果;未做处理的,应报告处理打算。其他情况报告,不必写处理意见,可写打算、设想。

[例文]

铁道部 193 次旅客快车发生重大颠覆事故的报告

国务院:

5月28日16时05分,由济南开往佳木斯的193次旅客快车,行驶至沈山线锦州铁路局管内的兴隆车站(距沈阳43公里)时,发生重大颠覆事故,造成3名旅客死亡,143名旅客和4名列车乘务人员受伤,报废机车1台、客车4台、货车1辆,损坏机车1台、客车5辆、货车1辆和部分线路、道岔等设备,沈山下行正线中断运输近20小时,直接经济损失达170余万元。

事故发生后,东北铁路办事处和锦州、沈阳铁路局负责同志立即随救援列车赶赴事故现场,组织抢救、抢修工作。当地驻军、地方党政领导同志和部分社员、学生也投入抢救工作。辽宁、沈阳市领导同志及沈阳军区、辽宁省军区有关负责同志先后赶到现场,组织抢救伤员,疏运旅客。我部李克非副部长率安监室和运输、机务、车辆、工务、电务、公安各局负责同志也于当日连夜赶赴现场,指挥抢修工作,调查分析事故原因,慰问伤员,并对省市党政领导和部队表示感谢。在省市领导和驻军的大力支持下,伤员的抢救和治疗工作安排得比较周密,受伤的旅客和列车乘务人员,除少数送入就近的新民县医院抢救外,其余的均由沈阳市和军队、铁路医疗部门派车接到沈阳,得到了及时抢救和治疗。

经调查分析,造成这次事故的直接原因,是锦州铁路局大虎山工务段兴隆店养路工区工人在该处做无缝线路补修作业时,违反劳动规律和操作规程,将起道机立放在钢轨内侧,擅离岗位,到附近的道口看守房去吃冰棍,第193次快车通过时,撞上起道机,引起列车脱轨颠覆事故。

这次事故是发生在旅客列车上的一次严重事故,又恰是发生在全国开展的"安全月"活动中,使国家和人民生命财产蒙受了巨大的损失,在政治上造成了极坏的影响,性质是非常严重的,我们心情十分沉痛。这次事故的发生和最近一个时期安全不稳定的状况,从根本原因上看,是我们铁路基础工作薄弱,管理不善,思想政治工作不落实,反映了我们作风不扎实,对安全工作抓得不力,在安全生产中管理不严,职工纪律松懈的问题长期没有得到解决。

为了使全路职工从这起严重事故中吸取教训,我们于5月31日召开了各铁路局、铁路分局、铁路各工务段负责同志参加的紧急电话会议,通报了这次事故,提出了搞好安全生产的紧急措施。要求铁路各部门、各单位必须把安全工作放在第一位,各级领导干部要树立安全第一的思想,并向全体职工进行安全教育,使每个职工都牢固地树立起对国家、对人民极端负责的观念,认真落实岗位责任制,严格遵守劳动纪律,一丝不苟地执行规章制度和操作规程。要求各单位要针对近年来新工人比例不断增加的情况,加强对新工人的教育和考核工作,各行车和涉及安全生产的主要工种不经考试合格不得单独作业,对各种行车设备要进行一次认真检查,发现问题立即解决;同时,各单位要切实解决职工生活中应该而且可以解决的具体问题,解除职工的"后顾之忧";动员广大职工干部迅速行动起来,以这次事故为教训,采取措施,堵塞漏洞,保证行车安全。

我们在6月份开展的"人民铁路为人民"活动中,要求把搞好安全生产作为重点,并在今后当作长期的根本任务来抓。要求党、政、工、团各部门要从不同角度抓好安全工作,迅速改变目前安全生产不好的被动局面。

锦州铁路局对这次事故的主要责任者,已按照法律程序提出起诉,追究刑事责任;对与事故有关的分局、工务段领导也作了严肃的、正确的处理。铁道部决定对锦州铁路局局长董庭恒同志和党委书记李克基同志给予行政记过处分。这次事故虽然发生在下边,但我们负有重要的领导责任,为接受教训,教育全铁路职工,恳请国务院给我们以处分。

1982年6月10日

(三) 答复报告的写作

答复报告的正文,先引述上级机关来文时间、标题、文号,或来电询问的时间、问题、要求,然后用"现答复如下"引出下文。答复部分应有针对性,问什么答什么,表述要准确清楚,有条理,可靠可信。

答复报告也可用条列式一一陈述。必要时,可附附件作为佐证。若是有关投诉或举报的答复报告,则应先作调查研究,查阅相关资料或文件,有根有据、如实写出真实情况,并分析原因,提出解决方案,不得掩盖、粉饰,不得弄虚作假。

[例文1]

<h3 style="text-align:center">关于网民留言督办通知的答复报告</h3>

兰城投督〔2013〕274号

市委督查室:

贵办转来省委网督字〔2013〕39号《网民留言督办通知》已收悉,我公司十分重视,现将具体情况汇报如下:

雁滩606号路南起603号路,北至607-1号路,道路全长1577.86米,路幅宽度96米(含50米绿化带),设计车速50公里/小时,Ⅰ级城市主干道,路面结构采用沥青混凝土路面。工程内容包括道路、雨水、污水、照明、绿化、交通设施等。该工程于2006年批准立项,初设批复概算总投资11190.62万元。项目于2007年开工建设,已完成500米道路沥青路面铺设,剩余1000多米路段受建设资金及征地拆迁影响,暂无法实施。

一、存在问题

1. 经测算,要完成剩余征地拆迁及工程建设还需资金约5亿元,目前资金尚未落实。

2. 城关区检察院代征代拆的冷藏厂问题:经与检察院协调,检察院对代征代拆问题认可,但检察院提出资金紧张,无钱完成道路范围内代征代拆任务。城关区政府就此事也召开协调会,至今无结果。

3. 城关区政府家属院代征代拆的一户至今仍未拆除。

二、建议

由于国家宏观调控政策的限制和影响,自2009年以来,地方政府融资平台面临的融资环境极不宽松,特别是2012年末,随着国家《关于加强土地储备与融资管理的通知》(国土资发〔2012〕162号)和《关于制止地方政府违法违规融资行为的通知》(财预〔2012〕463号)相继出台,国家对城投公司传统融资手段和模式做出了更加明确和严格的限制,自身没有收益的公益性项目更加难以融资,我公司面临的"融资难、难融资"情况十分突出。

市委、市政府针对雁滩道路建设也召开了专题会,根据中共兰州市委专题办公会议纪要第2期信访接待〔2013〕1号文件议定事项和中共兰州市委办公厅厅督发〔2013〕12号、中共兰州市委办公厅厅督发〔2013〕36号等文件精神,由市规划局抽人成立专门的小组,对雁滩地区已建设、正在建设和尚未开发建设的项目、土地、道路情况进行调查摸底,列出清单,并抓紧研究提出雁滩地区道路路网建设意见,对正在和尚未开发建设的小区和项目要全部叫停,将道路建设纳入项目整体开发之中,道路建设资金由开发商承担。同时,对已占有土地超过2年未开发的土地,要按照国家政策予以收回。

2013年,按照市委市政府的决策部署,我公司将全力多方筹措资金,确保南山路、深安大桥等重大城建项目的建设。待这些重大城建项目建成后,我公司将集中精力、全力以赴解决雁滩路网相关工程,争取早日启动606号道路建设,为该区域居民出行创造便利条件。

特此报告。

兰州市城市发展投资中心
2013年7月10日

[例文2]

关于我校工会干部有关待遇的报告

市总工会:

5月18日来函悉。现将我校工会干部有关待遇报告如下:

一、我校基层工会主席由教师兼任,每年减少工作量40学时。

二、部门工会主席任职期间享受本单位行政副职待遇,由教师担任的每年减免工作量30学时。

三、校工会委员任职期间减免工作量30学时;部门工会委员每年减免工作量15学时。

专此报告

××大学工会

2015年9月9日

(四) 报送报告的写作

报送报告正文的写法一般很简短,只用一两句话说明报送理由与报送的文件或材料名称,最后写"请审核"或"请审定"。

[例文]

山西省中小企业局关于报送山西省中小微企业"十三五"发展规划大纲的报告

晋企发〔2014〕133号

省发展和改革委员会:

按照省发改委《关于做好全省"十三五"规划前期工作的通知》(晋发改规划发〔2014〕781号)的要求,我局对我省"十三五"期间中小微企业的发展战略、主要目标、主要任务、保障措施进行了认真的研究,并就主要内容草拟了《山西省中小微企业"十三五"发展规划大纲》,就我省中小微企业"十三五"发展规划的主要内容、编制原则和主要框架提出了初步的建议。

现将《山西省中小微企业"十三五"发展规划大纲》(送审稿)呈上,请予审定。

山西省中小企业局

2014年9月16日

第二节 请示的写作

一、请示的适用范围

《条例》指出,请示"适用于向上级机关请求指示、批准"。请示是下级机关或单位按规定或制度,就无权决定的事项、不能解决的问题,必须向直接上级机关请求指示或批准时所使用的上行文。

二、请示的特点

(一) 单项性
此即"一文一事"。一件请示只能请批一个事项或问题。请示需要及时得到上级机关的研究和批复,如果一件请示中包含几个不同的事项或涉及面较广,上级机关需花较多时间一一分别研究,甚至与多方协商,会难以及时批复而延误时机,造成损失。

(二) 恳切性
"请求批准或指示"决定了请示写作必须态度诚恳,情真意切。事项必须真实、准确;原因必须有理有据;数字必须切实、恰当;需要必须紧迫重要;用语必须礼貌谦和,表示对领导的尊重。

(三) 请批性
必须明确提出请求语,如"请审批"、"请批复"等。

三、请示的行文规则

(一) 一般不得越级请示
要按照隶属关系向直接上级请示,一般不得越过直接的上级机关请示。如果上级机关解决不了的问题,应由上级机关向其上级机关请示。因特殊情况必须越级请示时,应当抄送被越过的直接上级的机关。

(二) 应当一文一事
请示的内容要集中、单一,应该一事一请示,不要一文多事。如果在一份请示里同时请示了几件事,若其中的某一事被卡住就会影响其他事项的批复,而且事项性质不同批复权限也不同,会给上级造成困扰。如果有几件事情都需要请示,则应分别写成几份请示。

(三) 一般只有一个主送机关
请示只能主送一个领导机关,不要多头主送。受双重领导的,也只能主送一个上级机关,其中一个应用抄送形式报送。请示不得直接送领导者个人。

(四) 不得抄送下级机关
请示是拟议中的事项或问题,上级机关是否批准尚无把握,所以不得抄送下级机关或单位,以免造成混乱。

四、请示的类型

按照内容和性质,请示可分为请求批准性请示和请求指示性请示。

(一) 请求批准性请示
请求上级对请示事项给予批准。事项指人、财、物。人,包括人员编制、机构变动或设置;财,即经费;物,即物质资源、工程、设备等。

(二) 请求指示性请示
请求上级对工作中遇到的政策、法规、规章等疑难问题予以解答、指示,或对规划、方案等予以审批、指示。

五、请示和报告的区别

《条例》对请示和报告的不同性质和作用作了明确的规定。报告"适用于向上级机关汇报工作，反映情况，回复上级机关的询问"；请示"适用于向上级机关请求指示、批准"。而且行文规则中规定"报告中不得夹带请示事项"，这是区分请示和报告的最根本的依据。具体区别在五个方面。

（一）行文目的不同

报告用于汇报、反映工作中的情况，目的是让上级机关了解下情，掌握动态，为决策和指导下级工作提供依据。请示用于请求上级机关指示、批准，目的是请上级解释政策，批准事项，解决困难。

（二）行文时间不同

报告的行文时间多在事后，也可在事前、事中，而请示只能在事前行文，不能先斩后奏。

（三）上级机关的处理方式不同

上级机关处理下级机关的报告的方式是存阅，即阅读后取其有价值的信息作为制定政策、部署工作的依据，报告本身则归档保存。上级机关对下级机关呈报的请示，不论持肯定或否定意见，都要以批复予以答复，不能置之不理。

（四）内容的含量不同

报告的内容可以是综合的，也可以是专题的；可以一文一报，也可数事一报。请示的内容单一集中，一份请示只涉及一件事情，即遵循"一事一请"的原则。

（五）结束语不同

报告不需答复，结束语一般用"专此报告"、"请审阅"等结语。

请示请求上级表示明确的态度，结束语明确提出"请批复"等。

六、请示的结构

请示一般由标题、正文和落款三部分组成。

（一）标题

请示的标题，通常由发文机关、事由和文种构成，有时标题中可省略发文机关，但事由和文种不省略。如"××县财政局关于新型农村合作医疗补助经费的请示"、"关于购买办公电脑的请示"。

（二）正文

请示的正文包括请示理由、请示事项和结束语三部分。

（三）落款

落款注明发文机关和日期、印章。

七、请示的正文写作

（一）求准性请示的写作

正文通常要写三个方面的内容。首先，陈述请示的理由，包括依据。接着，写明请示的事项，事项只能一文一事，要提出可以解决的途径、办法或措施。最后，写明请示结束语，如"妥否，请批复"、"当否，请批复"等。

[例文1]

关于购买××牌笔记本电脑的请示

总公司：

  近年来我公司业务发展迅猛，公司职员不断增加，而办公设施相对滞后，尤其是电脑极为紧缺，致使工作效率低下。为提高效率，全面实现办公自动化，现特向总公司申请购买30台××笔记本电脑，约需人民币15万元。

  当否，请批示。

深圳市××贸易第一分公司
2016年10月13日

[例文2]

关于拨付排险救灾款的紧急请示

××市人民政府：

  由于我县近期连续遭受暴雨袭击，6月20日上午，位于巴巫山西侧的山体出现大面积滑坡；因山体滑坡发生在白天，无人员伤亡，但毁林百亩之多，且位于山下的永乐村5组的11户农房被毁，7头牲畜死亡。因暴雨天气仍将持续，巴巫山体继续滑坡的危险加大，如果不及时排除滑坡险情，将带来人员伤亡和更大的经济损失。

  永乐村地处山区，是名副其实的贫困村，此次山体滑坡不仅给该村村民带来重大损失，也给当地村民带来巨大的心理恐慌。我县接到险情报告后，及时赶赴现场安抚村民，并制定排除滑坡险情和安置受损村民的方案。该方案实施需要花费97万元，我县自筹资金77万元，仍有20万元资金缺口。

  为了安抚民心和防止险情的进一步扩大，需要尽快安置受灾村民和及时排除滑坡险情，恳请市政府拨付排险救灾款20万元。

  专此请示，恳请批复。

××县人民政府
2015年6月25日

[例文3]

青岛市南区城市管理行政执法局关于增拨办公费用的请示

市南区政府：

  今年夏季，我局先后开展了专项综合整治、取缔非法烧烤、拆除违章建筑、迎接市、区各项重大迎检任务，尤其是连续几个月周六、周日加班，夜间延时执法，使办公费用不断加大，特恳请区政府拨付40万元，以弥补经费不足。

  当否，请批示。

青岛市市南区城市管理行政执法局
2014年10月9日

（二）求示性请示的写作

下级机关或单位在执行现行政策的过程中遇到不好解决的问题，或者无政策依据不能解决的问题，或者对上级机关文件的理解存在疑点，或对某一问题因本机关意见分歧，无法统一等可使用这种请示。

求示性请示正文包括请示理由、请示事项和具体要求三部分内容。理由和事项的写作要根据请示内容来定，应简洁明了。最后用"以上认识当否，请予指示"等语作结。

求示性请示的内容一般比较简单，写作时应该明确指导思想，突出要点，语言表达要准确。如有分歧意见，要一一写明，并且要提出倾向性意见，供上级裁定参考。

[例文1]

云南省人民政府法制办公室关于省长助理是否属于政府组成人员的请示

云府法〔2003〕5号

国务院法制办公室：

《中华人民共和国地方各级人民代表大会和地方各级人民政府组织法》第56条等有关规定，对省长助理是否属于政府组成人员不尽明确。根据省政府领导的要求，特向贵办请示：省长助理是否属于政府组成人员。

特此请示，望答复。

云南省人民政府法制办公室
2003年2月19日

[例文2]

辽宁省人民政府法制办公室
关于职工在上下班途中因违章受到机动车事故伤害能否认定为工伤的请示

辽政法〔2004〕16号

国务院法制办公室：

我省大连市在审理有关工伤认定的复议案件过程中，对职工在上下班途中因违章受到机动车事故伤害能否认定为工伤问题认识不一致。一种意见认为，根据《工伤保险条例》第十四条第（六）项的规定，只要职工在上下班途中，受到机动车事故伤害的就应当认定为工伤，不需要考虑职工是否违章。另一种意见则认为，虽然《工伤保险条例》第十四条明确了认定工伤的七种行为，但同时受到第十六条规定的限制。虽然职工是在上下班途中，但因其违反交通规则，属于违反治安管理的情形，因此不能认定为工伤。

以上哪种意见为妥，请予明示。

2004年11月1日

第三节 意见的写作

一、意见的适用范围

《条例》指出,意见"适用于对重要问题提出见解和处理办法"。意见的作者多为政府机关或政府部门。政府机关用"意见",为下行文;政府部门用"意见",如内容、作用需其他部门、下一级政府知晓、执行的,则为呈转性意见,需向上级机关呈报,由上级机关批转行文。

二、意见的特点

(一)功能的多样性

有的意见是对某一文件重要问题提出见解和处理办法,具有指导性,有的意见具有规定性,有的具有参照性,有的具有参考性,呈现出功能多样性的特点。

(二)权限的灵活性

国务院办公厅《关于实施〈国家行政机关公文处理办法〉涉及的几个具体问题的处理意见》提出,"'意见'可以用于上行文、下行文和平行文"。意见适用于上行、下行和平行,使用权限灵活,但大多为下行的指导性意见。上行的有批转性意见,只用于政府部门向上级机关的行文,职权有所限制。

(三)内容的明理性

意见应"对重要问题提出见解",就必须讲明道理,即讲明为什么,根据什么,有何重要性、必要性或意义,使受文者提高认识、增强责任性,自觉执行或者参考执行。但"理",只需直接点明,不必展开论证、阐释。

三、意见的类型

按照行文的作用、目的,意见可以分为:

(一)指导性意见

指导性意见适用于上级直接对重要问题发表意见,用于指导下级的工作。

[例文1]

国务院关于加强农村留守儿童关爱保护工作的意见

国发〔2016〕13号

各省、自治区、直辖市人民政府,国务院各部委、各直属机构:

近年来,随着我国经济社会发展和工业化、城镇化进程推进,一些地方农村劳动力为改善家庭经济状况、寻求更好发展,走出家乡务工、创业,但受工作不稳定和居住、教育、照料等客观条件限制,有的选择将未成年子女留在家乡交由他人监护照料,导致大量农村留守儿童出现。农村劳动力外出务工为我国经济建设作出了积极贡献,对改善自身家庭经济状况起到了重要作用,客观上为子女的教育和成长创造了一定的物质基础和条件,但也导致部分儿童与父母长期分离,缺乏亲情关爱和有效监护,出现心理健康问题甚至极端行为,遭受意外伤害甚至不法侵害。这些问题严重影响儿童健康成长,影响社会和谐稳定,各方高度关注,社会反响强烈。进一步加强农村留守儿童关爱保护工作,为广大农村留守儿童健康成长创造更好的环境,是一项重要而紧迫的任务。现提出以下意见:

一、充分认识做好农村留守儿童关爱保护工作的重要意义

留守儿童是指父母双方外出务工或一方外出务工另一方无监护能力、不满十六周岁的未成年人。农村留守儿童问题是我国经济社会发展中的阶段性问题,是我国城乡发展不均衡、公共服务不均等、社会保障不完善等问题的深刻反映。近年来,各地区、各有关部门积极开展农村留守儿童关爱保护工作,对促进广大农村留守儿童健康成长起到了积极作用,但工作中还存在一些薄弱环节,突出表现在家庭监护缺乏监督指导、关爱服务体系不完善、救助保护机制不健全等方面,农村留守儿童关爱保护工作制度化、规范化、机制化建设亟待加强。

农村留守儿童和其他儿童一样是祖国的未来和希望,需要全社会的共同关心。做好农村留守儿童关爱保护工作,关系到未成年人健康成长,关系到家庭幸福与社会和谐,关系到全面建成小康社会大局。党中央、国务院对做好农村留守儿童关爱保护工作高度重视。加强农村留守儿童关爱保护工作、维护未成年人合法权益,是各级政府的重要职责,也是家庭和全社会的共同责任。各地区、各有关部门要充分认识加强农村留守儿童关爱保护工作的重要性和紧迫性,增强责任感和使命感,加大工作力度,采取有效措施,确保农村留守儿童得到妥善监护照料和更好关爱保护。

二、总体要求

(一)指导思想。全面落实党的十八大和十八届二中、三中、四中、五中全会精神,深入贯彻习近平总书记系列重要讲话精神,按照国务院决策部署,以促进未成年人健康成长为出发点和落脚点,坚持依法保护,不断健全法律法规和制度机制,坚持问题导向,强化家庭监护主体责任,加大关爱保护力度,逐步减少儿童留守现象,确保农村留守儿童安全、健康、受教育等权益得到有效保障。

(二)基本原则

坚持家庭尽责。落实家庭监护主体责任,监护人要依法尽责,在家庭发展中首先考虑儿童利益;加强对家庭监护和委托监护的督促指导,确保农村留守儿童得到妥善监护照料、亲情关爱和家庭温暖。

坚持政府主导。把农村留守儿童关爱保护工作作为各级政府重要工作内容,落实县、乡镇人民政府属地责任,强化民政等有关部门的监督指导责任,健全农村留守儿童关爱服务体系和救助保护机制,切实保障农村留守儿童合法权益。

坚持全民关爱。充分发挥村(居)民委员会、群团组织、社会组织、专业社会工作者、志愿者等各方面积极作用,着力解决农村留守儿童在生活、监护、成长过程中遇到的困难和问题,形成全社会关爱农村留守儿童的良好氛围。

坚持标本兼治。既立足当前,完善政策措施,健全工作机制,着力解决农村留守儿童监护缺失等突出问题;又着眼长远,统筹城乡发展,从根本上解决儿童留守

问题。

（三）总体目标。家庭、政府、学校尽职尽责,社会力量积极参与的农村留守儿童关爱保护工作体系全面建立,强制报告、应急处置、评估帮扶、监护干预等农村留守儿童救助保护机制有效运行,侵害农村留守儿童权益的事件得到有效遏制。到2020年,未成年人保护法律法规和制度体系更加健全,全社会关爱保护儿童的意识普遍增强,儿童成长环境更为改善、安全更有保障,儿童留守现象明显减少。

三、完善农村留守儿童关爱服务体系

（一）强化家庭监护主体责任。父母要依法履行对未成年子女的监护职责和抚养义务。外出务工人员要尽量携带未成年子女共同生活或父母一方留家照料,暂不具备条件的应当委托有监护能力的亲属或其他成年人代为监护,不得让不满十六周岁的儿童脱离监护单独居住生活。外出务工人员要与留守未成年子女常联系、多见面,及时了解掌握他们的生活、学习和心理状况,给予更多亲情关爱。父母或受委托监护人不履行监护职责的,村（居）民委员会、公安机关和有关部门要及时予以劝诫、制止；情节严重或造成严重后果的,公安等有关机关要依法追究其责任。

（二）落实县、乡镇人民政府和村（居）民委员会职责。县级人民政府要切实加强统筹协调和督促检查,结合本地实际制定切实可行的农村留守儿童关爱保护政策措施,认真组织开展关爱保护行动,确保关爱保护工作覆盖本行政区域内所有农村留守儿童。乡镇人民政府（街道办事处）和村（居）民委员会要加强对监护人的法治宣传、监护监督和指导,督促其履行监护责任,提高监护能力。村（居）民委员会要定期走访、全面排查,及时掌握农村留守儿童的家庭情况、监护情况、就学情况等基本信息,并向乡镇人民政府（街道办事处）报告；要为农村留守儿童通过电话、视频等方式与父母联系提供便利。乡镇人民政府（街道办事处）要建立翔实完备的农村留守儿童信息台账,一人一档案,实行动态管理、精准施策,为有关部门和社会力量参与农村留守儿童关爱保护工作提供支持；通过党员干部上门家访、驻村干部探访、专业社会工作者随访等方式,对重点对象进行核查,确保农村留守儿童得到妥善照料。县级民政部门及救助管理机构要对乡镇人民政府（街道办事处）、村（居）民委员会开展的监护监督等工作提供政策指导和技术支持。

（三）加大教育部门和学校关爱保护力度。县级人民政府要完善控辍保学部门协调机制,督促监护人送适龄儿童、少年入学并完成义务教育。教育行政部门要落实免费义务教育和教育资助政策,确保农村留守儿童不因贫困而失学；支持和指导中小学校加强心理健康教育,促进学生心理、人格积极健康发展,及早发现并纠正心理问题和不良行为；加强对农村留守儿童相对集中学校教职工的专题培训,着重提高班主任和宿舍管理人员关爱照料农村留守儿童的能力；会同公安机关指导和协助中小学校完善人防、物防、技防措施,加强校园安全管理,做好法治宣传和安全教育,帮助儿童增强防范不法侵害的意识、掌握预防意外伤害的安全常识。中小学校要对农村留守儿童受教育情况实施全程管理,利用电话、家访、家长会等方式加强与家长、受委托监护人的沟通交流,了解农村留守儿童生活情况和思想动态,帮助监护人掌握农村留守儿童学习情况,提升监护人责任意识和教育管理能力；及时了解无故旷课农村留守儿童情况,落实辍学学生登记、劝返复学和书面报告制度,劝返无效的,应书面报告县级教育行政部门和乡镇人民政府,依法采取措施劝返复学;帮助农村留守儿童通过电话、视频等方式加强与父母的情感联系和亲情交流。寄宿制学校要完善教职工值班制度,落实学生宿舍安全管理责任,丰富校园文化生活,引导寄宿学生积极参与体育、艺术、社会实践等活动,增强学校教育吸引力。

(四)发挥群团组织关爱服务优势。各级工会、共青团、妇联、残联、关工委等群团组织要发挥自身优势,积极为农村留守儿童提供假期日间照料、课后辅导、心理疏导等关爱服务。工会、共青团要广泛动员广大职工、团员青年、少先队员等开展多种形式的农村留守儿童关爱服务和互助活动。妇联要依托妇女之家、儿童之家等活动场所,为农村留守儿童和其他儿童提供关爱服务,加强对农村留守儿童父母、受委托监护人的家庭教育指导,引导他们及时关注农村留守儿童身心健康状况,加强亲情关爱。残联要组织开展农村留守残疾儿童康复等工作。关工委要组织动员广大老干部、老战士、老专家、老教师、老模范等离退休老同志,协同做好农村留守儿童的关爱与服务工作。

(五)推动社会力量积极参与。加快孵化培育社会工作专业服务机构、公益慈善类社会组织、志愿服务组织,民政等部门要通过政府购买服务等方式支持其深入城乡社区、学校和家庭,开展农村留守儿童监护指导、心理疏导、行为矫治、社会融入和家庭关系调适等专业服务。充分发挥市场机制作用,支持社会组织、爱心企业依托学校、社区综合服务设施举办农村留守儿童托管服务机构,财税部门要依法落实税费减免优惠政策。

四、建立健全农村留守儿童救助保护机制

(一)建立强制报告机制。学校、幼儿园、医疗机构、村(居)民委员会、社会工作服务机构、救助管理机构、福利机构及其工作人员,在工作中发现农村留守儿童脱离监护单独居住生活或失踪、监护人丧失监护能力或不履行监护责任、疑似遭受家庭暴力、疑似遭受意外伤害或不法侵害等情况的,应当在第一时间向公安机关报告。负有强制报告责任的单位和人员未履行报告义务的,其上级机关和有关部门要严肃追责。其他公民、社会组织积极向公安机关报告的,应及时给予表扬和奖励。

(二)完善应急处置机制。公安机关要及时受理有关报告,第一时间出警调查,有针对性地采取应急处置措施,强制报告责任人要协助公安机关做好调查和应急处置工作。属于农村留守儿童单独居住生活的,要责令其父母立即返回或确定受委托监护人,并对父母进行训诫;属于监护人丧失监护能力或不履行监护责任的,要联系农村留守儿童父母立即返回或委托其他亲属监护照料;上述两种情形联系不上农村留守儿童父母的,要就近护送至其他近亲属、村(居)民委员会或救助管理机构、福利机构临时监护照料,并协助通知农村留守儿童父母立即返回或重新确定受委托监护人。属于失踪的,要按照儿童失踪快速查找机制及时开展调查。属于遭受家庭暴力的,要依法制止,必要时通知并协助民政部门将其安置到临时庇护场所、救助管理机构或者福利机构实施保护;属于遭受其他不法侵害、意外伤害的,要依法制止侵害行为、实施保护;对于上述两种情形,要按照有关规定调查取证,协助其就医、鉴定伤情,为进一步采取干预措施、依法追究相关法律责任打下基础。公安机关要将相关情况及时通报乡镇人民政府(街道办事处)。

（三）健全评估帮扶机制。乡镇人民政府(街道办事处)接到公安机关通报后,要会同民政部门、公安机关在村(居)民委员会、中小学校、医疗机构以及亲属、社会工作专业服务机构的协助下,对农村留守儿童的安全处境、监护情况、身心健康状况等进行调查评估,有针对性地安排监护指导、医疗救治、心理疏导、行为矫治、法律服务、法律援助等专业服务。对于监护人家庭经济困难且符合有关社会救助、社会福利政策的,民政及其他社会救助部门要及时纳入保障范围。

（四）强化监护干预机制。对实施家庭暴力、虐待或遗弃农村留守儿童的父母或受委托监护人,公安机关应当给予批评教育,必要时予以治安管理处罚,情节恶劣构成犯罪的,依法立案侦查。对于监护人将农村留守儿童置于无人监管和照看状态导致其面临危险且经教育不改的,或者拒不履行监护职责六个月以上导致农村留守儿童生活无着的,或者实施家庭暴力、虐待或遗弃农村留守儿童导致其身心健康严重受损的,其近亲属、村(居)民委员会、县级民政部门等有关人员或者单位要依法向人民法院申请撤销监护人资格,另行指定监护人。

五、从源头上逐步减少儿童留守现象

（一）为农民工家庭提供更多帮扶支持。各地要大力推进农民工市民化,为其监护照料未成年子女创造更好条件。符合落户条件的要有序推进其本人及家属落户。符合住房保障条件的要纳入保障范围,通过实物配租公共租赁住房或发放租赁补贴等方式,满足其家庭的基本居住需求。不符合上述条件的,要在生活居住、日间照料、义务教育、医疗卫生等方面提供帮助。倡导用工单位、社会组织和专业社会工作者、志愿者队伍等社会力量,为其照料未成年子女提供便利条件和更多帮助。公办义务教育学校要普遍对农民工未成年子女开放,要通过政府购买服务等方式支持农民工未成年子女接受义务教育;完善和落实符合条件的农民工子女在输入地参加中考、高考政策。

（二）引导扶持农民工返乡创业就业。各地要大力发展县域经济,落实国务院关于支持农民工返乡创业就业的一系列政策措施。中西部地区要充分发挥比较优势,积极承接东部地区产业转移,加快发展地方优势特色产业,加强基本公共服务,制定和落实财政、金融等优惠扶持政策,落实定向减税和普遍性降费政策,为农民工返乡创业就业提供便利条件。人力资源社会保障等有关部门要广泛宣传农民工返乡创业就业政策,加强农村劳动力的就业创业技能培训,对有意愿就业创业的,要有针对性地推荐用工岗位信息或创业项目信息。

六、强化农村留守儿童关爱保护工作保障措施

（一）加强组织领导。各地要将农村留守儿童关爱保护工作纳入重要议事日程,建立健全政府领导,民政部门牵头,教育、公安、司法行政、卫生计生等部门和妇联、共青团等群团组织参加的农村留守儿童关爱保护工作领导机制,及时研究解决工作中的重大问题。民政部要牵头建立农村留守儿童关爱保护工作部际联席会议制度,会同有关部门在2016年上半年开展一次全面的农村留守儿童摸底排查,依托现有信息系统完善农村留守儿童信息管理功能,健全信息报送机制。各级妇儿

工委和农民工工作领导小组要将农村留守儿童关爱保护作为重要工作内容,统筹推进相关工作。各地民政、公安、教育等部门要强化责任意识,督促有关方面落实相关责任。要加快推动完善未成年人保护相关法律法规,进一步明确权利义务和各方职责,特别要强化家庭监护主体责任,为农村留守儿童关爱保护工作提供有力法律保障。

（二）加强能力建设。统筹各方资源,充分发挥政府、市场、社会的作用,逐步完善救助管理机构、福利机构场所设施,满足临时监护照料农村留守儿童的需要。加强农村寄宿制学校建设,促进寄宿制学校合理分布,满足农村留守儿童入学需求。利用现有公共服务设施开辟儿童活动场所,提供必要托管服务。各级财政部门要优化和调整支出结构,多渠道筹措资金,支持做好农村留守儿童关爱保护工作。各地要积极引导社会资金投入,为农村留守儿童关爱保护工作提供更加有力的支撑。各地区、各有关部门要加强农村留守儿童关爱保护工作队伍建设,配齐配强工作人员,确保事有人干、责有人负。

（三）强化激励问责。各地要建立和完善工作考核和责任追究机制,对认真履责、工作落实到位、成效明显的,要按照国家有关规定予以表扬和奖励;对工作不力、措施不实、造成严重后果的,要追究有关领导和人员责任。对贡献突出的社会组织和个人,要适当给予奖励。

（四）做好宣传引导。加强未成年人保护法律法规和政策措施宣传工作,开展形式多样的宣传教育活动,强化政府主导、全民关爱的责任意识和家庭自觉履行监护责任的法律意识。建立健全舆情监测预警和应对机制,理性引导社会舆论,及时回应社会关切,宣传报道先进典型,营造良好社会氛围。

各省（区、市）要结合本地实际,制定具体实施方案。对本意见的执行情况,国务院将适时组织专项督查。

国务院
2016 年 2 月 4 日

[例文 2]

中共中央办公厅　国务院办公厅
关于进一步引导和鼓励高校毕业生到基层工作的意见

中办发〔2016〕79 号

高校毕业生是国家宝贵的人才资源。党中央、国务院高度重视高校毕业生就业工作,把基层作为高校毕业生成长成才的重要平台,对引导和鼓励高校毕业生到基层工作提出了明确要求。各地区各有关部门创新政策措施,完善服务保障机制,引导大批高校毕业生到基层工作,有力推动了基层事业发展。同时也要看到,与全面建成小康社会目标和基层发展对各类人才需求相比,高校毕业生到基层工作还存在动力不足、渠道不畅、发挥作用不够、发展空间有限、服务保障不力等问题。为进一步引导和鼓励高校毕业生到基层工作,发挥高校毕业生在促进基层经济社会发展中的作用,现提出如下意见。

一、总体要求

（一）指导思想。全面贯彻党的十八大和十八届三中、四中、五中、六中全会精神，深入贯彻习近平总书记系列重要讲话精神和治国理政新理念新思想新战略，认真落实党中央、国务院决策部署，紧紧围绕统筹推进"五位一体"总体布局和协调推进"四个全面"战略布局，牢固树立新发展理念，深入实施人才强国战略和就业优先战略，以培育和践行社会主义核心价值观为引领，以服务基层发展为目标，以更好发挥高校毕业生作用为核心，进一步创新体制机制，完善政策措施，健全服务体系，加快构建引导和鼓励高校毕业生到基层工作长效机制，确保下得去、留得住、干得好、流得动。

（二）基本原则

——坚持服务基层和培养人才相结合。将促进基层经济社会发展作为出发点和落脚点，积极营造有利于高校毕业生立足基层成长成才的良好环境，更好鼓励高校毕业生扎根基层、服务基层。

——坚持市场主导和政府推动相结合。充分发挥市场在人力资源配置中的决定性作用和更好发挥政府作用，健全统一规范的人力资源市场，加强对在校大学生的思想引导，实施基层服务示范引领项目，建立健全有利于高校毕业生向基层流动的长效机制。

——坚持政策支持和完善服务相结合。把转变政府职能和创新管理方式结合起来，着力完善各项支持政策，加强公共就业和人才服务体系建设，建立健全有利于高校毕业生到基层工作的服务保障机制。

二、多渠道开发基层岗位，为高校毕业生到基层工作搭建平台

（三）结合政府购买基层公共管理和社会服务开发就业岗位。认真落实政府购买基层公共管理和社会服务岗位更多用于吸纳高校毕业生就业的要求，结合基层实际需求和转变政府职能、创新公共服务供给模式需要，加大在基层公共教育、医疗卫生、文化体育、农业技术、农村水利、扶贫开发、社会救助、城乡社区建设、社会工作、法律援助、信息化建设与管理等领域购买服务的力度，创造更多适合高校毕业生的就业岗位。从基层实际需求出发，精准聚焦短缺人才，以县域为单位定期梳理本地区迫切急需的岗位信息，依托各级公共就业人才服务机构信息发布平台等渠道，加强信息发布和政策引导，鼓励用人单位优先吸纳高校毕业生就业。集中政策资源精准发力，落实好各项就业扶持政策。

（四）引导高校毕业生投身扶贫开发和农业现代化建设。围绕打赢脱贫攻坚战和农业现代化部署，结合推进农业科技创新、扶贫开发需求，积极引导和鼓励高校毕业生投身现代种业、农业技术、农产品加工、休闲农业、乡村旅游、农村电子商务、农村合作经济和基层水利等事业。鼓励高校毕业生到贫困村从事扶贫工作，到贫困村创业并带领建档立卡贫困人口脱贫致富的高校毕业生，可按规定申报扶贫项目支持、享受扶贫贴息贷款等扶贫开发政策。到农业生产经营主体就业的高校毕业生，可按规定享受就业培训、继续教育、项目申报、成果审定等政策，符合条件的可优先评聘相应专业技术资格。

（五）引导高校毕业生到中西部地区、东北地区和艰苦边远地区工作。在深入

实施中部崛起、西部大开发和振兴东北地区等老工业基地战略中,积极拓展高校毕业生就业新空间,引导和鼓励高校毕业生到中西部地区、东北地区就业。艰苦边远地区基层机关招录高校毕业生可适当放宽学历、专业等条件,降低开考比例,可设置一定数量的职位面向具有本市、县户籍或在本市、县长期生活的高校毕业生。抓好《关于进一步做好艰苦边远地区县乡事业单位公开招聘工作的通知》的贯彻执行,落实好艰苦边远地区事业单位公开招聘高校毕业生各项倾斜政策。

（六）鼓励高校毕业生到基层机关事业单位工作。根据基层发展需要和财力状况,编制政策和编制标准适当向基层机关事业单位倾斜,为适度扩大招聘高校毕业生创造条件。基层单位出现岗位空缺,择优招录高校毕业生或者拿出一定数量的岗位专门招录高校毕业生。研究制定符合县乡机关工作特点的公务员考录测评办法。市地级以上机关新录用高校毕业生没有基层工作经历的,可安排到县乡机关锻炼1年。加大招录国家重点高校优秀毕业生到乡镇一线和其他基层单位工作的力度,为基层干部队伍建设提供源头活水。

（七）鼓励大学生参军入伍。适应深化国防和军队改革形势,将大学生参军入伍纳入军民融合发展战略,鼓励和吸引更多优秀高校毕业生到军营建功立业。进一步完善高校学生参军入伍优惠政策,重点落实好退役大学生士兵专项研究生招生计划、学费资助、复学升学、就业创业等政策。进一步优化工作流程,为大学生入伍开辟绿色通道,落实预定兵工作机制。完善鼓励高校毕业生在部队长期服役政策,部队服役经历视为基层工作经历,按有关规定享受在基层工作高校毕业生同等政策待遇。认真细致做好服务,对大学新生、在校生、毕业生等不同群体开展有针对性的宣传动员,持续关心大学生士兵锻炼成长,进一步提高大学生征兵数量和质量。

（八）鼓励高校毕业生到中小微企业就业。发挥中小微企业吸纳高校毕业生就业主渠道作用,鼓励中小微企业在适应供给侧结构性改革、推进产业优化升级以及发展新经济、培育新动能过程中,进一步开发有利于发挥高校毕业生专长的管理型、技术型就业岗位。引导新兴业态与传统行业融合发展,支持发展就业新模式、新形态。综合运用财政、金融等政策,加大对中小微企业支持力度。对小微企业新招用毕业年度高校毕业生,按规定给予社会保险补贴和职业培训补贴。

（九）支持高校毕业生到基层创新创业。落实国家关于清障减负各项政策,为高校毕业生创新创业营造良好环境。加快发展众创空间,依托大学生创业园、国家农业科技园区、创业孵化基地等,为高校毕业生搭建低成本、全方位、专业化的创新创业平台。发挥财政、信贷、创投以及社会公益等各类资金的作用,为高校毕业生创业创新提供多渠道资金支持。充分挖掘社会组织吸纳高校毕业生就业的潜力,积极发挥社会组织帮扶高校毕业生创新创业的作用。鼓励高校毕业生根据自身专长和区域经济特色,在基层创办企业、从事个体经营或网络创业,并按规定给予就业创业政策支持。支持高校毕业生以资金入股、技术参股等方式,加入农民专业合作社等经济组织,鼓励其兴办家庭农场,对其中符合扶贫扶持政策、农业补贴政策条件的,按规定给予政策支持。鼓励高校毕业生充分利用闲暇时间,通过互联网远程技术为基层和艰苦边远地区提供公益性志愿服务或兼职工作,以多种形式为基层发展贡献才智。

三、健全保障措施,为高校毕业生在基层成长成才创造良好条件

(十)加大教育培训力度。建立健全面向基层高校毕业生的多层次、多元化培训和实训体系,组织开展有针对性的教育培训,多渠道组织引导高校毕业生到基层实践锻炼。各地组织实施的专业技术人才知识更新工程、创新创业培训项目等,应安排一定比例班次或人次专门面向在基层工作的高校毕业生。

(十一)营造有利于高校毕业生发展的制度环境。认真落实县以下机关公务员职务与职级并行制度。建立事业单位管理岗位职员等级晋升制度。优化基层事业单位岗位设置,适当提高基层中、高级专业技术岗位比例。对到条件特别艰苦乡镇事业单位工作的高校毕业生,要统筹做好交流工作。

(十二)完善基层职称评审制度。建立体现基层一线特别是脱贫攻坚一线专业技术人才工作实际特点的职称评价标准,合理设置评审条件,对论文、科研、外语、计算机应用等不作硬性要求。对长期在基层一线工作或作出重要贡献的基层专业技术人才,可破格晋升职称等级。有条件的地区可试行基层专业技术人才申报高级职称单独分组、单独评审、单独确定通过率。推广中小学教师、卫生等重点领域专业技术人才晋升高级职称须有1年以上农村基层工作服务经历的做法。

(十三)逐步提高基层工作人员工资待遇。对到中西部地区、东北地区或艰苦边远地区、国家扶贫开发工作重点县县以下机关事业单位工作的高校毕业生,新录用为公务员的,试用期工资可直接按试用期满后工资确定,试用期满考核合格后的级别工资,在未列入艰苦边远地区或国家扶贫开发工作重点县的中西部地区和东北地区的高定一档,在三类及以下艰苦边远地区或国家扶贫开发工作重点县的高定两档,在四类及以上艰苦边远地区的高定三档;招聘为事业单位正式工作人员的,可提前转正定级,转正定级时的薪级工资,在未列入艰苦边远地区或国家扶贫开发工作重点县的中西部地区和东北地区的高定一级,在三类及以下艰苦边远地区或国家扶贫开发工作重点县的高定两级,在四类及以上艰苦边远地区的高定三级。落实对乡镇机关事业单位工作人员实行的工作补贴政策,当前补贴水平不低于月人均200元,并向条件艰苦的偏远乡镇和长期在乡镇工作的人员倾斜。落实艰苦边远地区津贴增长机制。

(十四)加强其他待遇保障。各类基层用人单位招用高校毕业生,应依法签订劳动合同或聘用合同,参加社会保险,兑现劳动报酬。高校毕业生从非公有制经济组织和社会组织考录或招聘到机关事业单位或其他用人单位工作时,及时转移其社会保险关系,缴费年限合并计算。支持高校毕业生从事多种形式的灵活就业,符合条件的给予社会保险补贴。更好实施高校毕业生赴基层就业学费补偿和助学贷款代偿政策。对到农村基层急需紧缺专业(行业)就业的高校毕业生可给予专项安家费。落实省会及以下城市放开对高校毕业生落户限制的规定,高校毕业生在基层就业可根据需要自愿迁移户口。技师学院高级工班、预备技师班和特殊教育院校职业教育类毕业生可参照高校毕业生享受相关就业补贴政策。

四、实施高校毕业生基层项目,发挥项目示范引领作用

(十五)实施基层服务项目。继续组织实施大学生村官、农村教师特岗计划、

"三支一扶"计划、志愿服务西部计划和农技特岗计划等专门项目,每年选派一批高校毕业生到基层服务。规范项目组织管理,加强人员培养使用,强化日常考核监督,切实发挥项目示范引领作用。进一步加大服务基层项目统筹实施力度,促进项目间政策协调平衡,有条件的地区可探索基层服务项目统一征集岗位、统一发布公告、统一组织考试、统一服务管理。

(十六)完善基层服务项目政策措施。适时提高基层服务项目人员工作生活补贴标准,落实社会保险、人员培训等相关政策。基层服务项目人员服务满1年且考核合格后,可按规定参加职称评定。参加基层服务项目前无工作经历的人员服务期满且考核合格后2年内,在参加机关事业单位考录(招聘)、各类企业吸纳就业、自主创业、落户、升学等方面可同等享受应届高校毕业生的相关政策。落实机关事业单位定向考录(招聘)、升学扶持等政策,组织开展专场招聘,加强职业指导和职业介绍,促进服务期满人员就业。

(十七)实施高校毕业生基层成长计划。将在基层重点领域就业创业的优秀高校毕业生作为后备人才,实行导师制培养模式,由用人单位负责同志或业务带头人进行"一对一"传帮带,原则上放在校长助理、所长助理、专家助理、总经理助理等重要岗位上进行锻炼培养,促进高校毕业生扎根基层、在基层成长成才。各地区各有关部门和用人单位要积极创造条件,加大对后备人才支持力度,为其在基层工作生活提供便利。上级机关事业单位选拔干部人才、同级单位岗位职务(等级)晋升和评聘专业技术职务(岗位),应当将纳入后备人才的优秀高校毕业生作为重点人选对象。

五、畅通流动渠道,为在基层工作的高校毕业生职业发展提供支持

(十八)注重拓展在基层工作的高校毕业生职业发展渠道。在干部人才选拔任用机制上,进一步强化基层工作经历的政策导向,向在基层工作的优秀高校毕业生倾斜。省级以上机关录用公务员,除特殊职位外,按照有关规定一律从具有2年以上基层工作经历的人员中考录。市地级以上机关应拿出一定数量职位面向具有基层工作经历的公务员进行公开遴选。省、市级所属事业单位面向社会公开招聘时,应拿出一定数量岗位公开招聘有基层事业单位工作经历的人员。有条件的地区,可明确具体公开遴选或招聘的比例。鼓励国有大中型企业建立健全人力资源管理激励机制,将在基层生产和管理一线表现优秀的高校毕业生纳入后备人才队伍,加大从基层一线选拔任用中层干部的力度。

(十九)完善基层人才顺畅流动机制。健全统一规范的人力资源市场,打破户籍、地域、身份、学历、人事关系等制约,促进高校毕业生在不同地域和不同性质单位间合理流动。实施"互联网+"人力资源服务行动,建立健全人力资源市场供求信息发布制度,加大基层急需紧缺人才宣传推介力度,加强区域性、行业性人才市场间的交流合作,推动政策互通、资格互认、信息共享,加快人事档案管理服务信息化建设,完善社会保险关系转移接续办法,为在基层工作的高校毕业生跨地区、跨行业、跨体制流动提供便利条件。

(二十)优化公共就业和人才服务。健全公共就业和人才服务体系,不断丰富服务内容,满足高校毕业生多样化服务需求。进一步简化优化服务流程,明确服务

标准,规范服务行为,提升服务水平。充分运用各类信息通信技术创新就业信息服务方式,开发移动客户端等信息服务平台,提供精准、高效的就业服务。

六、加强组织领导

(二十一)健全工作机制。各地要将引导和鼓励高校毕业生到基层工作纳入政府就业和人才工作总体规划,建立健全党委和政府领导、人力资源社会保障部门牵头、各有关部门参与的工作协调机制。人力资源社会保障部门要认真履行牵头抓总职责,加强统筹协调。各有关部门要按照职责分工,积极参与,形成齐抓共管、整体推进的工作格局。

(二十二)强化教育引导。教育部门和高校要强化对在校大学生的理想信念教育和思想教育,引导高校毕业生切实转变择业观念,树立科学的就业观和成才观。要完善引导在校大学生基层服务和基层实践体系,积极组织在校大学生到基层开展实习实践、志愿服务、社会公益等活动,增强对国情、社情、民情的了解,自觉把个人理想同国家与社会需要紧密结合起来,激发高校毕业生到基层就业创业的热情。

(二十三)加大财政支持力度。各地要优化和调整财政支出结构,统筹安排使用好人才发展、就业等各方面资金,加大支持力度,引导高校毕业生到基层就业工作。

(二十四)加强监督检查。各地区各部门各单位要加强对引导和鼓励高校毕业生到基层工作各项政策落实情况的监督检查,对不落实或者故意拖延落实的,要及时纠正,并依纪依法追究相关人员责任。

(二十五)开展宣传表彰。加强舆论引导,准确解读相关政策,广泛宣传报道扎根基层、建功立业的优秀高校毕业生典型,营造良好社会氛围。按照有关规定将在基层工作的高校毕业生纳入国家表彰奖励范围,对扎根基层、干事创业、敬业奉献、表现突出或作出重大贡献的高校毕业生适时开展评选表彰。鼓励各地按照有关规定对在基层工作的优秀高校毕业生进行表彰奖励。

(二)批转性意见

批转性意见适用于下级职能部门对重大问题提出建议,请求上级机关批转下级政府及部门或同级部门执行。如发展改革委《关于 2015 年深化经济体制改革重点工作的意见》由国务院批转执行。

四、意见的结构

(一)标题构成

1. 完整式标题

发文机关＋事由＋文种。如"中共中央关于在全党开展以实践'三个代表'重要思想为主要内容的保持共产党员先进性教育活动的意见"、"国务院关于加强政务诚信建设的指导意见"。

2. 两项式标题

事由＋文种。如"关于进一步规范我市房地产市场持续健康发展的若干意见"、"关于做好预防禽流感工作的意见"等。

（二）主送机关

无论上级机关直接下发的意见，还是由职能部门送交上级机关批转性意见都要有主送机关。

（三）正文

前言讲明针对的问题，布置工作的意义和重要性，目的和依据。

主体阐述工作任务，提出原则性的要求和措施、处理办法或步骤等，内容较多的，可用条块式或条列式。

结尾发出号召，提出希望、要求等。

（四）落款

指导性意见、批转性意见，一般在文后署名和标注成文日期。

五、意见的正文写作

（一）指导性意见的写作

指导性意见指上级机关对下级机关进行工作指导的意见。正文由前言、主体、结尾三部分构成。

前言用简短的语言提出目的和依据。

主体阐述和说明开展某项工作的基本思想、原则、要求，并对工作进行原则性指导。

结尾说明主体部分未尽事项，如何时实施，解释权归属，原有意见的废止等事项。

［例文］

国务院关于加快推进"互联网＋政务服务"工作的指导意见

国发〔2016〕55号

各省、自治区、直辖市人民政府，国务院各部委、各直属机构：

推进"互联网＋政务服务"，是贯彻落实党中央、国务院决策部署，把简政放权、放管结合、优化服务改革推向纵深的关键环节，对加快转变政府职能，提高政府服务效率和透明度，便利群众办事创业，进一步激发市场活力和社会创造力具有重要意义。近年来，一些地方和部门初步构建互联网政务服务平台，积极开展网上办事，取得一定成效。但也存在网上服务事项不全、信息共享程度低、可办理率不高、企业和群众办事仍然不便等问题，同时还有不少地方和部门尚未开展此项工作。为加快推进"互联网＋政务服务"工作，切实提高政务服务质量与实效，现提出以下意见。

一、总体要求

（一）指导思想。认真落实党的十八大和十八届三中、四中、五中全会精神，深入贯彻习近平总书记系列重要讲话精神，牢固树立创新、协调、绿色、开放、共享的发展理念，按照建设法治政府、创新政府、廉洁政府和服务型政府的要求，优化服务流程，创新服务方式，推进数据共享，打通信息孤岛，推行公开透明服务，降低制度性交易成本，持续改善营商环境，深入推进大众创业、万众创新，最大程度利企便民,让企业和群众少跑腿、好办事、不添堵,共享"互联网+政务服务"发展成果。

(二)基本原则。

坚持统筹规划。充分利用已有资源设施,加强集约化建设,推动政务服务平台整合,促进条块联通,实现政务信息资源互认共享、多方利用。

坚持问题导向。从解决人民群众反映强烈的办事难、办事慢、办事繁等问题出发,简化优化办事流程,推进线上线下融合,及时回应社会关切,提供渠道多样、简便易用的政务服务。

坚持协同发展。加强协作配合和工作联动,明确责任分工,实现跨地区、跨层级、跨部门整体推进,做好制度衔接,为"互联网+政务服务"提供制度和机制保障。

坚持开放创新。鼓励先行先试,运用互联网思维,创新服务模式,拓展服务渠道,开放服务资源,分级分类推进新型智慧城市建设,构建政府、公众、企业共同参与、优势互补的政务服务新格局。

(三)工作目标。2017年底前,各省(区、市)人民政府、国务院有关部门建成一体化网上政务服务平台,全面公开政务服务事项,政务服务标准化、网络化水平显著提升。2020年底前,实现互联网与政务服务深度融合,建成覆盖全国的整体联动、部门协同、省级统筹、一网办理的"互联网+政务服务"体系,大幅提升政务服务智慧化水平,让政府服务更聪明,让企业和群众办事更方便、更快捷、更有效率。

二、优化再造政务服务

(一)规范网上服务事项。各省(区、市)人民政府、国务院各部门要依据法定职能全面梳理行政机关、公共企事业单位直接面向社会公众提供的具体办事服务事项,编制政务服务事项目录,2017年底前通过本级政府门户网站集中公开发布,并实时更新、动态管理。实行政务服务事项编码管理,规范事项名称、条件、材料、流程、时限等,逐步做到"同一事项、同一标准、同一编码",为实现信息共享和业务协同,提供无差异、均等化政务服务奠定基础。

(二)优化网上服务流程。优化简化服务事项网上申请、受理、审查、决定、送达等流程,缩短办理时限,降低企业和群众办事成本。凡是能通过网络共享复用的材料,不得要求企业和群众重复提交;凡是能通过网络核验的信息,不得要求其他单位重复提供;凡是能实现网上办理的事项,不得要求必须到现场办理。推进办事材料目录化、标准化、电子化,开展在线填报、在线提交和在线审查。建立网上预审机制,及时推送预审结果,对需要补正的材料一次性告知;积极推动电子证照、电子公文、电子签章等在政务服务中的应用,开展网上验证核对,避免重复提交材料和循环证明。涉及多个部门的事项实行一口受理、网上运转、并行办理、限时办结。建立公众参与机制,鼓励引导群众分享办事经验,开展满意度评价,不断研究改进工作。各级政府及其部门都要畅通互联网沟通渠道,充分了解社情民意,针对涉及公共利益等热点问题,积极有效应对,深入解读政策,及时回应关切,提升政府公信力和治理能力。

(三)推进服务事项网上办理。凡与企业注册登记、年度报告、变更注销、项目投资、生产经营、商标专利、资质认定、税费办理、安全生产等密切相关的服务事项,以及与居民教育医疗、户籍户政、社会保障、劳动就业、住房保障等密切相关的服务事项,都要推行网上受理、网上办理、网上反馈,做到政务服务事项"应上尽上、全程在线"。

（四）创新网上服务模式。加快政务信息资源互认共享,推动服务事项跨地区远程办理、跨层级联动办理、跨部门协同办理,逐步形成全国一体化服务体系。开展政务服务大数据分析,把握和预判公众办事需求,提供智能化、个性化服务,变被动服务为主动服务。引入社会力量,积极利用第三方平台,开展预约查询、证照寄送,以及在线支付等服务;依法有序开放网上政务服务资源和数据,鼓励公众、企业和社会机构开发利用,提供多样化、创新性的便民服务。

（五）全面公开服务信息。各地区各部门要在政府门户网站和实体政务大厅,集中全面公开与政务服务事项相关的法律法规、政策文件、通知公告、办事指南、审查细则、常见问题、监督举报方式和网上可办理程度,以及行政审批涉及的中介服务事项清单、机构名录等信息,并实行动态调整,确保线上线下信息内容准确一致。规范和完善办事指南,列明依据条件、流程时限、收费标准、注意事项等;明确需提交材料的名称、依据、格式、份数、签名签章等要求,并提供规范表格、填写说明和示范文本。除办事指南明确的条件外,不得自行增加办事要求。

三、融合升级平台渠道

（一）规范网上政务服务平台建设。各省（区、市）人民政府、国务院有关部门要依托政府门户网站,整合本地区本部门政务服务资源与数据,加快构建权威、便捷的一体化互联网政务服务平台,提供一站式服务,避免重复分散建设;已经单独建设的,应尽快与政府门户网站前端整合。中央政府门户网站是全国政务服务的总门户,各地区各部门网上政务服务平台要主动做好对接,形成统一的服务入口。推进政府部门各业务系统与政务服务平台的互联互通,加强平台间对接联动,统一身份认证,按需共享数据,做到"单点登录、全网通办"。建立健全政务服务平台电子监察系统,实现全部事项全流程动态监督。利用统一的政务服务资源,积极推进平台服务向移动端、自助终端、热线电话等延伸,为企业和群众提供多样便捷的办事渠道。

（二）推进实体政务大厅与网上服务平台融合发展。适应"互联网＋政务服务"发展需要,进一步提升实体政务大厅服务能力,加快与网上服务平台融合,形成线上线下功能互补、相辅相成的政务服务新模式。推进实体政务大厅向网上延伸,整合业务系统,统筹服务资源,统一服务标准,做到无缝衔接、合一通办。完善配套设施,推动政务服务事项和审批办理职权全部进驻实体政务大厅,实行集中办理、一站式办结,切实解决企业和群众办事在政务大厅与部门之间来回跑腿的问题。实体政务大厅管理机构要加强对单位进驻、事项办理、流程优化、网上运行的监督管理,推进政务服务阳光规范运行。

（三）推动基层服务网点与网上服务平台无缝对接。乡镇（街道）政务服务中心和村（社区）便民服务点直接服务基层群众,要充分利用共享的网上政务服务资源,贴近需求做好政策咨询和办事服务,重点围绕劳动就业、社会保险、社会救助、扶贫脱贫等领域,开展上门办理、免费代办等,为群众提供便捷的综合服务。加快将网上政务服务向老少边穷岛等边远贫困地区延伸,实现"互联网＋政务服务"基层全覆盖。

四、夯实支撑基础

（一）推进政务信息共享。国家发展改革委牵头整合构建统一的数据共享交换平台体系，贯彻执行《政务信息资源共享管理暂行办法》，打通数据壁垒，实现各部门、各层级数据信息互联互通、充分共享，尤其要加快推进人口、法人、空间地理、社会信用等基础信息库互联互通，建设电子证照库和统一身份认证体系。国务院各部门要加快整合面向公众服务的业务系统，梳理编制网上政务服务信息共享目录，尽快向各省（区、市）网上政务服务平台按需开放业务系统实时数据接口，支撑政务信息资源跨地区、跨层级、跨部门互认共享。切实抓好信息惠民试点工作，2017年底前，在80个信息惠民国家试点城市间初步实现政务服务"一号申请、一窗受理、一网通办"，形成可复制可推广的经验，逐步向全国推行。

（二）加快新型智慧城市建设。创新应用互联网、物联网、云计算和大数据等技术，加强统筹，注重实效，分级分类推进新型智慧城市建设，打造透明高效的服务型政府。汇聚城市人口、建筑、街道、管网、环境、交通等数据信息，建立大数据辅助决策的城市治理新方式。构建多元普惠的民生信息服务体系，在教育文化、医疗卫生、社会保障等领域，积极发展民生服务智慧应用，向城市居民、农民工及其随迁家属提供更加方便、及时、高效的公共服务。提升电力、燃气、交通、水务、物流等公用基础设施智能化水平，实行精细化运行管理。做好分级分类新型智慧城市试点示范工作，及时评估工作成效，发挥创新引领作用。

（三）建立健全制度标准规范。加快清理修订不适应"互联网＋政务服务"的法律法规和有关规定，制定完善相关管理制度和服务规范，明确电子证照、电子公文、电子签章等的法律效力，着力解决"服务流程合法依规、群众办事困难重重"等问题。国务院办公厅组织编制国家"互联网＋政务服务"技术体系建设指南，明确平台架构，以及电子证照、统一身份认证、政务云、大数据应用等标准规范。

（四）完善网络基础设施。建设高速畅通、覆盖城乡、质优价廉、服务便捷的网络基础设施。将通信基础设施建设纳入地方城乡规划，实现所有设区城市光纤网络全覆盖，推进农村地区行政村光纤通达和升级改造。提升骨干网络容量和网间互通能力，大幅降低上网资费水平。尽快建成一批光网城市，第四代移动通信（4G）网络全面覆盖城市和乡村，80%以上的行政村实现光纤到村。充分依托现有网络资源，推动政务云集约化建设，为网上政务服务提供支撑和保障。

（五）加强网络和信息安全保护。按照国家信息安全等级保护制度要求，加强各级政府网站信息安全建设，健全"互联网＋政务服务"安全保障体系。明确政务服务各平台、各系统的安全责任，开展等级保护定级备案、等级测评等工作，建立各方协同配合的信息安全防范、监测、通报、响应和处置机制。加强对电子证照、统一身份认证、网上支付等重要系统和关键环节的安全监控。提高各平台、各系统的安全防护能力，查补安全漏洞，做好容灾备份。建立健全保密审查制度，加大对涉及国家秘密、商业秘密、个人隐私等重要数据的保护力度，提升信息安全支撑保障水平和风险防范能力。

五、加强组织保障

（一）强化组织领导。各地区各部门要高度重视，充分认识"互联网＋政务服务"工作对建设廉洁高效、人民满意的服务型政府的重要意义,切实加强组织领导。主要负责同志要亲自部署,狠抓落实,并明确一位负责同志具体分管,协调督促,常抓不懈。各省(区、市)人民政府办公厅、国务院各部门办公厅(室)要牵头负责统筹推进、监督协调本地区本部门"互联网+政务服务"工作,明确工作机构、人员和职责,建立政务服务部门、信息化部门和有关业务单位分工明确、协调有力的工作机制。国务院办公厅要加强对各地区各部门"互联网+政务服务"工作的督促指导,开展督查评估,推动工作取得实效。

(二)强化考核监督。建立"互联网+政务服务"工作绩效考核制度,纳入政府绩效考核体系,加大考核权重,列入重点督查事项,定期通报并公开工作进展和成效。发挥媒体监督、专家评议、第三方评估等作用,畅通群众投诉举报渠道,通过模拟办事、随机抽查等方式,深入了解服务情况,汇聚众智改进服务。在政府门户网站设立曝光纠错栏目,公开群众反映的办事过程中遇到的困难和问题,及时反馈处理结果。完善正向激励机制,对综合评价高、实际效果好的按照有关规定予以表彰奖励;建立健全问责机制,对工作开展不力的予以通报,对不作为、乱作为、慢作为,损害群众合法权益的依法依规进行问责。

(三)加大培训推广力度。将"互联网+政务服务"工作纳入干部教育培训体系,定期组织开展培训。把面向公众办事服务作为公职人员培训的重要内容,提高服务意识、业务能力和办事效率。加强专业人才培养,建设一支既具备互联网思维与技能又精通政务服务的专业化队伍。积极开展试点示范工作,建立交流平台,加强业务研讨,分享经验做法,共同提高政务服务水平。做好宣传推广和引导,方便更多群众通过网络获取政务服务,提高"互联网+政务服务"的社会认知度和群众认同感。

各省(区、市)人民政府、国务院有关部门要根据本意见,抓紧制定工作方案,明确责任单位和进度安排,加强衔接配合,加大财政支持,认真抓好落实。工作方案报国务院办公厅备案。

国务院

2016 年 9 月 25 日

(二)批转性意见

批转性意见是政府部门就开展和推动某方面的工作或重要问题提出初步的设想和打算,呈送领导机关审定,要求批转更大范围执行的意见。正文由前言、事项和要求组成。前言交代目的、意义、依据;事项是对处理问题的见解、做法(或措施)等。正文用条列式,按问题或任务分类,提出要点(见解),逐一展开。正文结束时,写明"以上意见,如无不妥,请批转"等语,以表达自己的要求。

在写批转性意见前,应该认真地调查研究实际工作中遇到的新问题、新情况,针对遇到的问题,提出解决问题的看法和具体措施,办法要切实可行。这类意见经上级机关审定批转,便具有法定的权威性和约束力,有关部门、下级政府必须遵照执行。行文措辞必须切实、适当。

[例文]

关于调整2001年房改年度有关政策的意见

宁房管〔2001〕9号

南京市人民政府：

为进一步贯彻落实市政府宁政发〔1998〕278号文件精神，继续深化我市住房制度改革，根据《省政府办公厅转发省建设厅等部门关于调整2001年度省住房制度改革有关政策的请示的通知》（苏政办发〔2001〕94号）和省建设厅《关于南京市调整经济适用住房价格和住房补贴标准的请示的批复》（苏建房改〔2001〕277号），现就我市2001年房改年度有关政策调整，提出如下意见：

一、关于住房公积金（略）

二、关于公有住房租金和租金补贴（略）

三、关于公有住房出售（略）

四、关于住房补贴政策（略）

本文件发布前，职工已经批准领取过购房补贴和工龄补贴的，不再补发，出售已购公有住房因超出家庭住房货币量而缴纳的土地收益不再找贴。其余的调整政策于2001年7月1日起执行。市属江宁区及四县应根据省、市通知精神，制定符合本地实际的实施意见并报省、市房改领导小组备案。

以上意见如无不妥，请批转执行。

南京市房产管理局
南京市财政局
南京市物价局
2001年5月15日

【练习】

一、判断下列各标题是否正确，并修改

1. 某局请求调减产量指标，标题：某局关于请求调减产量指标的报告
2. 某单位向银行申请购置冷冻机的贷款，标题：某单位关于购买冷冻机的请示
3. 某地区科研所向省科委反映科技体制改革情况，标题：某科研所关于科技体制改革工作情况的总结报告
4. 某省对外事工作的设想，标题：关于加强外事工作的报告
5. 某省某厅针对下级增加生产任务的请求给予答复，标题：某厅关于增加生产任务的函复
6. 某食堂需购买冷藏柜，标题：关于某食堂购买冷藏柜的申请报告
7. 某局为离休老干部申请配备汽车，标题：某局关于申请离休老干部配备汽车的请示报告
8. 国家物价局财政部为加强社会力量办学收费管理发文，标题：国家物价局财政部关于加强社会力量办学收费管理的通告
9. ××省人民政府办公厅转发上级文件，标题：××省人民政府办公厅关于转发《国务

院办公厅关于严格控制新闻发布会和周年纪念活动的通知》的通知

10. ××化工研究所对××大学化学系的回函:关于××大学化学系前来参观的答复

二、拟写公文标题

1. ××大学拟将《××大学学生管理办法》发给各院、部、处

2. 晨光机械厂拟在全厂范围开展厂风大检查

3. ××机场就发展国际业务问题向上级行文

4. ××市公安局关于扫黄工作情况的汇报

5. 某公司关于兴建一货柜码头的公文

6. ××工厂要求工商局减免营业税

7. ××单位向上级行文,要求增加专业技术人员

8. 回复上级对群众来信中反映的问题

9. ××局向上级机关汇报某一阶段的工作情况

10. 上海商学院要将上海商学院宿舍着火情况向上级机关汇报

三、判断题

1. 你若想调换工作,可以向单位领导写一份报告。（　）

2.《××县人民政府关于增拨抗洪救灾资金物资的请示》主送给了国务院、民政部、省政府、省民政厅、市政府。（　）

3. 政府与同级党委和军队机关不可以联合行文。（　）

4. ××省驻广州办事处向广州×局行文,请求批准该机关建造临时建筑物,这份公文所用文种是请示。（　）

5. 请示在行文时候,为了表示尊重,下级机关也需要抄送。（　）

6. 向上级机关行文,不可以使用通报。（　）

7. 请求批准的函可以用批复作答。（　）

8. 林业部致文某县林业局要求调查该县某处森林发生重大火灾的起因,该县林业局调查清楚后向林业部行文报告。（　）

9. 国务院所属各部、委之间的行文方式主要采用下行文。（　）

10. 请求协调与帮助解决本机关无法解决的困难问题可采用请示文种。（　）

四、单项选择题

1. 下列事项采用请示行文的是（　）

A. 江苏省驻北京办事处向北京市规划局行文,请求批准该机关建造临时建筑物

B. 南京市栖霞区某企业向区国税局申请减免税款

C. ××省属大学向省财政厅申请教学拨款

D. 浙江省文化厅报文化部邀请台湾歌手周杰伦到杭州市演出

2. 工作报告中（　）请示事项
A. 可以写上　　　B. 不能夹带　　　C. 必要时可写

3. 为维护正常的领导、指导、直接统属的关系,上行文一般采用（　）方式
A. 多级行文　　　B. 逐级行文　　　C. 越级行文

4. 发文机关应当使用（　）
A. 发文机关的简称或缩写　　　B. 发文机关的全称或规范化简称

C. 发文机关的全称或别称　　　　D. 发文机关的全称或简称

5. 下列说法哪个正确　　　　　　　　　　　　　　　　　　　　（　　）
A. 联合行文的作者应该是具有隶属关系的机关
B. 部门内设机构不得对外正式行文
C. 同级政府、同级政府各部门、上级政府部门与下一级政府可以联合行文
D. 部门之间对有关问题未经协商一致,可以各自向下行文

6. 联合行文应　　　　　　　　　　　　　　　　　　　　　　　（　　）
A. 各单位都编文号　　　　　　B. 轮流坐庄编文号
C. 友好协商编文号　　　　　　D. 编主办单位的文号

7. 下列哪个标题正确　　　　　　　　　　　　　　　　　　　　（　　）
A. 关于请求修建篮球场所需经费的请示
B. 关于申请修建篮球场所需经费的请示
C. 关于修建篮球场所需经费的请示
D. 关于拨款修建篮球场的请示报告

8. 下列说法哪个错误　　　　　　　　　　　　　　　　　　　　（　　）
A. 请示应当一文一事
B. 抄送机关指除主送机关外需要执行或知晓公文的其他机关
C. 成文日期需要完整写出年、月、日,而且必须用汉字书写
D. 附件名称后不加标点符号

9. ××集团总公司对××分公司干部职务任免事项制发公文,正确的是（　　）
A. ××集团总公司关于任免干部的函
B. ××集团总公司关于任免干部的通知
C. ××集团总公司关于任免干部的意见
D. ××集团总公司关于任免干部的通告

10. 受双重领导的机关向上级行文,应当这样处理　　　　　　　（　　）
A. 主送两个上级机关
B. 主送其中一个上级机关,抄送另外一个上级机关
C. 不写主送机关,直接抄送两个上级机关
D. 主送其中一个上级机关,抄送其下级机关

五、双项选择题

1. 在以下的几种情况的机关之间,不可以使用平行文的有　　　（　　）
A. 江西省财政厅与浙江省公安厅　　B. 南京大学与南京邮电大学
C. 北京市人民政府与文化厅　　　　D. 南京市人民政府与鼓楼区人民政府

2. 请示的主送对象可以是　　　　　　　　　　　　　　　　　（　　）
A. 有商洽必要的平行机关　　　　B. 需请求其批准的不相隶属机关
C. 直属的上级领导机关　　　　　D. 上级业务主管部门

3. 下列有关结束语部分的说法表达不太妥当的是　　　　　　　（　　）
A. 当否,请批复　　　　　　　　B. 妥否,请批复
C. 特此函询为盼　　　　　　　　D. 上述意见,请考虑

4. 下列错误的公文标题有 （　　）
   A. 国家发展改革委关于降低国内成品油价格的公告
   B. 江苏省人民政府关于几起重大安全事故的通报
   C. 浙江省人民政府办公厅转发省安监局关于工矿企业生产安全事故应急救援体系建设意见
   D. 住房城乡建设部关于开展城市步行和自行车交通系统示范项目工作的通知

5. 下列写作完全正确的公文标题有 （　　）
   A. 关于拨款维修矛盾纪念馆的请示
   B. 国务院对大别山革命老区振兴发展规划的批复
   C. 青岛市南区城市管理行政执法局关于办公用房改造经费的请示
   D. 天津市人民政府关于试鸣防空防灾警报的通知

6. 采用引述式开头的文书有 （　　）
   A. 商洽函　　B. 请批函　　C. 回复函　　D. 批复

7. 下列公文中属于上行文的是 （　　）
   A. 命令　　B. 批复　　C. 报告　　D. 请示

8. 越级行文的条件是 （　　）
   A. 工作中出现问题无法解决
   B. 经多次请示直接上级机关而问题长期未予解决
   C. 请示解决人、财、地问题
   D. 检举直接上级机关

9. 报告不适用于 （　　）
   A. 汇报工作　　　　　　　　B. 请示工作
   C. 提出建议　　　　　　　　D. 报送文件

10. 关于发文机关印章，下列说法正确的是 （　　）
    A. 除会议纪要外，所有行政公文都必须加盖发文机关印章后方能生效。
    B. 标题中可以省略单位，落款也可以不署单位名称，直接写成文日期并盖章即可
    C. 联合上报的公文，由主办机关加盖印章；联合下发的公文，联合机关都应加盖印章
    D. 印章上不压正文，下要骑年盖月

六、修改病文

病文1：

关于要求解决学生宿舍拥挤等问题的请示

市人民政府、市教育局：

  我校今年由于住宿生急剧增加，已有的学生宿舍已无法容纳，住宿生一个床位两个人睡，严重影响学生的身心健康。为解决这一困难，我校决定再建一栋学生宿舍楼。另外，我校图书馆也尚未达到省"两基"标准，望上级部门给予适当支持。

  请回复

二职高
2016 年 12 月 15 日

病文 2：
请示报告

校领导并转财务处：

　　一年一度的国庆、中秋两大节日即将来临，老干部处拟为每位离休干部购买 200 元左右的食品以示慰问。因考虑到老同志们口味各异，加上一些老同志反映最近手头有些吃紧，因此欲将购买慰问品的 200 元直接发给老干部自行开销。可否，请领导指示为盼。

　　此致敬礼

××大学老干部处

病文 3：
××县地税局重建税务所办公楼的请示报告

××地区地税局、城建局、国税局：

　　我局所属××镇、××镇、××镇三个税务所，因受灾被洪水冲毁。现决定重建三个税务所办公楼 3 幢，建筑面积 1200 平方米，用作办公室和职工宿舍。共需资金 1000 万元，扩增土地 0.2 公顷。

　　特此报告。

二〇一六年八月二十九日

七、写作

1. "5.12"四川汶川里氏 8.0 级大地震发生后，公安消防镇江支队根据上级命令，先后抽调 24 人携带大量抢险救援器材赶赴灾区，参加抗震救灾工作。到了灾区发现现有装备难以满足四川灾区抗震救灾和全市灭火救援的需要。5 月 16 日下午，公安局镇江支队向有关上级上报了《关于紧急申请购置抗震救灾救援器材专项经费的请示》，请求紧急拨款 80 万元用于购置补充抗震救灾救援器材。镇江市代市长刘捍东、副市长曹当凌分别做了重要批示。5 月 19 日，市长常务会议研究同意拨款 80 万元用于购置包括无齿锯、液压扩张器、救生气垫、便携式照明设备等救援器材在内补充器材装备，其中 40 万元的先期拨款已经下拨支队。目前，支队正在联系各器材供应商，力争本周内完成器材采购工作。根据以上的材料请你代有关部门分别写一份请示和批复。

2. 单位准备元旦举办一次大型庆祝晚会，预计活动经费约需 3 万元。
（1）请用正确的公文向上级主管部门行文
（2）上级主管部门认为只能拨款 1 万元，请代拟一份答复的公文。

第五章　知照性公文的写作

知照性公文,以公开发布应知、规范信息为主的是公报、公告、通告;以内部或公开发布表扬、批评信息为主的是通报;以下行或平行发布应知、规范信息为主的是通知;以平行发布沟通、协作信息或业务管理为主的是函。其中通告、通知、函使用频率较高,范围最广。

第一节　公告的写作

一、公告的适用范围

《条例》指出,公告"适用于向国内外宣布重要事项或法定事项"。所谓重要事项,是指事关全局或在国内外能产生重大影响的事项。所谓法定事项,指按法律程序批准确定的重大事项。

二、公告的特点

(一)**发文机关的权威性**

公告发文机关的级别较高,一般都是由国家最高权力机关(全国人大及全国人大常委会)和管理机关(国务院及其各部委),地方权力机关和管理机关,以及获得授权可以发布公告的机构(如新华社)。党团组织、社会团体、企事业单位不能发布公告。

(二)**内容的重大性**

公告用于向国内外宣布重要事项或法定事项,涉及面广,影响重大,一般事项或法规不能用公告。

(三)**行文的严肃性**

公告内容重要,事项重大,代表国家机关立言,行文严肃庄重。

三、公告的类型

公告按性质可分为:告知性公告和法规性公告。

(一)**告知性公告**

用于向国内外宣布重要事项的公告。此类公告重点在于让国内外知道重要事项。如公布国家领导人出访、国家领导人的选举结果、发射火箭试验等。

(二)**法规性公告**

依照有关法律和法规的规定,一些重要事情和主要环节必须以公告的方式向全民公布。此类公告的重点在于宣布带有法规性的重要事项,要求中国公民和中国境内的外国人士遵守。

四、公告的结构

包括标题、编号、正文、落款部分。

（一）标题

公告的标题有两种形式。

1. 完整式

由发文机关、事由和文种三个要素构成，如"中国人民银行关于开办人民币长期保值储蓄存款的公告"。

2. 两项式

由发文机关和文种两个要素构成，如"国务院公告"。或由发文事由和文种两个要素构成，如"关于国家货币出入境限额的公告"。

（二）正文

一般由缘由（依据）、事项、结尾三部分构成。

（三）公告的日期、编号

公告的日期写在正文的后面，有的日期还可以写在标题下正中的位置，并加括号。一般告知性公告可以不用发文字号，可在标题下方编号，如"第×号"，或用圆括号括入。法规性公告可用完整的三项式发文字号。

五、公告的正文写作

（一）告知性公告写作

缘由，即发文依据（事实、文体或法定程序）、目的，用一两句话或短语概括。

事项要根据内容多寡来确定安排方式，如果内容较多，要分列条款；如果内容比较简单，则可不分条款。

结尾一般以"特此公告"、"现予公告"作结，也可不写。

[例文1]

中华人民共和国国务院公告

　　为表达全国各族人民对四川汶川大地震遇难同胞的深切哀悼，国务院决定，2008年5月19日至21日为全国哀悼日。在此期间，全国和各驻外机构下半旗志哀，停止公共娱乐活动，外交部和我国驻外使领馆设立吊唁簿。5月19日14时28分起，全国人民默哀3分钟，届时汽车、火车、舰船鸣笛，防空警报鸣响。

2008年5月18日

[例文2]

天津市人民政府关于试鸣防空防灾警报的公告

津政发〔2016〕20号

　　为保障城市建设和经济发展，增强全市人民群众居安思危、常备不懈的国防观念和防空防灾应急准备意识,熟悉防空防灾警报信号,根据《中华人民共和国人民防空法》和我市有关规定,决定利用今年全民国防教育日(2016年9月17日)试鸣防空防灾警报。

一、警报试鸣时间:2016年9月17日上午10时至10时30分。

二、警报试鸣范围及方式:

全市范围的固定警报点、人防车载警报统一鸣响警报信号;通过电视、手机短信同步发布提示信息;部分人员密集场所利用室内报警设施同步示警。

三、警报试鸣信号:

预先警报:鸣36秒,停24秒,反复3遍,时间为3分钟;

空袭和灾害警报:鸣6秒,停6秒,反复15遍,时间为3分钟;

解除警报:连续鸣放一长声,时间为3分钟。

请全市各单位、全体市民和过往我市人员在警报试鸣期间保持正常的工作和生活秩序。

特此公告

天津市人民政府
2016年8月30日

(二) 法规性公告的写作

1. 公告依据

发布公告的缘由或根据。依据可以是法律或政策依据,也可以是理论或事实依据。用一两句话作简短的概括,最后以"现公告如下"转接下文。

2. 公告事项

公告的主要内容,一般分条列项地写出有关内容,条文应简洁明确,条理清楚。

3. 公告结语

可用"特此公告"、"此告"等惯用语结束。

[例文1]

中华人民共和国公安部公告

根据《中华人民共和国出境入境管理法》有关规定,经国务院批准,公安部决定在入境检查时留存外国人指纹等人体生物识别信息。现就有关事项公告如下:

2017年,中国边检机关将分期分批在全国对外开放口岸对入境我国的14(含)至70(含)周岁外国人留存指纹。对符合以下情形的入境外国人,可以免留指纹:(一)持外交护照或持中国外交、礼遇签证的人员,但有对等安排的国家人员除外;(二)根据双边协议或互惠安排,互相给予免留指纹安排的人员;(三)按照公安部有关规定,给予集中办理入境手续便利的外国副部级(含)以上官员及其所率领的代表团成员;(四)十指指纹均残缺或十枚指纹均无法留存的人员;(五)特殊情况下,经公安部同意免予留存指纹的人员。

特此公告。

公安部
2017年1月29日

[例文 2]

**财政部关于将铁路离岛旅客纳入海南离岛旅客
免税购物政策适用对象范围的公告**

第7号

为满足海南铁路离岛旅客的购物需求,进一步发挥海南离岛旅客免税购物政策(以下简称离岛免税政策)的效应,支持海南加快国际旅游岛建设,财政部经商发展改革委、商务部、海关总署、税务总局、质检总局、食品药品监管总局,并报国务院批准,将海南铁路离岛旅客纳入离岛免税政策适用对象范围。现将有关事项公告如下:

一、年满16周岁的铁路离岛旅客凭个人离岛车票及有效身份证件,可在三亚海棠湾免税店或者通过三亚海棠湾免税店和海口美兰机场免税店的网上销售窗口购买免税商品。离岛时凭本人火车票、购物凭证、身份证件等在海口火车站提货点提取所购免税商品并携带离岛。

二、同一旅客在同一年度内乘飞机和乘火车免税购物合并计算,且不得超过离岛免税政策的额度限制规定。

三、除以上规定外,铁路离岛旅客免税购物按照《财政部关于进一步调整海南离岛旅客免税购物政策的公告》(中华人民共和国财政部公告2015年第8号)、《财政部关于调整海南离岛旅客免税购物政策的公告》(中华人民共和国财政部公告2012年第73号)、《财政部关于开展海南离岛旅客免税购物政策试点的公告》(中华人民共和国财政部公告2011年第14号)和《财政部关于进一步调整海南离岛旅客免税购物政策的公告》(中华人民共和国财政部公告2016年第15号)的有关规定执行。

海南铁路离岛旅客免税购物监管办法由海关总署另行公布。

本公告自2017年1月15日起执行。

特此公告

财政部
2017年1月10日

第二节　通告的写作

一、通告的适用范围

《条例》指出,通告"适用于在一定范围内公布应当遵守或者周知的事项"。通告既可下行,也可普发。

二、通告的特点

(一)广泛性

通告的内容与范围十分广泛,既可以是国家的有关政策,也可以是业务管理中的一些具体事项。

(二)普遍性

通告的作者不受职权限制。各级行政机关、管理部门以及企事业单位、人民团体等都可以发布通告。

(三)法规性

行政领导机关或职能机构就某些事项作出规定限制,或者宣布某些需遵守的事项,对一定范围内的公众具有法规约束力。

(四)针对性

通告常在一定范围内使用,往往只针对某一地区、某一领域的事项而发布,因而针对性较强。

三、通告与公告的区别

(一)内容轻重不同

公告宣布的是重要事项或法定事项,多为国内外关注的大事;通告宣布的是在一定范围内应当遵守或周知的事项,内容多是业务性管理性的。

(二)发文机关级别不同

公告由国家权力机关、行政领导机关或者政府有关职能部门发布,发文机关级别较高。通告的内容是一般事项,所以发文单位比较广泛,党政机关、企业事业单位、人民团体都可发布通告。

(三)使用范围不同

公告的告知对象是广泛的,是"向国内外宣布";通告的告知范围就小得多,通告的告知范围限制在一定范围内,为社会各有关方面。

(四)发布形式和写作要求不同

公告语言严肃庄重,主要通过媒体发布;通告语气平和,可通过媒体发布,也可以用文件形式下达或公开张贴。

四、通告的类型

通告可分成法规性通告和周知性通告两大类。

(一) 法规性通告

用于向一定范围内有关单位或人员公布一些令行禁止类事项的通告,具有一定的法规效用。这类通告多由行政领导机关发布,其内容如查禁淫秽书画、收缴非法枪支、加强交通管理、查处违禁物品等。有关单位和人员必须严格遵守。如《上海市人民政府关于加强对秸秆露天焚烧和利用管理的通告》、《南京市人民政府关于城市生活垃圾处理费征收的通告》等。

(二) 周知性通告

用于公布一定范围内有关单位或人员需周知的事项,如出现新情况、新问题等。与法规性通告相比,周知性通告大都具有专业性和单一性,不带有强制性,但也有一定的约束力。如《南京市公安局交通管理局通告》等。

五、通告的结构

通告的结构包括标题、主送机关、正文和结尾。

(一) 通告的标题

通告的标题有两种写法:

1. 完整式

由发文机关、事由和文种构成,如"山西省人民政府关于收缴非法爆炸物品的通告"、"南京市人民政府关于实施不动产统一登记的通告"。

2. 两项式

写出发文机关和文种两个要素,如"南京市公安局通告";或省略发文机关,只标明发文事由和文种两个要素,如"关于南京长江大桥结构检测期间机动车禁行的通告"、"关于禁止使用实心黏土砖的通告"。

(二) 通告的正文

通告的正文一般包括通告缘由、通告事项、通告结语三个部分。通告所告知的对象是一定范围内的社会公众,不必写主送对象。

1. 通告缘由

用简短的文字写明发通告的原因、目的或者说明发通告的法规依据。

2. 通告事项

通告事项是正文的主体部分,是需要遵守或周知的内容。内容较多时,一般分条列项写。

3. 通告结语

通告结语大多强调该通告的意义或者提出希望。结语可以单列一行,也可以并在事项的条文末,如"此告"、"特此通告"等。

(三) 通告的落款

文尾写上发文单位和日期。如果发文单位在标题中已出现,文尾可以只写日期或者在标题下正中署日期。下发或者张贴的通告要加盖公章。

六、通告的正文写作

(一) 法规性通告的写作

一般先写通告缘由,然后再交代通告事项和通告范围,最后说明通告施行的具体日期。

[例文]

重庆市人民政府关于加强 2017 年春节期间主城区燃放烟花爆竹管理的通告

为加强 2017 年春节期间主城区燃放烟花爆竹安全管理,保障市民人身财产安全和社会公共安全,根据《重庆市燃放烟花爆竹管理条例》等有关规定,特通告如下:

一、本通告适用于渝中区、大渡口区、江北区、沙坪坝区、九龙坡区、南岸区、北碚区、渝北区、巴南区、两江新区城区燃放烟花爆竹的安全监督管理。

二、禁止燃放烟花爆竹的区域和场所为:市、区国家机关办公区域;车站、码头、机场、轨道交通车辆和站点、商场及其他人员密集场所;重要军事设施、仓库,市级以上文物保护单位;加油(气)站等存放易燃易爆物品的场所及其周边 100 米范围内;医院、幼儿园、敬老院、疗养院;教学、科研单位的办公、教学、科研场所及学生宿舍;主城各区人民政府及两江新区管委会规定禁止燃放烟花爆竹的其他区域和场所。

三、限制燃放烟花爆竹的时间。2017 年 1 月 27 日至 2 月 11 日,每日上午 7 时至次日凌晨 1 时,可以在限制燃放区域内燃放烟花爆竹。

四、烟花爆竹实行专营定时定点销售。销售时间为 2017 年 1 月 25 日至 2 月 11 日。临时专营销售点必须依法取得临时销售许可证,在许可的销售场所销售,并悬挂临时销售许可证和"烟花爆竹专营销售点"标志。销售产品外包装应贴有包装标识条形码及市安监局、市供销合作社统一印制的监封标志。单位和个人燃放的烟花爆竹产品应当从专营销售点购买。不得向 14 周岁以下的未成年人销售烟花爆竹。

五、严格烟花爆竹品种管理。本市允许专营销售点销售和个人燃放的烟花爆竹品种为 C 级和 D 级产品中的喷花类、旋转类、玩具类(烟雾型、摩擦型除外)、爆竹类("土火炮"、"大夹小"和"炮中炮"爆竹产品除外)、升空类(火箭、旋转烟花产品除外)、组合烟花类 6 类,不得销售、燃放礼花弹、架子烟花、小礼花、吐珠烟花产品和单发药量大于 25 g、内径大于 30 mm(1.2″)的内筒型组合烟花等专业燃放类产品,以及擦炮、摔炮、药粒型吐珠产品。

六、未取得公安机关《焰火燃放许可证》的单位和个人,不得以任何形式组织大型焰火燃放活动。14 周岁以下未成年人燃放烟花爆竹,应当由监护人或者其他成年人看护。

七、严禁任何单位和个人非法生产、销售、储存、运输、燃放烟花爆竹,严禁销售、储存、携带、燃放不符合本市公布规格和品种的烟花爆竹,严禁携带烟花爆竹乘坐公共汽车、轨道车辆等公共交通工具。

八、任何单位和个人应当自觉遵守《条例》规定,并有权劝阻和向公安、安监、工商、供销等部门举报违反《条例》的行为。举报电话由主城各区人民政府和两江新区管委会向社会公布。

九、对违反《条例》等法律法规和本通告规定的行为,依法追究当事人责任。构成犯罪的,依法追究刑事责任。

十、本通告自公布之日起至2017年2月11日止施行。其他区县(自治县)人民政府应当根据《条例》规定,结合实际发布相应通告。

重庆市人民政府
2016年12月22日

(二)周知性通告的写作

先写通告的原因,再写通告事项,用专用语收结。内容清晰,语言简练。

[例文1]

北京市人民政府关于2008年北京奥运会开幕式当天放假的通告

京政发〔2008〕37号

2008年8月8日晚8时,将举行第29届夏季奥林匹克运动会开幕式。经国务院批准,除保障国事活动、城市运行等必要的工作岗位外,在京中央和国家机关、企事业单位和社会团体,北京市机关、企事业单位和社会团体,8月8日放假一天;本市行政区域内其他社会组织,可根据实际情况自主安排。

为让全市人民分享奥运的欢乐,放假前各有关单位要及早做好准备,妥善安排各项工作,保证社会生产生活正常进行。希望广大市民进一步增强"平安奥运"意识,绿色出行,自觉维护社会公共秩序,展现良好的文明素质和精神风貌。

特此通告

2008年8月5日

[例文2]

南京市公安局交通管理局关于
2017年中国·秦淮灯会交通管控的通告

为维护2017年中国秦淮灯会的交通秩序,确保市民群众在游玩、观灯时的安全,经市政府批准,将在灯会期间对夫子庙周边道路实施临时交通管控,具体措施如下:

2017年2月9日至2月12日(正月十三、十四、十五、十六),每日的12:00—23:00,长乐路、平江府路(含)、建康路、中华路合围区域,及老门东地区的箍桶巷(马道街至城墙段),除公交车、执行任务车辆外,禁止其他社会机动车辆驶入。期

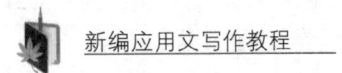

间,根据灯会现场交通状况,公安交管部门将可能对夫子庙景区及老门东地区周边道路采取其他临时交通管控措施。

请广大车辆驾驶人员和市民群众自觉遵守本通告的内容,服从现场执勤民警的指挥管理,平峰观灯,选择公共交通方式出行,共同维护秦淮灯会的良好秩序。

特此通告

南京市公安局交通管理局
2017年2月4日

第三节 通知的写作

一、通知的适用范围

《条例》指出,通知"适用于发布、传达要求下级机关执行和有关单位周知或执行的事项,批转、转发公文"。通知是下行文,不能上行,而重要通知下行时应抄送上级机关。

二、通知的特点

(一)广泛性

通知的使用范围广泛,不受发文机关级别的限制,适用于各级行政机关、部门和企事业单位。通知的内容既可以是重要的政策措施,也可以是具体的工作事项;既可以指导工作、发布规章,又可以用来批转下级公文或者转发上级和不相隶属机关公文。这些特点使通知成为使用频率最高的一个文种。

(二)传达性

通知可以对当前的重要工作进行指导,要求下级机关认真贯彻执行,具有一定的指令性。通知也可以只传达具体的事项,而不需要下级机关执行,具有知照性。

(三)时效性

通知的事项一般是要求立即办理、执行或知晓的,不容拖延。有的通知如会议通知,只在指定的一段时间内有效。需要紧急办理或周知的事项,在标题中需加"紧急"二字。

三、通知的类型

通知按其内容可以分为指挥性通知、发布性通知、批转性通知和事项性通知。

(一)指挥性通知

多用于传达上级机关的决定、规定、指示或某方面的政策;向下级布置需要执行与办理的工作或具体事项;上级主管业务部门向下级主管业务部门对口指导业务事项。一般基层单位也用以传达与布置具体工作。

(二)发布性通知

用通知发布本机关或部门所制定的规章,包括行政法规、方案、计划等。发布性通知使用得比较普遍,各级行政机关都可以制发。

(三) 批转、转发性通知

批转性通知用于批转下级机关的公文，包括"批"和"转"两个部分。批转性通知由批语加下级机关的公文两部分组成，制发这种通知的机关所要撰写的仅是批语部分，但对下级机关的来文（报告或意见）需做一些技术性处理（消除原文的文头、公章、主题词、文号等）。

转发性通知用于转发上级机关、同级机关或不相隶属机关的公文。转发通知比批转通知用得多。如《上海市教育委员会转发人事部、教育部关于追授殷雪梅同志"全国模范教师"荣誉称号决定的通知》。一般不加转发按语。必要时根据实际情况提出执行的具体要求或规定。

(四) 事项性通知

上级机关向下级机关告知或要求下属机关办理一般性事项的通知。如成立、调整或撤销机构，启用或废止公章，变更机构名称、地址、电话号码，召开会议、布置工作、下达任务、任免聘用干部等。如《江苏省人民政府关于南京邮电学院更名为南京邮电大学的通知》《国务院办公厅关于调整全国政务公开领导小组的通知》等。

四、通知的结构

通知由标题、主送机关、正文、落款四个部分组成。

(一) 标题

通知的标题有三种常见写法：

1. 完整式

由发文机关、事由和文种构成。如"国务院办公厅关于加强困难群众基本生活保障有关工作的通知"、"体育总局办公厅关于加强国庆节期间登山户外运动安全组织管理工作的通知"、"教育部办公厅关于进一步加强和规范高校家庭经济困难学生认定工作的通知"等。当通知的事项十分重要或紧急时，可以在标题的文种"通知"前加上"紧急"或"重要"字样，如"××省人民政府关于做好防汛工作的紧急通知"。

2. 两项式

省略发文机关，由发文事由和文种两个部分构成。如"关于认真做好2016年'八一'期间双拥工作的通知"、"关于免征部分鲜活肉蛋产品流通环节增值税政策的通知"等。

3. 批转式

用于批转、转发类通知的标题，由"发文机关＋批转或转发＋被转发文件标题＋通知"构成。如"国务院办公厅转发教育部等部门关于做好进城务工人员随迁子女接受义务教育后在当地参加升学考试工作意见的通知"、"南京市人民政府批转南京市园林局关于创建全国首批生态园林城市实施意见的通知"等。

(二) 主送机关

通知的主送机关有两种写法：一种是将几个主送机关名称全部写上。主送机关应写全称或规范简称，或用统称指代词"各"，列出相关规范简称。如"各省、自治区、直辖市人民政府"。多个主送机关，一般按先外后内，党、政、军、人民团体的顺序安排。

(三) 正文

通知的正文因内容不同而写法各异，一般由通知缘由、通知事项、执行要求等要素构成。具体写法另题阐述。

(四) 落款

文尾写上发文单位和日期。如果发文单位在标题中已经存在，这里可以只写日期。下发或者张贴的通知要加盖公章。

五、通知的写作

(一) 指挥性通知

一般由通知前言和通知事项两部分内容组成。

通知前言由发布通知的原因、依据和目的构成。语言要概括、简洁。

通知事项是通知的主体，要写明工作任务、办理方法及具体的措施要求或规定。简单的通知只要指出事项名称即可；复杂的通知，事项内容展开时，可用条列式。

[例文1]

教育部办公厅关于开展校园网贷风险防范集中专项教育工作的通知

教思政厅〔2016〕3号

各省、自治区、直辖市党委教育工作部门、教育厅（教委），新疆生产建设兵团教育局，部属各高等学校党委：

随着各高校相继开学，一些P2P网络借贷平台加大校园业务力度。部分不良网贷平台通过虚假宣传的方式和降低贷款门槛等手段，诱导学生过度消费、超前消费甚至为此背上高利贷。各地各高校要利用秋季开学一段时间，面向广大学生，特别是大学新生集中开展校园网贷风险防范专项教育工作。现就有关事项通知如下：

一、做好校园网贷教育引导工作。开展主题教育，加强社会主义核心价值观教育，培养选树勤俭节约、自立自强方面的先进典型，大力营造崇尚节约的校园文化环境，帮助学生养成文明、健康的生活习惯。培养勤俭意识，及时发现并纠正学生超前消费、过度消费和从众消费等错误观念，引导学生合理消费、理性消费、科学消费。加强与家长的沟通与联系，帮助学生制订消费计划，合理安排生活支出，鼓励学生利用业余时间开展勤工俭学。加强日常排查，建立校园不良网络借贷日常监测机制，高校宣传、财务、网络、保卫等部门要密切关注网络借贷业务在校园内的拓展情况。高校辅导员、班主任、党员骨干队伍要密切关注学生异常消费行为，及时发现学生在消费中存在的问题。对排查中发现的已经参与网络借贷的学生，要及时做好帮扶引导工作。

二、做好校园网贷风险防范工作。增强防范意识，将防范校园不良网贷作为学生日常教育的重要内容，利用校园网站、校园广播、"两微一端"等多种形式多种渠道全方位向学生发布预警提示信息，加强警示教育。提升防范能力，教育引导新生谨慎使用个人信息,不随意填写和泄露个人信息;对于推销的网贷产品,切勿盲目信任,尤其警惕熟人推销,增强学生对网贷业务甄别、抵制能力,保护自身合法权益。普及信贷知识,会同金融机构、网贷监管机构、网络安全等部门组织举办报告会、讲座、知识竞赛等活动,普及金融信贷和网络安全知识及相关法律法规知识。

三、做好经济困难学生精准帮扶工作。加强资助宣传,切实提高奖助学金及相关贷款政策宣传的广泛性和有效性,使那些需要资助,特别是在学费、生活费等方面有保障性需求的学生,都能够明了政策、清楚办理流程。完善资助体系,加强对学生资助工作的科学管理和制度支撑,建立健全既有共性需求又能体现个体差异的资助体系,充分挖掘校内外资源,筹集专项基金,满足学生拓展学习、创新创业等发展性需求。拓展资助渠道,积极探索建设和发展校园社区银行,为学生提供渠道畅通、手续便捷、利率合理的金融借贷服务,满足学生临时性需求。

各地各高校要按照通知要求,加强组织领导,做好本地本校工作具体落实,及时将工作中的相关经验做法报送我部思想政治工作司。

教育部办公厅
2016 年 9 月 26 日

(二) 发布性通知的写作

发布性通知正文有两种写法:一种是用一句话写明发布法规或规章等的名称和执行要求;另一种是简要写出发布的依据或强调重要性,提出执行的具体要求。语言应简洁,干脆利落。

[例文 1]

国务院关于印发统筹推进世界一流大学和一流学科建设总体方案的通知

国发〔2015〕64 号

各省、自治区、直辖市人民政府,国务院各部委、各直属机构:

现将《统筹推进世界一流大学和一流学科建设总体方案》印发给你们,请认真贯彻落实。

附件:统筹推进世界一流大学和一流学科建设总体方案(略)

国务院
2015 年 10 月 24 日

[例文 2]

国务院关于印发国家教育事业发展"十三五"规划的通知

国发〔2017〕4 号

各省、自治区、直辖市人民政府，国务院各部委、各直属机构：
　　现将《国家教育事业发展"十三五"规划》印发给你们，请认真贯彻执行。
　　附件：国家教育事业发展"十三五"规划（略）

　　　　　　　　　　　　　　　　　　　　　　　　　　　国务院
　　　　　　　　　　　　　　　　　　　　　　　　　　2017 年 1 月 10 日

（三）批转转发性通知的写作

正文一般由被批或被转文件名称和执行要求两部分组成。开头直接引用被批或被转文件名称，表明"转"的意见，然后提出执行要求，如"请认真贯彻执行"。必要时对被批或被转文件的实施进行具体说明，或者阐述该文件的意义和重要性，以及领导机关的意见和工作指示等。批转通知比转发通知更具有权威性，要求下级机关必须执行，而后者除转发上级机关文件要求执行外，则可要求参照执行。

[例文 1]

国务院批转交通运输部等部门
关于重大节假日免收小型客车通行费实施方案的通知

国发〔2012〕37 号

各省、自治区、直辖市人民政府，国务院各部委、各直属机构：
　　国务院同意交通运输部、发展改革委、财政部、监察部、国务院纠风办制定的《重大节假日免收小型客车通行费实施方案》，现转发给你们，请认真贯彻执行。
　　附件：重大节假日免收小型客车通行费实施方案

　　　　　　　　　　　　　　　　　　　　　　　　　　　国务院
　　　　　　　　　　　　　　　　　　　　　　　　　　2012 年 7 月 24 日

[例文 2]

国务院办公厅转发教育部等部门关于做好进城务工人员随迁子女接受
义务教育后在当地参加升学考试工作意见的通知

国办发〔2012〕46 号

各省、自治区、直辖市人民政府，国务院各部委、各直属机构：
　　教育部、发展改革委、公安部、人力资源社会保障部《关于做好进城务工人员随迁子女接受义务教育后在当地参加升学考试工作的意见》已经国务院同意，现转发给你们，请认真贯彻执行。

附件:关于做好进城务工人员随迁子女接受义务教育后在当地参加升学考试工作的意见

国务院办公厅
2012 年 8 月 30 日

(四) 事项性通知的写作

一般应写明通知缘由和告知事项两部分,内容要清楚,语言要简短。如会议性通知,缘由应写明会议依据、目的。事项应写明会议名称、时间(包括报到时间)、地点、参加人员、会议内容、要求等,常用条列式或条款式,有的还附有出席人员登记表。

[例文 1]

江苏省人民政府
关于徐州医学院更名为徐州医科大学的通知

苏政发〔2016〕39 号

各市、县(市、区)人民政府,省各委办厅局,省各直属单位:

  为深化高等教育综合改革,加快高水平有特色大学建设步伐,进一步增强学校竞争力和影响力,经省人民政府研究并报教育部批准,决定将徐州医学院更名为徐州医科大学,同时撤销徐州医学院建制。徐州医科大学系省属多科性本科学校,以本科教育为主,承担研究生培养任务。

江苏省人民政府
2016 年 3 月 21 日

[例文 2]

国务院关于中国人民抗日战争暨世界反法西斯战争
胜利 70 周年纪念日调休放假的通知

国发明电〔2015〕1 号

各省、自治区、直辖市人民政府,国务院各部委、各直属机构:

  2015 年是中国人民抗日战争暨世界反法西斯战争胜利 70 周年。为使全国人民广泛参与中央及各地区各部门举行的纪念活动,2015 年 9 月 3 日全国放假 1 天。为方便公众安排假日期间生产生活,特作如下调休:9 月 3 日至 5 日调休放假,共 3 天。其中 9 月 3 日(星期四)放假,9 月 4 日(星期五)调休,9 月 6 日(星期日)上班。

  调休放假期间,各地区、各部门要妥善安排好值班和安全、保卫等工作,遇有重大突发事件,要按规定及时报告并妥善处置,确保有关纪念活动顺利进行。

国务院
2015 年 5 月 13 日

[例文 3]

江苏省文化厅关于召开全省文化系统
新闻宣传和信息工作会议的通知

苏文办〔2016〕19号

各市文广新局、厅机关各处室、省文物局、厅直属各单位：

为深入学习贯彻习近平总书记在党的新闻舆论工作座谈会上的重要讲话精神，进一步做好全省文化系统新闻宣传和信息工作，经研究，决定召开全省文化系统新闻宣传和信息工作会议。现就有关事项通知如下：

一、会议时间

2016年4月15日(4月14日下午报到,4月15日下午离会)。

二、会议地点

镇江市九华锦江国际酒店(镇江市润州区南徐大道66号),电话:0511-85583333。

三、参会人员

各省辖市文广新局、省文物局、厅直属单位职能部门负责人及信息员各一名；厅机关各处室信息员。

四、有关事项

1. 请各省辖市文广新局、省文物局、厅直属单位准备2000字左右的书面交流材料,扼要回顾2015年度新闻宣传和信息工作,重点谈经验做法、问题对策和下一步工作打算。相关部门和单位(名单附后)做好会议交流发言准备,发言时间不超过6分钟。

2. 请各省辖市文广新局、厅机关各处室、省文物局、厅直属单位于4月11日前将与会人员名单和书面交流材料报省文化厅调研宣传处。

联系人：陈功,电话：025-87798775,87798813(传真)。电子邮箱：diaoxuanchu@163.com。

附件：1. 参会回执
　　　2. 交流发言单位名单

江苏省文化厅
2016年4月6日

六、公文通知和机关、企事业单位里使用的日常通知的区别

（一）内容不同

公文通知内容多为本机关、本系统内重大事项或重要行为,严肃而庄重；日常通知多属本机关内部一般性事务,如发东西、开会等。

（二）范围不同

公文通知多在本系统范围内发送；日常通知仅在本机关内部有效。

（三）格式不同
公文通知严格按国家公文制作标准制作；日常通知则比较随意。
（四）程序不同
公文通知必须严格按撰写程序、审批程序、发文程序处理，最后立卷归档。
（五）标题不同
公文通知一般要求"三要素"齐全；日常通知只写"通知"两字，甚至不写。
（六）发布方式不同
公文通知是正式文件；日常通知不是正式文件。

第四节 通报的写作

一、通报的适用范围

《条例》指出，通报"适用于表彰先进、批评错误、传达重要精神和告知重要情况"。通报是一种下行文，使用频率较高。

二、通报的特点

（一）事例的典型性
通报往往选取工作中具有典型意义的事件和人物，或者具有普遍意义的重要情况，有针对性地加以总结、宣传，以便改进工作。

（二）内容的知照性
通报把某些正、反典型或者重要的情况在一定范围内通报，重在报道，让下级机关或有关人员了解信息、动态，一般不需要执行。

（三）目的的晓谕性
通报的价值并不仅仅在于宣布对事件的处理结果，而是要树立学习榜样，或者提供借鉴，使读者能够总结经验，汲取教训，思想上受到启迪，得到教益。

三、通报的类型

根据通报的内容，一般将通报分为三种类型。

（一）表彰性通报
用于表扬先进人物和先进事迹。用于表彰的通报，从规格上说，要低于嘉奖令、表彰决定。通报表彰的"先进"，只需突出、典型，有一定影响，值得倡导，不必如表彰决定那样按一定标准程序评定。

（二）批评性通报
批评通报是针对某一错误事实或某一有代表性的错误倾向而发布的通报，有针砭、纠正、惩戒的作用。通报一般只作批评，不作处分；若作处分，应用惩处性决定。批评性通报可分成两类：一类是批评重大事故的通报；另一类是批评错误行为的通报。

（三）情况通报

用于传达重要情况或上级的指示精神。目的是互通信息和沟通情况，以增加政务透明度，促进工作的顺利进行。

四、通报的结构

通报的结构包括标题、主送机关、正文和落款几部分。

（一）标题

通报的标题有两种写法。

1. 完整式

由发文机关、事由和文种构成。如"国务院办公厅关于江西省上栗县'3·11'特大爆炸事故情况的通报"、"国家安全监管总局国家煤矿安监局关于近期两起重大瓦斯事故的通报"。

2. 两项式

只标明发文事由和文种两个要素。如"关于给予我省参加第28届奥运会获奖运动员表彰奖励的通报"、"关于本市近期特大旅游交通事故的情况通报"。

（二）主送机关

指定下发单位的通报，要写上主送单位的名称；普发性的通报则不写主送单位。

（三）正文

一般由前言、事实情况、分析处理、号召或要求四部分组成。

（四）落款

署明发文单位和日期。如果发文单位在标题中已出现，可只写日期。下发的通报要加盖公章。

五、通报的正文写作

（一）表彰性通报

表彰性通报正文一般由四部分组成：被表彰对象的先进事迹；事迹意义；表彰内容；提出希望和号召。

先进事迹：概述先进单位或先进人物的先进事迹，应具体写明被表彰单位名称或者被表彰人物的姓名、单位和主要事迹（包括时间、地点、事情缘由、经过和结果或影响等）。

事迹意义：对先进单位或人物的事迹进行恰如其分的评价，肯定其意义。

表彰决定：写明表彰的具体内容。

提出希望或号召：号召向先进单位或先进人物学习，树立榜样，带动全局。

[例文]

广东省人民政府关于给予我省参加第31届夏季
奥运会获奖运动员及其教练员和有关单位记功奖励的通报

粤府〔2016〕88号

各地级以上市人民政府，各县（市、区）人民政府，省政府各部门、各直属机构：

在第31届夏季奥运会上，我省体育健儿发扬奥林匹克精神和中华体育精神，顽强拼搏、超越自我,共有4人获5个项目5枚金牌,2人获2个项目2枚银牌,4人获4个项目4枚铜牌,金牌数和奖牌数均列各省(区、市)第二名,为实现体育强国梦、实现中国梦贡献了青春和力量,为我省赢得了荣誉。省人民政府决定对获奖运动员及其教练员和有关单位给予记功奖励,具体如下:

一、给予获得跳水男子双人10米台和跳水男子单人10米台金牌的陈艾森、获得乒乓球女子团体金牌的刘诗雯、获得羽毛球男子双打金牌的傅海峰、获得田径女子20公里竞走金牌的刘虹记一等功;给予获得跳水女子单人3米板银牌的何姿、获得帆板女子RS：X级银牌的陈佩娜记二等功;给予获得射击女子10米气步枪铜牌的易思玲、获得蹦床女子个人铜牌的李丹、获得赛艇女子轻量级双人双桨铜牌的黄文仪、获得高尔夫球女子个人铜牌的冯珊珊记三等功。

二、给予所带运动员获得金牌的跳水教练凌海婵、田径教练张阜新、乒乓球教练黄海城记二等功;给予所带运动员获得银牌或铜牌的跳水教练吴国村、帆板教练林雄、射击教练付钧、蹦床教练黎少文、赛艇教练周强记三等功。

三、给予广东省二沙体育训练中心记集体一等功。

希望受奖励的个人和集体认真总结经验,再接再厉,再创佳绩。希望全省广大干部群众学习他们积极进取、奋勇争先的精神,扎实工作,开拓创新,为我省实现"三个定位、两个率先"目标作出更大贡献!

广东省人民政府
2016年9月1日

[例文2]

遵义市人民政府关于给予吴青箐同志表彰奖励的通报

遵府发〔2014〕22号

各县、自治县、区(市)人民政府,新蒲新区管委会,市政府各工作部门、各直属机构:

吴青箐同志,女,汉族,1972年7月出生,民革党员,本科学历,1994年3月至今,先后在原遵义地区地方志办公室、遵义市地方志办公室工作,现任遵义市地方志办公室地情资料编研科科长职务。

该同志从事地方志编纂工作20年来,工作认真努力,治学严谨,拄着双拐深入县(市、区)乡(镇)指导地方志等业务工作,参与了上百部志书和《年鉴》的编纂,审改了大量稿件,指导的多部志书和年鉴在全国、全省获奖。在负责遵义市方志馆工作期间,与同事一起完成了4万余册藏书的分类和著录,发放和赠阅地情丛书上万册,充分发挥了地方志"存史、资治、教化"的服务功能,为宣传遵义、服务经济社会建设作出了应有的贡献。由于工作业绩突出,该同志先后被省人事厅和省地方志编纂委员会评为"贵州省地方志先进工作者",连续6年被遵义市民革评为"优秀党员"。2010年,中央电视台对该同志作了专访;2012年8月5日,在北京现当代问题研究所得到了中国社会科学院副院长、中国地方志指导小组组长朱佳木同志的亲切会见。

今年5月,该同志受国家人力资源和社会保障部、中国残疾人联合会表彰,荣获"全国自强模范"称号。为表彰先进,树立典型,弘扬正气,激励全市干部群众自强自立、拼搏进取,根据《人力资源和社会保障部中国残疾人联合会关于表彰全国自强模范和全国残联系统先进工作者的决定》(人社部发〔2014〕35号)及市委、市政府有关规定,现对荣获"全国自强模范"称号的吴青箐同志予以通报表彰,并奖励人民币8000元。

希望全市干部群众以吴青箐同志为榜样,深入贯彻落实党的十八大、十八届三中全会、省委十一届四次全会、市委四届四次全会精神,扎实工作,自强不息,为建设"五个遵义",率先全面建成小康社会做出应有贡献。

2014年9月4日

(二)批评性通报的写作

批评性通报又分两种情况。一种是对个人的通报批评,另一种是对国家机关或集体的批评通报。

这种通报旨在通过恶性事故的性质、后果,特别是酿成事故的原因的分析,总结教训,最后提出希望和要求,让大家吸取教训,引以为戒。正文一般由四部分组成:

1. 主要错误事实
写明错误的主要情况,如时间、地点、有关单位或人员,事实的过程、后果或危害等。

2. 评析错误性质
针对错误事实分析导致错误的原因,指出错误的性质和严重程度。

3. 处理决定
依据错误事实和有关规章,对当事者做出恰当的严肃批评、警告或经济处罚。

4. 提出希望和要求
希望从错误中吸取教训,改进工作,或重申有关规定,提出改进工作的要求。

[例文1]

教育部关于安徽省界首市虚报中小学学生人数套取教育资金问题的通报

教监〔2012〕1号

各省、自治区、直辖市教育厅(教委),新疆生产建设兵团教育局:

最近,教育部与安徽省有关部门根据媒体反映的情况,对安徽省界首市虚报中小学学生人数套取国家教育资金问题进行了严肃查处。现将有关情况通报如下:

2009年,安徽省界首市教育局违反教育事业基础统计信息报送规定,虚报义务教育学生人数10498人,套取义务教育公用经费资金663.5万元。该市教育局将这笔资金分3次全部分配到义务教育薄弱学校,用于维修校舍和购置教学设备、课桌凳、图书等。2011年,安徽省界首市教育事业基础统计报表上报义务教育阶段在校生人数75861人,该市义务教育阶段建立学籍学生人数为68725人,虚报7136人。由于2011年教育事业统计信息将作为2013年核拨教育经费的依据,目前未形成套取国家教育资金的事实。

问题查实后,安徽省委、省政府作出了严肃处理。一是责成界首市委、市政府作出深刻检查;二是责成阜阳市按照干部管理权限追究相关人员责任,免去负有主要领导责任的界首市教育局局长职务,并在进一步查清事实的基础上,依据相关规定对其他责任人员给予相应纪律处分;三是在全省范围内对界首市套取国家教育资金问题通报批评;四是由省财政部门追缴界首市套取的663.5万元教育资金。

上述问题的出现,反映出安徽省界首市及其教育部门对义务教育保障机制改革的意义认识不足,对义务教育学生学籍管理及信息统计工作重要性、严肃性认识不够;界首市教育局未根据在校生人数变化及时审核、据实调整上报统计报表,主观上存在争取更多义务教育保障经费改善办学条件的动机,实际工作中存在管理制度不健全、监督不到位问题。界首市教育局套取国家教育资金的行为,严重违反了国家的财经纪律和教育统计工作规定,其错误性质是严重的。各地要从中吸取深刻教训,坚决杜绝类似问题的发生。

教育规划纲要发布实施以来,国家对教育投入不断增加,教育事业迎来了前所未有的难得机遇。各级教育部门和各级各类学校要倍加珍惜来之不易的大好形势,高度重视教育资金使用监管工作。要进一步提高认识,加强领导,切实增强管好用好教育资金的自觉性。要以切实防范财经风险、提高资金使用效益为核心,健全机制、规范管理、科学使用、落实责任、提高绩效,使教育经费管理和使用始终在阳光下运作。各地要结合工作实际,全面开展教育事业统计报表报送和电子学籍数据库信息核查,及时纠正各类违规问题。要严格规范学籍管理工作,尽快完善学籍管理相关制度,就流动学生管理、补助资金发放等工作进一步作出明确规定,防止出现重复学籍或回流原籍学生无学籍情况。要按统一要求加快义务教育学生和中职学生学籍信息管理系统和学籍数据库建设,尽快实行学生信息动态管理。要建立健全教育统计工作监督检查机制,加强财政和审计监督,强化学校财务管理,加大政务公开、校务公开、财务公开力度。要严肃财经纪律,落实教育经费监管工作责任,严厉查处违规使用教育经费、违反财经工作纪律的行为,对违规单位和个人,一经发现,坚决依法依纪处理,并追究有关领导的责任。

中华人民共和国教育部
2012年3月21日

(三) 情况通报的写作

一般由两个部分内容组成:主要情况,提出意见或要求。

1. 叙述主要情况

将有关情况如实全面准确地概述清楚。包括做了什么,怎样做的,效果怎样,有哪些影响,哪些经验等。

2. 提出意见或要求

对上述情况进行必要的评论,有针对性地提出相应的意见或要求,指出发展方向、方法。

[例文 1]

国务院安委会办公室关于近期 3 起生产安全事故的通报

安委办明电〔2015〕31 号

各省、自治区、直辖市及新疆生产建设兵团安全生产委员会：

近日在全国安全生产大检查"回头看"期间，一些地方接连发生多起生产安全事故，造成重大人员伤亡或被困井下。分别是：

12 月 16 日，福建省龙岩市新罗区南城辖区"阿古制造"餐厅发生爆炸，造成 7 人死亡、3 人受伤。

12 月 16 日，黑龙江省鹤岗市向阳煤矿发生瓦斯爆炸事故，造成 19 人被困井下，目前正在救援中。

12 月 17 日，辽宁省葫芦岛市连山钼业兴利矿业公司发生火灾事故，目前造成 17 人死亡、10 人受伤。

上述事故的发生，暴露出一些地方和企业安全生产大检查"回头看"与岁末年初工作责任不落实、措施不得力、隐患排查整改不彻底，以及企业安全防范意识不强、安全管理制度缺失、易燃易爆物品管理使用不规范、违规违章作业和应急措施不到位等突出问题。马凯副总理和杨晶、郭声琨、王勇国务委员等国务院领导同志作出重要批示，要求全力、科学做好抢险救援和事故处置等工作，防止发生次生灾害；查明事故原因，吸取教训，举一反三，警钟长鸣，进一步落实各项安全生产措施，严防重特大事故发生。

为认真贯彻落实国务院领导同志重要批示精神，深刻吸取事故教训，切实做好岁末年初安全生产工作，有效防范和坚决遏制各类事故发生，特提出以下要求：

一、严格落实责任和措施，切实抓好安全生产大检查"回头看"。岁末年初历来是安全生产的关键时期。各地区要清醒认识当前安全生产严峻形势，进一步强化红线意识和忧患意识，按照《国务院安委会关于开展安全生产大检查"回头看"的通知》（安委明电〔2015〕5 号）和《国务院安委会办公室关于切实做好岁末年初及 2016 年元旦春节期间安全生产工作的通知》（安委办明电〔2015〕30 号）要求，全面落实安全生产责任和各项工作措施，层层防范、分口把守，坚决消除监管盲区、堵塞管理漏洞。要对大检查"回头看"和岁末年初安全生产等重点工作进行再检查、再督促、再落实，真正把压力传导到基层，把工作落实到企业，强化生产经营单位安全生产主体责任，切实做好隐患排查和整改，有效控制和化解各类安全生产风险。

二、针对岁末年初安全生产特点，深入排查治理重点行业领域事故隐患。要深入分析岁末年初生产经营旺季和季节性灾害天气多发的特点，突出重点行业领域，全面排查整治各类事故隐患。要突出煤矿安全重中之重，高度重视经济下行压力加大对煤矿安全投入、安全管理和职工精神状态带来的影响，对所有煤矿逐矿进行全面排查，督促切实加强现场管理和问题整改，停产停工的矿井未经验收合格严禁复产、复工。要认真组织开展非煤地下矿山安全专项检查和危险化学品、烟花爆竹冬季隐患排查，严格落实防火、防冻、防爆、防泄漏、防坍塌、防中毒等安全措施。

要切实加强餐饮场所燃气使用安全管理和机关、学校食堂、宾馆、饭店、经营摊点等公共场所以及高层住宅地下室、半地下室瓶装液化气石油气使用安全检查,及时发现并消除隐患。同时,加强交通运输安全监督管理和春运安全检查,深入排查整治消防、建筑施工、油气输送管道、寄递物流及供气供暖供电等行业领域事故隐患,严防发生群死群伤事故。

三、依法依规严肃查处事故,强化警示教育。国务院安委会及其办公室将按规定对上述事故查处分别进行挂牌督办、跟踪督办,督促依法依规严肃查处,严厉追究责任特别是安全生产大检查"回头看"和岁末年初工作不落实的责任,结果及时向社会公开。各地区要依法依规查处每一起事故,认真分析事故原因,深刻吸取事故教训,提出防范和整改措施建议并跟踪督促落实到位,切实用事故教训推动安全生产工作。要坚持把隐患当作事故对待、把小事故当作大事故对待、把别人的事故当作自己的事故对待,举一反三,充分利用典型事故案例,强化警示教育,真正做到"一矿出事故、万矿受教育,一地有隐患、全国受警示"。

四、加强安全宣传培训教育,扎实做好应急管理工作。要加强冬季生产作业、行车、用气、用电、取暖等安全知识宣传教育和应急管理培训,增强企业负责人、安全管理人员、作业人员以及全社会的安全意识和安全素质,提高广大从业人员检查消除隐患、处置初起险情和逃生自救能力。要切实加强应急管理,健全完善应急协调联动机制和快速反应机制,加强灾害性天气的监测、预报、预警工作,提醒、督促、指导企业、社区落实安全防范和应急措施。要进一步完善应急预案并加强演练,做好应急救援队伍、装备、物资准备,加强值班值守,一旦发生事故或险情,及时有效应对、科学处置。

国务院安委会办公室
2015 年 12 月 18 日

[例文 2]

教育部办公厅关于山东湖南黑龙江三起中小学生溺亡事故的紧急通报

教基一厅〔2012〕8 号

各省、自治区、直辖市教育厅(教委),新疆生产建设兵团教育局:

2012 年 6 月 9 日,山东省莱芜市莱城区杨庄中学 7 名初三学生结伴在莱芜汇河下游游泳时溺水身亡;湖南省邵阳市隆回县桃洪镇文昌村 5 名小学生在桃洪镇竹塘村向家山塘游泳时溺水身亡;黑龙江省哈尔滨市呼兰区方台镇 7 名学生在松花江边游玩时,4 人溺水身亡。同一天中 16 名学生溺水死亡,令人十分痛心。

需要注意的是,今年以来的中小学生溺水死亡事故,多发生在周末、节假日或放学后;多发生在农村地区;多发生在无人看管的江河、池塘等野外水域;多发生在学生自行结伴游玩的过程中,有的是结伴下水游泳溺亡,有的是为救落水同伴致多人溺亡;多发生在小学生和初中生中,男生居多。

学生生命安全高于一切。各地各校要认真贯彻落实《教育部办公厅关于预防学生溺水事故切实做好学生安全工作的通知》(教基一厅〔2012〕7 号)要求,全面而有针对性地做好防止学生溺水的各项工作。针对当前问题，现补充要求如下：

一、立即召开专门会议。通报近期中小学生溺水事件，对进一步做好防止学生溺水工作进行部署。省级教育行政部门召开会议要覆盖所有地市、区县和每一所中小学校；每一所学校要开会传达会议精神到每一个老师、每一名学生及其家长。

二、立即组织印发《致家长的一封信》。各级教育部门要组织、指导、督促每一所中小学校给每一名学生家长印发《致家长的一封信》，通报最近发生的中小学生溺水事件，告知家长必须承担起监护人责任，切实增强家长的安全意识和监护意识。特别要提醒、督促家长在暑期、节假日、周末和放学后加强对学生的安全教育和监管，坚决避免溺水等安全事故的发生。

三、立即开展全面排查。各地要就贯彻落实教基一厅〔2012〕7号文件的情况立即部署开展检查。要细化检查内容，突出检查重点，及时整改隐患。通过检查，要达到强化安全意识，落实防范措施，消除安全隐患，防止溺水事故的目的。请于6月20日前将贯彻落实和检查整改的情况报我部。

教育部办公厅
2012年6月10日

六、表彰性、批评性通报与表彰性、惩戒性决定的异同

相同点：二者都可以用来表彰先进、批评错误。

不同点：通报的发文机关级别比决定低。

（一）通报的发文机关是被表彰或批评的人或单位的本级机关，而决定的发文机关往往是被表彰或批评的人或单位的上级机关。

（二）通报的表彰或批评只需领导集体决定，而决定的表彰需按标准，经评审程序，并接受相应的荣誉、奖励级别等。

（三）决定的惩戒需按法规、规章、纪律等规范衡量，按明显违反或严重违反的程度，做出相应的行政或经济处分，通报除批评、经济处罚外，不作行政处分。

（四）通报具有晓谕性，因此结尾要提出希望和要求。而决定侧重于把结果公之于众，不一定提出要求。

第五节　公报的写作

一、公报的适用范围

《条例》指出，公报"适用于公布重要决定或者重大事项"。公报是党政机关使用的公布性文件的一种，是用于公开发布重大事件或重要事项的公文文种。

公报是周知性公文，经常在报刊、广播、电视、互联网上发布，是党和政府正式发布的"官方"的报道。它的作用是能将党和政府以及人民团体的重大事件或决定事项，详细具体、迅速广泛地传递到国内外。

二、公报的分类

（一）会议公报

用以报道重要会议或会谈的决定和情报的公报。这种公报一般用于党中央召开的会议。

（二）事项公报

党的高级领导机关用以发布重大情况、重要事件的文件。高层行政机关、部门向人民群众公布重大决策、重要事项或重大措施时有时也沿用此类公报。

（三）联合公报

这是一种特殊用途的公报，用来发布国家之间、政党之间、团体之间经过会议达成的某种协议，如《中俄联合公报》。

（四）新闻公报

这是以新闻的形式将重大事件向国内外公布的文件。

三、公报的写作

公报包括首部、正文和尾部三部分。

（一）首部

包括标题和成文时间。

1. 标题

公报的标题常见的有三种形式。一种是直写文种"新闻公报"；第二种是由会议名称和文种构成；第三种是联合公报，由发表公报的双方或多方国家的简称、事由、文种构成。

2. 成文时间

用括号在标题之下正中位置注明公报发布的年、月、日。

（二）正文

包括开头、主体两部分。

1. 开头

这是前言部分。事件性公报要求用最鲜明、最精练的语言概述事件的核心内容，即何时、何地、发生了什么重大事件；会议性公报要求概述会议的名称、时间、地点、参加人员等；联合公报要求概述公报的来由，即在何时、何地、谁与谁举行了什么会谈或谁对谁进行了什么性质的访问等。

2. 主体

主体是公报的核心内容，要求把公报的内容完整、系统、有序地表达清楚。常见的有三种写作形式：一种是分段式，即每段说明一层意思或一项决定；第二种是序号式，多用于内容复杂、问题头绪较多的公报；第三种是条款式，多用于联合公报。

（三）尾部

事件性公报和会议性公报一般没有尾部；联合公报要在正文之后写明双方签署人的身份、姓名、年、月、日，并写明签署地点。

四、公报与公告有何区别

从发布机关来说，党的领导机关多用公报，政府机关多用公告。从内容来说，宣布单独事件多用公告，发布会议情况、谈判情况、统计情况等多用公报。宣布要有关人员遵守的法定事项，用公告而不用公报。

[例文1]

<h3 style="text-align:center">中国共产党第十八届中央委员会第六次全体会议公报（节选）</h3>
（2016年10月27日中国共产党第十八届中央委员会第六次全体会议通过）

中国共产党第十八届中央委员会第六次全体会议，于2016年10月24日至27日在北京举行。

出席这次全会的有，中央委员197人，候补中央委员151人。中央纪律检查委员会委员和有关方面负责同志列席会议。党的十八大代表中部分基层同志和专家学者也列席会议。

全会由中央政治局主持。中央委员会总书记习近平作了重要讲话。

全会听取和讨论了习近平受中央政治局委托作的工作报告，审议通过了《关于新形势下党内政治生活的若干准则》和《中国共产党党内监督条例》，审议通过了《关于召开党的第十九次全国代表大会的决议》。习近平就《准则（讨论稿）》和《条例（讨论稿）》向全会作了说明。

全会充分肯定党的十八届五中全会以来中央政治局的工作。一致认为，面对复杂的国际国内形势，中央政治局高举中国特色社会主义伟大旗帜，坚持以马克思列宁主义、毛泽东思想、邓小平理论、"三个代表"重要思想、科学发展观为指导，全面贯彻党的十八大和十八届三中、四中、五中全会精神，深入贯彻习近平总书记系列重要讲话精神和治国理政新理念新思想新战略，把握时代大势，回应实践要求，团结带领全党全国各族人民同心协力、苦干实干，统筹推进"五位一体"总体布局和协调推进"四个全面"战略布局，开展"两学一做"学习教育，推动全面深化改革、供给侧结构性改革、国防和军队改革迈出重大步伐，党和国家各项工作取得新的重大进展。

全会高度评价全面从严治党取得的成就，认为党的十八大以来，以习近平同志为核心的党中央身体力行、率先垂范，坚定推进全面从严治党，坚持思想建党和制度治党紧密结合，集中整饬党风，严厉惩治腐败，净化党内政治生态，党内政治生活展现新气象，赢得了党心民心，为开创党和国家事业新局面提供了重要保证。

全会总结了我们党开展党内政治生活的历史经验，分析了全面从严治党面临的形势和任务，认为办好中国的事情，关键在党，关键在党要管党、从严治党。党要管党必须从党内政治生活管起，从严治党必须从党内政治生活严起。为更好进行具有许多新的历史特点的伟大斗争、推进党的建设新的伟大工程、推进中国特色社会主义伟大事业，经受"四大考验"、克服"四种危险"，有必要制定一部新形势下党内政治生活的准则。

全会强调，新形势下加强和规范党内政治生活，必须以党章为根本遵循，坚持党的政治路线、思想路线、组织路线、群众路线，着力增强党内政治生活的政治性、时代性、原则性、战斗性，着力增强党自我净化、自我完善、自我革新、自我提高能力,着力提高党的领导水平和执政水平、增强拒腐防变和抵御风险能力,着力维护党中央权威、保证党的团结统一、保持党的先进性和纯洁性,努力在全党形成又有集中又有民主、又有纪律又有自由、又有统一意志又有个人心情舒畅生动活泼的政治局面。

全会强调,新形势下加强和规范党内政治生活,重点是各级领导机关和领导干部,关键是高级干部特别是中央委员会、中央政治局、中央政治局常务委员会的组成人员。高级干部特别是中央领导层组成人员必须以身作则,模范遵守党章党规,严守党的政治纪律和政治规矩,坚持不忘初心、继续前进,坚持率先垂范、以上率下,为全党全社会作出示范。

全会提出,共产主义远大理想和中国特色社会主义共同理想,是中国共产党人的精神支柱和政治灵魂,也是保持党的团结统一的思想基础。必须把坚定理想信念作为开展党内政治生活的首要任务。全党同志必须把对马克思主义的信仰、对社会主义和共产主义的信念作为毕生追求,坚定对中国特色社会主义的道路自信、理论自信、制度自信、文化自信。领导干部特别是高级干部要以实际行动让党员和群众感受到理想信念的强大力量。全党必须毫不动摇坚持马克思主义指导思想,党的各级组织必须坚持不懈抓好理论武装,广大党员、干部特别是高级干部必须自觉抓好学习、增强党性修养。

全会号召,全党同志紧密团结在以习近平同志为核心的党中央周围,全面深入贯彻本次全会精神,牢固树立政治意识、大局意识、核心意识、看齐意识,坚定不移维护党中央权威和党中央集中统一领导,继续推进全面从严治党,共同营造风清气正的政治生态,确保党团结带领人民不断开创中国特色社会主义事业新局面。

[例文 2]

南南合作圆桌会共同主席新闻公报

(2015 年 9 月 26 日,纽约)

2015 年 9 月 26 日,中华人民共和国主席习近平和联合国秘书长潘基文在纽约联合国总部共同主持召开南南合作圆桌会。会议是在联合国发展峰会举行期间和 2015 年后发展议程刚刚通过的重要时刻举办的一次重要会议。孟加拉国、贝宁、丹麦、厄瓜多尔、埃及、印尼、马来西亚、尼泊尔、尼日利亚、巴基斯坦、萨摩亚、南非、乌干达、赞比亚等国领导人,巴西、哈萨克斯坦、马尔代夫、沙特、津巴布韦等国元首代表,以及联合国开发计划署、世界银行、国际货币基金组织、世界贸易组织、联合国粮农组织、金砖国家新开发银行、联合国亚太经社会等国际组织负责人出席会议。

过去几十年以来,发展中国家积极探索符合本国国情的发展道路,取得了举世瞩目的成就。发展中国家在国际事务中发挥着日益重要的作用,改变了全球政治经济版图,促进了全球经济治理变革,推动了经济全球化进程。

当前,全球落实千年发展目标取得重要进展,但落实情况并不平衡,特别是在脆弱国家。国际社会应进一步加强国际发展合作,筹集更多发展资源,建立更加有力的发展伙伴关系,创造良好有益的国际发展环境,帮助发展中国家实现可持续发展。

联合国发展峰会通过了具有历史意义和变革性的 2015 年后发展议程,为各国提出了更具雄心的发展目标,也为国际发展合作提供了新机遇,受到各方欢迎。国际社会应坚持南北合作在国际发展合作中的主渠道地位,鼓励发达国家兑现官方发展援助承诺,特别是将国民总收入的0.7%用于官方发展援助,其中用于支援最不发达国家的官方发展援助应占其国民总收入的0.15%—0.2%。发展伙伴应至少将官方发展援助的一半提供给最不发达国家。

南南合作应该继续遵循相互尊重、平等互信、合作共赢、团结协作等原则,帮助发展中国家走出公平、开放、全面、创新的发展之路。

各国应加强发展理念和经验的交流,深化宏观经济政策协调,使贸易投资服务于发展中国家人民。建议各国重点加强基础设施建设、推进互联互通,共同从全球价值链中受益。各国应重视发展绿色经济,加强环境保护,打造南南合作的高质量旗舰项目,包括通过"一带一路"等倡议,用好亚洲基础设施投资银行、金砖国家新开发银行等融资平台,激发合作潜力,展示合作活力,实现联动发展。

国际社会应推动全球经济治理改革,巩固多边贸易体制,建设开放型世界经济,提高发展中国家,特别是最脆弱国家的代表性和发言权,实现世界经济强劲、持久、平衡、包容增长。当前世界经济增长缓慢,低于预期。各国应加强宏观政策协调,解决国际金融危机暴露出的结构性、长期性问题,支持经济复苏,减少有关政策对发展中国家的负面溢出效应,支持发达国家和发展中国家都实现发展,特别是脆弱国家实现发展。

联合国为推动南北合作、促进南南合作发挥了重要作用,期待联合国各基金、方案、专门机构和其他实体充分发挥各自优势,加大对南南合作的投入,在政策协调、战略研究、知识共享、技术支持、能力建设等方面向南南合作提供更大支持。

南南合作在落实"伊斯坦布尔最不发达国家行动纲领"、"小岛屿发展中国家萨摩亚路径"、"内陆发展中国家维也纳行动计划"等全球发展框架方面发挥着重要的补充作用。南南合作是人力资源和生产能力建设、技术支持、经验交流的重要平台,尤其是在健康、教育、职业技能培训、农业、环境、科技、贸易投资等方面。发展伙伴应支持设立技术银行、科技创新机制以及最不发达国家投资促进机制。

南南合作是南北合作的补充而非替代。尽管南南合作面临一些复杂挑战,但在实现2015年后发展议程设定的发展愿景方面可以发挥很大潜力。南南合作可以帮助发展中国家尤其是最不发达国家、内陆发展中国家和小岛屿发展中国家应对发展挑战,提供最具针对性和借鉴意义的解决方案。发展中国家加强紧密合作有助于促进发展中国家间的贸易和资金流动,增强科技能力,促进经济增长,因此将成为支持2015年后发展议程的主要途径之一。

与会各方感谢中国为此次圆桌会议发挥的领导作用,感谢联合国秘书长对南南合作的高度重视,感谢联合国特殊处境国家办公室为会议实质性工作和后勤安排提供的大力支持。各国领导人同意今后适时再次举行类似的会议,共商南南合作大计,推动2015年后发展议程的落实。

第六节　函的写作

一、函的适用范围

《条例》指出，函"适用于不相隶属机关之间商洽工作、询问和答复问题、请求批准和答复审批事项"。函，又称公函，是以横向（不相隶属机关或组织之间）沟通与业务管理为主的一种专用公文。与其他公文一样具有同样的法定效力和规范体式，不同于一般的便函或信件。

二、函的特点

（一）**广泛性**

函不受职权、上下级行文关系的限制，凡有需要，均可用于相互商洽工作，询问答复问题，知照具体事项，又可按规定用于向有关主管部门请求批准事项或答复审批事项。

（二）**公务性**

国家机关使用的公函多用于处理比较具体的公务、业务事项或问题，其格式正规完整，有文件名称、发文字号、机关印章等，是《条例》中规定的与其他公文具有同等效力的正式公文。

（三）**双向性**

函既有去函，也有复函，是公务上相互协商、协调和沟通及业务上进行管理的文种。如不同政府机关、地区或组织之间的公务协商、沟通，主管部门主管的业务管理，不分级别高低、不分关系亲疏，都可按需要互相行文。

三、函的主要类型

（一）**行文方向类**

1. 去函

指主动发出的函。包括两种情况：一是商洽工作、询问事情，请求批准、答复的；二是知照某些事情，并不需要对方答复的。

2. 复函

针对来函所提出的问题或事情的答复。

（二）**内容和作用类**

1. 商洽函

用于商洽工作、联系有关事宜的函。如商调干部函、联系租赁函、洽谈业务函。

2. 询问与答复函

用于互相询问答复处理有关问题。询问函，要求集中询问一个问题，方便对方尽快答复。所询问内容应属于本机关职责范围内应予以解决或回答但又确实无据可查难以回答（解决）的问题。答复函，要求针对来函内容给予确切的答复。

3. 请批与批准函

请批函主要用于向不相隶属的主管机关请求批准有关经费、物资、人员编制、机构设置、调配干部、税收、营业执照、招生、专业增减等事项。

请批函与请示不可以混用。两者的主要区别是：其一，凡是向直接领导机关请求批准的要用请示；而在向不相隶属的主管部门请求批准时，不管其级别是与本单位平行还是高于或低于本单位，都一律用函。其二，回答请示用批复，回答请求批准函则用复函。例如，江苏省教育厅将要举办大型人才交流会，需要与省人事厅协调，这两个部门之间不是相互隶属关系，因此往来的公文用函。

批准函是针对发文机关请求批准事项给予批准或不批准的答复，并给予解释。

批准函和批复的区别是：一是制文机关不同。批准函的制发机关与来函的制发机关之间是不相隶属关系；批复的制发机关和请示的制发机关之间是上下级直接隶属关系。二是内容不同。批准函的内容涉及的是不相隶属机关之间按规定必须请批的事项。三是结束语不同。批准函用"专此函达"、"特此函复"、"特此函告"等；批复的内容涉及的是上下级直接隶属机关之间的事项，批复用"此复"、"特此批复"等。

4. 告知函

告知函主要用于告知具体事项，无须对方回复的主动发函。在不相隶属的机关之间和平行机关之间可以使用。例如，《江苏省财政厅关于大学生收费的函》是江苏省财政厅发给省属各高校有关收费事项的告知函。

除了以上经常使用的四类外，还有催办函、动员函、委托函等。

四、函的结构

由标题、发文字号、主送机关、正文、落款等组成。

（一）**标题**

函的标题通常由发文机关名称、事由、文种构成，如"广州市人民政府关于鄂穗两地携手联合打捞'中山舰'的函"；或用事由、文种构成，如"关于联系业务的函"。如属于回复问题的函，则在"函"字前加"复"字，如"关于发放职工住房公积金的复函"。

（二）**发文字号**

发文字号常用机关代字、年号、顺序号组成。常在机关代字后加"函"，如"国函〔2017〕24号"。此处"函"，指用函的形式发布。

（三）**主送机关**

即对函负责办理或答复责任的机关或组织。主送机关一般只标一个。

（四）**正文**

通常由缘由、事项、结尾三部分组成。

缘由说明发函的理由、依据、目的。

事项要求中心明确，内容具体，方便对方办理或答复。

结尾通常使用致意性的用语，如"特此函告"、"盼予复函"、"特此函达"、"特此函复"等结束语。

（五）**落款**

文后署名和标注成文日期，加盖印章。

五、函的正文写作

(一) 商洽函

商洽函是主要用于与对方单位商洽或协商某项事情而制发的函,正文分开头、主体、结尾三部分。

1. 开头

发函根据或理由目的。

2. 主体

需商洽的具体事项或问题。要求观点明确,意见具体,词语得体、清楚,方便对方理解与答复。

3. 结尾

提出尽快办理的请求,如"请回复"或"函复为盼"、"特此函商"等。

[例文]

北京市××超市总公司关于租借××商厦的函

北京××商厦:

我公司为了扩大连锁超市的经营规模,进一步繁荣北京的商业市场,拟租借贵商厦五楼商场楼面,开设××超市××商厦店,望贵商厦能予以支持,贵商厦的具体要求我们将尽量满足。

特此函商

北京市××超市总公司
2016 年 3 月 22 日

(二) 询问函答复函的写作

1. 询问函的写作

询问函,亦称问函。主要用于本机关(单位)职责范围内应予以解决,但又确实难以解决的问题,向对方询问,以期得到明确答复。询问函的正文由开头、事项和复函请求构成。

开头:函的开头部分简要说明缘由。

事项:要求集中询问一个问题与阐明理由、想法,方便对方尽快答复。

结尾:用"盼予函复"、"请予函告"、"特此函达,盼蒙允诺"等。

[例文]

××省建设银行关于为拆迁户建房问题的函

×建行函〔2016〕16 号

××省建设厅:

我行已经××市规划局同意迁至××路××地段新建办公大楼,办公大楼工程设计也已批准。但需为此地拆迁户居民建房安置,有关政策问题尚不明了,现请教如下：

一、为拆迁户建房，投资和建筑面积是否纳入我行基本建设计划，还是另造基本建设计划。

二、为拆迁户建房基建投资，是否应通过银行拨款。

敬请函复

××省建设银行

2016 年 3 月 10 日

2. 答复函的写作

答复函，也称复函，即就来函询问的事项或问题作出明确答复的函。答复函的正文分开头、答复内容和结语三个部分。

开头：引述来函的标题、发文字号，然后用"经研究，现复函如下"等语过渡。

答复内容：对来函提出的问题作出明确答复，直接表示同意或不同意。如答复意见复杂，可以分条阐述：如不能满足来函请求，应简要说明理由或情况，以取得对方的谅解。

结语：结束语一般采用"专此函达"、"特此函复"、"特此函告，务请见谅"等。

[例文]

<h3 style="text-align:center">××省建设厅关于建设单位为拆迁户建房的复函</h3>
×建函〔2016〕20 号

省建行：

贵行《关于为拆迁户建房问题的函》（×建行函〔2016〕16 号）收悉。经与有关部门研究，答复如下：

一、建设单位因新建工程拆迁工地上房屋后，需为拆迁户新建房屋时，其投资和建筑面积应按照设计文件规定的指标，纳入基本建设计划。建设单位拆除所属房屋再按原规模进行建设，经省计委同意后，可以不列入基本建设计划。但应按照有关规定，加强计划管理。

二、建设单位用支付的拆迁补偿费为拆迁户建房，这部分基建投资应通过建设银行拨款，按照指定用途使用。

此复

××省建设厅

2016 年 3 月 20 日

（三）请批函、批准函的写作

1. 请批函的写作

请批函的正文由开头、事项和复函请求构成。

开头：简要说明缘由。

事项:请求批准有关经费或物资、人员编制、机构设置、调配干部、税收、营业执照、招生、专业增减等。

结尾:复函请求,其惯用语是"请予审核批准"等。

[例文]

北京××文化传播有限公司
关于邀请美籍华人歌手陶喆到北京演出的函

京×〔2005〕48号

文化部:

  我公司为繁荣演出市场,邀请美籍华人歌手陶喆,于2005年9月10日到北京演出。

  请函复

北京××文化传播有限公司
2005年6月28日

2.批准函的写作

批准函是主管部门对来文请批的事项审批后,作出答复的函。批准函的正文由引述来函、答复来函和复函结语构成。

开头:引述来函的标题、发文字号,然后用"经研究,现复函如下"等习惯用语过渡。

答复:直接表示同意或不同意,如不同意,应该说明理由,指出解决的途径、方法或方向。

结尾:用"特此函复"、"特此函告"、"专此函达"等。

[例文1]

国务院办公厅关于同意成立2022年第19届亚运会组委会的函

国办函〔2016〕27号

浙江省人民政府、体育总局:

  你们《关于2022年第19届亚运会组委会机构设置方案的请示》(浙政〔2016〕21号)收悉。经国务院领导同志批准,现函复如下:

  一、同意成立2022年第19届亚运会组委会(以下简称组委会)及其组成。组委会主席由体育总局局长刘鹏、浙江省人民政府省长李强担任。

  二、组委会内设机构由组委会根据工作需要自行确定。

国务院办公厅
2016年3月18日

[例文 2]

山东省文化厅关于同意台湾艺人周杰伦到青岛演出的函

鲁文市审函〔2016〕27 号

西安曲江启唐文化传媒有限公司：

你单位《关于邀请台湾艺人周杰伦到青岛演出的函》（西曲文〔2016〕34）收悉。经研究，同意你单位邀请台湾艺人周杰伦，于 2016 年 9 月 16 日在青岛体育中心国信体育场举办演出活动。演出期间的相关费用由西安曲江启唐文化传媒有限公司支付。演员演出期间不得出现"一中一台"、"两个中国"等问题，必须严格遵守国家法律、法规，并依法纳税；演出活动要严格落实安保方案、应急预案，确保演出安全。青岛市文化市场行政执法局负责演出期间的现场监管。

此复

山东省文化厅
2016 年 1 月 29 日

六、函的写作要求

第一，高度概括，切实明确。以简要的文字高度概括出需要商洽、询问（答复）、请批、知照的事项（问题）。从实际出发，实事求是，直陈不曲，明确具体。

第二，用语谦和，讲究分寸。函用语要讲究礼节，婉转得体，不使用告诫、命令性的词语。涉外公函或不相隶属机关之间的公函，必要的时候还要求使用尊称与致意性词语，诚恳致意，尊重对方，但不可过分，恭维迎奉，掌握分寸。

第三，庄重规范。函，是正式公文的文种，必须行文郑重，按照规定的规范格式行文，使用印有发文机关名称的信纸，拟订标题，编制发文字号，结构要完整、顺畅，条理、层次需分明有序。必要时可用条列式。

【练习】

一、公文标题拟写

1. 税务总局通知办理税务登记。
2. ××县团委拟表彰奋不顾身抢救落水儿童的青年工人。
3. ××厂拟向市工业局汇报该厂遭受水灾的情况。
4. ××市安全办公室拟向各有关单位知照全市安全大检查的情况。
5. ××县政府拟公布加强机关廉政建设的几条规定。
6. ××县纪委拟批评××局××等干部挥霍国家钱财游山玩水的错误。
7. ××省人大常委会拟公布一项地方法规。
8. ××市水电局将召开水利建设工作会议，需告知各县、区水电部门事先做好准备。
9. ××县纪委拟批评××局××干部玩忽职守，造成国家经济损失的错误。
10. ××市政府拟批转市卫生局《关于做好灾后防疫工作的意见》。

二、判断正误，说明理由

1. 公告和通告行文时，都要写上主送机关。（　　）
2. 对经常上班迟到、严重影响工作、违反公司有关制度、屡教不改的职员刘清做出处分，用通报。（　　）
3. 公告的写作充分体现了发文机关的权威，因此有约束力。（　　）
4. 学校处分违纪学生可用公告。（　　）
5. 商店告知顾客有关注意事项可发通知。（　　）
6. 某港务局告知在某水域通过的船只，注意减速避让水文测验船只，可用公示。（　　）
7. 全国人大告知有关干部职务的选举结果，可用通告。（　　）
8. ××公司建职工宿舍，需要砍掉或移植一些大树，需向该市园林局行文批准，用请示。（　　）
9. ××大学贯彻国务院、省政府有关解决贫困生就学、就业问题的文件，创新突出，成效显著，值得其他高校借鉴，用报告。（　　）
10. 某集团公司为转变经济发展方式，打算分期培训一批技术骨干，掌握高新技术，向某大学行文，商量培训合作事项，用通知。（　　）

三、标题填空

1. 中华人民共和国全国人民代表大会_____告
2. 中华人民共和国财政部税务总局关于办理税务登记的_____告
3. 南京市公安交通管理局_____告
4. 苏州市纺织公司订货会_____告
5. 南京市人民政府关于加强绕城公路管理的_____告
6. 天安门地区管理委员会关于北京奥运会期间天安门广场管理的_____告
7. 南京市人民政府关于城市生活垃圾处理费征收的_____告
8. 国家质量监督检验检疫总局关于防止非洲、欧洲和美洲麻疹传入我国的_____告
9. 南京市白下区人民政府关于整治市区人行道违章停放车辆的_____告
10. 上海市人民政府关于试鸣防空警报的_____告

四、修改标题

1. 上海市教育委员会关于转发《教育部公安部国家工商行政管理局关于开展防止传销进校园工作的通知》的通知
2. ××省人民政府办公厅关于转发《国务院办公厅关于严格控制新闻发布会和周年纪念活动的通知》的通知
3. 国务院办公厅印发《东北地区与东部地区部分省市对口合作工作方案》的通知
4. ××市人民政府关于批转发布《公安局关于检查整改火灾隐患的若干意见》
5. 国务院转发国家食品药品监督管理总局《关于进一步治理整顿医药市场意见》的通知
6. 北京市人民政府印发2017年市政府工作报告重点工作分工方案的通知
7. 国家旅游局关于批转发布国务院旅行社管理暂行条例的通知
8. ×市政府批转市卫生局《关于做好灾后防疫工作的意见》
9. 江苏省人民政府转发省劳动局、省人事局、省财政厅、省总工会"关于转发劳动部、人事部、财政部、国家总工会《关于发给离退休人员生活补贴费》的通知"的通知
10. 广东省人民政府批转省工商行政管理局《关于做好〈中华人民共和国合同法〉贯彻实施工作的意见》的通知

五、填空题

1. ××县教育局关于申请追加教育经费的请示应主送_____。
2. 南京市人事局关于开展公务员培训工作的请示应主送_____。
3. 向不相隶属的业务单位请求批准事项用_____。
4. 不能抄送给下级机关的公文是_____。
5. 信息部与农业部商洽工作时使用_____。
6. 向上级机关反映情况适用于_____。
7. ××大学向省教育厅申请增加财政拨款用_____。
8. ××市××区企业向××区土地管理局申请批准土地时使用_____。
9. ××省财经学校向××大学联系临时住房问题用_____。
10. ××单位向上级行文,要求增加专业技术人员用_____。

六、单项选择题

1. 下列哪个标题正确 （   ）
   A. ××省人民政府办公厅关于转发《国务院办公厅关于严格控制新闻发布会和周年纪念活动的通知》的通知
   B. ××县人民政府关于转发某市人民政府关于转发"××省人民政府关于加快畜牧养殖业发展的通知"的通知
   C. 广东省人民政府批转省工商行政管理局关于做好《中华人民共和国合同法》贯彻实施工作的意见的通知
   D. 上海市人民政府办公厅关于印发上海市政府质量奖管理办法的通知
2. 公文的作者是 （   ）
   A. 制发文件的机关
   B. 拟制公文的秘书工作人员
   C. 参与文件形成过程的全体机关工作人员
   D. 审核签发文件的机关工作人员
3. ××省驻广州办事处向广州××局行文,请求批准该机关建造临时建筑物,这份公文所用文种是 （   ）
   A. 报告　　　　B. 函　　　　C. 请示　　　　D. 通知
4. 根据《条例》规定,不可以使用"通知"的是 （   ）
   A. 北京市人民政府制定改革和完善国有资产管理体制的实施意见
   B. 北京市人民政府办公厅印发2016年市政府工作计划
   C. 恒大房地产公司任免本公司财务部总监
   D. 南京市人民政府告知有关单位参加××会议
5. 市科技局拟将省科技厅一份通知发给各区、市、县科技局,使用文类正确的是 （   ）
   A. 转发通知　　B. 批转通知　　C. 印发通知　　D. 发布通知
6. 按照现行公文格式,下面所列要素一定要出现的一项是 （   ）
   A. 密级　　　　　　　　　　B. 急度
   C. 发文机关标识　　　　　　D. 抄送机关
7. 下列表述正确的是 （   ）
   A. 为了表示尊敬,应该用请示向上级请求批准

B. 抄送机关即下级机关
C. 如果不同意请示事项,可以不予回复
D. 政府只能向同级人大提交议案

8. 向下级"传达重要精神或者情况",使用 （　）
   A. 通告　　　B. 公告　　　C. 通知　　　D. 通报
9. 下面关于报告的适用范围,错误的一项是 （　）
   A. 向上级汇报工作　　　　　B. 向上级反映情况
   C. 答复上级询问　　　　　　D. 向上级提出建议
10. 中共中央办公厅、国务院办公厅印发《党政机关国内公务接待管理规定》需用文种是
    （　）
    A. 报告　　　B. 公告　　　C. 通知　　　D. 通告

七、双项选择题

1. 下列公文标题中正确的是 （　）
   A. 国务院关于印发《国家级自然保护区调整管理规定》的通知
   B. 教育部关于印发中等职业学校教师专业标准(试行)的通知
   C. 国务院办公厅转发教育部等部门关于实施教育扶贫工程意见的通知
   D. 广东省人民政府关于转发国务院关于支持农业产业化龙头企业发展意见的通知
2. 函的主送机关应是 （　）
   A. 下级领导机关　　　　　　B. 上级领导机关
   C. 不相隶属机关　　　　　　D. 平级机关
3. 下列发文字号错误的是 （　）
   A. 沪府〔2014〕3 号　　　　B. 苏政〔2014〕18 号
   C. 国函[2014] 8 号　　　　D. 宁工商(2014)45 号
4. 根据《条例》的规定,可以使用"通知"的是 （　）
   A. 南京邮电大学告知学生教工寒假放假时间
   B. 铁道部提出鼓励和引导民间资本投资铁路的意见
   C. 教育部任命大学校长
   D. 中华人民共和国财政部税务总局告知办理税务登记
5. 下列公文中属于知照类公文的是 （　）
   A. 决定　　　B. 请示　　　C. 通告　　　D. 通知
6. 下列错误的公文标题有 （　）
   A. 国家发展改革委关于降低国内成品油价格的通报
   B. 江苏省人民政府关于几起重大安全事故的通报
   C. 浙江省人民政府办公厅转发省安监局关于工矿企业生产安全事故应急救援体系建设意见
   D. 住房城乡建设部关于开展城市步行和自行车交通系统示范项目工作的通知
7. 通报适用于 （　）
   A. 表彰先进　　B. 批评错误　　C. 回复问题　　D. 商洽工作
8. 下列标题准确的是 （　）
   A. 南京市政府办公厅转发市教育局等部门关于进一步推进小学"弹性离校"工作指导

意见的通知

  B. 南京市政府办公厅关于印发《2017年公交都市创建工作计划》的通知

  C. 南京市政府办公厅印发关于促进乡村民宿业规范发展实施办法的通知

  D. 南京市政府办公厅关于印发"十三五"智慧南京发展规划的通知

 9. 不能作为批复结束语的是　　　　　　　　　　　　　　　　　　　（　　）

  A. 上述批复如无不妥,请参照执行　　B. 特此批复

  C. 此复　　　　　　　　　　　　　　D. 此致敬礼

 10. 写主送机关应当标明_____或_____。　　　　　　　　　　　　（　　）

  A. 主送机关的全称　　　　　　　　B. 主送机关的规范化简称

  C. 同类机关的统称　　　　　　　　D. 约定俗成的称谓

八、指出下列公文的错误,并加以修改

 1. 修改通知

关于召开厂部工作会议的通知

××发(2016)045号

厂属各单位:

  为了进一步完善厂长负责制,切实抓好九—十二月生产和各项工作,根据我厂实际情况,经厂部研究决定,于九月初召开工作会议,现将有关事情通知如下,请遵照执行。

  1. 参加人员:各单位党委委员,副处以上干部,厂级领导

  2. 时间:2016年9月2日

  3. 地点:新办公楼三楼

  4. 各单位接此通知后,安排好会议期间的生产任务,并请各党支部通知有关人员携带好笔记本,于9月2日8点准时参加会议。

二〇一六年八月二十八日

 2. 修改函

关于联系教师进修的函

××大学教务处:

  首先让我们以××市公安学校的名义,向贵处表示衷心的感谢,过去为我校办学给予了很大的帮助。目前我校又面临一个很难解决的问题。

  原来事情是这样的:我校开办不久,师资力量很差,决定派三位年轻教师到贵校旁听进修一年。我校与有关部门多次商量。但三位教师进修问题,至今也没有得到解决。提高教学质量的关键是师资。为提高我校教育质量,恳请贵处设法解决。但不知贵处是否有什么困难。如果需要我校给贵处办什么事情,请尽管提出,我校会竭力去办。再说一句,贵处如能解决我校进修教师问题,我们以我校领导的名义向贵校领导深深地表示谢意。

  致以崇高的敬礼

××市公安学校(印章)
二〇一三年六月七日

3. 修改通知

共青团通知

县直属单位团委,各乡镇团委:

经县团委开会研究,并经请示县委同意,拟于本月 15 日在县城召开有关人员会议,时间两天。会议将布置明年工作,总结今年工作,表彰优秀团干,传达市会议精神。请与会单位带齐有关材料到会,准备在会上交流。会议重要,任何人都不得请假。

特此通知

二〇〇八年一月十四日

九、拟稿

1. 拟写通告

为维护 2017 年春节期间夫子庙地区治安交通秩序,决定以夫子庙广场为中心,南至长乐路,西至中华路,北至建康路(以上不含道路),东至平江府路(含道路)的合围区域实行交通管制,除公交车、执行任务车辆外,禁止其他机动车辆通行。管制时间为 1 月 25 日至 2 月 25 日。试据此信息,代南京市公安局交通管理局拟写一份通告。

2. 拟写会议通知

全国市场营销协会决定于 2015 年 7 月 13 日至 16 日在广西壮族自治区南宁市召开一年一度的营销协会年会,并于 5 月 28 日发出会议通知。会议的内容是研究和探讨当前营销学的有关学术问题和热点问题,全国市场营销协会的会员均可参加。会期为 4 天,7 月 13 日报到,报到和开会地点是:南宁军区空军招待所。要求:每位与会者于会前十天交来相关学术论文一篇。会务费自理。

3. 拟写表彰性通报

2015 年 3 月 18 日下午,我校人文学院李继红同学路过大学路交通银行储蓄所门前时,捡到一个钱包。李继红同学等了一个多小时不见失主前来寻找,就把钱交给了储蓄所的工作人员,经工作人员查验,为人民币 10000 元。当丢钱的赵平复沿途寻找回到储蓄所,拿到失而复得的 10000 元钱时,十分激动。他取出其中的 1000 元钱硬要送给李继红同学,被李继红谢绝。他又问李继红叫什么名字,李继红同学说:"我是××大学的学生。"李继红同学拾金不昧的行为,体现了当代大学生良好的精神面貌,为我校赢得了荣誉。

根据以上材料拟写一份通报。

4. 阅读下列这则新闻材料,请根据材料内容,以××大学的名义写一份表彰通报

勇擒凶犯
——大学生陈阳刀下救人的事迹

一位满身血迹的青年从××路匆匆跑过,后面两位男青年凶神恶煞似的穷追不舍,其中一个手持一把自动刀。被追的男青年跑到环市西路旁的××旅馆,想进去避难,却被一位女服务员推出门外。后面持自动刀的男子追到面前来了,向着逃跑的男青年猛刺一刀,顿时血流满地。

被刺伤者挣扎着再向前跑,终于支持不住,昏倒在地。凶手又在伤者心口连刺两刀。当

他要刺第四刀时,飞速赶来的一位青年大喝一声:"住手!不许行凶!"凶手见有人阻拦,转身就跑,他的同伙向伤者头上狠击一拳,转身向另一个方向,也逃跑了。

这位青年毫不犹豫地向着凶手逃跑的方向追去,追了八百米左右,终于追到凶手跟前。凶手突然转身,持刀威胁青年道:"你再走近,我就捅死你。"那青年男子一声不响,飞起右脚,向凶手持刀的右手腕踢去,脚起刀落。青年猛扑过去,扭着凶手的右手臂,大喝一声:"不许动!老实点!"终于,他在另一位过路人的帮助下,把凶手扭送到赶来的民警面前。

这位见义勇为的青年把凶手交给派出所后,没留下姓名和工作单位,后来他又到伤者面前,见伤者已处于休克状态,便和路人一起,截了一部出租小轿车,把伤者送到医院抢救。做完这一切后,他才回家。

这是上月10日下午5点多钟,发生在××路与环市西路交界处的一宗行凶案。这位见义勇为、刀下救人的青年是谁呢?他就是某大学交通学院交通信息工程及控制专业大三学生陈阳。

陈阳救人后一直没对别人讲过。后来,××派出所的同志经过多方打听,才在一个偶然场合中打听到这位做好事不留名的人的姓名和身份。直至派出所送来表扬信,陈阳的大学才知道这件事。10月24日,某大学表扬陈阳勇擒凶犯的行为,并给予2000元奖励。

5. 根据以下材料,拟写通报一则

东方网记者王铭泽2011年4月16日报道:今天,上海市红十字会通报"卢湾红十字会高额餐饮费"调查及处理情况,称该资金开支渠道为卢湾红十字会工作业务经费,非救灾救助款。由于本次活动人均消费水平明显高于人均150元的标准,有关部门已经责成对超过公务接待标准部分的7309元人民币由个人承担,予以退回,目前超标款项已经全部退回。上海市红十字会决定,向全市红十字系统通报批评卢湾区红十字会在公务接待活动中铺张浪费现象。

昨天下午,上海市红十字会得悉"卢湾红十字会高额餐饮费"情况后,立即责成卢湾区红十字会对情况进行调查核实;并会同卢湾区有关部门,进行了调查取证。今天上午,上海市红十字会和卢湾区相关部门组织专业人员,对卢湾区红十字会该项开支的原始凭证(发票等)、记账凭证和账册进行了核查。核查结果显示:卢湾区红十字会于2011年2月28日以"红十字会工作会务费"支付给上海慧公馆餐饮管理有限公司9859元,发票号码为:46510945,记账凭证号为:JZ-03-0009。资金开支渠道为卢湾区红十字会的工作业务经费,非社会各界捐赠的救灾救助款。

据调查,本次活动系卢湾区红十字会与相关企业协会商洽工作的公务活动,参加人员17人,人均消费水平明显高于标准。卢湾区有关部门已经责成卢湾区红十字会对超过公务接待标准(人均150元)部分的7309元人民币由个人承担,予以退回。目前超标款项已经全部退回。

上海市红十字会决定,向全市红十字系统通报批评卢湾区红十字会在公务接待活动中的铺张浪费现象,并要求全市红十字会系统,要厉行节约,用勤俭办一切事业的精神做好红十字事业。要求各级红十字组织,严格按照本地有关部门拨给红十字会工作业务经费的使用规定和开支范围、标准进行使用,自觉接受有关部门的监督,对不符合规定和标准的,要坚决制止,及时整改。

上海市红十字会表示,将进一步加强对本市红十字系统"人道基金"的监督管理,坚持依法管理和使用社会各界捐赠的救灾救助款。要求各级红十字会继续严格依法履职,要以对公众捐赠资金高度负责的态度,切实保障社会各界捐赠的救灾救助款在充分尊重捐赠者意愿的前提下,全部用于救灾救助等人道主义事业上。

6. 根据下面的材料,代××大学拟写一份商调函

(1) 发文单位:××大学。

(2) 该校教授王×××一人在南京工作,生活非常不方便,其妻李×在扬州大学图书馆工作,××大学根据王×××的请求,也因工作需要,经领导研究,拟同意将其妻李×调到该校工作,以解决夫妻分居两地的困难。

(3) ××大学致函给扬州大学,如果扬州大学同意李×调出,请将同意调出的函和李×的档案等一并寄给××大学。

(4) 收文单位:扬州大学。

7. 拟写公文

甲大学×××校区面临政府规划建设的核心区域,需拆迁重建,为确保5000名学生的教育教学工作正常进行,目前需向乙大学联系租赁校舍问题,租赁时间为2～3年,请代甲大学写一公文,进行商洽;并以乙大学的名义写作一份答复公文,同意租赁,具体问题下一步双方洽商。

第六章 会议性公文的写作

会议性公文,指专用于会议的公文,主要有会议决议、纪要、议案,其次有会议通知。决议的内容事关重要决策事项;纪要用得较广泛、经常;议案,只用于政府机关。

第一节 决议的写作

一、决议的适用范围

决议是指党的领导机关就重要事项,经会议讨论通过其决策,并要求进行贯彻执行的重要指导性公文,也是应用写作重点研究的文体之一。它是 2012 年 4 月 16 日中办、国办联合印发的《党政机关公文处理工作条例》中新增的正式公文文种。

《条例》指出,决议适用于会议讨论通过的重大决策事项。

二、决议的特点

(一) 权威性

决议是经过党的会议讨论通过才能生效并由党的领导机关发布的,是党的领导机关意志的反映。决议的内容事关重要决策事项,一经公布,全党、全国上下都必须坚决执行。

(二) 指导性

决议表述的观点和对事项的评价都具有指导意义。

三、决议的分类

可作决议的事项较多,但从其性质、结构、内容和写作方法上划分,可分为通过重要文件的决议和重要事项、重要问题的决议两大类。

(一) 通过重要文件的决议

这类决议是指会议通过某一件公文而做出的决议。其内容重要,篇幅简短。它既是重大决策,又具有知照性质。它是对会议讨论的报告、会议形成或审议的其他文件,以法定多数表决通过并生效的一种文件。比如,党代会与党的全会、人代会、团代会讨论通过的各种工作报告的决议等。这类决议一般作会议文件印发。

(二) 重要事项的决议

这是议决某一事项的决议。议决的事项一般是事关全局的原则问题,内容比较单一。

四、决议的写法

决议由首部和正文两部分组成。

(一) 首部

包括标题和成文时间两个要素。

1. 标题

决议的标题有两种形式:一种是由发文机关(或会议名称)、事由和文种构成;另一种是由事由和文种构成。

2. 成文时间

即决议正式通过的日期。一般放在标题下,在小括号内注明会议名称及通过时间,也可只写年月日。

(二) 正文

由决议根据、决议事项和结语三部分组成。

1. 决议缘由

一般简要说明有关会议审议决议涉及事项的情况,陈述作出决议的原因、根据、背景、目的或意义。

2. 决议事项

写明会议通过的决议事项,或会议对有关文件、事项做出的评价、决定,或对有关工作做出的部署安排和要求、措施。决议的事项,一般有两个方面的内容:一是阐明决议事项的地位与作用;二是对决议的事项一一阐述。可分段写,也可以分条写,虽分犹合,使之保持严密的逻辑联系,浑然一体。

3. 结语

一般紧扣决议事项有针对性地提出希望、号召和执行要求。有的决议可不单列这部分。执行要求,包括保障措施,对于如何加强领导、加强队伍建设、加强各部门之间的协调配合、确保投入等方面做出明确的规定。正文写完,全文即结束。有的在保障措施之后,对所辖范围内各级组织及干部群众发出号召,提出要求,以规范行为,激励斗志,给人们以信心和力量。

五、决议与决定的区别

在实际运用中,还应对决议和决定做以下区分:

(一) 从制作程序上区分

决议需经某一级机关或组织机构的法定会议对某一议题进行集体讨论,由法定多数表决通过,然后形成正式文件,并以会议的名义公布。而决定却不一定经过法定会议讨论通过的程序。它既可以是某种会议讨论研究的成果,形成正式文件予以公布,也可由各级领导机关直接制作并予以公布。因此,可以认定,凡未经有关法定会议讨论通过这一程序,而是以领导机关的名义发布的议决性文件,就只能使用决定。

(二) 从作用上区分

决议一律要求下级机关执行。而决定只有"部署性决定"才要求下级机关执行,"宣告性决定"只起知照性作用,一般不要求下级机关执行。

(三)从内容上区分

在会议讨论通过的前提下,凡做出了具体的规定和要求,履行法定的权力,强制有关部门贯彻执行的,用决定。若只是简要地表示肯定或否定的意见,履行法律程序,指导有关部门遵照办理的,用决议。

由会议或领导机关直接制定发布行政法规,用决定。由会议审议批准某项议案、重要报告、法规,用决议,所审议批准的条文作为决议的附件。

授予荣誉称号或给予处分,用决定。审议机构成立或撤销,用决议。

(四)从写法上区分

发布决议、批准决议一般写得比较简要、笼统。事项决议除指出指令性意见外,还要对决议事项本身的有关问题作若干必要的论述或说明,即作一些理论上的阐述。决定的写法与决议大不相同,它不多说理论上的道理,而往往着重提出开展某项工作的步骤、措施、要求等。决定要求写得明确、具体一些,措施也更落实,行政约束力强,可以直接成为下级机关行动的准则。而决议往往写得比较概括,原则性条文多,下级机关在贯彻执行时,多数还要根据决议制定相应的具体办法或实施措施。

[例文1]

中国共产党北京市第十一届委员会第十一次全体会议决议

中国共产党北京市第十一届委员会第十一次全体会议,于2016年11月13日至14日召开。市委常委会主持会议。中共中央政治局委员、北京市委书记郭金龙作了讲话。

全会认真学习贯彻党的十八届六中全会精神,一致认为,六中全会是在我国进入全面建成小康社会决胜阶段召开的一次十分重要的会议,开启了全面从严治党的新时代,推动党和国家事业发展进入新阶段。六中全会以制定《关于新形势下党内政治生活的若干准则》(以下简称《准则》)和修订《中国共产党党内监督条例》(以下简称《条例》)为重点,专题研究全面从严治党问题,就新形势下加强党的建设作出新的重大部署,充分体现了党中央坚定不移推进全面从严治党的坚强决心和历史担当,体现了全党的共同心声。六中全会取得的重大政治成果、思想成果、制度成果,对于深化全面从严治党,更好进行具有许多新的历史特点的伟大斗争、推进党的建设新的伟大工程、推进中国特色社会主义伟大事业,实现中华民族伟大复兴的中国梦,具有重大而深远的历史意义。

全会认为,《准则》和《条例》以党章为根本遵循,深刻总结党的建设历史经验,直面当前党内政治生活和党内监督存在的突出问题,充分吸收党的十八大以来全面从严治党的理论和实践创新成果,是新形势下加强和规范党内政治生活、加强党内监督的根本遵循,是党中央着眼于推进全面从严治党、坚持思想建党和制度治党相结合的一个重要安排,为深入推进全面从严治党,全面净化党内政治生态,提高党的创造力凝聚力战斗力,提供了更加有力的制度保障。

全会一致拥护确立习近平总书记在党中央、在全党的领导核心地位。一致认为,确立习近平总书记为党中央的核心、全党的核心,是六中全会的重大历史贡献。

习近平总书记的领导核心地位是在新的伟大斗争实践中形成的,众望所归、当之无愧、名副其实。确立和维护习近平总书记的领导核心地位,符合党心军心民心,是党和国家根本利益所在,是坚持和加强党的领导的根本保证,对维护党中央权威、维护党的团结和集中统一领导,对全党全军全国各族人民更好凝聚力量抓住机遇、战胜挑战,对全党团结一心、不忘初心、继续前进,对保证党和国家兴旺发达、长治久安,具有十分重大而深远的意义。

全会要求,全市各级各部门和全体党员、干部要切实把思想和行动统一到六中全会精神上来,切实增强政治意识、大局意识、核心意识、看齐意识特别是核心意识、看齐意识,更加紧密地团结在以习近平同志为核心的党中央周围,更加坚定地维护以习近平同志为核心的党中央权威,更加自觉地在思想上政治上行动上同以习近平同志为核心的党中央保持高度一致,向党中央看齐,向习近平总书记看齐,向党的理论和路线方针政策看齐,向党中央决策部署看齐,做到党中央提倡的坚决响应、党中央决定的坚决执行、党中央禁止的坚决不做。

全会强调,贯彻落实《准则》,要准确把握加强和规范党内政治生活的目标要求,准确把握坚定理想信念、坚持党的基本路线、坚决维护党中央权威、严明党的政治纪律、保持党同人民群众的血肉联系、坚持民主集中制原则、发扬党内民主和保障党员权利、坚持正确选人用人导向、严格党的组织生活制度、开展批评和自我批评、加强对权力运行的制约和监督、保持清正廉洁的政治本色等方面的具体规定。要抓好思想教育这个根本、严明纪律这个关键、选人用人这个导向、组织生活这个经常性手段、继承和创新这两个关键环节,努力在全市上下营造良好的政治生态。

全会强调,贯彻落实《条例》,要牢牢把握党内监督的目标要求、原则要求、任务要求、责任要求和实践要求。要切实强化监督意识,增强刀刃向内的自觉性,使积极开展监督、主动接受监督成为习惯、落在日常。要把党内监督与国家机关监督、人民政协民主监督、民主党派监督、群众监督、舆论监督结合起来,形成监督合力。各级党委要肩负起主体责任,各级纪委和党委工作部门要各司其职,充分发挥党员的民主监督作用,充分发挥巡视利剑作用,充分发挥纪检派驻的优势,加强内部监督,织密党内监督之网。要认真做好深化国家监察体制改革试点工作,确保按中央确定的时间表和路线图完成好改革任务。

全会指出,领导干部特别是高级干部地位特殊、职责特殊、影响特殊,抓好这个"关键少数",发挥好示范表率作用,对于推进全面从严治党、形成良好政治生态至关重要。要从市委常委会做起,从市级领导干部做起,模范遵守党章,模范执行《准则》《条例》,带头加强和规范党内政治生活,带头落实监督责任,为全市党员干部、为全市人民作出表率。

全会强调,贯彻落实六中全会精神,必须坚定不移地推进全面从严治党。要从政治上认识和把握全面从严治党,坚持以做好首都工作应有的首善标准管党治党,着力解决党的建设方面存在的突出问题,着力提高全市各级党组织的创造力凝聚力战斗力。要坚持真管真严、敢管敢严、长管长严,把严的要求贯彻落实到全面从严治党的全过程。全市各级党委要牢固树立抓好党建是最大政绩、不管党治党是严重失职的观念,切实担负起管党治党主体责任。各级纪委要聚焦全面从严治党,切实担起监督执纪问责责任。要以中央对北京市开展巡视"回头看"为契机,推动六中全会精神贯彻落实。

全会指出,认真学习宣传贯彻六中全会精神,是当前和今后一个时期的重要政治任务。要结合开展"两学一做"学习教育,精心组织、周密部署,推动学习宣传贯彻六中全会精神不断走向深入。要抓好理论学习中心组学习和宣讲、轮训等工作,引导广大党员干部读原文、掌握精神实质,真正学懂弄通。要坚持学以致用、知行合一,不断增强从严治党的自觉,持续激发干事创业的热情,切实把中央要求和部署落到实处。

全会按照党章规定,决定递补中共北京市委候补委员靳伟、王晓明为中共北京市委委员。

全会号召,全市各级党组织和广大党员要紧密团结在以习近平同志为核心的党中央周围,认真贯彻落实中央的大政方针和决策部署,全力做好全市各项工作,确保完成全年经济社会发展目标任务,切实维护首都和谐稳定,以优异成绩迎接党的十九大召开。

[例文 2]

中华人民共和国第五届全国人民代表大会第五次会议
关于中华人民共和国国歌的决议

(1982 年 12 月 4 日第五届全国人民代表大会第五次会议通过)

第五届全国人民代表大会第五次会议决定:恢复《义勇军进行曲》为中华人民共和国国歌,撤销本届人民代表大会第一次会议 1978 年 3 月 5 日通过的关于中华人民共和国国歌的决定。

[例文 3]

中国共产党第十七次全国代表大会
关于《中国共产党章程(修正案)》的决议

(2007 年 10 月 21 日中国共产党第十七次全国代表大会通过)

中国共产党第十七次全国代表大会审议并一致通过十六届中央委员会提出的《中国共产党章程(修正案)》,决定这一修正案自通过之日起生效。

大会认为,十六大以来,党中央坚持以邓小平理论和"三个代表"重要思想为指导,根据新的发展要求,集中全党智慧,提出了以人为本、全面协调可持续发展的科学发展观。科学发展观,是对党的三代中央领导集体关于发展的重要思想的继承和发展,是马克思主义关于发展的世界观和方法论的集中体现,是同马克思列宁主义、毛泽东思想、邓小平理论和"三个代表"重要思想既一脉相承又与时俱进的科学理论,是我国经济社会发展的重要指导方针,是发展中国特色社会主义必须坚持和贯彻的重大战略思想。大会一致同意将科学发展观写入党章。大会要求全党同志全面把握科学发展观的科学内涵和精神实质,增强贯彻落实科学发展观的自觉性和坚定性,着力转变不适应不符合科学发展观的思想观念,着力解决影响和制约科学发展的突出问题,把全社会的发展积极性引导到科学发展上来,把科学发展观贯彻落实到经济社会发展各个方面。

大会认为,改革开放以来,中国共产党人和中国人民以一往无前的进取精神和波澜壮阔的创新实践,谱写了中华民族自强不息、顽强奋进新的壮丽史诗,中国人民的面貌、社会主义中国的面貌、中国共产党的面貌发生了历史性变化。改革开放以来我们取得一切成绩和进步的根本原因,归结起来就是:开辟了中国特色社会主义道路,形成了中国特色社会主义理论体系。把这个重大论断写入党章,对于动员全党更好地把握和坚持中国特色社会主义道路和中国特色社会主义理论体系,不断发展中国特色社会主义,具有十分重大的意义。

大会认为,经过新中国成立以来特别是改革开放以来的不懈努力,我国取得了举世瞩目的发展成就,但我国仍处于并将长期处于社会主义初级阶段的基本国情没有变,人民日益增长的物质文化需要同落后的社会生产之间的矛盾这一社会主要矛盾没有变。大会一致同意在党章中把党的基本路线中的奋斗目标表述为把我国建设成为富强民主文明和谐的社会主义现代化国家。大会要求全党毫不动摇地坚持党的"一个中心、两个基本点"的基本路线,团结带领全国各族人民为把我国建设成为社会主义现代化国家而奋斗。

大会认为,把经济建设、政治建设、文化建设、社会建设四位一体的中国特色社会主义事业总体布局写入党章,对于夺取全面建设小康社会新胜利、开创中国特色社会主义事业新局面,具有重大意义。毫不动摇地巩固和发展公有制经济,毫不动摇地鼓励、支持、引导非公有制经济发展,发挥市场在资源配置中的基础性作用,建立完善的宏观调控体系,统筹城乡发展、区域发展、经济社会发展、人与自然和谐发展、国内发展和对外开放,建设社会主义新农村,走中国特色新型工业化道路,建设创新型国家,建设资源节约型、环境友好型社会;坚持党的领导、人民当家做主、依法治国有机统一,走中国特色社会主义政治发展道路,坚持和完善基层群众自治制度,尊重和保障人权,建立健全民主选举、民主决策、民主管理、民主监督的制度和程序;坚持马克思主义指导思想,树立中国特色社会主义共同理想,弘扬以爱国主义为核心的民族精神和以改革创新为核心的时代精神,倡导社会主义荣辱观;按照民主法治、公平正义、诚信友爱、充满活力、安定有序、人与自然和谐相处的总要求和共同建设、共同享有的原则,以改善民生为重点,解决好人民最关心、最直接、最现实的利益问题,努力形成全体人民各尽其能、各得其所而又和谐相处的局面,这些都是我们党在建设中国特色社会主义实践中取得的重大认识和成果。把这些内容写入党章,对于全党同志更加自觉、更加坚定地贯彻党的理论和路线方针政策,按照中国特色社会主义事业总体布局的要求,继续发展社会主义市场经济、发展社会主义民主政治、发展社会主义先进文化、构建社会主义和谐社会,团结带领全国各族人民把中国特色社会主义伟大事业不断推向前进,具有十分重大的作用。

大会认为,适应新形势新任务的要求,把党在领导军队建设、民族工作、宗教工作、统战工作、外交工作等方面形成的方针政策写入党章,有利于全面贯彻这些方针政策,切实做好这些方面的工作。

大会认为,着力加强党的执政能力建设和先进性建设,以改革创新精神全面推进党的建设新的伟大工程,坚持立党为公、执政为民,做到科学执政、民主执政、依法执政,不断推进马克思主义中国化,坚持权为民所用、情为民所系、利为民所谋,保障党员民主权利,坚持标本兼治、综合治理、惩防并举、注重预防的方针,建立健全惩治和预防腐败体系,是十六大以来我们党在党的建设方面取得的重大认识和成果。把这些内容写入党章,有利于进一步加强和改进党的建设,不断提高党的执政能力,保持和发展党的先进性,使党始终成为中国特色社会主义事业的坚强领导核心。

大会认为,在党章中规定党的各级组织要按规定实行党务公开,党的各级代表大会代表实行任期制,党的中央和省、自治区、直辖市委员会实行巡视制度,中央政治局向中央委员会全体会议报告工作、接受监督,党的地方各级委员会的常务委员会定期向委员会全体会议报告工作、接受监督,是加强党的制度建设的需要,是扩大党内民主、加强党内监督的需要。同时,为加强党的执政能力建设和先进性建设,对党员、党的干部和党的各级组织的要求进行充实十分必要。这有利于进一步增强我们党的治党管党水平,提高党的领导水平和执政能力。

大会要求,党的各级组织和全党同志高举中国特色社会主义伟大旗帜,坚持以邓小平理论和"三个代表"重要思想为指导,深入贯彻落实科学发展观,切实学习党章、遵守党章、贯彻党章、维护党章,进一步加强党的执政能力建设和先进性建设,不断提高党的创造力、凝聚力、战斗力,为夺取全面建设小康社会新胜利、开创中国特色社会主义事业新局面而不懈奋斗!

第二节 纪要的写作

一、纪要的适用范围

《条例》指出,纪要"适用于记载会议主要情况和议定事项"。

二、纪要的特点

(一)**纪实性**

把会议的情况客观、真实、准确地记载下来,使没有参加会议的人能够了解会议的真实情况。

(二)**概要性**

"纪要"中的"要"要求摘要而记,简练扼要地反映会议的概貌、决议事项、基本精神等。

三、纪要的类型

(一)**以内容分类**

1. 办公纪要

用以传达由机关、单位召开的办公会议所研究的工作、议定的事项和布置的任务,要求与会单位和有关方面、有关人员共同遵守、执行。这是最常写的纪要,如领导办公纪要、党政联席办公纪要、经理办公纪要、董事会纪要等。

2. 座谈会纪要

主要指专家座谈和工作座谈、调查座谈会等纪要。

3. 研讨会纪要

具有研究、探索性质的纪要。主要是学术研讨和论坛类的纪要。这类纪要通过对有关重要方针、政策和理论(学术)问题的研究交流、讨论情况的纪实,给人们以深刻的启发,给工作以宏观的指导,但不具有像办公纪要那样的行政约束力。

(二) 以作用分类

1. 消息类纪要

发布会议消息的纪要。仅供人们了解会议情况。

2. 决议型纪要

以记载会议的决议为重点的纪要。需要有关方面贯彻执行,多为下行文。

3. 记录型纪要

摘要记录会上发言内容要点的纪要,供决策参考或备查。

四、纪要与会议记录、会议简报的关系

(一) 纪要与会议记录的关系

纪要是在会议记录的基础上产生的,是对会议记录的归纳和概括。其源于会议记录,又明显地不同于会议记录。

会议记录不是公文,只是一种事务性文书,是会议情况的原始记录,是拟写公文的原始参考材料。会议记录一定要按会议的实际进程详细地记录开会的情况和每位发言人的发言,真实地反映发言人对每个议题的看法和意见,不能增删。一般地说,发言人怎么说就怎么记录,不能人为地加以整理和归纳,尤其是会议在某一问题上出现分歧的时候,会议记录要将其准确详尽地记录下来,以体现会议的真实情况。

纪要是一种正式公文,记载的是会议的要点(与会各方达成的共识)、结果,不必记录详细发言、分歧等情况。

(二) 纪要和会议简报的关系

共同点是有通报会议情况的作用,但是纪要有行政约束力,而会议简报则没有。两者的容量和反映的情况不同。会议简报以简短为特点,一个会议可编发多期,往往反映会议的某一局部、某一侧面、某一具体问题;纪要着眼于会议的全局,抓住会议的主要问题和重大方面来写,不受篇幅的限制,可长可短,必须在会议即将结束前形成。

五、纪要的结构

(一) 纪要的文头

纪要的文头可采用常规文件的文头格式,也可用纪要专用的文头,并套红印制,如"市长办公纪要"、"市政府办公纪要"等。专用于纪要的文头,一般单列"第×期",不用发文字号。在期号左下方印制发单位全称,右下方印制发日期。纪要不写主送机关。

(二) 纪要的结构

一般由标题、开头、主体、结尾四部分组成。

1. 标题

例会、办公纪要的标题，要求标明单位名称、会议性质。其他纪要的标题一般由会议召开单位、会议名称和文种组成，也可只由会议名称和文种两项内容组成。

纪要的标题有以下几种写法：

会议名称＋文种。如"××学会第×届年会纪要"。

会议名称＋纪要内容＋文种。如"××学会第×届理事会会议关于××事项的纪要"。

发文单位名称＋会议名称＋文种。如"××市日用杂品公司进一步做好××市场供应工作纪要"。

正题＋副题。正题阐述会议的主旨、意义，副题交代会议名称、文种。如"维护药品市场秩序——江苏省重点打击假劣药品工作纪要"。

纪要是一种正式的公文，它的标题应写得明确，不能仅以"纪要"为题。

2. 开头

简要介绍会议的基本情况，叙述召开会议的根据、目的、与会人员、会议的起止时间、地点、会议的基本议程、主要活动和会议的结果。

3. 主体

阐述会议讨论的问题和意见、结论和决定以及对今后工作所提出的要求，反映会议的主要精神和成果。必须"记录要点"，概括地传达会议的精神和要求，不能缺少必要的归纳。首先要明确开会的目的；其次要全面了解会议的情况；最后要仔细研究会议的发言记录和其他相关的文字材料。

主体部分是纪要的中心，常见的写法有四种：

概括叙述式。把会议的发言、讨论的情况加以综合分析，围绕中心内容，归纳概括成几个部分，分条分段用"一、二、三……"的形式或以小标题进行排列，表明层次；然后对各个部分完整系统地说明和阐述。这种写法的优点是：纲目清晰，层次分明，便于将问题讲深讲透。

发言记录式。既可按会议的发言顺序，把握发言的要点，将发言的观点、论据如实记录整理；也可按会议讨论的问题，分别列出小标题，然后在小标题的下面，写出重点发言。这种写法较概括叙述式简便，一般小型会议、专业会议或座谈会的纪要多采用此种写法。

综合式。把会议内容按性质综合为若干部分，然后逐条写出。工作经验交流会纪要、学术问题研讨会纪要一般采用这种写法。这种写法有利于概括丰富的内容，有利于从原则高度上把问题说深讲透。

条项式。即把讨论的问题和决定的事项分条分项写出。会议讨论了几个问题，纪要就以几个问题各自自成一点写出，工作纪要大多采用此种写法。这种写法条理清晰，易于理解。

4. 结尾

一般纪要主体部分的最后一个问题写完即结束全文。有些纪要需要单独一段结尾，对会议做出一些评论或提出希望、号召等。

六、几种纪要的写作

（一）办公型纪要的写作

办公纪要的正文由前言、主体和结尾构成。

1. 前言

包括会议时间、地点、主持人、列席人等。出席人、列席人不多时,应该写上职务、姓名。还可以在开头不涉及会议的情况,而是交代会议召开的背景,或者提出有待解决的问题,以说明会议的重要性和必要性。一般用"会议议定事项如下"引出下文。

2. 主体

议定事项较多时,应分条叙述。会议达成的共识或做出的决定,应用"会议认为"、"会议决定"、"会议要求"等专用语起头。

3. 结尾

第一种自然结尾,主体部分写完即结束全文;第二种专设一段收束全文;第三种是在正文的条款后面增加一个条款作为结尾。

[例文]

宁波国家高新区 2016 年度第三次主任办公会议纪要

软件园〔2016〕3 号

2016 年 8 月 3 日下午,软件园管理中心主任×××主持召开第三次主任办公会议,参加会议的有中心副主任××、××等。

会议讨论了软件园一期建设水电配套设施方案、软件园无线网络二期建设方案、软件园建设智能识别停车场管理系统方案及宁波市计算机协会入园申请和宁波市信息化服务中心重新签订合同等相关事宜,听取了综合部、企业服务部、招商部三个部门的 2016 年上半年工作完成情况及下半年工作。现将有关事项汇报如下:

一、会议审议了软件园一期建设水电配套设施方案,决定消防用水和生活用水从软件园二期预留的管道接入,电力配套设施暂缓实施,但应及时掌握原有用电的相关情况(用电量配额、用电负荷量等),做好相关台账备查工作。由综合部牵头按工程规定具体落实有关工作。

二、会议原则通过软件园无线网络二期建设问题。会议要求,无线网络建设应注重实效,应覆盖园区公共区域,加强用户体验,通过多方测试和调研打造一个高效便捷的无线网络环境。会议强调,无线网络建设需严格按照相关规定,做到程序到位,由综合部牵头实施。

三、会议讨论了软件园建设智能识别停车场管理系统方案。由于软件园停车场系烟草公司与一期产权单位按份共有,因此建设停车场管理系统需经双方协商方案、明确责任后施行。会议还提出,建设该管理系统应于二期北侧公交场站停车场交付后通盘考虑,目前由综合部监督物业公司做好对停车的日常管理,确保园区内车辆停放有序规范。

四、会议审议通过了计算机协会入园事宜。企业服务部要做好相关协助配合工作,有效推进协会入园。

五、会议讨论了宁波市信息化服务中心重新签订合同相关事宜。会议明确,重新签订合同事宜要理清相关协议资料,做到台账清楚、条款明确。

六、会议听取了综合部、企业服务部、招商部三个部门的2016年上半年工作汇报,同时对下半年的工作作了部署。一是要有时不我待的先锋意识,做好重大项目和税源型项目落户;二是扎实开展"两学一做"教育活动和党建工作,务必要台账齐备,实效明显;三是确保云平台有效运作,加强走访企业有效性,促进以商引商。会议强调,要"聚、精、会、神"加强队伍建设,各个部门应聚合力、精业务、会思考、强精神,为软件园发展注入新动力、添上新砖瓦。

列席:×××、×××、×××、×××、×××

(二)记录型纪要的写作

记录型纪要是专门研究解决思想、理论、科技、教育、文化、生产等某一重要问题而召开会议之后,记录会议主要内容而形成的纪要。

记录型纪要的正文由前言、主体和结尾构成。开头和结尾与工作纪要相同,会议事项部分概括地写出与会代表发言的主要观点和意见。要客观,符合发言人的原意,不加评论,不能概括不全或改变。分歧意见也应反映。最常见的结构方式有两种:一是按照会议上的实际发言顺序;二是按照讨论问题来分类,每类用一个小标题。记述发言,要先标出发言人的姓名,并在姓名后面加括号注明所在单位和职务。

[例文]

全国青少年校园足球工作领导小组第二次会议纪要

1月24日,全国青少年校园足球工作领导小组第二次会议在教育部召开,总结2016年全国青少年校园足球工作,审议2017年工作计划和《全国青少年校园足球训练竞赛体系建设方案(征求意见稿)》。全国青少年校园足球工作领导小组组长、教育部部长陈宝生,全国青少年校园足球工作领导小组副组长、国家体育总局副局长、中国足协主席蔡振华出席会议并讲话。全国青少年校园足球工作领导小组副组长、教育部副部长沈晓明主持会议。

陈宝生指出,党的十八大以来,习近平总书记对加快体育事业发展提出了很多新理念新思想新战略,目标明确、重点突出、路径明晰。新形势下发展青少年校园足球工作,是事关我国体育事业发展的全局性、战略性、长远性工作,体现了持续发展的战略思想,反映了百姓的殷切期待,是教育系统立德树人的使命所在。我们要深刻认识其重要意义,从娃娃抓起,从基层抓起,从群众性参与抓起,推动青少年校园足球工作深入开展。

陈宝生对做好2017年全国青少年校园足球工作提出7点要求。一是做大分母抓普及。要发挥人口资源优势,切实提高普及率,夯实未来中国足球崛起的青少年基础。二是做强分子抓竞赛。要进一步完善校园足球竞赛体系,与青训体系紧密结合,从竞赛中选拔优秀后备人才。三是师资队伍抓培训。要逐级落实教体合作要求,通过现有教师队伍结构调整、招聘、兼职等形式补充一批师资,通过培训提高师资水平。四是有序发展抓标准。要建立完善严格的分层、分类标准体系,通过制度建设,健全竞赛、人才培养和工作标准体系。五是保障条件抓短板。要坚持内涵与外延并重,用好现有资源,调动地方积极性,解决场地短板。要统一认识,引入竞争,形成校园足球健康发展的管理模式,解决管理短板。六是开阔眼界抓交流。要加强国际交流与合作,将足球强国强调的爱国主义、合作精神、规则意识、集训体系融入校园足球工作,服务立德树人需求。七是加强管理抓协同。要加强合作,有机衔接,增进部门间相互支持,共同推动青少年校园足球健康发展。

蔡振华同志充分肯定了2016年全国青少年校园足球工作在政策体系建设、完善竞赛体系、推动国际交流等方面取得的显著进步。他指出,新的一年里,希望各相关部门提高思想认识,不断增强发展青少年校园足球的责任感和使命感;坚持久久为功,为青少年校园足球长远发展奠定坚实基础;坚持问题导向,扎实推进2017年全国青少年校园足球工作。

(三) 决议型纪要的写作

决议型纪要是要求有关单位或人员贯彻执行的纪要,具有较强的权威性、政策性和指示性。

正文由前言、主体和结尾构成。前言同其他纪要。主体只写会议最终决议事项,而不涉及形成会议的过程和存在的分歧意见。常见的写法是把会议所形成的一致意见按内容的性质进行归纳分类,概括为若干方面,然后按照一定的顺序逐次写出来。在表述方式上,决议事项都以会议或与会人员的名义提出,如"会议认为"、"会议指出"、"会议强调"、"会议决定"、"与会同志指出"等。

[例文]

2008年淮河流域省际边界水事协调联络小组工作纪要

为预防和调处淮河流域省际边界水事纠纷,检查一年来《淮河流域省际边界水事协调工作规约》(以下简称《规约》)及《2007年淮河流域省际边界水事协调联络小组工作纪要》(以下简称《2007年纪要》)的贯彻执行情况,2008年9月28日至29日,淮委在山东省日照市组织召开了"2008年淮河流域省际边界水事协调联络小组工作会议",淮委党组副书记、副主任肖幼,山东省水利厅巡视员武轶群作重要讲话,水利部政法司倪鹏处长到会指导,日照市人民政府副市长刘西良致贺词。会议由山东省水利厅承办,淮委和流域四省水利厅有关部门代表近30人参加了会议。

会议听取了淮委和流域四省水利厅关于一年来省际边界水事纠纷预防和调处工作的报告,就《规约》和《2007年纪要》的贯彻落实情况,目前省际水事纠纷预防和调处工作面临的形势、出现的新情况和新特点、存在的问题等进行了充分的沟通和交流;讨论了《淮河流域省际边界水利工程建设管理办法(征求意见稿)》;并对下一步工作重点和方向进行了深入探讨。现将会议主要精神纪要如下:

一、会议认为,近年来,在淮委和流域四省各级政府及水行政主管部门的共同努力下,流域省际边界地区水事秩序有了明显好转,但边界水事问题还未根本解决,矛盾隐患依然存在,仍需引起各级领导的高度重视。淮委和流域四省各级水行政主管部门要以"三个代表"重要思想为指导,坚持科学发展观,从构建边界地区和谐社会的高度,重视省际边界水事纠纷预防和调处工作。

为进一步强化省际水事纠纷预防和调处工作,淮委和流域四省各级水行政主管部门要不断强化水事纠纷预防和调处意识,坚定不移地促进流域和谐边界建设;进一步深化水事纠纷排查化解工作,努力把影响边界地区稳定的问题消除在萌芽状态;切实提高管理水平,进一步推进纠纷预防和应急机制建设;坚持以人为本,切实解决省际边界地区实际问题。

二、会议强调,淮委和流域四省各级水行政主管部门应进一步加大对水法规、《规约》和《淮河流域省际水事纠纷应急处置预案》(以下简称《预案》)的宣传力度,增强广大干部职工和人民群众在省际边界水事活动中自觉遵守水法规和《规约》的意识,遇突发省际水事纠纷时能按照《预案》和《规约》规定的职责和要求积极协商处理水事纠纷。为进一步推动淮河流域省际边界水利工程建设管理工作,有必要编制《淮河流域省际边界水利工程建设管理办法》(以下简称《管理办法》)。该办法的制订对规范流域内省际边界水利工程的申报、审批、建设、验收等工作具有重要意义,其实施能更好地明确各方责任,发挥投资效益,为流域经济社会发展和构建和谐社会服务。淮委应根据流域四省水利厅提出的意见和建议进一步修改完善《管理办法》(征求意见稿)并尽快颁布实施。流域四省在《管理办法》颁布后应认真贯彻落实,使有关人员明确如何规范、高效开展工作,使之起到应有的作用。

三、会议要求,流域四省应在省际水事纠纷热点地区进一步建立和完善双方县(市)间的例会交流制度,及时通报相关水事状况,磋商和协调有关问题,同时,切实加强省际边界涉水建设项目的监督管理,避免产生新的水事矛盾。流域四省应认真筛查确定省际边界地区确需进行建设的水利工程,做好项目储备和前期工作,在质量和进度上满足边界工程建设和边界地区社会经济发展的需要。流域四省应想方设法、积极筹措资金,逐步加大对省际边界地区的投入,督促落实已批复省际边界水利工程的配套资金;淮委也应积极争取国家对省际边界地区水利工程建设的资金补助,加快统一治理步伐,使工程早日建成投入使用,真正发挥工程整体效益。

四、会议就以下问题达成共识:

1. 目前,淮河流域省际边界河湖非法采砂活动已成为突出的水事违法行为和易引起边界水事纠纷和矛盾的一个重要因素,淮委和流域四省各级水行政主管部门应加强监督管理,增强防范意识,积极协调和配合,做好省际边界河湖采砂管理工作,减少省际边界地区水事矛盾隐患。

2. 省际边界地区水库的运行管理、水资源配置、水污染防治等也是淮河流域引起边界水事纠纷和矛盾的重要因素,需引起相关部门的高度重视,应严格按照有关规定运行管理,严格控制污水排放,避免引发水事纠纷。

3. 应深入开展省际水事纠纷排查,强化基础工作。流域四省应对省际边界水事矛盾热点、难点、敏感地区和河流展开调查和查勘,淮委应根据需要在适当的时候组织有关部门进行调研,研究解决处理方案。

4. 流域四省水行政主管部门应抓紧研究制定水事纠纷调处应急预案,提高危机处置和社会管理水平,确保省际边界地区水事秩序稳定、社会安定和人民生命财产安全。

5.开展淮河流域省际边界水事矛盾敏感地区水利规划,对流域省际边界地区水利事业发展至关重要,各省水行政主管部门和省际边界地区各级水行政主管部门应高度重视该工作,积极配合淮委开展淮河流域省际边界水事矛盾敏感地区水利规划编制工作,做好边界工程建设项目的储备,为边界地区水利事业发展奠定基础。

各省应将2009年省际边界治理工程项目于2008年10月底前报淮委(应有省转报文件、项目初设报告、双方县以上水行政主管部门治理协议、地方配套资金承诺文件等材料)。

六、按照《规约》约定的协商机制,2009年淮河流域省际边界水事协调联络小组工作会议由安徽省水利厅承办。

(四)研讨型纪要的写作

研讨型纪要的正文由前言、主体和结尾构成。开头同其他纪要,主体部分写出会议中研讨情况和结论,结尾提出要求或作有关说明。

[例文]

国家重点实验室规范管理研讨会纪要

为学习贯彻《国家重点实验室建设与管理暂行办法》(以下简称《管理办法》),研讨国家重点实验室改革与发展的思路,听取科技界对国家重点实验室工作的意见和建议,促进国家重点实验室健康发展,科学技术部基础研究司于2002年7月至8月分别在北京、西安、长春和杭州召开了国家重点实验室规范管理研讨会。164个国家重点实验室主任,依托单位主管领导,教育部、财政部、国土资源部、农业部、卫生部、国家计划生育委员会、国家环境保护总局、国家林业局、国家海洋局、中国科学院、中国地震局、中国气象局、国家自然科学基金委员会、中国石油天然气总公司等部门和山西省科技厅、吉林省科技厅、上海市科委、浙江省科技厅、陕西省科技厅的代表共400余人参加了会议。科技部程津培副部长两次出席会议并发表重要讲话。

科技部基础研究司领导在会上作了主题发言,提出了国家重点实验室改革与发展的思路,介绍了《管理办法》的要点。信息安全国家重点实验室副主任荆继武教授介绍了国家重点实验室网站建设情况。固体微结构物理等25个国家重点实验室的代表作了大会发言,介绍了他们学习《管理办法》的体会和各自实验室的管理经验。与会代表围绕国家重点实验室改革与发展、规范管理、评估等问题进行了认真、热烈的讨论。

会议认为,科技部出台的《管理办法》非常必要和及时,适应了新形势下实验室发展的需要,进一步明确了国家重点实验室的宗旨和定位,规范了国家重点实验室管理的基本原则和程序,将对国家重点实验室的发展产生深远的影响。会议代表一致同意国家重点实验室的定位,即:国家重点实验室是国家科技创新体系的重要组成部分,是国家组织高水平基础研究和应用基础研究、聚集和培养优秀科学家、开展学术交流的重要基地。会议赞成科技部提出的实验室下一步改革与发展的基本思路,要按照"三个基地"的要求,推进国家重点实验室的改革和调整工作。一是部分实验室要拓宽研究方向,遴选吸纳高水平人才;二是推进规模较大、多学科交叉集成的国家实验室的试点工作;三是建立"优胜劣汰"和有进有出的机制,淘汰部分较差实验室,新建少量实验室;四是要大力推动国家重点实验室深化改革,真正建立"开放、流动、联合、竞争"的运行机制。通过改革和调整,国家重点实验室将逐步发展成为三种类型:多数实验室仍为专业类实验室,少数为多学科交叉集成的国家实验室和以重大科学工程(装置)为依托的国家实验室。国家重点实验室将能够真正代表我国基础研究和应用基础研究的精华力量,部分实验室成为有一定国际影响和竞争力的国际一流实验室。

与会代表对国家重点实验室评估工作给予了很高的评价,认为评估是必要的,评估结果是公正、合理的,对促进实验室的发展发挥了重要作用。

与会代表就国家重点实验室具有"相对独立的人事权和财务权"、实验室与依托单位的关系、淘汰制度等进行了热烈的讨论。代表们认为,国家重点实验室要处理好与依托单位的关系,依托单位要关心、支持国家重点实验室的发展,切实帮助实验室解决发展中的实际问题,如人员编制、研究生培养、经费等。建立淘汰机制是必要的,但淘汰比例不宜太高。

代表们一致认为国家重点实验室网站建设十分重要,将推动实验室信息化管理,促进实验室开展网上合作交流,密切社会、行政主管部门和实验室之间的联系,加强实验室对外宣传。

与会代表对《国家重点实验室评估规则》和《评估综合指标体系》提出了许多意见和建议。要简化评估指标和评估程序,突出对成果和人才的评价,淡化过于细致的数量统计工作,真正体现以评促进、以评促改的目标;评估指标要充分考虑应用基础研究类和基础研究类实验室的区别,获得专利、完成国家重大任务与论文一样,都是实验室对国家的重要贡献。

代表们一致呼吁,国家应为重点实验室营造有利于原始性创新的宽松环境,增加经费投入,注意通过科技项目计划和人才计划支持实验室的建设和发展;在促进实验室开放方面部署相应计划,如设立国家重点实验室开放基金等;加大仪器设备更新改造力度。主管部门应进一步加大对国家重点实验室的支持力度,落实配套经费。

会议要求:

1. 各主管部门和依托单位要根据本单位的具体情况制定相应的《国家重点实验室建设与管理暂行办法实施细则》,把国家重点实验室作为科技工作的重点予以支持,明确实验室相对独立的人事权和财务权、实验室主任负责制、试行课题制管理等。要根据会议精神,切实加强对国家重点实验室的管理,按照"统一规划,分步实施,成熟一个,启动一个"的原则,逐步开展国家重点实验室的改革和调整工作。有国家重点实验室的高等学校要进一步明晰实验室在学校发展中的地位和作用,为重点实验室的发展创造更好的环境。

2. 各国家重点实验室要进一步明确定位和研究方向,加大开放力度,遴选吸纳更多的优秀人才进入实验室队伍,深化改革,建立新机制,改进管理,努力在出成果、出人才方面再上新台阶。

与会代表普遍反映,这次会议非常及时和必要,希望科技部今后多组织类似的会议,加强科技部与国家重点实验室以及实验室之间的联系和沟通,促进国家重点实验室的健康发展。

科学技术部基础研究司
2002 年 8 月 18 日

第三节　议案的写作

一、议案的适用范围

《条例》指出,议案"适用于各级人民政府按照法律程序向同级人民代表大会或人民代表大会常务委员会提请审议事项"。议案作者必须是政府而不是政府部门。政府法人代表(第一把手)必须署明职务、姓名,如"国务院总理李克强"。

二、议案的特点

(一) **制作主体的法定性**

议案适用于各级人民政府按照法律程序向同级人民代表大会或人民代表大会常务委员会提请审议事项。非人大代表的个人以及政府各部门和党群机关,均无权向人民代表大会提请议案。

(二) **内容的特定性**

根据我国的宪法和人民代表大会以及各级人民政府组织法的规定,人民政府所提议案的内容必须是属于人民代表大会或其常务委员会职权范围内的事项。

(三) **严格的时效性**

各级人民政府的议案,应当且必须在同级人民代表大会或其常务委员会举行会议期间提出,否则不能列为议案。

三、议案的类型

按内容划分为以下三种:

(一) **提请审议立法的议案**

较高级别(如较大的市)各级人民政府制定本辖区的一些重要法律、法规的议案。

(二) **提请审定人事任免的议案**

用于重要人事(如市长、区长、人民检察院检察长、人民法院院长等)的任免的议案。

（三）提请审议重大事项的议案

用于重大事项的议案，如变动行政机构、变动行政区划、确立节日、重大的外交事项等。

四、议案的结构

议案由标题、主送机关、正文、签署四个部分组成。

（一）标题

议案的标题须完整地写出发文机关、事由和文种，不能省略其中任何一项。如"国务院关于提请审议《中华人民共和国税收征收管理法（草案）》的议案"，立法议案后应加上"草案"二字。

（二）文号

机关代字后需加"函"字。因为行政机关不隶属于权力机关，所以文号上加"函"表示用函方式发布。如"国务院关于提请审议兴建长江三峡工程的方案"（国函〔1992〕24号）。

（三）主送机关

在标题下面，另起一行顶格写明审议议案的人民代表大会或者人民代表大会常务委员会的全称或规范化的简称。

（四）正文

议案的正文通常比较简短，写明所提议案的原因、目的与意义以及主要内容。正文的结尾通常使用"请审议"、"现提请审议"、"请审议批准"、"请审议决定"、"请予审议"等词语，并附所审议的文件全文。议案应具有可行性，一事一案。议案必须在会议规定的截止时间前提交。

（五）签署

议案由政府首长签署。国务院提交给全国人大的议案，要由总理签署；各省、直辖市、自治区提交给同级人民代表大会的议案，要由省长、市长或自治区主席签署。

五、议案的正文写作

（一）提请审议立法议案的写作

高度概括议案的原因、依据、目的和议案产生的过程及法律法规的名称。

［例文］

国务院关于提请审议《中华人民共和国企业所得税法（草案）》的议案

全国人民代表大会常务委员会：

  为了适应对外开放的新形势，统一内资、外资企业所得税，创造企业公平竞争的市场环境，促进社会主义市场经济健康发展，国务院有关部门在认真调查研究、总结实践经验、广泛听取各方面意见的基础上，拟订了《中华人民共和国企业所得税法（草案）》。这个草案已经国务院常务会议讨论通过，现提请审议。

国务院总理　温家宝

2006年9月28日

(二) 提请审议重大事项的议案写作

提请审议的缘由,即为什么提出议案。缘由一般要求写得概括准确,说明提请审议事项的意义、作用以及有关背景。议案的事项是在议案中提出要求审议的具体事项或问题,提出解决的途径、方法的部分。

[例文1]

国务院关于提请审议兴建长江三峡工程的方案的议案

国函〔1992〕24号

全国人民代表大会:

　　长江是我国第一大河,流域面积占全国总面积的19%,养育着全国三分之一的人口,工农业总产值约占全国的40%,在我国国民经济发展中占有重要地位。长江中下游的洪水灾害历来频繁而严重。新中国建立以来,国家在长江流域进行了大规模的防洪建设,对保障中下游地区的经济建设和人民生命财产安全,发挥了很大作用。但由于多方面的原因,长江资源还没有很好开发利用,水患尚未根治,上游洪水来量大与中下游河道特别是荆江河段过洪能力小的矛盾,依然十分突出,两岸地面高程又普遍低于洪水位,一旦发生特大洪水,堤防漫溃,将直接威胁荆江两岸江汉平原和洞庭湖区的一千五百万人口和二千三百万亩良田,人民群众的生命财产和一批大中城市、工矿企业和交通设施,将会遭受巨大损失,严重影响国民经济全局。这是我们国家的心腹大患。如何解决长江的防洪问题,更好地开发长江资源,中共中央和国务院一直很重视,社会各界也十分关注。经过几十年来的治理实践和对各种意见、方案的反复研究和论证,解决长江中下游的防洪问题,必须采取综合治理措施。兴建三峡工程是综合治理的一项关键性措施。三峡工程兴建后,可将荆江河段的防洪标准由目前的十年一遇提高到百年一遇;配合其他措施,可以防止荆江河段发生毁灭性灾害;还可减轻洪水对武汉地区及下游的威胁。同时,三峡工程还有发电、航运、灌溉、供水和发展库区经济等巨大的综合经济效益和社会效益。三峡工程建成后年发电量八百四十亿千瓦·时,占目前我国年发电量的八分之一,可为华东、华中和川东地区的经济发展提供重要的能源;可以大大提高川江航道通过能力,万吨级船队有半年时间可直达重庆,为发展西南地区的经济和繁荣长江航运事业创造条件。三峡工程还有利于长江中下游城镇的供水,有利于南水北调。总之,三峡工程的兴建,对加快我国现代化建设进程,提高综合国力,具有重要意义。

　　三峡工程规模空前,技术复杂,投资多,周期长,特别是移民难度很大。对于已经发现的问题要继续研究、妥善解决,对今后可能再现的各种困难和问题,要有足够的思想准备。要谨慎从事,认真对待,使工程建设更加稳妥可靠,努力把这项造福当代、荫及子孙的事情办好。

　　国务院常务会议经过认真讨论,同意建设三峡工程。建议将兴建三峡工程列入国民经济和社会发展十年规划,由国务院根据国民经济的实际情况和国家财力

物力的可能,选择适当时机组织实施。

请审议。

国务院总理　李　鹏
1992 年 3 月 16 日

[例文 2]

关于提请审议怀远县科技进步示范县建设发展规划的议案

县人大常委会:

为全面贯彻落实国家科技部《科技兴县专项工作"十一五"规划》和《科技兴县专项工作管理办法》文件精神,强化科技对我县经济社会发展的支撑引领作用,增强县域科技创新能力和综合竞争力,促进怀远经济和社会全面、协调、可持续发展。县政府拟定了《怀远县科技进步示范县建设发展规划》,通过多方面征求意见,反复论证和修改完善,于 2010 年 3 月定稿,现提请县人大常委会给予审议。

怀远县人民政府
2010 年 3 月 28 日

【练习】

一、标题改错

1. ××县人民政府关于遭受雹灾情况的请示报告
2. 中华人民共和国交通运输部有关台湾海峡两岸间海上直航实施事项的通告
3. ××省税务局转发国家税务局印发全国统一税务文书式样的通知
4. ××乡人民政府请示××河水污染农田的问题
5. ××乡人民政府关于秋收生产、收摘棉花、收割水稻情况的报告
6. ××公安局关于批复同意购买汽车的通知
7. ××大学请求增拨教育经费的请示
8. ××省人民政府办公厅关于转发《国务院办公厅关于严格控制新闻发布会和周年纪念活动的通知》的通知
9. 广东省人民政府批转省工商行政管理局《关于做好〈中华人民共和国合同法〉贯彻实施工作的意见》的通知
10. ××县人民政府为王某某同志联系调动事宜

二、选择合适文种

1. 国务院同意住房城乡建设部成立保障性安居工程协调小组用(　　)。
2. 某省人民政府欲表彰获得第十一届全运会金牌的本省运动员用(　　)。
3. ××省人民政府转发教育部等部门《关于进一步做好进城务工就业农民子女义务教育工作的意见》用(　　)。
4. 财政部、国家税务总局调整个人住房转让营业税政策用(　　)。
5. 中央纪委就安徽省人民检察院出国团组违反外事纪律问题进行批评用(　　)。

6. 某地铁工地突发重大事故,向上级反映此事故及其有关情况用(　　)。

7. 卫生部告知南京市儿童医院患儿死亡事件情况用(　　)。

8. 中华人民共和国国务院发布广播电台电视台播放录音制品支付报酬暂行办法用(　　)。

9. ××省人民政府授权省府办公厅答复省教育厅有关召开全省教育工作会议请示事项,省府办公厅用的文种是(　　)。

10. 中华人民共和国司法部就2009年国家司法考试成绩公布、合格分数线及申请授予法律职业资格、颁发《法律职业资格证书》等事项告知大众用(　　)。

三、判断正误,说明理由

1. 议案只能是行政机关向同级人民代表大会或人民代表大会常务委员会行文。(　　)
2. 议案的标题由发文机关、事由、文种构成,有时可省略发文机关。(　　)
3. 议案有时也叫提案。(　　)
4. 议案只要单位领导签署即可。(　　)
5. 议案提请审议事项必须是"一事一案"。(　　)
6. 议案与建议是一回事。(　　)
7. 议案一般在各级政协会议和职工代表大会中使用。(　　)
8. 纪要同会议记录一样是事务文书。(　　)
9. 为使公文简洁,写请示应开门见山地提出对某一重大问题的处理意见,以取得上级机关的批准。(　　)
10. 签发人对公文的文稿内容和行政效力负责。(　　)

四、判断题

1. ××市教育局关于召开××同志任职的通知。(　　)
2. 凡收到下级机关来文,上级机关必须用"批复"回复。(　　)
3. 关于转发计生委两个《通知》的通知。(　　)
4. 几个机关联合发文,应当在公文版头部分标注几个机关的发文字号。(　　)
5. 平行文只能在同级机关之间使用。(　　)
6. 上行公文的主送机关只能有一个,下行公文的主送机关可以根据需要确定一个或几个。(　　)
7. 请示只能写一个主送机关。(　　)
8. 学校行政和党委可以联合发文。(　　)
9. ×市×工业总公司因×事向市政府请示,并将该请示抄送于该厂办公室。(　　)
10. 中共××市委与市委组织部联合下发通知。(　　)

五、拟写公文标题

1. ××物业管理总公司××物业分公司物业管理员叶××恪尽职守、智擒盗贼,保护了业主的人身财产安全,总公司发文表彰他的事迹。

2. ××集团总公司对××分公司干部职务任免事项制发公文。

3. ××省教委招生办公室拟召开一次2017年高等院校招生会议,向有关单位下发一份文件。

4. 对本县文化馆申请购买电子图书的来文,××县财政局回文,批准对方的请求。

5. ××分公司拟将市场开发部与市场营销部合并为市场经营部,就此事向总公司行文。

6. ××化学有限发展公司向××市环保局报送《2016～2017年度治理污染,保护环境规划》,请审批。

7. ××职业学校办公室发文给××大型超级市场经理办公室,协商市场营销专业毕业生去超市实习的有关事项。

8. ××公司就××员工违反劳动纪律、违章操作,造成了公司财产重大损失,决定给予其开除厂籍处分一事发文。

9. ××市××动物园内一新建的环保型公共厕所,拟实行收费制度,市园林管理局向市物价局行文,商洽有关事项。

10. 重庆市人民政府收到开县人民政府驻地迁移的请示后下文表态同意。

六、撰写纪要

针对班级部分同学迟到、旷课现象严重的状态,组织一次座谈会,写一篇座谈会纪要。

七、某班讨论组织全班秋游××植物园。试根据此班会内容,完成以下写作训练

1. 写一份纪要。

2. 除纪要外,根据此班会内容还能写出什么文种的公文?

八、按照公文的写法和要求,为下面一篇公文补写标题,并根据复函内容代江西省人民政府拟写《关于景德镇市准备兴建的陶瓷博物馆冠中国景德镇陶瓷博物馆馆名的请示》

标题:_____

江西省人民政府:

你省《关于景德镇市准备兴建的陶瓷博物馆冠中国景德镇陶瓷博物馆馆名的请示》(赣府〔2001〕15号)收悉。经商有关部门并经国务院领导同志同意,现函复如下:拟在景德镇建设的陶瓷博物馆名称可定为"景德镇中国陶瓷博物馆"。

国务院办公厅

二〇〇一年八月四日

九、根据指定内容写作

某大学化学系,为了使三年级学生了解现代有机化学发展现状,特去信与该市化工研究所联系,希望安排学生前去参观,并请该所著名研究员×××介绍情况。该市化工研究所见信后,经研究同意该大学化学系的请求,特邀请化学系来人面商参观事宜。

自选文种,拟定公文标题,并进行写作。

第三编　事务文书写作

第七章　事务文书概述

第一节　事务文书的性质与特点

一、事务文书的性质

在国家机关、企事业单位、社会团体处理公务活动中，一部分重要的事项使用国务院颁布的正式公文，但大量信息交流和日常事务的处理是使用机关日常事务文书，如简报、调查报告、计划、总结等。这类文书虽然不像行政公文有严格的规则和法定的权威效力，但大多数都有约定俗成的行文要求。事务文书是党政机关、社会团体、企事业单位处理日常事务时使用最为普遍和广泛的实用性文体。

二、事务文书的特点

事务文书是指法定公文和专用文书之外的机关文书，也是应用文的一大类别。具体地说，这类文书的特点主要体现在以下几个方面：

（一）**对象比较具体**

事务文书是国家公文以外，用于处理单位日常事务所需文书，为哪些人撰写的，要求哪些人了解并使用，都有具体要求。

（二）**格式比较固定**

事务文书在长期的使用中大都形成了比较固定的惯用格式。各种事务文书的构成要素以及各构成要素的写法，通常是有一定的规则的。

（三）**写法比较实际**

撰写事务文书要以能够满足实际需要为原则，观点的确定、材料的使用既要切合实际，又要具体扎实。写作形式的运用也要讲求实际效果，要有利于文书的处理和文书内容的落实。

第二节　事务文书分类

一、事务文书的种类

事务文书按照不同的标准，可以分为不同的种类。依据其性质与作用的不同，可以分为以下几类：

（一）计划类文书

计划类文书是单位或个人对一定时限内的工作、生产、学习做出有目的、有措施、有步骤的安排所撰写的文书，包括规划、方案、计划、安排等。

（二）报告类文书

报告类文书是反映工作状况和经验，对工作中存在的问题或具有普遍意义的重要情况进行分析研究的文书，包括总结、述职报告、调查报告等。

（三）简报类文书

简报类文书是简明扼要记录工作状况的文书，它包括简报、大事记等。

二、事务文书的写作要求

（一）以方针政策为指导，以法规规定为依据

事务文书具有一定的政策性，它是党和国家的方针政策在实际工作中的具体体现，因而不管写作什么样的事务文书，都必须认真学习党和国家在各个时期的方针、政策，并运用政策原则去指导工作。同时，事务文书还必须以法律规定为依据，不能与现行的政策法规相抵触。

（二）从实际出发，获取真实材料

写作事务文书时，要进行深入细致的调查研究，尽可能多地获取第一手材料。尤其是在市场经济的条件下，无论是政府还是企业，在进行决策、指导、计划、管理时更需要从实际出发，只有这样才能发挥事务文书的作用。

（三）格式相对稳定，语言准确清晰

事务文书的格式虽不像行政公文那样程式化，但许多义种的格式也相对稳定，具有约定俗成的特点。事务文书在结构方面，要求开门见山，突出重点；在语言方面，要求用语准确，表述清晰。

第八章　事务文书写作

第一节　计划的写作

一、计划的适用范围

计划是根据党和国家有关方针、政策以及上级的指示精神，依据本部门的实际情况，对未来一定时期内的工作、生产、学习等做出具体打算和安排，以确定其完成期限的一种实用性文书。

计划是计划类文体的统称。日常工作中，安排、打算、规划、设想、意见、方案等也都属于计划一类。由于内容侧重不同，往往选用不同的名称。

安排、打算：常用于时间较短、内容较具体，并偏重于工作步骤的文书。

规划：五年以上带有全局性、长远性和方向性的计划。

设想：表示初步的、非正式的计划，如工作要点、工作意见等。

方案：指目标明确、任务要求和措施办法具体的计划。

人们做什么事都要有计划。"凡事预则立，不预则废"，预，就是事前的计划和安排。工作有了计划，就可以统筹全局，做到心中有数，同时便于随时检查，从而提高工作质量，完成工作任务。

二、计划的特点

（一）预见性

计划是在正确分析形势的基础上，根据本机关、本单位或本部门的具体情况提出的下一步设想。每个机关、单位、部门下一步的工作目标、重点、具体措施、办法及有效期限等，都不可能是前段工作的重复进行，而只能是顺应事物的客观发展规律，顺应国民经济发展的总形势、总要求，对本机关、本单位、本部门下一阶段发展趋势、所能达到的目标做出科学的分析和预见。

（二）现实性

计划的现实性是指以现实为基础，经过主观努力可以做到，并且是切实可行的措施和方法。好的计划既不能无突破，又不能脱离实际，好高骛远。

（三）目的性

目的是计划的灵魂和生命，是制订计划的出发点。不同的计划有表现目的的不同方式，有的直接指出指标，有的提出任务要求。计划的目的提法可以不同，但必须明确、具体。

三、计划的种类

按照不同的划分标准，可将计划分为不同的种类。

按内容分，有综合计划、专题计划；按范围分，有国家计划、地区计划、部门计划、单位计划、科室计划、班组计划、个人计划；按性质分，有学习计划、工作计划、生产计划、科研计划、会议计划；按时间分，有长远计划、年度计划、季度计划、月份计划、周计划；按作用分，有指令性计划、指导性计划；按形式分，有文字计划、图表计划。

四、计划的写作

（一）**计划**

计划的写作格式和结构并不十分严格。常见的计划一般采用条文式和表格式两大基本类型。国家党政机关工作的计划大多采用条文式，将计划的宗旨、内容用文字逐条列出。经济领域各部门的计划，如生产、营销、基建、财务等计划，常采用表格式，在事先设计好的图表上逐项填写数字、数据。有时日常工作的安排也可以用表格的形式。由于表格式计划有固定的格式，我们略而不论，这里主要探讨文字式计划的写作。

1. 标题

标题是计划的名称。计划的标题有以下两种情况：

完整式：写明制订计划的单位名称、计划内容、适用时间和文种名称，如"××学院2016年工作计划"、"××大学2016～2017学年教学改革计划"。

省略式：对制订单位、适用时间进行一定的省略。如省略单位的"关于2016年党建工作计划"；省略时间的"××省直属机关整党计划"。如果是属于未经正式讨论通过，或没有最后定稿的计划，须在标题后用括号注明"草案"、"初稿"、"讨论稿"、"征求意见稿"等字样。

2. 正文

正文是计划的主体。包括指导思想、计划事项、执行希望三个部分。

指导思想（前言）：简要说明制订计划的原因或依据，即说明"为什么"制订本计划。常见写法有以下几种：

第一种，阐明指导思想，统领正文；第二种，分析形势，引出总的目标和要求；第三种，交代行文依据或目的，点明工作重点；第四种，总结前段经验，承上启下。

如果是普通的、简要的计划，前言部分可以省略。

计划事项通常包含以下内容：

目标。计划是为了完成一定任务而制定的。目标是计划产生的导因，也是计划奋斗方向，应说明"做什么"的问题。计划应根据需要与可能，规定出在一定时间内所完成的任务和应达到的要求。任务和要求应该具体明确，有时还要定出数量、质量和时间要求。

措施。要确保实施目标和完成任务，就必须制订出相应的措施和办法，这是实现计划的保证。措施和方法主要指达到既定目标需要采取什么手段、动员哪些力量、创造什么条件、排除哪些困难等，并落实责任单位，即执行任务的有关部门和人员。

步骤。这是指执行计划的工作程序和时间安排。各项任务，在完成过程中都有阶段性，而每个阶段又有许多环节，它们之间常常是互相交错的。因此，订计划必须胸有全局，妥善安排。哪些先做、哪些后做应合理安排,哪些是重点、哪些是一般也应该明确。在时间安排上既要有总的时限,又要有各阶段的时间要求,以及人力、物力的相应安排、配合。

以上三方面内容不一定截然分开,有时往往要结合在一起写,写作时应按实际情况灵活安排、处理。

执行希望(结尾):主体写完后,一般自然结束,不再另写结尾。但有时也可根据需要,或写一段注意事项,或指出计划的重点任务与实施过程中的主要环节,或提出完成计划的决心和口号,以此作为计划的结束语。

3. 落款

在正文结束后的右下方,注明制订计划的单位名称和日期。如果在计划标题下已标明了单位名称,结尾处就不必重复。上报或下达的计划,要在落款处加盖公章。此外,与计划有关的材料,可以在正文后面附文、附图说明。

[例文]

合肥工业大学工会 2016 年工作计划

2016年是"十三五"规划的开局之年,也是学校进一步推进综合改革的重要之年,校工会将在校党委和上级工会的正确领导下,继续深入学习贯彻党的十八大、十八届三中、四中、五中全会精神和习近平总书记系列重要讲话精神,牢固树立政治意识、大局意识、核心意识,看齐意识,围绕"四个全面"战略布局和社会主义核心价值观教育实践活动,结合学校全面加强顶层设计、全面深化改革、全面加强内涵建设、全面实施依法治校的工作目标总要求,以维权工作为中心,以教代会工作为渠道,以建家工作为载体,以社会主义核心价值观和"三严三实"教育实践活动为契机,以工会事业改革创新为突破口,全面提升工会组织和工会工作的水平与能力,服务好学校建设与发展的大局,坚持密切联系教职员工,全心全意为教职员工服务,维护好教职工的权益,进一步创新工会工作体制机制,努力开创工会工作的新局面。

一、加强政治理论学习,明确方向目标

按照党中央和各级党组织的指示精神,在校党委的统一部署下,计划、安排好工会组织及广大教职工对党的十八大、十八届历次全会、习近平总书记系列重要讲话和《中共中央关于加强和改进党的群团工作意见》精神的学习,树立和践行"创新、协调、绿色、开放、共享"的五大发展理念,进一步增强工会工作的政治性、先进性和群众性,巩固落实好党的群众路线和"三严三实"教育实践活动的成果。动员、发动各级工会组织利用自身的优势和特点举办各种形式的学习教育活动,加强作风建设和"三严三实"教育,反对形式主义、官僚主义、享乐主义和奢靡之风。把广大教职工思想统一到党中央的决策部署上来,把力量聚集到推进"四个全面"战略布局宏伟目标上来,聚集到实现学校"十三五"规划目标任务上来。

二、进一步完善学校教代会制度与体系,丰富教代会内涵,创新教代会工作机制

按照新修订的《合肥工业大学教职工代表大会实施细则》,规范教代会工作,切

实落实教代会的职权,维护教职工的权益,发挥教职工办学积极性、创造性,推进学校民主政治建设。

全面推进二级教代会建设,健全二级教代会制度,按照《合肥工业大学二级教代会若干规定》,规范二级单位的教代会工作。根据二级教代会工作的检查与评估情况,适时召开二级教代会总结和经验交流会,使二级教代会制度化、正常化、规范化,发挥二级教代会在基层单位中的民主管理、政务公开主渠道作用。

充分发挥教代会执委会以及各专门委员会在闭会期间代表教职工行使民主决策、民主管理、民主监督的职能和作用,加大源头参与的力度,保障教职工的知情权、参与权、表达权和监督权。

继续做好提案征集和落实工作。创新工作方式,提高提案征集的热情和提案办理质量,在已有的工作基础上,组织提案工作回头看活动。查看八届一次、二次教代会提案的落实情况,把提案工作真正落实到实处,使其成为教职工参与学校民主决策、民主管理的重要形式和有效途径。

三、加强工会干部的理论学习和干部队伍建设

继续巩固拓展好党的群众路线和"三严三实"教育实践活动,结合效能建设,坚持问题导向,多形式、多途径地提高工会干部运用科学理论、法制思维分析解决问题的能力,增强工会干部在经济发展新常态下推动工作、维护教职工合法权益的能力。针对目前基层工会组织调整、变化较多,工会干部更换频繁,许多新人不断地充实到工会干部队伍的情况,切实做好工会干部的培训工作,尤其是工会主席的培训工作。

通过年度总结、二级教代会评估、职工之家评估、评选优秀部门工会、优秀工会干部等方式与手段,建立对工会组织和干部的考核、评议、激励机制,努力建设业务过硬、群众信赖的工会组织和工会干部队伍。

进一步加强基层工会建设,不断增强基层工会组织的活力,把工会工作落到实处。按照中华全国总工会《关于进一步加强职工之家建设工作充分发挥基层工会作用的意见》的要求,继续推进职工之家建设。以建家工作为载体,完善基层工会内涵建设,夯实工会工作发展的基础,激发基层工会活力,增强基层工会的凝聚力、吸引力和号召力,推动工会工作的整体水平和综合能力的不断提高。

四、围绕中心,服务大局,发挥工会组织的作用,凝聚发展力量

继续贯彻落实《高等学校教师职业道德规范》,建立教师职业道德考评体系,深入开展争先创优活动和"三育人"等师德、师风先进评选活动。大张旗鼓地开展评比、表彰活动,树立先进典型,发挥榜样的示范作用,提升"育人为本"的办学理念,倡导严谨、求实的学术作风,建立职业道德建设的长效机制,促进良好师德、师风及校风的形成。

开展形式多样的劳动竞赛活动,着力提高广大教职工的素质,为学校可持续发展注入强大动力。大力弘扬劳模精神和劳动精神,树立"劳动光荣、知识崇高、创造伟大、人才宝贵"良好风尚,在广大教职工中广泛开展劳动竞赛活动,除继续做好青年教师讲课比赛这一传统品牌赛事外,积极支持各部门开展形式多样的业务和技能竞赛活动,通过竞赛活动,培养和发现"身边的大国工匠",为广大教职工展示才

能,实现自我发展提供平台,着力提升广大教职工的业务能力和综合素质,营造"大众创新,万众创业"的良好氛围,为学校可持续发展注入不竭的动力。

开展形式多样的主题教育活动,促进文明校园、和谐校园建设。

扎实有效地开展女工工作,发挥女教职工"半边天"作用。以培育和践行社会主义核心价值观为目标,在广大女教工中开展文明家庭建设和文明家风培育系列活动,讲好家庭故事,激励广大女教职工为学校"十三五"建设和发展建功立业。

五、积极培育和践行社会主义核心价值观,不断汇聚为建设高水平大学团结奋斗的强大正能量

深化社会主义核心价值观教育。加强对职工群众的思想引导,深化"中国梦"、中国特色社会主义、社会主义核心价值观的宣传教育,推动社会主义核心价值观融入大学精神和职工文化建设,突出爱国、敬业、诚信、友善、勤劳、节俭等内容,把弘扬社会主义核心价值观落细落小落实。

大力弘扬劳模精神、劳动精神。进一步加强对劳模和先进人物事迹的宣传,引导广大教职工以劳模和先进工作模范人物为榜样,立足本职、爱岗敬业、争创一流,通过辛勤劳动、诚实劳动、科学劳动创造更加美好的生活。

六、开展丰富多彩的文化、体育活动,丰富教职工的精神文化生活,繁荣校园文化

健全和巩固各类职工社团组织,逐步实现把更多的文体活动由工会统一组织变为由社团自己组织的活动形式和组织方式。发挥教工合唱团等龙头社团的作用,提升群众文化品位,打造具有影响力和较高水平的文化活动品牌,努力把校园建设成教职工成就事业的精神家园。

七、以教职工为本,主动依法科学维权,努力构建和谐校园

坚持贯彻"组织起来,切实维权"的工作方针,把维护教职工合法权益当作工会的最基本职责。建立和完善教职工诉求表达机制、利益协调机制,维护和保障教职工的劳动经济权益、民主政治权益和精神文化权益。关注民生,体现人文关怀,继续实施送温暖工程,建立和完善困难扶弱的长效机制,加大帮扶工作力度,拓宽帮扶范围。推动职工互助基金、互助保险的建立,为职工提供更多的帮助和保障。切实维护女职工的特殊权益。在完善服务机制,拓宽服务领域,提高服务水平上下功夫,把党政所需、职工所想、工会所能的事办实做好,切实为学校党政排忧,为职工解难,为构建和谐校园作出贡献。

八、落实利辛、灵璧两县定点扶贫工作,以科技人才优势服务地方经济发展

贯彻落实十八届五中全会和习近平总书记扶贫工作重要讲话精神,利用高校教育科研和人才优势,积极配合学校继续做好对利辛、灵璧两县精准扶贫、精准脱贫的各项工作,打好扶贫开发的最后攻坚战,为贫困县最终脱贫,为全面建成小康社会作出积极贡献。

九、强化工会经费收、管、用体系建设,服务好学校发展大局

2016年校工会继续认真贯彻执行中央八项规定和《中华全国总工会办公厅关于加强工会经费财务管理和审计监督切实管好用好工会经费的通知》的文件精神,

强化经费的使用管理和监督,健全经费收管用机制。围绕学校发展大局,服务好基层和职工,根据经费增长的实际状况,按照全总深化工会事业改革的要求,进一步优化经费支出结构,把大部分经费用在基层和职工身上,为广大教职工提供更多的保障和服务,使更多的会员得到关怀和温暖,切实体现工会经费为职工服务、为基层服务、为大局服务的宗旨和要求。

中国教育工会合肥工业大学委员会
2016 年 3 月 20 日

(二) 安排

安排,是对相对较短的时间范围内要完成的工作做具体筹划,是计划中最为具体的一种。由于其工作在时间上比较切近,在内容上单一,不做具体安排就不能达到目的,因此内容要写得详细一些,使人容易把握。

由于安排的内容涉及范围较小或是单位内部的工作,所以一般有两种发文形式。如果是上级对下级的工作安排,尽管涉及面较小,也要用"文件头"形式下发。如果是单位内部的工作安排,可直接下发。安排一般由某项工作的执行部门制定,目的是按部就班地开展工作,避免忙乱、遗漏。

1. 标题

安排的标题可采用完整式,也可采用省略式。如"南京邮电大学第 10 周工作安排"、"南京市植树工作安排"。

2. 正文

安排的正文一般写清目的、要求、活动内容和时间安排即可。有时简单的工作安排可省略目的、要求。

[例文]

山西大学 2012 年度迎新工作日程表

时 间	内 容	地 点	责任部门
9 月 8 日	本科生新生报到注册	计数楼	各有关部门
9 月 9—10 日	团体心理辅导	鸿猷体育场	学生工作部
9 月 9—11 日	参观校史展	校史展馆 (文科楼五层)	档案馆
9 月 10—11 日	体检	校医院	校医院
9 月 9—11 日	本科生照相	理科楼 B115 教室	教务处
9 月 12 日	军训教官与新生见面	校 内	保卫武装部
9 月 13 日 上午 8:30	本科生新生开学典礼 暨军训动员大会	鸿猷体育场	各有关部门
9 月 13—25 日	本科新生军训	校 内	保卫武装部

续 表

时　间	内　容	地　点	责任部门
9月13日晚	大学英语分级考试	另行通知	教务处
9月14日	研究生新生报到注册	研究生院	研究生院
9月17日上午9:00	研究生新生开学典礼	文体馆	各有关部门
9月25日	本科生新生军训总结表彰大会	鸿猷体育场	各有关部门
9月26日	新生休整、运动会彩排		
9月27日至9月29日	秋季田径运动会	鸿猷体育场	各有关部门
9月30日至10月7日	中秋、国庆长假休息		

（三）工作要点

工作要点是为了实现某一奋斗目标而提出应该做的一些主要工作的文体。要点大多是上级机关某一大项工作计划的摘要，一般都要以文件形式下发，都有"批示性通知"作"文件头"，所以只要有标题和正文两部分内容就够了。

1. 标题

一般由单位名称、时间和文种三部分组成。如"国家土地管理局2016年工作要点"、"南京邮电大学2017年工作要点"。

2. 正文

由于要点的内容是摘录计划的主要之点，所以其正文部分也围绕这一主题，概括提出该单位该时限内为实现某一目标而应落实的主要工作和措施、方法。正文方面既不要兼顾到各个方面，也不必讲具体做法，更不用讲道理。在结构方式上，大都是并列式，可分若干项目一贯到底，也可分几大项，大项下分若干小项。

制定工作要点首先要从本单位、本部门的实际出发，根据本单位、本部门的工作性质和工作特点，提出科学的奋斗目标。其次，主旨要集中、准确，提出的要点一定要与实现目标相关，且对实现目标起主要的关键作用。第三要文风朴实，语言简洁精练，切中要点和富有说服力。

[例文]

教育部教师工作司2017年工作要点

2017年教师工作的总体要求是：全面贯彻落实党的十八大和十八届历次全会精神，深入学习贯彻习近平总书记系列重要讲话精神和治国理政新理念新思想新战略，按照教育部党组统一部署，紧紧围绕加快推进教育现代化的总体目标，聚焦各级各类教育改革发展现实需求，出台全面加强教师队伍建设的文件，着力加强师德建设、提升培养质量、增强培训实效、统筹教师配置、优化教师管理、强化待遇保障，培养造就师德高尚、业务精湛、结构合理、充满活力的高素质专业化创新型教师队伍，努力让广大教师安心从教、热心从教、舒心从教、静心从教，以优异成绩迎接党的十九大胜利召开。

一、强化师德师风建设,落实立德树人根本任务

1. 加强教师党的建设。加强司党组织建设,贯彻落实"四个合格",注重政治学习,做到入脑,办好教师工作杏坛,开展读书活动,提升组织生活活力;保持公仆情怀,做到入心,全心全意为教师办实事、办好事;强化落实监管,做到入行,以党建促政策落地见效。推进教师战线党建,举办中小学党组织书记示范培训班,提升党建工作能力。

2. 强化教师思想政治教育。贯彻落实全国高校思想政治工作会议精神,出台文件,推动各地各校在教师培养培训工作中切实加强思想政治教育,将精神落实到广大教师行动上,贯穿于教书育人全过程。

3. 做好师德教育宣传工作。发掘师德典型,讲好师德故事,引导教师以德立身、以德立学、以德施教、以德育德,加强引领、注重感召、弘扬楷模,形成强大正能量。办好"当代教师风采"专栏,做好全国教书育人楷模推选,开展优秀教师巡回报告进校园活动,协助中央媒体开展"寻找最美教师"活动,引导教师开展志愿服务活动。研制师德培训课程标准,提升师德教育实效。组织好第33个教师节宣传庆祝活动。

4. 完善师德建设长效机制。推进各地各高校全面制定落实师德建设长效机制的实施细则和办法。颁布教师誓词,建立新入职教师宣誓制度。

二、提升教师培养质量,供给大批合格优秀教师

5. 大力振兴师范教育。顺应时代需求,回应战线号召,实施教师队伍建设工程,启动教师教育振兴行动计划,召开全国教师教育振兴工作会议。推动各地提高师范生生均拨款标准,大力支持师范院校和师范专业发展。建立教师教育改革实验区,完善高校、地方政府、中小学"三位一体"的协同育人机制。

6. 推进培养模式改革。探索采取"大类招生、二次选拔"等方式,改善师范生生源质量。适度扩大教育硕士招生规模,提升教师培养层次。指导各地及相关学会、协会、高校开展师范生技能展示活动,强化"三字一话"等师范生基本功训练。深入实施"卓越教师培养计划",分类推进培养模式改革。

7. 提升教师培养质量。印发师范类专业认证标准及认证办法,启动师范专业认证工作,加强培养质量监测评估,促进各地不断提升教师培养质量,为教育改革发展供给数量足、素养高、能力强的教师。

三、增强教师培训实效,不断提升教师能力素质

8. 完善国培计划体系。提升中小学幼儿园教师国培实效,完成100万名乡村教师校长培训。推进实施全国中小学教师信息技术应用能力提升工程,完成1000万名教师专项培训。启动实施职业院校教师素质提高计划(2017—2020年),选派1万名教师到企业实践,支持聘请兼职教师。推进实施高校教师国培,完成2000名中西部高校新入职教师示范性培训,支持1000名高校教师国内访学。

9. 改进培训内容方式。出台中小学幼儿园教师、校长(园长)培训课程标准,指导各地、各培训机构诊断教师需求,改进教师培训内容,分层开展教师培训。出台乡村校长培训课程指南,提升乡村校长培训实效。研制高校新入职教师培训指南,

引领推动各地各校做好相关培训。

10. 推进培训管理改革。推动各地落实中小学教师培训学分管理指导意见,规范培训学分登记,探索建立培训学分银行,激发教师参训动力。研制县级教师发展中心建设标准,加强教师培训机构建设。

四、抓好乡村教师工作,促进教师资源均衡配置

11. 落实乡村教师支持计划。发布乡村教师队伍建设年度报告,召开全国乡村教师民族地区教师队伍建设工作会议,通报各地进展,集中宣传展示各地经验。加大督促力度,促使各地打通政策落实"最后一公里",让乡村教师有更多获得感。

12. 支持乡村青年教师队伍。研制加强乡村青年教师队伍建设的政策,逐步解决青年教师困难,关心青年教师生活,促进青年教师专业发展。

13. 强化乡村教师培养补充。扩大实施特岗计划,着力补充村小和教学点教师,优先补充紧缺薄弱学科教师。推动地方实施师范生公费定向培养,采取定向招生、进编定岗、定期服务的方式,为乡村学校培养"一专多能"的教师。

14. 推进城乡教师交流轮岗。新设一批"县管校聘"示范区,推进"县管校聘"改革,探索建立教育部门统筹教师资源配置、学校负责岗位聘用新机制,打破教师聘用管理、交流轮岗的制度壁垒。启动教师支教计划,逐批选派内地优秀教师赴新疆、西藏支教。做好"三区"人才支持计划教师专项。

五、优化教师管理服务,激发教师队伍生机活力

15. 推开教师资格制度改革。进一步推进教师资格考试和定期注册制度改革,总结试点经验,分区规划,分类指导。

16. 推动校长任用考核改革。推动落实中小学领导人员管理暂行办法,明确任职资格和条件,完善选拔任用、激励保障和管理监督机制,激发校长办学治校活力。总结推广各地试点经验,推进中小学校长职级制改革。

17. 推进高校教师管理改革。落实深化高校教师考核评价制度改革指导意见,推动各校制定实施细则,引导教师潜心教书、静心研究、追求创新。做好高校教师职称评审权直接下放至高校的工作,研制加强管理的配套政策文件。规范区域间高校教师流动,遵循契约精神,防止恶性竞争。

18. 优化教师管理服务手段。召开教师队伍建设综合改革推进会,对改革试点工作、实验区建设工作和课题研究工作进行成果展示、经验交流,推进各地见贤思齐。全面启用全国教师管理信息系统,为每一名教师建立电子档案,支持教师管理决策,优化教师管理流程,提升教师管理效率。

六、强化教师待遇保障,努力提升教师社会地位

19. 着力提升教师待遇。会同有关部门,着力完善教师工资待遇保障机制,依法保证教师工资待遇。全面落实集中连片特困地区乡村教师生活补助政策,鼓励各地提高补助标准,依据学校艰苦边远程度实行差别化补助,扩大补助范围。

20. 建立教师荣誉制度。对乡村学校从教30年以上的教师发放荣誉证书,激励教师扎根乡村,长期从教。组织开展"万人计划"国家教学名师遴选工作,树立教书育人典范,提升教师荣誉感。配合有关部门推进国家级教师荣誉制度建设。鼓励和支持社会团体、民间组织对教师出资奖励。

(四) 规划

规划是一种用以制定比较全面的、长远的、带有发展性的计划性文体。规划与一般性计划有明显的区别。从内容上看,规划比较全面,是原则性的定向;计划比较单一、具体,是任务性的定量。从时间上看,规划期限一般较长,时限要求是大体上的;计划则期限较短,时限要求是很具体且很严格的。从性质上看,规划是定方向、定规模、定远景,富有理想性和鼓动性;计划则是定任务、定指标、定时间,并且要求实打实地执行,有强烈的约束性。

1. 标题

一般由制定单位、规划内容和文种构成,如"南京市城市发展规划"。

2. 正文

规划的正文一般比较长,通常由四部分组成。

前言(背景材料)。这一部分既是规划的现实依据,也是规划前途的基础和立足点,因此要求符合客观实际,充分反映现状,有时还要进行历史的纵向比较和国内外同类实施工程的横向比较,以得出该规划的可行性依据等。

指导方针和目标要求。这是规划的纲领和原则,是在前言的基础上提出的,一般用精练的语言概要阐述出来。

前景规划。这一部分是规划的中心内容,详细、全面、具体地写出发展远景,往往用条文式分述,一个阶段一个阶段地去描述,最终得出统一的蓝图,写得既要鼓舞人心,又要坚定有力。

对策与措施。这一部分原则提出实现规划前景的策略和具体措施、办法,它与前景的规划一"实"一"虚"相辅相成。制定时要求规划者用发展的眼光看问题,尽量能预见到未来的事情,避免不符合发展规律的空想主义的规划。

[例文]

节能与新能源汽车产业发展规划

(2012~2020 年)

汽车产业是国民经济的重要支柱产业,在国民经济和社会发展中发挥着重要作用。随着我国经济持续快速发展和城镇化进程加速推进,今后较长一段时期汽车需求量仍将保持增长势头,由此带来的能源紧张和环境污染问题将更加突出。加快培育和发展节能汽车与新能源汽车,既是有效缓解能源和环境压力,推动汽车产业可持续发展的紧迫任务,也是加快汽车产业转型升级、培育新的经济增长点和国际竞争优势的战略举措。为落实国务院关于发展战略性新兴产业和加强节能减排工作的决策部署,加快培育和发展节能与新能源汽车产业,特制定本规划。规划期为 2012~2020 年。

一、发展现状及面临的形势

新能源汽车是指采用新型动力系统,完全或主要依靠新型能源驱动的汽车,本规划所指新能源汽车主要包括纯电动汽车、插电式混合动力汽车及燃料电池汽车。节能汽车是指以内燃机为主要动力系统,综合工况燃料消耗量优于下一阶段目标值的汽车。发展节能与新能源汽车是降低汽车燃料消耗量,缓解燃油供求矛盾,减少尾气排放,改善大气环境,促进汽车产业技术进步和优化升级的重要举措。

我国新能源汽车经过近10年的研究开发和示范运行,基本具备产业化发展基础,电池、电机、电子控制和系统集成等关键技术取得重大进步,纯电动汽车和插电式混合动力汽车开始小规模投放市场。近年来,汽车节能技术推广应用也取得积极进展,通过实施乘用车燃料消耗量限值标准和鼓励购买小排量汽车的财税政策等措施,先进内燃机、高效变速器、轻量化材料、整车优化设计以及混合动力等节能技术和产品得到大力推广,汽车平均燃料消耗量明显降低;天然气等替代燃料汽车技术基本成熟并初步实现产业化,形成了一定市场规模。但总体上看,我国新能源汽车整车和部分核心零部件关键技术尚未突破,产品成本高,社会配套体系不完善,产业化和市场化发展受到制约;汽车节能关键核心技术尚未完全掌握,燃料经济性与国际先进水平相比还有一定差距,节能型小排量汽车市场占有率偏低。

为应对日益突出的燃油供求矛盾和环境污染问题,世界主要汽车生产国纷纷加快部署,将发展新能源汽车作为国家战略,加快推进技术研发和产业化,同时大力发展和推广应用汽车节能技术。节能与新能源汽车已成为国际汽车产业的发展方向,未来10年将迎来全球汽车产业转型升级的重要战略机遇期。目前我国汽车产销规模已居世界首位,预计在未来一段时期仍将持续增长,必须抓住机遇、抓紧部署,加快培育和发展节能与新能源汽车产业,促进汽车产业优化升级,实现由汽车工业大国向汽车工业强国转变。

二、指导思想和基本原则

(一)指导思想

以邓小平理论和"三个代表"重要思想为指导,深入贯彻落实科学发展观,把培育和发展节能与新能源汽车产业作为加快转变经济发展方式的一项重要任务,立足国情,依托产业基础,按照市场主导、创新驱动、重点突破、协调发展的要求,发挥企业主体作用,加大政策扶持力度,营造良好发展环境,提高节能与新能源汽车创新能力和产业化水平,推动汽车产业优化升级,增强汽车工业的整体竞争能力。

(二)基本原则

坚持产业转型与技术进步相结合。加快培育和发展新能源汽车产业,推动汽车动力系统电动化转型。坚持统筹兼顾,在培育发展新能源汽车产业的同时,大力推广普及节能汽车,促进汽车产业技术升级。

坚持自主创新与开放合作相结合。加强创新发展,把技术创新作为推动我国节能与新能源汽车产业发展的主要驱动力,加快形成具有自主知识产权的技术、标准和品牌。充分利用全球创新资源,深层次开展国际科技合作与交流,探索合作新模式。

坚持政府引导与市场驱动相结合。在产业培育期,积极发挥规划引导和政策激励作用,聚集科技和产业资源,鼓励节能与新能源汽车的开发生产,引导市场消费。进入产业成熟期后,充分发挥市场对产业发展的驱动作用和配置资源的基础作用,营造良好的市场环境,促进节能与新能源汽车大规模商业化应用。

坚持培育产业与加强配套相结合。以整车为龙头,培育并带动动力电池、电机、汽车电子、先进内燃机、高效变速器等产业链加快发展。加快充电设施建设,促进充电设施与智能电网、新能源产业协调发展,做好市场营销、售后服务以及电池回收利用,形成完备的产业配套体系。

三、技术路线和主要目标

(一)技术路线

以纯电驱动为新能源汽车发展和汽车工业转型的主要战略取向,当前重点推进纯电动汽车和插电式混合动力汽车产业化,推广普及非插电式混合动力汽车、节能内燃机汽车,提升我国汽车产业整体技术水平。

(二)主要目标

1. 产业化取得重大进展。到2015年,纯电动汽车和插电式混合动力汽车累计产销量力争达到50万辆;到2020年,纯电动汽车和插电式混合动力汽车生产能力达200万辆、累计产销量超过500万辆,燃料电池汽车、车用氢能源产业与国际同步发展。

2. 燃料经济性显著改善。到2015年,当年生产的乘用车平均燃料消耗量降至6.9升/百公里,节能型乘用车燃料消耗量降至5.9升/百公里以下。到2020年,当年生产的乘用车平均燃料消耗量降至5.0升/百公里,节能型乘用车燃料消耗量降至4.5升/百公里以下;商用车新车燃料消耗量接近国际先进水平。

3. 技术水平大幅提高。新能源汽车、动力电池及关键零部件技术整体上达到国际先进水平,掌握混合动力、先进内燃机、高效变速器、汽车电子和轻量化材料等汽车节能关键核心技术,形成一批具有较强竞争力的节能与新能源汽车企业。

4. 配套能力明显增强。关键零部件技术水平和生产规模基本满足国内市场需求。充电设施建设与新能源汽车产销规模相适应,满足重点区域内或城际间新能源汽车运行需要。

5. 管理制度较为完善。建立起有效的节能与新能源汽车企业和产品相关管理制度,构建市场营销、售后服务及动力电池回收利用体系,完善扶持政策,形成比较完备的技术标准和管理规范体系。

四、主要任务

(一)实施节能与新能源汽车技术创新工程

增强技术创新能力是培育和发展节能与新能源汽车产业的中心环节,要强化企业在技术创新中的主体地位,引导创新要素向优势企业集聚,完善以企业为主体、市场为导向、产学研用相结合的技术创新体系,通过国家科技计划、专项等渠道加大支持力度,突破关键核心技术,提升产业竞争力。

1. 加强新能源汽车关键核心技术研究。大力推进动力电池技术创新,重点开展动力电池系统安全性、可靠性研究和轻量化设计,加快研制动力电池正负极、隔膜、电解质等关键材料及其生产、控制与检测等装备,开发新型超级电容器及其与电池组合系统,推进动力电池及相关零配件、组合件的标准化和系列化;在动力电池重大基础和前沿技术领域超前部署,重点开展高比能动力电池新材料、新体系以及新结构、新工艺等研究,集中力量突破一批支撑长远发展的关键共性技术。加强新能源汽车关键零部件研发,重点支持驱动电机系统及核心材料,电动空调、电动转向、电动制动器等电动化附件的研发。开展燃料电池电堆、发动机及其关键材料核心技术研究。把握世界新能源汽车发展动向,对其他类型的新能源汽车技术加大研究力度。

到2015年,纯电动乘用车、插电式混合动力乘用车最高车速不低于100公里/小时,纯电驱动模式下综合工况续驶里程分别不低于150公里和50公里;动力电池模块比能量达到150瓦时/公斤以上,成本降至2元/瓦时以下,循环使用寿命稳定达到2000次或10年以上;电驱动系统功率密度达到2.5千瓦/公斤以上,成本降至200元/千瓦以下。到2020年,动力电池模块比能量达到300瓦时/公斤以上,成本降至1.5元/瓦时以下。

2. 加大节能汽车技术研发力度。以大幅提高汽车燃料经济性水平为目标,积极推进汽车节能技术集成创新和引进消化吸收再创新。重点开展混合动力技术研究,开发混合动力专用发动机和机电耦合装置,支持开展柴油机高压共轨、汽油机缸内直喷、均质燃烧以及涡轮增压等高效内燃机技术和先进电子控制技术的研发;支持研制六挡及以上机械变速器、双离合器式自动变速器、商用车自动控制机械变速器;突破低阻零部件、轻量化材料与激光拼焊成型技术,大幅提高小排量发动机的技术水平。开展高效控制氮氧化物等污染物排放技术研究。

3. 加快建立节能与新能源汽车研发体系。引导企业加大节能与新能源汽车研发投入,鼓励建立跨行业的节能与新能源汽车技术发展联盟,加快建设共性技术平台。重点开展纯电动乘用车、插电式混合动力乘用车、混合动力商用车、燃料电池汽车等关键核心技术研发;建立相关行业共享的测试平台、产品开发数据库和专利数据库,实现资源共享;整合现有科技资源,建设若干国家级整车及零部件研究试验基地,构建完善的技术创新基础平台;建设若干具有国际先进水平的工程化平台,发展一批企业主导、科研机构和高等院校积极参与的产业技术创新联盟。推动企业实施商标品牌战略,加强知识产权的创造、运用、保护和管理,构建全产业链的专利体系,提升产业竞争能力。

(二)科学规划产业布局

我国已建设形成完整的汽车产业体系,发展节能与新能源汽车既要利用好现有产业基础,也要充分发挥市场机制作用,加强规划引导,以提高发展效率。

1. 统筹发展新能源汽车整车生产能力。根据产业发展的实际需要和产业政策要求,合理发展新能源汽车整车生产能力。现有汽车企业实施改扩建时要统筹考虑建设新能源汽车产能。在产业发展过程中,要注意防止低水平盲目投资和重复建设。

2. 重点建设动力电池产业聚集区域。积极推进动力电池规模化生产,加快培育和发展一批具有持续创新能力的动力电池生产企业,力争形成2~3家产销规模超过百亿瓦时、具有关键材料研发生产能力的龙头企业,并在正负极、隔膜、电解质等关键材料领域分别形成2~3家骨干生产企业。

3. 增强关键零部件研发生产能力。鼓励有关市场主体积极参与、加大投入力度,发展一批符合产业链聚集要求、具有较强技术创新能力的关键零部件企业,在驱动电机、高效变速器等领域分别培育2~3家骨干企业,支持发展整车企业参股、具有较强国际竞争力的专业化汽车电子企业。

(三）加快推广应用和试点示范

新能源汽车尚处于产业化初期，需要加大政策支持力度，积极开展推广试点示范，加快培育市场，推动技术进步和产业发展。节能汽车已具备产业化基础，需要综合采用标准约束、财税支持等措施加以推广普及。

1. 扎实推进新能源汽车试点示范。在大中型城市扩大公共服务领域新能源汽车示范推广范围，开展私人购买新能源汽车补贴试点，重点在国家确定的试点城市集中开展新能源汽车产品性能验证及生产使用、售后服务、电池回收利用的综合评价。探索具有商业可行性的市场推广模式，协调发展充电设施，形成试点带动技术进步和产业发展的有效机制。

探索新能源汽车及电池租赁、充换电服务等多种商业模式，形成一批优质的新能源汽车服务企业。继续开展燃料电池汽车运行示范，提高燃料电池系统的可靠性和耐久性，带动氢的制备、储运和加注技术发展。

2. 大力推广普及节能汽车。建立完善的汽车节能管理制度，促进混合动力等各类先进节能技术的研发和应用，加快推广普及节能汽车。出台以企业平均燃料消耗量和分阶段目标值为基础的汽车燃料消耗量管理办法，2012年开始逐步对在中国境内销售的国产、进口汽车实施燃料消耗量管理，切实开展相关测试和评价考核工作，并提出2016至2020年汽车产品节能技术指标和年度要求。实施重型商用车燃料消耗量标示制度和氮氧化物等污染物排放公示制度。

3. 因地制宜发展替代燃料汽车。发展替代燃料汽车是减少车用燃油消耗的必要补充。积极开展车用替代燃料制造技术的研发和应用，鼓励天然气（包括液化天然气）、生物燃料等资源丰富的地区发展替代燃料汽车。探索其他替代燃料汽车技术应用途径，促进车用能源多元化发展。

（四）积极推进充电设施建设

完善的充电设施是发展新能源汽车产业的重要保障。要科学规划，加强技术开发，探索有效的商业运营模式，积极推进充电设施建设，适应新能源汽车产业化发展的需要。

1. 制定总体发展规划。研究制定新能源汽车充电设施总体发展规划，支持各类适用技术发展，根据新能源汽车产业化进程积极推进充电设施建设。在产业发展初期，重点在试点城市建设充电设施。试点城市应按集约化利用土地、标准化施工建设、满足消费者需求的原则，将充电设施纳入城市综合交通运输体系规划和城市建设相关行业规划，科学确定建设规模和选址分布，适度超前建设，积极试行个人和公共停车位分散慢充等充电技术模式。通过总结试点经验，确定符合区域实际和新能源汽车特点的充电设施发展方向。

2. 开展充电设施关键技术研究。加快制定充电设施设计、建设、运行管理规范及相关技术标准，研究开发充电设施接网、监控、计量、计费设备和技术，开展车网融合技术研究和应用，探索新能源汽车作为移动式储能单元与电网实现能量和信息双向互动的机制。

3. 探索商业运营模式。试点城市应加大政府投入力度，积极吸引社会资金参与，根据当地电力供应和土地资源状况，因地制宜建设慢速充电桩、公共快速充换电等设施。鼓励成立独立运营的充换电企业,建立分时段充电定价机制,逐步实现充电设施建设和管理市场化、社会化。

（五）加强动力电池梯级利用和回收管理

制定动力电池回收利用管理办法,建立动力电池梯级利用和回收管理体系,明确各相关方的责任、权利和义务。引导动力电池生产企业加强对废旧电池的回收利用,鼓励发展专业化的电池回收利用企业。严格设定动力电池回收利用企业的准入条件,明确动力电池收集、存储、运输、处理、再生利用及最终处置等各环节的技术标准和管理要求。加强监管,督促相关企业提高技术水平,严格落实各项环保规定,严防重金属污染。

五、保障措施

（一）完善标准体系和准入管理制度

进一步完善新能源汽车准入管理制度和汽车产品公告制度,严格执行准入条件、认证要求。加强新能源汽车安全标准的研究与制定,根据应用示范和规模化发展需要,加快研究制定新能源汽车以及充电、加注技术和设施的相关标准。制定并实施分阶段的乘用车、轻型商用车和重型商用车燃料消耗量目标值标准。积极参与制定国际标准。2013年前,基本建立与产业发展和能源规划相适应的节能与新能源汽车标准体系。

（二）加大财税政策支持力度

中央财政安排资金,对实施节能与新能源汽车技术创新工程给予适当支持,引导企业在技术开发、工程化、标准制定、市场应用等环节加大投入力度,构建产学研用相结合的技术创新体系;对公共服务领域节能与新能源汽车示范、私人购买新能源汽车试点给予补贴,鼓励消费者购买使用节能汽车;发挥政府采购的导向作用,逐步扩大公共机构采购节能与新能源汽车的规模;研究基于汽车燃料消耗水平的奖惩政策,完善相关法律法规。新能源汽车示范城市安排一定资金,重点用于支持充电设施建设、建立电池梯级利用和回收体系等。

研究完善汽车税收政策体系。节能与新能源汽车及其关键零部件企业,经认定取得高新技术企业所得税优惠资格的,可以依法享受相关优惠政策。节能与新能源汽车及其关键零部件企业从事技术开发、转让及相关咨询、服务业务所取得的收入,可按规定享受营业税免税政策。

（三）强化金融服务支撑

引导金融机构建立鼓励节能与新能源汽车产业发展的信贷管理和贷款评审制度,积极推进知识产权质押融资、产业链融资等金融产品创新,加快建立包括财政出资和社会资金投入在内的多层次担保体系,综合运用风险补偿等政策,促进加大金融支持力度。支持符合条件的节能与新能源汽车及关键零部件企业在境内外上市、发行债务融资工具;支持符合条件的上市公司进行再融资。按照政府引导、市场运作、管理规范、支持创新的原则,支持地方设立节能与新能源汽车创业投资基金,符合条件的可按规定申请中央财政参股,引导社会资金以多种方式投资节能与新能源汽车产业。

（四）营造有利于产业发展的良好环境

大力发展有利于扩大节能与新能源汽车市场规模的专业服务、增值服务等新业态,建立新能源汽车金融信贷、保险、租赁、物流、二手车交易以及动力电池回收利用等市场营销和售后服务体系,发展新能源汽车及关键零部件质量安全检测服务平台。研究实行新能源汽车停车费减免、充电费优惠等扶持政策。有关地方实施限号行驶、牌照额度拍卖、购车配额指标等措施时,应对新能源汽车区别对待。

(五)加强人才队伍保障

牢固树立人才第一的思想,建立多层次的人才培养体系,加大人才培养力度。以国家有关专项工程为依托,在节能与新能源汽车关键核心技术领域,培养一批国际知名的领军人才。加强电化学、新材料、汽车电子、车辆工程、机电一体化等相关学科建设,培养技术研究、产品开发、经营管理、知识产权和技术应用等人才。按照《国家中长期人才发展规划纲要(2010～2020年)》的有关要求推进人才引进工作,鼓励企业、高校和科研机构从国外引进优秀人才。重视发展职业教育和岗位技能提升培训,加大工程技术人员和专业技能人才的培养力度。

(六)积极发挥国际合作的作用

支持汽车企业、高校和科研机构在节能与新能源汽车基础和前沿技术领域开展国际合作研究,进行全球研发服务外包,在境外设立研发机构、开展联合研发和向国外提交专利申请。积极创造条件开展多种形式的技术交流与合作,学习和借鉴国外先进技术和经验。完善出口信贷、保险等政策,支持新能源汽车产品、技术和服务出口。支持企业通过在境外注册商标、境外收购等方式培育国际化品牌。充分发挥各种多双边合作机制的作用,加强技术标准、政策法规等方面国际交流与协调,合作探索推广新能源汽车的新型商业化模式。

六、规划实施

成立由工业和信息化部牵头,发展改革委、科技部、财政部等部门参加的节能与新能源汽车产业发展部际协调机制,加强组织领导和统筹协调,综合采取多种措施,形成工作合力,加快推进节能与新能源汽车产业发展。各有关部门根据职能分工制订本部门工作计划和配套政策措施,确保完成规划提出的各项目标任务。

有关地区要按照规划确定的目标、任务和政策措施,结合当地实际制定具体落实方案,切实抓好组织实施,确保取得实效。具体工作方案和实施过程中出现的新情况、新问题要及时报送有关部门。

(五)方案

方案就其形式和内容上与计划差不多,都是事先对工作、事项做出的筹划安排,但方案比计划更具体,更有实际执行的意义,而且方案的时限较之计划更短、更迫切。方案是用于近期内即可执行、完成的针对单一事项的计划,如改制方案、招生方案、活动方案、工作实施方案等。

1. 标题

方案的标题有两种写法。一种是由发文机关、计划内容和文种组成,如"水利部清产核资试点工作实施方案";另一种是省略发文机关,由内容和文种组成,如"企业改革试点方案"。标题下方是成文时间。为郑重起见,方案的成文时间一般不省略。

2. 正文

由方案内容及其执行要求构成。方案内容一般按主要目标、原则、政策措施、实施步骤这种较固定的程序来写作。方案内容要求具体、明确、切合实际,结构上往往采用总分式的表达方法,即兼顾总体的设想和具体的措施办法,明确规定执行的要求,便于有关部门和人员开展行动。

[例文]

广东省重大节假日免收小型客车通行费实施方案

为贯彻落实《国务院关于批转交通运输部等部门重大节假日免收小型客车通行费实施方案的通知》(国发〔2012〕37号),切实提高重大节假日收费公路通行能力和服务水平,降低公众节假日出行成本,结合我省实际,制订本方案。

一、实施范围和方式

(一)免费通行的时间范围

1. 重大节假日范围:春节、清明节、劳动节、国庆节等四个国家法定节假日,以及当年国务院办公厅文件确定的上述法定节假日连休日。从2012年国庆节假日开始实施。

2. 免费时段:从重大节假日第一天零时开始,最后一天24时结束(普通公路以车辆通过收费站收费车道的时间为准,高速公路以车辆驶离出口收费车道的时间为准)。

(二)免费通行的车辆范围

免费通行的车辆范围为行驶收费公路的7座及以下载客车辆(以车辆行驶证登记的核载人数为准),包括允许在普通收费公路行驶的摩托车。

(三)免费通行的收费公路范围

全省已建成通车的全部收费公路(含收费桥梁和隧道)。机场高速公路也实行免费通行。

(四)免费通行的方式

符合免费通行条件的车辆,在免费通行时间范围内行驶高速公路,需在入口领取通行卡,出口交回通行卡,粤通卡和电子不停车收费(ETC)车道正常使用,计费为零。

二、工作要求

(一)加强收费站管理

为确保免费政策实施后车辆有序通行,各地交通运输主管部门、公路管理机构和收费公路经营管理单位要对公路收费站现有车道进行全面检查,结合免费通行的要求,在适当位置提前设立明确清晰的引导标志,对现有收费车道和免费车道合理调整、统筹安排,并开足通道。交通流量较大的收费站,要设置专门的重大节假日小型客车免费通道,并在其收费广场设置临时交通标志标线和交通引导设施,避免收费车辆与免费车辆混合通行,确保过往车辆分类分车道有序通行。同时,要加强收费系统设备维护和管理,确保设备运行良好;加大现场交通管理力度,出现交通拥堵和通行高峰时，收费公路经营管理单位要有专人负责，靠前指挥，各收费站要增派人员，采取有效措施，加强现场管理和交通疏导，及时处置拥堵问题。公安交管部门要派出警力到交通流量较大的收费站执勤，疏导交通和处理交通事故，并及时制止扰乱收费公路经营管理秩序的行为。在免费时间启动前2小时和免费时间结束前2小时，公安交管部门要加派警力到高速公路交通量较大的路段及出口收费站执勤，及时制止车辆为享受免费通行而在高速公路路面或收费站前滞留，以及超速行驶等违法行为。

（二）加强道路交通安全管理和事故处理工作

公安交管部门要加大力度，切实做好道路交通安全管理工作。对重点路段增加警力投入，加强道路交通安全监督检查，及时查处违规停靠车辆，及时制止并严厉查处占用应急救援通道的车辆，确保应急救援通道畅通。快速处理交通事故并清理现场，维护事故区域的交通和人员秩序，维护事故现场及周边地区的治安秩序。各地公路管理机构和收费公路经营管理单位要加强巡查，发现交通事故要及时上报并通知公安交管部门，积极协助公安交管部门加快处理事故，做好现场人员和设施的疏散、撤离和隔离等工作。高速公路经营管理单位应统筹组织实施事故车辆和故障车辆的救援服务工作。

（三）加强服务区管理

各收费公路经营管理单位要加强服务区的服务设施运行管理，规范工作程序，保障良好的服务状态。一是加大重点区域和部位如加油站点、餐饮食品、卫生场所等的监管力度，确保设施功能完好、油料供应充足、车辆维修便捷、应急措施有力、环境整洁有序、服务温馨和谐。二是加强治安秩序管理，积极配合当地政府和公安等有关部门，及时制止、处理影响服务区经营秩序、环境和交通安全的行为。三是加强停车秩序管理，将全省高速公路服务区按照"禁停放"、"仅限加油"和"可停放"3类进行分类，及时制止车辆乱停乱放行为。发生交通拥堵时，要有专人负责疏导，确保服务区道路安全、完好、畅通。

（四）加强对危险化学品运输车辆和重型货车的交通管制

省公安厅要会同省交通运输厅研究对危险化学品运输车辆和15吨以上重型货车，在小型客车免收通行费政策实施期间实行限时交通管制，每天7时至21时限制驶入高速公路。同时，对运输危险化学品车辆进入高速公路服务区实行管控和临时停靠管理，严禁其进入不符合临时停放安全条件的服务区。

（五）制订应急处置预案

各级交通运输主管部门、公路管理机构、公安交管部门和收费公路经营管理单位要进一步加强重大节假日期间收费公路保畅通、保安全工作，全面分析本地区公路及收费站的运营管理状况，特别是交通事故和拥堵等有关情况，按职责制订应对突发事件的应急处置预案。一旦出现突发事件，要迅速启动应急响应，及时采取有针对性的应对措施，确保公路和收费站安全、有序、畅通。

（六）加强收费公路出行信息服务

各地、各有关单位要通过政府及部门网站、新闻媒体、收费公路可变情报板、交通广播、手机短信等多种渠道及时发布重大节假日期间公路交通出行信息，引导公众理性出行、错峰出行、安全出行和文明出行。各收费公路经营管理单位要加强路网运行监测,出现异常交通状况应及时发布信息和上报情况。

三、保障措施

(一)加强领导,明确责任

重大节假日免收小型客车通行费的相关工作在省政府统一领导下,由省收费公路专项清理工作协调小组和省预防道路交通事故联席会议负责组织协调,各地、各有关单位按职责分工认真抓好落实。

省交通运输厅负责落实重大节假日期间免费通行政策;指导、协调和督查各地交通运输主管部门、公路管理机构和收费公路经营管理单位的实施工作;监督检查收费公路保畅通措施的落实情况;会同省公安厅做好应对突发事件应急预案的制订,并按分工抓好落实;协助公安交管部门做好保畅通、保安全工作。

省公安厅负责重大节假日期间全省公路的交通安全管理工作;会同省交通运输厅制订应急预案并按分工抓好落实;宣传道路交通安全知识,发布交通安全信息;加强交通安全监督检查,快速处理交通事故,保证应急救援通道畅通;严格交通执法,维护道路交通秩序和治安秩序;出现车辆拥堵时及时采取分流和限制通行等疏导措施。

监察、纠风和治理公路"三乱"部门负责对免费通行工作的监督检查,对不按规定免费通行、乱收费、乱罚款等行为进行查处。

物价部门负责开展收费价格违法行为检查,并通过"12358"价格举报电话等渠道协助做好免费通行的咨询宣传和纠纷处置等工作。

财政部门按照部门职责分工做好相关工作。

安全生产监管部门负责安全生产综合监督管理,指挥协调安全生产应急救援工作。

省通信管理局负责协调三大电信运营商通过发送公益短信等方式支持配合交通、公安交管部门做好免费通行政策宣传、出行路况指引、紧急情况发布等工作。

省政府应急办负责及时掌握和报告免费通行工作重大情况和动态,协调指导重大突发事件处置相关工作,协调督促各市、各有关部门做好应急管理。

收费公路经营管理单位负责免费通行政策的具体落实工作,加强收费站和服务区管理,完善高速公路车辆救援服务,协助公安交管部门做好公路保畅通、保安全工作等。

各地级以上市人民政府要严格落实属地管理责任,组织交通运输、公安、价格、财政、监察、纠风等部门分工合作,强化部门之间联勤联动的应急处置机制,加强免费通行政策宣传引导,及时发布各行政区域内公路交通信息,并按省政府工作部署做好相关工作。

(二)深化研究,完善政策

各地级以上市及省有关部门要深入研究分析、科学评估重大节假日免费通行政策的实施效果及影响,不断完善相关措施,妥善解决实施过程中出现的问题,确保各项工作顺利开展。要加快研究完善收费公路管理、提高公路服务水平、促进收费公路健康发展的长效机制和政策措施,更好地服务经济社会发展。

（三）注重宣传，加强监督

各地级以上市和省有关部门要加强政策宣传和舆论引导，让社会公众及时、全面了解重大节假日免费通行政策的重大意义及实施内容，为公路交通健康持续发展创造良好的舆论氛围。要加强监督管理，避免出现管理不到位、措施不落实、实施有漏洞的情况。各收费公路经营管理单位要强化社会责任，自觉接受社会监督，全力支持和保障实施工作的平稳顺利推进。

（六）设想

设想是初步的、预备性的、非正式的计划。设想因有预备性，所以其写作要求并不十分严格，其格式也不大一样。如果是给领导看的，就要严肃一些，往往要通过"随同性报告"报给上级，不必署名，也不必写成文时间；如果是交给群众讨论的，或者不以通知或报告的形式转发上报，就要署名并写明具体成文时间。

1. 标题

设想的标题可以是完整式，也可以是省略式，如"××大学2017年工作设想"。

2. 正文

设想的正文一般有两种写法。第一种只讲目标要求，采用条项并列式结构，适用时间较长的"设想"或工作计划的最初构思或打算；第二种是按一般计划的格式要求，内容粗略一些，通常适用于预备性的计划。

[例文]

北京市西城区审计局2009年工作设想

以科学发展观为指导，牢固树立科学的审计理念，把推进法治、维护民生、推动改革、促进发展作为审计工作的出发点和落脚点。以创新为动力，以提高审计成果水平为核心，以加强审计业务管理为基础，以审计队伍建设、审计制度建设为保障，进一步整合审计资源，大力加强审计队伍建设，充分发挥审计职能作用，重点突出六个方面的工作：

（一）明确思路，服务大局，进一步发挥审计监督的作用。围绕政府中心工作，努力找准审计监督与服务经济发展大局的结合点，突出加强对影响经济发展全局的重点、难点问题和群众关注的热点问题的审计监督，从制度、机制上提出审计意见和建议，使审计工作始终紧跟改革和经济发展步伐，与政府中心工作同频共振。坚持从实际出发围绕重点领域、重点部门、重点资金确定审计项目，寓监督于服务之中，把服务政府、服务被审计单位、服务基层、服务群众的理念渗透到审计过程的每一个具体环节中，切实做到"审、帮、促"相结合，使审计内容更具深度，从真实性审计，到合法性审计，再到效益性审计的探索，不断迈出坚实的步伐。

（二）围绕中心，突出重点。坚持"一龙头四并重"，即：以预算执行审计为龙头，以政府投资审计、经济责任审计、民生资金审计和效益审计四线并重为工作方针，进一步加强预算执行审计的重点研究，以完善公共财政体系、强化预算管理和监督，全面提升预算执行审计的层次和水平。继续加大对政府性投资项目的审计力度,继续开展对国家重点投资项目建设的跟踪审计,促进工程建设管理水平和投资效益水平的提高。继续推进领导干部经济责任审计工作的不断深入,探索有效的审计组织方式,从对领导干部的权力实施有效制约的角度,不断深化经济责任审计的内容,在评价标准和审计方法等方面更多地与效益审计结合起来进行探索和研究,充分发挥经济责任审计在加强对干部管理和监督中的作用。坚持以促进改善民生、建设和谐社会为目标,加强对关系民生的重大热点问题的审计监督,维护人民群众的切身利益。加强对专项资金审计力度,坚持"查问题、促整改、增效益"的审计原则,不断促进社会和谐发展。

（三）加强审计业务管理,推进审计工作法制化、规范化、科学化建设。要加快审计工作科学化进程,努力提高审计工作科技含量,实行科学管理,遵循科学程序,促进审计工作再上新台阶。要加强审计项目计划制订的前期调研工作,认真研究分析党委、人大、政府和社会公众的需求,根据需求制订审计项目计划,生产出"符合口味"、"适销对路"的审计产品,更好地服务经济社会和人民群众的需要。要研究制定审计工作规划,搞好年度审计项目计划与审计工作规划的衔接,对重点部门、重点单位要提高审计频率。要根据审计资源情况确定项目计划,做到审计的人力、财力、时间和审计目标均衡协调,保证审计工作的有序进行、高质高效。要推行审计项目"三定管理"办法,即按项目大小确定审计人员,按项目难易程度确定审计时间,按审计工作量确定审计成本。并适时开展审计项目后评估,推动审计项目的计划管理水平。

（四）继续深入开展信息系统审计探索,全力推进我局计算机审计实现新突破。把计算机审计和信息化审计摆上重要位置,作为审计工作的一个重要方面进行安排。在审计中,重点关注信息系统的架构与流程的合法性和合规性、数据的真实性和完整性、系统的安全性和可靠性、运行的效率性和效益性;提高计算机辅助审计和信息化建设水平,促进审计工作效率的提高。

（五）加大对审计过程中发现问题的分析力度,充分发挥审计作为区域经济运行"免疫系统"的作用,在审计工作中以主动性来扩大发现问题的视野、以预防性来提前感受风险,以整体性来看这些问题对全局的影响、以宏观性来进行分析和判断,以建设性来从机制体制和制度方面提出意见和建议,从而发挥审计监督预防和警示作用,当好"保健医生"。

（六）深化软环境建设,努力提高审计人员廉洁从审、文明审计的意识和水平。按照温总理提出的"要进一步加强自身建设,努力培养造就一支政治过硬、业务精湛、清正廉洁的审计队伍"的要求,突出以人为本的能力建设,培养审计人员分析问题、解决问题的能力,提高审计工作质量和效率。把廉政建设视为审计工作的生命线,外抓审计纪律,内抓机关管理,严格实行党风廉政建设和行风建设责任制,建立并完善包括内部监督、社会监督、舆论监督等在内的全方位监督体系,把审计行为置于服务对象和人民群众的监督之下,提高审计人员的思想认识,使廉洁从审成为自律意识。坚持惩防结合,强化制度管理约束,确保整体工作正常、协调、高效运转,不断推进审计工作健康快速发展。

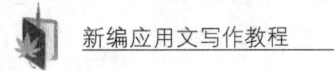

五、计划的写作要求

（一）方向正确，顾及大局

制订计划的目的，是为了更好地贯彻执行党和国家的方针、政策，努力完成党和国家交给的任务。因此，制订计划时，必须领会党和国家的有关方针政策，了解上级的指示精神和工作部署，使工作计划成为上级有关精神和部署的具体化，使计划的指导思想、基本安排与上级意图一致。这样制订出来的计划就比较切合工作实际，并能发挥、调动各方面的积极性。

（二）实事求是，留有余地

制订计划要实事求是，一切从实际出发，既不能单凭个人的主观热情和愿望，也不能一味照搬上级下达的指示、计划，而应该从客观实际出发，因地制宜。同时，计划又要有一定的弹性，不能搞形式主义，要留有一定余地，积极而又稳妥。

（三）要求明确，突出重点

计划的目的、任务、指标、措施、办法、步骤、负责单位或相关人员等，都应写得具体、明确，切忌含糊不清、模棱两可。同时，制订计划时，要根据确定的中心工作突出重点。如果没有工作中心和重点，就必然会主次不分，工作杂乱无序。

（四）语言简明，朴实自然

计划的语言要简洁明快，朴实自然，不要在文中过分地议论、叙述，用语应准确、明晰，不能语意含糊、模棱两可。

第二节　总结的写作

一、总结的适用范围

总结是对本单位、本部门过去一个时期或一个方面工作的系统回顾与评价，从中找出经验教训，引出规律性的东西，用于指导今后实践的一种应用性文书。总结是认识客观事物、掌握客观事物规律的一种重要手段。我们知道，人类知识的增进就是经验的积累，因为我们每做完一项工作之后，必然会获得大量的感性认识。为了使认识不断深化，更自觉地按照客观事物的发展规律办事，就需要把零散、肤浅、表面的感性认识上升为全面、系统、本质的理性认识。因此，人类必须不断地总结经验，以便更好地指导今后的工作。

总结成文以后，可以上报，以便上级领导掌握情况，调整工作部署，推广经验或者纠正某些偏差，更好地帮助、指导下级做好工作。也可以向下级传达，使本单位或下属单位的干部、职工全面、深入地了解领导意图、工作情况、取得的成绩与存在的问题。既可以增强主人翁责任感，提高工作的自觉性和主动性，也有利于下级对上级的监督工作。有些比较典型的经验总结则由上级机关或社会传播媒介进行宣传、推广，可以扩大总结单位的知名度。

计划和总结是一段工作或一项任务的两个方面的文件，一在工作之后，一在工作之前。它们之间的区别是：

从时间上看，计划是为完成某项任务，根据党和国家的政策及具体情况在事前所做出的具体步骤、目标要求、方法措施等的安排；而总结是在计划执行过程和工作进行过程或工作进行完毕之后写的，用以检查计划的完成情况。

从对内容表述方法上看，计划重在说明；而总结则注重具体分析、全面评价某一任务或某一工作完成的情况，寻找规律性的东西，以指导今后的工作，表达方法重在议论。

从要求上看，计划要求讲清做些什么，总结要求回答做得怎样。

二、总结的特点

（一）过程性

人类进行每一项工作，都有一定的过程，有一定的时间跨度。总结工作时，要反映出事物发展变化的过程，包括工作的开始、发展、结局，问题的发生、解决、效果等。总结通过概括叙述的方式，展示出工作的全过程。

（二）客观性

总结是对实际工作再认识的过程，是对前一阶段工作的回顾，其内容要完全忠实于自身的客观实践。总结的材料是自身实践中的真实的具体材料，总结的观点是从自身实践中抽象出来的认识。总之，总结的依据、概括和提炼都要依据实际工作活动，不允许有任何主观臆断。

（三）理论性

总结是理论的升华，是认识客观事物、掌握客观规律的一种重要手段。因而写总结就必须从自身的工作实践中通过分析、概括、总结出带规律性的东西，从而给人以理性的认识，更好地把握客观事物。因此，总结的写作，不但要有材料、有观点，而且要阐明其来龙去脉，说明其发展的必然趋势，找出相互之间的因果关系，从而总结出具有典型意义的规律性的经验教训，给人以启迪。

三、总结的种类

总结可以从不同的角度分类。

按内容分，有全面总结、专题总结；按性质分，有工作总结、学习总结、生产总结、思想总结、活动总结、会议总结；按范围分，有单位总结、部门总结、个人总结；按时间分，有年度总结、半年总结、季度总结、月份总结、阶段总结。

四、总结的写作

（一）总结的基本结构

总结一般由标题、正文、具名、日期等部分构成。

1. **标题**

总结的标题，由以下几种方式构成：

（1）公文式标题

完全式标题：由单位名称、时间、事由、文种四个方面组成，如"××学院2016年工作总结"、"××单位××××年技术革新工作总结"。

省略式标题：由单位、事由、文种组成，如"××单位抗洪工作总结"；由事由、文种或时间、文种组成，如"关于组织青年志愿者活动的工作总结"、"2016年销售情况总结"。

（2）新闻式标题

单标题。直接表明总结的基本观点，如"适应新的形势，努力做好商业工作"、"加强管理监督，防范金融风险"。

双标题。一般正题用文章式标题，点明总结的主要观点，让人易于把握；副题采用公文式标题，补充说明单位、时限、内容。可用于专题性总结，如"奋力开拓，打开局面——××公司2016年空调销售工作总结"、"薄利多销，保质保量——××市服装公司经验总结"。

各单位常规工作总结大都采用公文式标题。用来介绍经验，并准备在新闻媒体发表的总结，大多数采用新闻式标题。所以，总结标题的写法具有较大的灵活性。

2. 正文

正文内容包括前言、主体、结语三部分。

前言也称引言，一般简要概述总结的依据和目的。前言开头的方式主要有以下几种：

概述式：概括介绍基本情况。

结论式：提出总结的结论，并重点介绍经验或概括成绩。

提示式：对工作的主要内容进行提示性的简要概括。

提问式：开头提出问题以引起读者对该文的关注。

主体是总结的核心部分，一般由基本情况、成绩与经验、问题与教训、今后打算等组成。

基本情况交代总结对象的概貌、工作的背景、具体任务、工作结果等，用以说明在什么情况下，完成了什么任务，采取了什么主要措施，收到了什么成效。这一部分一般写得比较概括，是为了使人们对总结有个大体了解。这些内容有时与前言结合起来，有时甚至可以把它糅合在经验中写。

成绩与经验部分，总结工作成效，分析取得成绩的主客观原因，从而找出经验和规律，这是总结的重点，应占有比较长的篇幅。这一部分应有理有据，通过详实的材料，切实、明确地把新的经验总结出来。在有的总结中把这一部分称为基本做法或主要措施，实际上都是分析归纳取得成效的原因。

问题与教训部分，说明工作中存在的问题，分析原因，找出病根，以便解决问题，避免今后工作中出现类似的失误。总结既要看到成绩，也不应忽视存在的问题，因而经验教训是总结必要的组成部分。总结经验教训要有重点，要把重点放在对未来工作有指导或借鉴意义的方面，而不应不分主次，平均使力。

今后的打算和努力方向要针对工作中存在的问题提出切实有效的改进措施，提出新的奋斗目标，以表明态度。

由于总结侧重不同、目的要求不同，其正文的结构方式也不同，常见的结构方式主要有以下几种：

常规式。主体部分的结构形式通常采用"基本情况—经验做法—存在问题—今后打算"的顺序，分成四大部分进行总结，这是总结的传统方法。这种结构容量大，眉目清楚，适用于综合性总结。

阶段式。用于对周期长、阶段性显著的工作进行总结。把整个工作过程按照时间顺序划分成几个阶段，分别说明每个阶段的情况、成绩和问题。

并列式。将总结的内容按照性质逐条排列为几部分，每一部分既有相对的独立性，又有密切的联系。有的是以经验体会为序分条，结合经验体会自然地介绍工作情况、成绩、问题等;有的是以工作项目为序分条,在介绍工作情况的基础上引出经验教训,它的优点是条理清楚,纲举目张。

贯通式。这种形式既不列条款,也不分小标题,而是从头到尾,围绕主题,分若干自然段一气呵成。它主要靠清晰的思路来串联材料,靠分清层次来架构全篇,靠语言的过渡来贯通始终。这种结构常按时间顺序或事理发展的层次,抓住主要线索,层层分析说明,总结工作全过程。

总结正文写完后,有的无需加上结尾部分,即可结束;有的还需加上结束语,可以是对前文的总结,也可以是对未来的展望和号召。

3. 具名和日期

具名和日期,又叫落款。一般在正文结束的右下方签署作者姓名及成文日期。有的单位署名放在标题下,日期在文后右下方。

(二)总结的具体写法

在日常事务工作中,最常用的总结是全面总结和专题总结,现重点介绍如下。

1. 全面总结

全面总结,又叫综合性总结。主要用于对一个单位、一个部门在一定时期内的各方面情况的总结。全面总结的"全面"有两方面的含义:一是从时间上讲,是一个阶段的全面总结,即总结一个单位或部门一定阶段内的整个工作(各个方面)情况,如年终总结、季度总结等;二是从内容上讲,是一项任务的全面总结,即总结一项工作任务的全面情况,包括基本情况、成绩、效果、做法、体会、问题、今后意见等。全面总结通常用于年终或某项工作告一段落,向上级汇报工作、向群众报告工作以及进行工作经验交流时使用。一般反映工作全貌,内容广泛,篇幅较长。

全面总结的标题通常采用公文式,由完整式或省略式构成,如单位名称+总结内容+总结,如"××大学2016年工作总结"。

全面总结的正文写作基本采用常规结构方式,即由基本情况、成绩经验、存在问题、今后打算几方面组成。但这几部分的展开,不能平均使用力量。基本情况要简明扼要,能用数字显示的最好用数字。成绩做法是总结的重点,可以分条分项列出,内容要具体充实。存在的问题如果不是十分突出或十分严重,只需列出就行了。如果问题的性质很严重,就要找出存在问题的原因。这一部分偏重议论,文字要精练准确,不必具体展开,以免和前面的内容(成绩、做法)重复。今后打算要写得简要、概括,点到为止。

[例文]

中共南京邮电大学委员会　南京邮电大学2015年工作总结

2015年,学校坚持以邓小平理论、"三个代表"重要思想、科学发展观为指导,深入学习贯彻党的十八大、十八届三中、四中、五中全会和习近平总书记系列重要讲话精神,认真践行"三严三实",紧扣学校第二次党代会确定的奋斗目标和年度重点工作,聚精会神抓党建,一心一意谋发展,全校师生员工求真务实、攻坚克难,发展取得新突破、事业迈上新台阶,学校综合实力排名在各类大学排行榜中均实现大幅攀升。现将学校一年来的工作总结如下:

一、励精图治奋发图强，谱写事业发展崭新篇章

1. "通信与网络技术国家地方联合工程研究中心"获国家发改委批准建设，"射频集成与微组装技术国家地方联合工程实验室"获国家发改委立项，实现国家级重大科技创新平台建设连续突破。

2. "电子科学与技术实验教学中心"、"通信与信息网络虚拟仿真实验教学中心"、"信息电子技术虚拟仿真实验教学中心"入选国家级实验教学平台。目前我校拥有国家级实验教学平台5个，数量列省属高校第一。

3. 瞄准学科建设目标，ESI学科排名取得重大进展。工程学、化学、材料科学3个学科在最新ESI学科排名中进入全球前1‰，其中化学、材料科学学科向ESI学科排名前5‰大步迈进；计算机科学、物理学学科进入ESI排名比率进一步提升。

4. 国家科技重大专项"泛在网络下多终端协同的网络控制平台及关键技术"通过验收，这是我校牵头承担完成的第一个国家科技重大专项。

5. 国家大学科技园获得"国家技术转移示范机构"认定，并获批"全国科普教育基地"，标志着我校国家级科技产业平台建设再上新台阶。

6. 新增入选国家"千人计划"特聘专家2人，国家百千万人才工程1人，"长江学者讲座教授"1人，"万人计划青年拔尖人才"1人；我校首个教育部创新团队——汪联辉教授团队通过结题验收，并获滚动支持。

7. 由黄维院士和陈润锋教授领导的课题组在《自然·材料》(Nature Materials)发表高水平研究论文，标志着我校在科技创新方面取得新的重大突破。

8. 电子科学与技术、电子信息工程2个专业通过国家工程教育认证；通信工程、数字媒体技术2个中外合作办学项目通过教育部合格评估；通信工程、电子信息工程、电子科学与技术、工商管理、自动化5个专业入选江苏省品牌专业建设工程一期项目，标志着我校专业建设水平再上新台阶。

9. 获批国家自然科学基金93项，立项数再创历史新高；其中，获批国家自然科学基金优秀青年科学基金项目1项，实现该类项目不断线；"基于数据与机理分析的有源配电网状态估计与网络化趋优协调控制"获批国家自然基金重点项目；全国教育科学规划课题立项数位居全省高校第4位。

10. 人才培养质量再创新高。学生在2015年全国大学生数学建模竞赛中实现"大满贯"，获全国一等奖5项、二等奖5项，一等奖获奖数并列全国第一，总获奖数并列全国第二；在第十四届"挑战杯"全国大学生课外学术科技作品竞赛中，获一等奖2项、三等奖1项，获奖作品数量和奖项均创历史新纪录；Apollo队再获中国机器人大赛冠军；在第一届下一代互联网技术创新大赛中，初、复赛获奖等级和数量均居江苏高校第一；杰出校友、国际电信联盟秘书长赵厚麟先生分别受到习近平主席、李克强总理等领导人的接见。

二、深入开展"三严三实"专题教育，凝聚推动事业发展强大动力

严格按照中央和省委要求，坚持把开展专题教育作为一项重大政治任务，并以此作为建设特色鲜明高水平教学研究型大学的重要契机，校党委先后5次研究部署，确保专题教育有力有序推进。落实各项责任，及时制定专题教育实施方案，成立专题教育协调小组，开通专题网站，召开动员部署会议；讲好专题党课，校党委书

记带头讲好党课,其他党员校领导和基层党委书记分别为党员干部上党课;抓好专题学习研讨,党委常委深入开展6次集中学习研讨,深入查摆不严不实问题,全校基层党委开展集中学习研讨162次;开展好专题调研,按照"六个一"要求,全体校领导共调研79次,全体中层干部共调研348次;开好专题民主生活会,紧扣主题,深入查找剖析问题,认真撰写对照检查材料和发言提纲,开展批评和自我批评,全校共开展28场专题民主生活会、330场组织生活会。省委对我校专题教育开展情况给予充分肯定,选派我校作为唯一高校代表向省委常委会汇报专题教育情况。

三、以党要管党从严治党新成效,汇聚推动事业发展强大力量

始终以习近平总书记"加强党对高校的领导,加强和改进高校党的建设,是办好中国特色社会主义大学的根本保证"这一重要思想为根本遵循,履行全面从严治党主体责任,党的建设全面加强,为学校改革发展提供坚强保证。

思想建设切实增强。全面加强思想建设,及时认真学习习近平总书记在中央政治局专题民主生活会上讲话等系列重要讲话精神;及时学习传达全国人代会精神、"四个全面"战略布局、十八届五中全会精神,组织校党委理论学习中心组集中学习会(扩大会)6场;组织开展"迈上新台阶、建设新江苏"专题读书调研活动,集中学习研读《中国共产党廉洁自律准则》、《中国共产党纪律处分条例》;开通官方微信公众平台,思想政治教育广度拓展、深度延伸,召开了思想政治教育工作会议,有力促进思想政治教育工作显成效、出特色。1部书稿经推荐入选教育部《高校德育成果文库》公开出版。

基层组织有力夯实。出台校属部门、单位目标任务考核办法,将党建工作各个方面整体纳入目标任务考核体系,坚持基层党委书记例会制度,党建工作和中心工作同谋划、同部署、同考核的工作机制日趋完善;以践行"三严三实"为主题,举办支部书记培训班,举办第一期党建工作沙龙,完成全校党员组织关系排查工作;制(修)定发展党员工作实施细则等相关文件,进一步规范党员发展程序,共发展党员932名。获全省学习型党组织建设工作先进单位荣誉称号,江苏省高校党建工作创新二等奖1项、江苏省高校"最佳党日活动"优胜奖2项。

干部队伍不断优化。做好省管后备干部集中调研工作,组织遴选处级后备干部人选和新一轮学院院长助理岗位聘任工作,全年调整处级干部62人次;校领导和处级干部7人次参加各种专题研讨班、培训班,继续开展中层干部网络培训;加强中层干部个人有关事项信息管理,开展了专项整治工作,完成处级干部档案初审工作;修订完善处级干部年度考核评价办法;14人入选第八批科技镇长团,学校作为派出单位代表在省委组织部科技镇长团工作会上作经验介绍。学校被国家教育行政学院评为高校干部网络培训工作"优秀组织单位"。

作风建设扎实有效。严格贯彻中央八项规定、省委十项规定和学校改进工作作风等文件要求,坚决反对"四风",加强节日期间作风建设督察,在国庆、春节等节日及时发布加强作风建设的通知,提出明确要求;校领导带头腾出三牌楼校区行政办公用房;全体领导干部加强调查研究,深入学院、教室、宿舍、建设工地等基层了解情况,认真落实领导干部听课制度和群众来访接待制度;出台推动干部担当作为防治为官不为的实施办法等文件,持续推进优良党风校风学风建设。

廉政建设持续推进。严格落实党风廉政建设党委主体责任纪委监督责任，认真落实"一岗双责"，把党风廉政建设和反腐败工作纳入领导班子的岗位职责，建立党风廉政建设责任制网络，签订党风廉政建设责任书；不断强化权力监督，全面落实"高校信息公开事项清单"，深化党务、校务信息公开工作，加强对干部公开选拔、人事招聘、招生及相关招投标等工作过程的监督，确保各项工作公平公正；完善信访举报工作制度，畅通信访举报受理渠道，全年共处理信访件16件，严格做到件件有落实；坚持运用微信等新兴媒体加强党风廉政宣传教育。学校被南京市评为"2012—2014年度'无职务犯罪'先进单位"，1人获南京市鼓楼区"预防职务犯罪工作先进个人"称号。

文化宣传深入开展。扎实推进社会主义核心价值观教育、普法教育，宣传"中国梦"、"南邮梦"，弘扬南邮精神；组织开展中国人民抗日战争胜利暨世界反法西斯战争胜利70周年主题宣传教育活动和第二次南京大屠杀死难者国家公祭日纪念活动；成功举办"一带一路"境外媒体看江苏大型媒体见面会，在国际顶级学术刊物《Science》杂志和网站平台展示南邮形象；开辟"回眸'十二五'，放飞南邮梦"专栏，全面总结展示学校"十二五"期间事业发展辉煌成就；各级校外媒体刊发我校新闻280余篇，各级网站转载我校新闻1400余篇（次）；制定校园文化建设规划。获江苏省报纸好新闻奖等各类奖项14项、2014年省高校校园文化建设优秀成果奖1项。

各方力量充分凝聚。做好统战、工会、共青团、离退休、校友会等工作，召开教代会、工代会、学代会，建成高层次无党派知识分子、留学归国人员信息库，成立留学归国学者联谊会，举办第三期社会主义培训班，组织慰问抗战时期参加革命工作的离休干部，不断推动关心下一代工作。1人当选为农工民主党江苏省委副主委，3人次分别获"省委统战部组织优秀统战干部"、"民革江苏省优秀党员"、"民盟江苏省先进个人"；1人获"江苏省优秀共青团干部"，3人获"江苏省优秀青年志愿者"称号，学校被评为"2015年全国最佳暑期实践大学"；1个支部获"全省老干部工作先进集体"，校关工委获得"江苏省教育系统关心下一代工作巩固提高奖"，学校获"江苏省在宁高校老年体育工作特殊贡献奖"。

平安校园建设有力。启动"江苏省平安校园建设示范高校"创建工作，贯彻落实安全稳定责任制，认真落实维稳措施；做好新生入学、毕业生离校、重要会议、重大活动等特殊敏感时期维稳工作；加强师生安全知识宣传和培训教育，继续开展"安全教育活动月"和"119"防火宣传月等活动；完善技术防范设施，建设校园智能交通管理系统，加强校园非机动车管理；积极引导网络舆论，切实加强舆情监控；联合辖区政府部门完成三牌楼校区秩序整治；2015年案件总数同比下降27.07%。获评2015年省级平安校园建设优秀成果奖1项。

四、把握新形势树立新理念，描绘"十三五"事业发展新蓝图

围绕主动服务国家和全省创新驱动发展战略，认真谋划学校"十三五"发展新思路，民主科学编制学校事业发展规划。启动学校"十三五"事业发展规划的编制工作，制定规划编制工作方案，成立学校"十三五"事业规划编制工作小组和七个专项规划编制工作小组，经过全校动员部署、设置专项研究课题、校内外广泛调研，召开专题研讨会、工作推进会、征求意见座谈会，围绕构建信息材料、器件、系统、网

络、应用"五位一体"的大信息学科链条,确立了"特色、创新、协调、开放、共享"五大发展理念,明确了"十三五"期间重点实施的"八项计划"和"一项工程",确立人才培养、学科建设、师资队伍建设、科学研究等54项主要指标。目前学校"十三五"事业发展规划已通过教代会审议。

五、抢抓机遇奋力拼搏,全面促进各项事业持续攀升

通过全校上下共同努力,办学水平持续上升,综合实力不断增强,人才培养、科学研究、社会服务和文化传承创新等各项事业再上新台阶。

人才队伍日益优化。坚持人才强校战略,全年引进高层次人才11人,补充高水平师资100人。一批高水平师资入选国家"千人计划"、国家百千万人才工程、"长江学者讲座教授"、"万人计划青年拔尖人才"等高层次人才项目;1个团队获省"双创团队(教育类)",1个团队获批省高校哲学社会科学优秀创新团队;18人入选第三期江苏省产业教授;2人入选享受政府特殊津贴人员;9人获中国博士后科学基金面上资助或特别资助;34人获国家留学基金、省政府留学奖学金等资助;继续开展"1311人才计划",遴选4个创新团队,1名鼎峰学者、2名鼎山学者和16名鼎新学者;101位教职工晋升高级职称;聘任名誉教授、客座教授和兼职教授共10人。1人获江苏省"有突出贡献中青年专家"荣誉称号;1人获"江苏留学回国先进个人"荣誉称号;1人获得篮球国际级裁判员称号,成为南京高校首位女子篮球国际级裁判员;"信息与通信工程"博士后科研流动站被评为全国优秀博士后科研流动站。

学科建设成效显著。坚持学科建设龙头地位,加强省优势、重点学科建设,"信息与通信工程"、"有机光电子学"2个省优势学科,"智能电网与控制技术"省重点序列学科共获省资助经费1750万元。推进校"一流学科"建设,成立"一流学科建设领导小组",设立专项经费,明确在一流学科带头人、学术带头人引进方面实施重点突破,在高被引论文、ESI学科方面给予重点支持。积极推动信息文科建设,遴选确定信息文科建设工程项目8项,下达专项经费190万元。开展学科点评估工作,启动全国学位授权点合格评估,完成全国学位授权点专项评估;完成江苏省硕士学位授权一级学科点评估。在最好大学网发布的"基本科学指标数据库(ESI)"中,学科水平进入中国高校(机构)百强。

人才培养成绩斐然。坚持立德树人,全面启动本科教学工作审核评估评建工作,完成19个教学单位的自评工作并推进整改落实;新增2个国家级实验教学平台;3个专业获学士学位授予权,新增3个本科专业;6部教材获省"十二五"重点教材,9项课题获省教改立项。获首届全国高校数学微课程教学设计竞赛一等奖1项、全国高校教师微课教学比赛三等奖2项;获省级优秀毕业设计(论文)14项;获国家级及国际性竞赛奖230余项,省级竞赛奖240余项;本科生英语四、六级通过率分别达93.4%、58.4%。不断提高研究生培养质量。获批省研究生教育综合改革项目1项;获省研究生培养模式改革成果二等奖2项;获"江苏省优秀研究生工作站"4个;6位研究生获国家留学基金资助;获省优秀博士学位论文2篇、省优秀硕士学位论文9篇。招生就业工作扎实推进。录取研究生1328人、本科生5118人,通达学院录取2055人;研究生、本科生年终就业率分别达99.83%、99.20%,本

科生升学出国率达24.23%,通达学院升学出国率达15.11%;2014届毕业生毕业半年后就业竞争力指数位列省内非"211"高校第2位。成功承办多项重大体育赛事,取得好成绩,特别是校女篮取得全国业余篮球联赛第五名、校普通生女子手球队获得全国大学生手球比赛乙组亚军。学校被评为研究生"优秀招生单位"。全国政协"创新人才培养模式改革"调研组来校调研,充分肯定我校创新人才培养取得的突出成绩。

科研水平大幅提升。坚持科研工作重要地位,召开科技工作会议,出台"推进科研协同创新,全面提升科研水平"若干意见;1个工程实验室获省发改委立项建设;获批科研项目351项,其中国家级项目96项、省部级项目127项;科研到款经费1.2亿元,同比增长23.05%;获科技类省部级奖励4项,其他各级各类奖项2项;被SCI收录论文486篇,同比增长24.62%;被CSSCI收录论文153篇;专利申请量642件,同比增长19.1%;授权专利234件,同比增长20.73%。科研水平位居"自然指数(Nature Index)"中国大学排行第69名,并跻身2015中国大学ESI高被引论文排行榜第68位。学报自然科学版、社会科学版双双入选RCCSE中国核心学术期刊,扩大了学校的学术影响力。继续加强信息文科建设,在省属高校率先成立学校哲学社会科学联合会;获批中国人口学会健康专业委员会科学研究基地、省老年学会科研与培训基地各1个;获高等学校科学研究优秀成果奖(人文社会科学)二等奖1项,其他各级各类奖项3项。

政产学研成果丰硕。积极履行服务社会职能,"一市一院,一区一园"的校地特色化合作战略成果丰硕,张家港研究院成功转化科技成果项目2项,已获投资1000万元;成立淮安互联网技术研发与应用中心,盐城大数据研究院正式揭牌;依托国家大学科技园,获批省部级平台3个;完成技术转移项目103项,同比增长63%,经费达7400余万元;年产业经费到款1.7亿元,同比增长17.5%;广泛开展合作交流,承办全国无线电应用与管理学术会议、全国"政府信息公开与公共政策创新"研讨会、全国"互联网+"众创论坛、教育部高等学校电工电子基础课程教学指导委员会全体会议、省高等教育学会30周年庆典大会等重要活动。

国际合作日趋活跃。坚持国际化办学,加强与国际电信联盟合作;主办"慕课与超越"国际会议;积极组织申报江苏中外合作办学项目高水平示范性建设工程("通信工程"与"数字媒体技术"两个项目);与2所国(境)外大学签署合作协议;赴国(境)外高水平大学进修教师113人次,接待境外来访专家学者99人次;赴国外高水平大学学习交流学生556人次,录取留学生117人;完成亚太区APT信息安全与计算机通信培训;完成留学生"计算机科学与技术"全英文授课本科专业建设;1篇文稿被评为国际电信联盟优秀文稿,1人被授予"江苏友谊奖"称号。

六、有力有序推进现代大学制度建设,提升内部治理水平

依法治校不断推进。坚持依法治校,《南京邮电大学章程》获省教育厅核准通过并发布;认真贯彻执行党委领导下的校长负责制,修订党委全委会、常委会和校长办公会议事规则;严格执行"三重一大"制度,重大事项坚持集体领导、民主集中、个别酝酿、会议决定的决策原则;注重发挥学术委员会在学科建设、学术评价、学术发展和学风建设等事项上的重要作用,完成学校第三届学术委员会和学术道德监

督委员会人员的调整;着力提高学校管理工作的制度化、规范化水平,历时一年半,完成学校层面373项规章制度的梳理和299项规章制度的汇编。

内部管理更加规范。出台校属部门(单位)目标任务考核暂行办法,学校党政主要负责人分别与25个教学、科研单位的党政主要负责人,30个部门主要负责人签订了目标任务书,实现目标考核指标体系、考核范围全覆盖;不断完善内设机构,成立、撤销、调整常设机构5个、非常设机构56个;推进学校债务化解工作,提高资金使用效益;完善制度建设,加强财务监督;提高采购工作效率,完成各类采购招标项目399个;加强审计工作,完成项目审计511项,核减工程投资额181余万元;配合审计厅完成离任经济责任审计工作并认真整改;内部审计项目获全省教育系统质量评审优秀项目。

七、高度关注民生工程,持续改善办学条件

民生工程有力推进。完成奖励性绩效工资改革,教职工收入持续增长;青年教师公共租赁住房新建、三牌楼校区教师宿舍翻建、申家巷老旧房屋加固维修等工程稳步进行;推进仙林校区绿化建设、三牌楼校区电力增容;改造仙林、三牌楼、锁金村三个校区的教学、科研、生活设施;为2万余名在校生办理医保参保手续;实现教职工免费访问互联网。学校被评为"2014年度江苏省高校节能工作先进院校"、"江苏省红十字示范学校"。

公共服务更加完善。仙林校区学科楼组团交付启用;江宁新校区获批《国有建设土地划拨书》和《国有土地使用证》;完成学科楼信息化建设,对校园网络进行扁平化改造,完成电子注册一期建设,网络协同办公系统投入试运行;开展实验技术队伍的培训和实验室绩效考评,扩大实验室开放项目和研究项目立项规模,加强实验室安全管理。学校被评为"2015年度江苏省高等学校信息化建设先进集体",获首届全国高校图书馆阅读推广案例大赛二等奖和中国图书馆学会"2014年全民阅读先进单位奖"。

回顾过去一年,学校在人才培养、科学研究、社会服务、文化传承与创新等方面取得了新发展。这些成绩的取得,得益于全校上下携手并肩、精诚团结的努力,得益于全体师生履职尽责、耕耘不辍的行动,得益于大家对共创"全国百强梦"的信心和决心。

当前,学校发展仍然存在着一些短板,如人才资源效益有待提升;学科建设水平仍需不断提升,学科均衡发展有待加强;重大科研创新、重大设备研制等方面明显缺乏成果和发展后劲;信息文科发展水平仍然偏弱;后勤社会化改革仍需不断向纵深推进;学校整体管理和服务水平、办学条件有待进一步改善等。

2016年,是"十三五"的开局之年,也是实现"全国百强"目标的关键之年。我们将继续以习近平总书记系列重要讲话精神为根本遵循,准确把握高等教育发展规律,坚定不移走内涵式发展道路,大力推进依法治校,按照习近平总书记"四个自觉"要求,坚定不移朝着"全国百强"的奋斗目标奋力前行,确保"十三五"事业发展胜利开局。

2016年2月25日

2. 专题总结

专题总结,也叫单项工作总结,是对一定时间内某项工作或某个问题所做的专门总结。这种总结往往根据一个活动过程、一个典型事例、一个突出的问题或是一项新颖的方法和措施进行阐述说明和分析研究,提出体会、认识,以供他人学习、借鉴或警醒、启示。与全面总结不同的是,这类总结往往以小见大,从实际工作中来,目的是为今后的工作提供经验与教训,并指导今后遇到同类问题应采取的措施、办法。这类总结使用广泛,针对性强。平时常见的经验总结、典型总结、事故总结都属于专题总结。

专题总结的标题基本采用文章式标题,或是对题材的概括,或是对内容的提炼。如"加强商品管理,提高两个效益——我们是怎样进行蔬菜经营管理的"。

专题总结的正文大多采用小标题式结构方式,即把要介绍的经验或做法概括为若干条,并列组成文章的框架,然后把做法、成绩、效果等有关的具体材料充实进去。条与条之间是并列的,但又不是孤立的,互不相干的,而是围绕中心相辅相成的,有理有据的,既能使文章条理清楚,又有说服力。

[例文]

××学院共青团工作经验总结

　　××学院团工委现有10个团支部,298名团员。在校团委和院党总支的正确领导下,我院团工委高举邓小平理论伟大旗帜,抓住西部大开发、学校大发展的机遇,本着"放开"、"搞活"的工作思路,紧密围绕校团委各项工作中心,不断开拓创新,推进各项工作,在组织建设、校园文化、社会实践和大学生素质拓展等方面做了大量富有成效的工作,取得了一定的成绩。

　　一、强化制度,搞活形式,组织建设效果明显

　　(一)加强团员组织生活制度,强调组织生活纪律,使组织生活制度化。院团工委要求每个团支部每两周召开一次组织生活,团小组至少每周不定期召开一次组织生活,结合学校、国家、社会等热点问题给出组织生活的主题进行讨论。

　　(二)坚持团工委、学生会干部例会制度。学院团工委每两周召开一次学生干部例会,及时了解各团支部组织生活情况,调查团员思想状况,有针对性地开展思想政治教育工作,及时解决各种思想问题,加强团工委对团支部组织生活的指导作用。

　　(三)加强优秀团员推荐入党工作,以党建带动团建。院团工委积极鼓励思想要求进步的团员加入党组织,并建议党组织在发展学生党员时,如果对象是团员,必须经过团支部推荐,以此强化团支部的组织工作,培养入党积极分子。2015～2016学年,团工委共向党组织推优入党的团员达34名,学院现有学生党员46人,占学生总数的15.4%。

　　(四)建立以社团为单位的不定期组织生活制度,加强对社团的指导。根据社团所具有的特殊性,院团工委要求以我院学生为主的社团不定期开展组织生活,以加强社团的组织建设,同时指导社团朝着健康、规范、有特色的方向发展。

　　二、实施目标管理,开展丰富多彩的校园文化活动,推进大学生素质教育拓展计划

（一）根据校团委的安排，我院团工委积极修订了从2012年开始实施的《××学院大学生技能素质培养与考核条例》，同时建立大学生目标管理体系，实施目标管理。要求每一位同学在校期间均要按照目标管理体系的要求，培养和锻炼自身的素质。

（二）为配合《大学生技能素质培养与考核条例》的实施，院团工委根据该条例所涉及的考核范围，开展了形式多样的校园文化活动。如各类报告会、演讲赛、知识竞赛、文体比赛等20余次。这些活动从各个方面对大学生的技能素质进行了不同程度的考核，考核结果作为综合测评的依据，有些记录在案，有效地促进了大学生的素质拓展。这些活动培养了一大批组织管理、文艺体育、书法写作等方面的人才。如省级优秀学生干部××；舞蹈爱好者协会会长××；校艺术团成员××、××、××；劲爆地带协会会长××；武术协会会长××；校报优秀学生记者××等等。他们学习、生活、工作中的突出表现在学院团员当中起到了很好的示范作用，引导广大团员积极培养素质，提高技能，为把自己培养成为适应当今社会发展需要的新型人才而努力。

三、加强科技创新的意识培养，提高大学生创业和服务社会的能力

（一）院团工委领导团员青年开展院村挂钩活动，传播科技知识，做先进文化的代表者和传播者。学院与××村建立起长期稳定的挂钩联系，为村民提供长期的技术指导。在2015~2016学年度中，多次组织高年级学生为农民举办种植知识讲座，多次在该村的葡萄园进行修剪、采收、扦插等葡萄栽培规范的技能培训，累计共有600余人次参与，受到××村民的好评。同时也让同学们受到了锻炼，把理论知识与实践活动紧密联系起来，达到学以致用的目的。

（二）坚持开展义务助教活动，与××小学结对子，每学期安排10周时间进行义务助教活动。200余人次参与。

（三）利用寒暑假，指导团员青年进行各种社会调查。2015年暑假，共有300多名团员进行了社会调查，全部上交了社会调查报告。在学校寒暑假社会实践报告评比中，我院共有2人次获得一等奖，4人次获得二等奖，6人次获得三等奖。

四、组织志愿者服务活动，树立为人民服务的思想

（一）积极响应校团委号召，组织团员参加暑期"三下乡"活动。××等7名同学参加了2015年暑期青年志愿者服务队活动。

（二）组织假期家教服务队，对中学生进行假期课外辅导。2015年暑假，组织10名同学成立家教服务队，对30多名中学生进行了数学、英语、物理等课程的辅导，为期40天，收效良好，受到了参加辅导的中学生及其家长的赞扬。

（三）以送温暖为主题，积极开展志愿者服务活动。2015~2016学年度上学期，院团工委先后3次组织青年志愿者到××乡敬老院进行送温暖活动，带去同学们所捐的书籍等物资，同时打扫卫生，整理物品，为老人们创造整洁的生活环境。同学们以自己的实际行动实践着全心全意为人民服务的宗旨，使老人们感受到社会主义大家庭的温暖。

（四）组织社区志愿者服务队，搞好"五个文明工程"建设。一年来，院团工委累计组织300余人次参加了社区服务活动，为创造文明宿舍、文明食堂、文明校园、

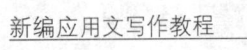

文明教室做出了不懈努力,引导和教育青年团员争做文明大学生。院团工委曾被评为"校五个文明工程建设优秀团工委"。

"路漫漫其修远兮",共青团工作是一项长期、艰巨和复杂的工作,我们将继续发扬优良传统,不断改革,不断创新,开拓进取,与时俱进,为开创学院、学校共青团工作的新局面而不懈努力。

××学院团工委
×年×月×日

五、总结的写作要求

(一)坚持实事求是的原则

总结的目的是通过从对过去的回顾中汲取经验教训,以指导今后的工作,所以正确估量是写好总结的首要条件。正确估量就得实事求是,全面、客观、辩证地分析事物。既要总结成功的经验,也要分析失败的教训;不可对成绩夸大其词,也不能对缺点避而不谈。

(二)占有充分的材料

占有充分的材料是写好总结的前提。总结必须建立在事实的基础上,对构成事实的要素如时间、进度、空间变迁、人员构成、不可变因素与各种偶发因素等,均需作详尽的调查研究,掌握真实的数据信息。没有丰富的实际材料作为叙述、归纳与评判的基础,总结的内容就很难做到准确、全面、客观和公正。

(三)揭示本质,找出规律

总结不能停留在表面现象的认识和客观材料的罗列上,必须从实践中归纳出规律性的认识。因而,总结的写作必须进行深入思考和分析,把握事物的本质,从而总结出经验教训,以指导今后的实践。

(四)表述叙议得当

总结的写作以议为主,叙议结合。一般在交代工作的过程、列举典型事例时,以叙述为主;在分析经验教训,指明努力方向时用议论。叙述的事实为议论提供依据,说理是对所叙事实的升华、提高。以叙带议,叙中有议,叙议结合,叙议得当。

第三节 简报的写作

一、简报的概念

简报是传递某方面信息的简短的内部小报,是国家机关、企事业单位、社会团体为汇报工作、交流经验、反映情况、沟通信息、报道动态而编发的内部常用事务文书。简短、灵活、快捷的简报又称"动态"、"简讯"、"要情"、"摘报"、"工作通讯"、"情况反映"、"情况交流"、"内部参考"等。也可以说,简报就是简要的调查报告、简要的情况报告、简要的工作报告、简要的消息报道等。

二、简报的特点

一般简报具有简、快、新、实的特点。简,即简明扼要。快,即报道迅速快捷,讲究时效性。新,即内容新鲜。实,即真实准确。

简报具有一般报纸新闻性的特点,但它又有自身的特点:

(一) 内容专业性强

公开的报纸,一般是综合性的,内容广泛,各方面的新闻都有,政治经济文化、工农商各行各业、城市乡村、国内国外的新闻等,这样才能满足各阶层读者的需要。简报就有所不同,它一般由有关单位、部门主办,专业性十分明显。如人口普查简报、计划生育简报、水利工程简报、招生简报等,分别由主办单位组织专人撰写,传递该项工作的各种信息,包括情况、经验、问题和对策等,一般性的东西少说,无关的东西不说,专业性的东西多说。这样,对一般读者来说,能使他们了解工作的进展情况,增强责任感;对领导机关来说,接到这样的简报,掌握了情况,出现问题就有办法处置了。

(二) 篇幅特别简短

虽然所有报纸篇幅都有限,文章都较简短,但比较起来,公开的大报,一般最少有4版,有好几万字,如现在有的报纸动辄都是十几版甚至几十版,内容繁杂。简报却不同,简报姓"简",这是它区别于其他报刊的最显著的特点。一期简报甚至只登一篇文章,几段信息,或一期几篇文章,总共一两千字,长的也不过三五千字,读者可以花很短的时间把它读完,适应现代快节奏工作的需要。简报的语言要求简明精练。

(三) 限于内部交流

一般报纸面向全社会,内容是公开的,没有保密价值,读者越多越好,正因为如此,它除了新闻性外,还要求有知识性和趣味性。简报则不同,它一般在编报机关管辖范围内各单位之间交流,不宜甚至不能公开传播,特别是涉外机关和专政机关主办的简报更是如此。有的简报,往往是专给某一级领导人看的,有一定的保密要求,不能任意扩大阅读范围。

三、简报的作用

(一) 上下沟通的渠道作用

简报是上级主管部门了解下情的重要渠道,它具有总结工作,推广典型以及反映群众愿望和要求的作用。简报也是上级主管部门向下级和基层传达意图和指导性意见的渠道。概括地说,简报具有"下情上达"和"上情下达"的重要渠道作用。

(二) 内部交流的途径作用

简报的内容传递着本单位的各种信息、情况、经验、问题和对策,有利于各单位相互间情报的沟通和情况的了解,是内部信息交流的良好途径。

(三) 单位情况的媒介作用

简报也是各单位内部的消息报道,具有新闻性。简报的新闻性体现了媒介作用。

四、简报的分类

简报的种类很多。按时间分,有定期的简报、不定期的简报;按性质分,有工作简报、生产简报、学习简报、会议简报;按内容分,有综合反映情况的简报和反映特定情况的专题简报。

常见的简报有：

（一）日常工作简报

又称业务简报。这是一种反映本地区、本系统、本部门日常工作或问题的经常性简报。它包含的内容较广，工作情况、成绩问题、经验教训、表扬批评，对上级某些政策或指示执行的步骤、措施都可以反映。它常以定期或不定期的形式出现，在一定范围内发行。

（二）中心工作简报

又称专题简报，它是一种阶段性的简报。它往往是针对机关工作中某一时期的中心工作、某项中心任务办的简报，中心工作完成，简报也就停办了。

（三）会议简报

这是会议期间反映会议情况的简报。它是一种临时性的简报，内容包括会议中的情况、发言及会议决定等。规模较大、时间较长的会议常要编发多期简报，以起到及时交流情况、推动会议的作用。小型会议一般是一会一期简报，常常在会议结束后，写一期较全面的总结性的情况反映。

（四）动态简报

包括情况动态和思想动态。这类简报的时效性、机密性较强，要求迅速编发，发送范围有一定限制，在某一个时期、某一阶段要保密。

五、简报的写作

（一）简报的结构

简报的结构可以分为报头、报核、报尾三部分。

1. 报头

报头部分主要包括简报名称、期号、编印单位、编发日期、密级等项目。

简报名称一般用套红印刷的大号字体。如有特殊内容而又不必另出一期简报时，就在名称或期数下面注明"增刊"或"××专刊"字样。秘密等级写在左上角，也有的写"内部文件"或"内部资料，注意保存"等字样。

期号可写在名称下一行，用括号括上；编印单位写在"期号"下一行的左侧；印发日期写在与编印单位平行的右侧。再下面，用一道横线将报头与报核隔开。

2. 报核

报核，即简报所刊的一篇或几篇文章。简报的写法是多种多样的，因此它的形式也较灵活。报核主要包括按语、标题、导语、主体、结尾和穿插在叙述中的背景材料。但简报写作比较灵活，不是每篇简报都有这几项内容。

按语是编者在部分简报的标题上端加注的，以说明编发这份简报的目的，或对文中所列事项进行评价。

简报的标题类似新闻的标题，要揭示主题，简短醒目。

导语通常用简明的一句话或一段话概括全文的主旨或主要内容，给读者一个总的印象。导语的写法多种多样，有提问式、结论式、描写式、叙述式等。导语一般要交代清楚谁（某人或某单位）、什么时间、干什么（事件）、结果怎样等内容。

主体用足够的、典型的、有说服力的材料，把导语的内容加以具体化。

结尾或指明事情发展趋势,或提出希望及今后打算。如果主体部分已经把事情说清楚,那就不必再加尾巴了。

背景即对人物、事件起作用的环境条件和历史情况。背景可以穿插在各个部分。

3. 报尾

在简报最后一页下部,用一横线与报核隔开,横线下左边写明发送范围,在平行的右侧写明印刷份数。

(二) 简报的格式

```
                        简报名称
                         期号
编发单位                                              印发日期
                         标题
正文
────────────────────────────────────────────
发送范围                                              共印份数
```

六、简报写作的注意事项

文字简练,篇幅简短。简报一般应控制在 1000 字以内,最长不要超过 2000 字。内容真实、准确、典型。

[例文 1]

教育部举行 2017 年春节团拜会

1 月 22 日,在丁酉年新春即将到来之际,教育部在京举行 2017 年春节团拜会。教育部党组书记、部长陈宝生代表教育部党组向直属机关全体干部职工、全国教育工作者和广大师生员工致以新春的祝福和诚挚的问候。

陈宝生指出,刚刚过去的 2016 年,是在"十二五"圆满收官基础上实现"十三五"良好开局的一年。在党中央国务院的高度重视和坚强领导下,在全社会的关心支持下,在教育系统全体同志的不懈奋斗下,全国教育系统坚决贯彻落实党中央的决策部署,开拓创新,攻坚克难,务实工作,党的建设呈现新气象,立德树人展现新成效,教育公平迈上新台阶,深化改革取得新突破,宏观战略完成新设计,各项工作稳中有进、稳中提质、稳中增效。

陈宝生强调,2017 年是党的十九大召开之年,是实施"十三五"规划的重要一年,基本实现教育现代化进入攻坚阶段,教育系统要更加紧密地团结在以习近平总书记为核心的党中央周围,不忘初心,继续前进,以实际行动迎接党的十九大胜利召开,为全面建成小康社会,实现中华民族伟大复兴的中国梦做出更大的贡献。一是深入学习贯彻习近平总书记系列重要讲话精神和治国理政新理念新思想新战略,牢固树立并贯彻落实新发展理念,全面贯彻党的教育方针,坚持发展抓公平、改革抓体制、安全抓责任、整体抓质量、保障抓党建,坚定不移沿着中国特色社会主义教育道路前进,加快推进教育现代化。二是以迎接十九大、学习十九大、贯彻十九大、宣传十九大为主线,把全部工作的基点放在稳中求进上,放在狠抓落实上,更加重视党建工作、思想政治工作、教师队伍建设,坚持工作围绕质量做、投入围绕结构调、资源围绕内涵定、政策围绕公平定、规划围绕目标定,推动教育工作走提高质量、优化结构、促进公平、改善环境的内涵式发展道路。三是牢固树立"四个意识",推动教育系统全面从严治党深入发展,以党风带政风、促行风、正学风,营造风清气正的政治生态。

教育部党组成员,部分老部长、老同志,教育部机关全体干部,直属单位领导班子成员和党组织负责人,离退休干部代表参加团拜会。

[例文2]

浙江:"一校一策"保障高校改革自主权

最近,浙江省政府出台《关于支持省重点建设高校的若干意见》(以下简称《意见》),提出重点建设高校在资金统筹、绩效分配等方面实行"一校一策",给予高校更多改革自主权。

一、探索新型高校运行保障机制。探索建立"自我发展、自我管理、自我约束"的新型高校运行保障机制。在加大财政投入的同时,扩大高校财务和收费自主权,拓宽社会资源进入教育途径,进一步落实高校办学自主权。依据成本分担原则,省重点建设高校可在一定范围内上浮部分学科及专业的收费标准。

二、提高经费统筹能力。除国家和省级专项资金中明确要求按规定用于指定项目外,其余各级各类资金由高校统筹使用。各业务主管部门不得向高校提出使用要求,不设置比例、定额等与经费使用挂钩的考核指标。探索高校后勤服务社会化、市场化,可试行自主合理收费。

三、加大人事制度改革力度。完善绩效考核办法,绩效工资总量与事业发展成效挂钩,对完成目标任务考核优秀的高校,可突破原绩效工资水平,由高校按照优绩优酬原则自主分配。对重点建设高校中的重点建设学科,单列核定专业技术高级岗位比例,不受所在高校核定结构比例限制。

四、大力支持科技创新。围绕对接经济社会重大科技需求,高校可与科技等部门采取联合资助方式,实施自然科学基金项目,开展基础性、理论性和探索性研究。倾斜支持建设重点实验室(工程技术研究中心)并申报国家地方联合工程中心(工程实验室)。支持高校实验实训环境、平台和基地建设,优先列入省公共建设资金项目支持范围。

五、扩大发展研究生教育。优先支持研究生学位点增设,优先安排新增研究生招生计划特别是博士研究生招生计划。支持开展研究生课程改革,优先考虑课程改革试点项目。

六、形成倾斜支持合力。统筹协调省级有关部门,加大资源配置力度,合力推动省重点建设高校加快发展。根据《意见》精神,结合实际出台具体扶持措施。各高校认真研究制订内部管理制度和工作机制,相关改革试点可以"一事一报"、"一校一策"的方式,向省级部门申报实施。

[例文 3]

江苏着力编织校园安全防控网络

近年来,江苏省公安机关与教育、综治等部门密切配合,把维护校园安全作为一项重要的政治任务和民生工程,全面加强平安校园建设。全省中小学、幼儿园刑事案件连续5年下降,师生安全感、满意度持续提升。

一、加强校园安全工作齐抓共管。省公安厅每年会同教育厅制定下发《全省中小学幼儿园安全工作要点》,明确年度重点任务,形成分工协作、齐抓共管、综合治理的良好格局。把平安校园建设纳入市县教育现代化和义务教育均衡发展考核体系,省教育厅、综治办、公安厅共同研究具体考核标准,每年联合督查、联合考评。目前,全省94%以上的中小学、幼儿园达到平安校园标准。

二、加强校园治安制度建设。一是强化校园内部安防达标。省公安厅会同教育厅出台《全省中小学幼儿园治安保卫工作规定》,对校园安防建设特别是保安员配备、技防系统建设提出规范性、强制性要求。目前全省校园保安员配备、技防系统建设的达标率分别为97.6%和97.2%。二是强化公安机关"护学岗"建设。各级公安机关把校园及周边地区作为巡防重点区域,认真落实高峰勤务和"护学岗"制度。近3年,统筹基层所队和机关部分警力,在城区和重点乡镇学校幼儿园新设立6834个"护学岗"。三是强化校园周边群防群治工作。在校园周边单位探索建立"学生庇护点",广泛发动教职员工、学生家长和治安积极分子开展校园"平安守护"行动。

三、加强涉校安全隐患治理。一是严查校园安全隐患。对学校滚动开展"标准化、菜单式"安全检查,依法督促整改校园治安、消防、交通等隐患。深入推进"校车安全"工程、"清剿火患"战役和无证幼儿园清理整顿工作,有效遏制校园重大事故发生。二是严控治安危险分子。加强涉校涉生矛盾纠纷排查化解工作,加大对扬言报复社会人员、易肇事肇祸精神病人等治安危险分子的排查管控力度。去年,公安机关及时发现制止可能伤害学生幼儿的案件苗头12起,防止了恶性事件发生。三是严管校园周边秩序。把维护校园周边秩序作为创建文明城市的重要内容,坚持集中整治与规范管理相结合,深入排查校园周边治安乱点,防止出现反复。

四、全面推进社区警务进校入园。要求各地以县(市、区)为单元,按照外观标识、装备配备、警务公开、规章制度、工作台账"五统一"的要求开展校园警务室建设,明确责任民警在校园警务室工作时间和任务要求。目前,全省96%以上的中小学、幼儿园已建成比较规范的校园警务室;对规模小、条件差、暂未设立警务室的校园,也有专门民警联系工作。

[例文 4]

教育部、中组部启动2017年国家"万人计划"教学名师遴选工作

日前,教育部办公厅、中组部办公厅联合印发《关于组织开展2017年国家"万人计划"教学名师遴选工作的通知》,对2017年国家"万人计划"教学名师遴选支持工作作出部署。

国家"万人计划"是经党中央国务院批准,面向国内高层次人才的重点支持计

划,于 2012 年启动实施。这一计划准备用 10 年左右时间,重点遴选支持一批自然科学、工程技术和哲学社会科学领域的杰出人才、领军人才和青年拔尖人才,形成与"千人计划"相互衔接的高层次创新创业人才队伍建设体系。教学名师作为"万人计划"项目之一,是唯一侧重考察教师教书育人实绩的国家级人才项目,并于 2015 年由面向高等教育扩展到面向各级各类学校在职专任教师进行遴选。这充分体现了国家对一线教师从事教书育人工作的重视和认可,也是激发广大教师坚守岗位职责、潜心教书、精心育人、为国育才的强大激励措施。

根据《通知》安排,本次共遴选支持 200 名国家"万人计划"教学名师,其中高等学校(含普通本科院校、高等职业学校等)教师占 60%左右,中等以下学校(含普通中小学、中等职业学校、幼儿园、特殊教育学校等)教师占 40%左右。《通知》强调,国家"万人计划"教学名师人选,应忠诚于党和人民的教育事业,全面贯彻党的教育方针,为人师表,师德高尚;长期从事一线教学工作,培养优秀青少年有突出贡献;对教育思想和教学方法有重要创新,教学成果和教育质量突出;在教育领域和全社会享有较高声望,师生群众公认。《通知》还提出了申报遴选的具体条件、遴选程序和工作要求,并公布了遴选指标体系,确保遴选工作科学、公平、公正。

据悉,国家将给予"万人计划"教学名师入选者每人 50 万元支持经费,用于自主选题研究、人才培养和团队建设等,并鼓励地方和用人单位配套给予适当经费支持。教育部门和学校还将组织开展学习宣传推广活动,充分发挥国家"万人计划"教学名师的示范引领和辐射带动作用,提升广大教师教育教学水平和学校办学质量。

第四节 调查报告的写作

一、调查报告的性质及特点

调查报告是根据调查研究成果写成的反映事物客观规律的书面报告。调查报告是经历了调查、研究、整理成文三个环节才最终形成的书面材料。调查报告具有以下特点:

(一)严格的真实性

调查报告的内容是真实、客观的。尤其人、事、时、地必须符合客观实际,经得起复核、验证,才能研究出客观规律,提出建议或意见,供决策或工作参考。其中,尤其数据、关键情节要准确。如果不能做到这一点,调查报告也就失去了它的意义。

(二)明确的针对性

调查报告是针对工作需要或解决实际问题而写作的,目的性、实用性很强。

(三)以叙述为主,兼有分析和议论

调查报告以叙述为主,概括叙述调查事实,可适当选用群众语言或人物原型语言以增强其真实性、生动性和形象性。语言要质朴、凝练、明了,不要拖泥带水。在叙述的同时,要注意分析和论证。不能就事论事,堆砌大量材料,淹没了观点;也不能就理说理,写成议论文。

二、调查报告的作用

调查报告是调查研究和决策实施的中间桥梁。它的作用有以下四个方面:

（一）为领导机关的正确决策提供依据

只有经过认真研究，真正了解和掌握了实际情况，才能制定出正确的方针政策。调查报告反映了现实生活或工作中存在的问题和客观事物的本来面目，有的还提出了解决问题的意见和方法，供领导决策参考。

（二）扶持新生事物，推广先进经验

随着社会的进步，新生事物不断涌现出来，而面对新生事物也有一个认识和扶持的过程，这就需要进行深入调查，通过调查报告来宣传新生事物，介绍和推广先进思想、先进经验，促进我们的工作向前发展。

（三）揭露社会弊病，引起社会公众关注

调查报告可以深刻地揭露阴暗面、丑恶现象，引起有关部门和社会公众的关注，起到舆论监督的作用，使问题早日得到解决。

（四）澄清事实真相，回答社会问题

社会上某些重大事件、重要问题，在难以辨明事实真相的情况下，需要经过调查研究，写出调查结果，有利于分清是非，澄清事实真相，以消除社会公众的疑惑误解。

三、调查报告的类型

按调查目的和最终形成的书面报告的内容综合评价，调查报告大体可分为以下类型：

（一）总结典型经验的调查报告

这类调查报告是为了概括出先进人物或先进地区、先进单位的正面经验，使其便于在面上发挥影响。调研对象是一个或一类特定的先进典型。调查报告写成之后，其中所概括的经验，可以为有关人员或单位所借鉴，或可以使之从中受到启发；也可作为有关主管部门开展学习先进活动的素材。

（二）反映情况的调查报告

这类调查报告因调查目的、范围和用途的差异又分两种：一种是反映具体情况的个案性调查报告。其调研目的是把某一个具体问题界定清楚，调研范围单一、具体，报告的内容一般用来作为处理某一具体问题的依据或重要参考。另一种是反映基本情况的综合性调查报告，调研的目的是掌握某一领域或某一方面的概貌，调研范围相对宽广，涉及的对象较多，报告的内容主要用作宏观决策参考，或者用于说明某种客观现象、某一学术观点。

（三）揭露问题的调查报告

调查对象一般是暴露出问题和问题涉及的有关单位和人员。揭露问题的调查须在已有线索的基础上展开。调查的目的是查清事实，获得足以说明问题性质、程度的材料。揭露问题的调查报告不仅可以用来澄清是非，辨明真伪，教育群众，还可直接用作对有关责任单位和责任人进行处理的重要依据。

四、调查报告的写作

（一）调查报告的写作过程

1. 调查前的准备

调查前的准备工作主要从四个方面着手：一是思想准备。明确调查研究的目的，端正态度。二是选题准备。要从实际需要出发，选择那些对社会实践有指导意义的、群众关注的事

情,以及对领导了解情况和决策有参考价值的问题作选题,初步解决调查的方向。三是理论政策的学习。四是提纲的准备。要列出一个较为详细的调查提纲,将调查的对象、内容、项目、要求、方法、时间等事先做好安排,科学地设计好调查方案。

2. 坚持科学的调查方法,充分占有材料

准备工作做完后,就开始调查,占有材料,这是调查报告写作的物质基础。在调查中有三个方面要注意:首先是要深入,要能深入社会、深入底层、深入群众。二是细致,留心看,虚心问,仔细听,详细记,认真想,材料收集得越多越好。三是要采用各种科学的调查方式方法。常用的调查方法有:

普遍调查法。即普查,是指在一定范围内,对所有对象进行全面的调查,以获得完整、系统的资料。普查的优点是资料全面、准确、误差小。如2000年全国进行的第五次全国人口普查意义重大,为今后国家有关方针、政策的制定提供了依据。

典型调查法。在一定的总体范围内,选择能够代表总体状况的典型深入调查。准确选择典型,是此调查法的关键。若典型不具普遍性、代表性,将特殊规律误认为是适用于普遍的一般规律,用来指导全局则会造成失误。

抽样调查法。即在需要调查的客观事物的总体中抽取一部分进行调查,以此来推断总体情况。此法的长处是省时、经济,排除人们的主观选择结论,较客观可靠。

实地观察法。即直接亲身深入调查第一线中去,通过观察、访谈等方式,获取真实、可靠的情况。

问卷调查法。将调查内容设计为问卷,发给一定范围或社会人员回答,然后进行统计、分析,写出调查报告。

(二) 调查报告的结构

调查报告惯用的结构由标题、序言、主体、结尾组成。

1. 标题

调查报告的标题形式多样,总的来说可分为两种类型:一种是单行标题,一种是双行标题。单行标题又可分为公文标题写法和一般文章标题写法两种。采用公文标题写法的优点是能使人直接明确文种,并了解调查的对象和调查报告的目的,如"关于当前微电脑在企业财务会计工作中的运用情况和存在问题的调查报告"。但是,采用公文标题写法容易写得过于冗长,而且比较平淡,不利于诱发读者的阅读欲望。采用文章标题写法,虽也有不利的一面,如不能让人由标题一眼看出文种,但处理得好,能使人看了标题便对调查对象和调查报告的目的有所了解,而且标题还有可长可短、可严肃可谐趣、可描述可设问的优点,因而,容易写得生动有趣,引人注目。例如:"愤怒的烧鸡"、"新闻纸紧张的症结何在"等。

2. 序言

序言是调查报告的开头部分,可用来交代调查的时间、地点、目的、对象、范围;也可以用来概述调查的主要内容,取得的主要收获;还可以交代调查工作的背景以及通过调查所获得的结论。开头的写法较灵活,常用的形式有:

概括介绍式,即概括介绍调查对象的基本情况。结论式,即在前言中先写调查报告的结论,再阐述主要事实。议论式,即针对调查的问题说明意义,作简要的评述,再叙写事情的经过。提问式,即开门见山,抓住中心提出问题,引起读者的思考和兴趣。不管运用何种方式开头,都应该重点突出,简明精要,切入内容要旨。

3. 主体

主体是一篇调查报告的主干。主体通常以叙述为主,叙议结合,围绕导语所提出的问题依次展开。主体为了突出段旨,常给各段加上小标题。主体部分的结构形式安排通常有两种方式:

纵式结构,按照事物发生发展的先后顺序组织材料安排层次。横式结构,按问题的性质或事物的特点来组织材料,加上序号或小标题,分别进行阐述。

4. 结尾

调查报告的结尾写法不一,或一段,补充说明有关事项;或一句,顺便交代某一问题。或总结全篇,深化主题;或指出调查存在的不足之处。值得一提的是,随着中国市场经济的成熟,调查报告这种以往更多用于机关的文种也日渐深入到经济活动中,如市场调查报告、可行性分析报告等。详细内容请参阅经济文书类。

[例文1]

陕西合阳县农村妇女参选参政情况调查报告

第五次村民委员会换届选举工作已经结束。为了全面了解农村妇女参选参政状况,进一步探索新时期妇女参选参政工作新思路,提高农村妇女参选参政比率,促进男女平等,2003年4月,合阳县妇联组织县、乡妇女干部深入基层,对全县第五次村民委员会换届选举中妇女参选参政状况进行了调查,收到调查表和调查报告各16份,并分片在我县城关、甘井、新池、杨家庄、和家庄五个乡镇召开了有主管妇女工作的乡镇领导、组织干事、民政干事及部分村党支部书记、村委主任、妇代会主任等村干部参加的座谈会。

一、基本情况

合阳县地处渭北旱塬东部,全县辖12镇4乡353个行政村,1756个村民小组。全县总人口为432689人,其中农村人口393788人,农村劳动力人数21.34万人,其中女劳动力10.7万人,占51.14%。在第五次村民委员会换届选举工作中,全县选出女村支部书记5人,女支部副书记4人,女村委副主任2人,女支部委员83人,女村委会委员179人,其中妇代会主任进支委的76人,进村委的173人,妇代会主任进"两委"的比率为75.6%。

二、特点及存在问题

在各级组织的正确指导下,第五次村民委员会换届选举中,一批年富力强、有能力、群众信得过的妇女脱颖而出,在农村担任了不同的职务,掀开了农村妇女参选参政工作新的一页。妇女参选参政呈现出新的特点:一是妇代会主任参选参政比率高。在本次换届选举中,妇代会主任参选的积极性较一般妇女群众高,当选的妇代会主任占到了村级女干部的95%以上。二是农村女干部的整体素质有了提高。本次选出的女支书、女主任、女委员,文化程度较上一届有了提高,高中文化程度占38.35%,初中的占60.25%,小学的仅占1.2%;年龄趋向年轻化,35岁以下的妇女干部占36.2%,36岁至45岁的占41.8%,46岁以上的占22%。三是妇女参选率提高。在本次选举中,由于男子外出、妇女民主法制意识增强等原因,女选民占到了60%以上。与此同时,通过调查,我们也不难发现妇女参选参政也存在一些问题:一是妇女参选参政比率较上届有所下降。在第四次村民委员会换届选举中,全县选出女支部书记8人,副书记3人,女村委会主任3人,副主任10人,女村委会委员249人,女支委委员83人,村妇代会主任进"两委"班子比率达到93.2%,而第五届妇女参选参政人数从决策层到委员都有所下降。二是妇女在参选参政过程中处于被动地位。座谈调查中,96%以上的妇女干部都是村选委会提名后选举产生的。换届选举中,往往会出现几个候选人竞争一个职务的状况,面对这种情况,竞选的妇女大部分都没有采取任何措施,抱着顺其自然的态度。新池镇张家庄村妇女主任雷尽侠被选委会提名为村委会委员候选人时,村上还有18个妇女和她竞选。她说自己当时心里也想干,但是没有采取任何措施,觉得宣传自己或者展示自我那是在拉选票,是不光彩的事。南沟村的孙茹芹说:"既然村选委会把我提上了,一切顺其自然,群众信任我,选我我就好好干,群众不选我,我就回家做生意,无所谓,我不会为此做什么动员工作的。"三是决策层女性太少。全县农村"两委"班子决策层只有11个女性,其中女支书5人,仅占1.5%;女村委主任上届有3人,本次没有;女副支书、女副主任6人,仅占1.81%。

三、原因分析

(一)传统的性别观念根深蒂固,严重地影响着农村妇女参选参政。首先是妇女自身社会性别观念浓厚,参政意识不强。(略)其次,妇女参选参政还会遇到丈夫及其家人的阻力。(略)另外,周围群众陈旧的性别观念也严重影响着妇女参选参政。(略)

(二)妇女自身条件差制约着妇女参选参政。在农村,妇女文化程度整体上不高。(略)

(三)宣传、动员妇女参选参政的力度不大。(略)

四、措施及对策

(一)加强培训学习,不断提高广大农村妇女的综合素质,打铁先要自身硬,要做好农村妇女参选参政工作,提高她们自身的综合素质首当其冲。要充分利用家长学校、妇女学校等阵地,采取专题辅导、座谈交流等不同培训学习形式,组织广大农村妇女学习党的方针政策及法律、科技、市场信息等方面的知识;学习马克思主义妇女观、男女平等基本国策、社会性别知识等,使她们通过学习拓宽视野,解放思想、树立"四自"精神。增强社会性别意识、民主法制意识和参选参政意识。另外,还要有重点地培训妇女如何演说、竞选,特别是要加强妇女当选后如何参政方面的培训,努力提高广大农村妇女的参选参政能力,推动农村妇女积极参选参政,进一步促进男女平等。

(二)广泛宣传,营造有利于妇女参选参政的良好氛围。在全社会要广泛宣传马克思主义妇女观、男女平等基本国策、社会性别知识等,改变、消除一些不利于妇女解放和发展的传统习俗和社会性别观念,解决广大群众特别是妇女群众思想上的模糊认识和种种顾虑;要大力宣传《村民委员组织法》中"村民委员会成员中,妇女应当有适当名额"的规定,动员引导妇女积极参选参政;要突出宣传优秀妇女典型,提高社会对女性价值的认识,激励妇女向榜样学习,激发她们的自信心,在参选参政工作中展示新时代女性风采。

（三）组织农村妇女广泛参与经济建设。有为才能有位。现实中大部分农村妇女在家中处于从属地位，没有经济地位。我们要充分调动广大农村妇女的积极性、创造性，发展经济，提高她们的经济地位，为争取政治地位打好经济基础。

（四）政策上给妇女参政参选以倾斜。各级组织在换届选举中应该将女候选人的名额强调出来，形成制度，为妇女参选参政提供政策支持。

[例文 2]

新生代农民工的数量、结构和特点调查

从20世纪80年代中期开始，农村劳动力开始大规模地进城务工，至今已有二十多年的历史。其间农村外出劳动力的规模不断扩大，截至2009年全国外出农民工的数量已经达到14533万人。同时，农民工内部也出现了代际更替，1980年之后出生的外出农民工，通常我们也将其称为"新生代农民工"，逐渐成为外出农民工的主体并且在整个经济社会中发挥着越来越大的影响。准确把握新生代农民工群体的数量、结构和特点，已经成为制定农民工相关政策的迫切需求。

为了全面和准确地掌握新生代农民工的状况，国家统计局在常规的农民工监测调查的基础上，2010年在10个省进行了新生代农民工专项调查，采用电话访问的方式了解新生代农民工在外的工作、生活状况、主观满意度和城市融入等方面的信息。

调查结果表明：(1) 新生代农民工总人数为8487万，占全部外出农民工总数的58.4%，已经成为外出农民工的主体。(2) 与上一代农民工相比，新生代农民工文化素质整体较高；大多数人不再"亦工亦农"，而是纯粹从事二三产业；就业主要集中在制造业，工作勤奋，仍是吃苦耐劳的一代。(3) 新生代农民工在融入城市的过程中，还存在诸多问题。部分新生代农民工有较大的工作压力，对收入的满意度较低，在"市民"和"农民"的身份认同中处于尴尬境地。近一半的新生代农民工有在城市定居的打算，但是收入太低和住房问题成为制约新生代农民工在城市定居最主要的困难和障碍。具体情况如下：

一、新生代农民工的数量和结构

（一）新生代农民工的数量达到8487万人，占外出农民工总数的58.4%

根据2009年对全国31个省的农民工监测调查，在所有外出农民工中，新生代农民工即1980年之后出生的外出农民工的比例超过了一半，占到58.4%。按照2009年外出从业6个月及以上的外出农民工数量为14533万人来推算，新生代农民工的数量已经达到8487万人。

从图1所示的人口金字塔中可以直观地看到农村人口、农村从业劳动力和外出农民工的年龄结构的分布。与农村从业劳动力相比，外出农民工的年龄构成更加年轻。在农村从业劳动力中，16—29岁、30—39岁、40—49岁和50岁以上的比例分别为26.4%、19%、25.3%和29.3%；而在外出农民工中，16—29岁、30—39岁、40—49岁和50岁以上的比例分别为58.4%、23.8%、13.1%和4.7%。也就是说，1980年之后出生的农村从业劳动力占全部农村从业劳动力的26.4%，但是

1980年之后出生的外出农民工已经占全部外出农民工的58.4%,这使得新生代农民工成为外出农民工的主体部分。

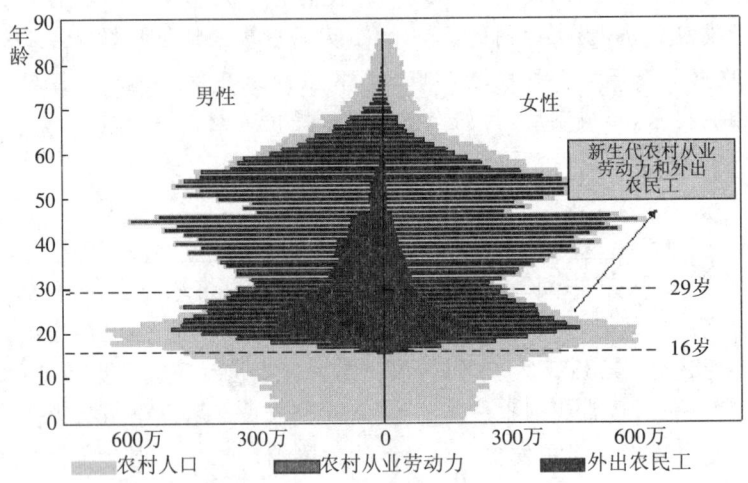

图1　2009年农村从业劳动力和外出农民工的年龄结构

新生代农民工之所以逐渐成为外出农民工的主体,这主要是因为在进行就业选择时,较为年轻的农村劳动力选择外出从业的倾向明显更高。图2示出了不同年龄段的农村劳动力的主要就业选择,以20—29岁和40—49岁这两个年龄组的农村劳动力为例进行对比,20—29岁年龄组的农村劳动力选择从事本地务农、本地非农活动和外出从业的比例分别为37.6%、13.2%和49.3%,而40—49岁年龄组的农村劳动力选择从事本地务农、本地非农活动和外出从业的比例分别为67.2%、21.1%和11.7%。

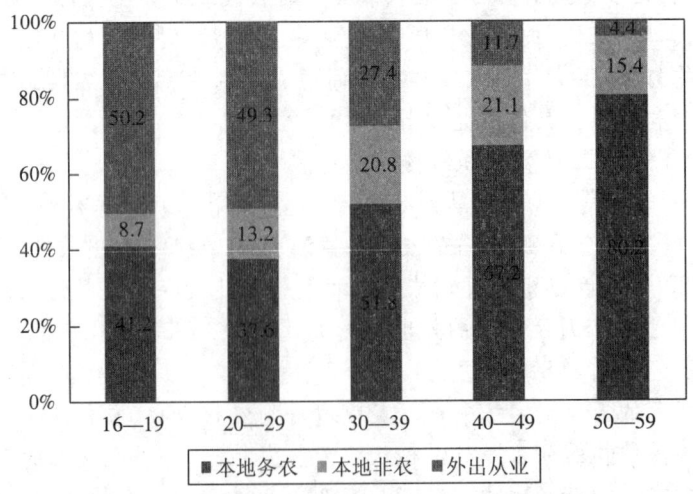

图2　不同年龄段的农村劳动力的主要就业选择

(二) 68.6%的新生代农民工来自中西部

从输出地看,东部地区外出农民工中新生代农民工的比例为57.5%,中部和西部地区中新生代农民工的比例分别为 61.2% 和 56.3%。可以看到,中部地区外出农民工中新生代农民工所占的比例最高,超过了 60%。这主要是由于在中部地区 1980 年之后出生的农村劳动力更愿意选择外出从业。就新生代农民工这一群体本身而言,来自东部地区、中部地区、西部地区的比例分别为 31.4%、38.2% 和 30.4%。

(三) 72.3% 的新生代农民工在东部地区务工

从输入地看,分别在东部地区、中部地区和西部地区务工的外出农民工中,新生代农民工的比例分别占到 61.4%、54.7% 和 49.8%。就新生代农民工这一群体本身而言,在东部地区、中部地区、西部地区务工的比例分别为 72.3%、12.9% 和 14.4%。与上一代农民工相比,新生代农民工更倾向在东部地区务工。

表 1　新生代农民工的总量和地区分布

新生代农民工的人数	8487 万人	
占外出农民工总数的比例	58.4%	
新生代农民工的地区分布	输出地	输入地
东部地区	31.4%	72.3%
中部地区	38.2%	12.9%
西部地区	30.4%	14.4%

(四) 新生代农民工中女性的比例达到 40.8%

在全部农村从业劳动力中,女性的比例为 46.8%;而在全部外出农民工中,女性的比例仅为 34.9%。而且,女性的比例与外出农民工的年龄高度相关。分年龄段看,如图 3 所示,随着外出农民工年龄的增加,女性的比例逐渐降低。在较为年轻的外出农民工中,男女比例较为均衡,16—20 岁之间的外出农民工中女性的比例基本上接近 50%。但是,当外出农民工的年龄超过 40 岁时,女性的比例已经降到约 25%。总的来说,新生代农民工中女性的比例达到 40.8%,而上一代农民工中女性的比例仅为 26.9%。

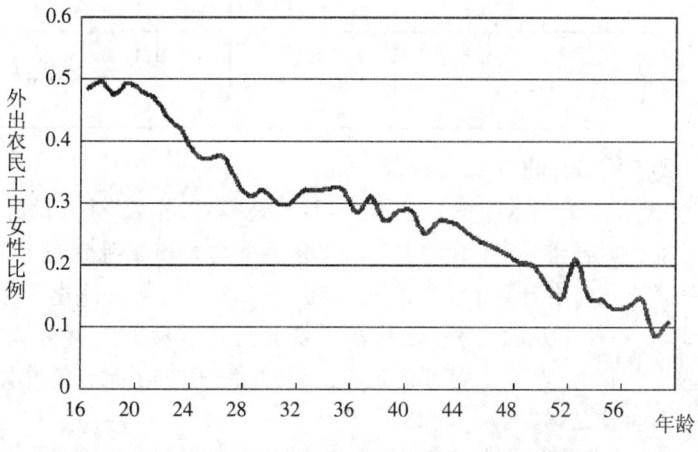

图 3　外出农民工中女性的比例随年龄变化的情况

(五)新生代农民工主要是一个未婚群体

主要由于年龄的关系,约70%的新生代农民工还没有结婚。具体地,在新生代农民工中,1980年之后且1990年之前出生的已婚比例为33.8%,1990年之后出生的已婚比例仅为1.6%。这意味着,大部分新生代农民工群体要在外出务工期间解决从恋爱、结婚、生育到子女上学等一系列人生重要问题,需要受到更多政策上的关注。

(六)新生代农民工的受教育程度较高

从表2可以看出,外出农民工的受教育程度高于农村从业劳动力的平均水平。同时,在全部外出农民工中,新生代农民工的受教育程度更高。特别是中专和大专及以上文化程度的比例,新生代农民工明显高于上一代农民工。新生代农民工中文化程度为"中专"、"大专及以上"的比例分别达到9%和6.4%,而上一代农民工中相应的比例仅为2.1%和1.4%。从平均受教育年限看,新生代农民工的平均受教育年限为9.8年,而上一代农民工的平均受教育年限仅为8.8年。

从参加职业培训的比例看,新生代农民工参加职业培训的比例为30.4%,而上一代农民工参加职业培训的比例为26.5%。

表2 新生代农民工的人力资本特征

人力资本特征	农村从业劳动力	外出农民工		
		合计	上一代农民工	新生代农民工
受教育年限(年)	8.2	9.4	8.8	9.8
文化程度(%)				
不识字或识字很少	6.6	1.1	2.2	0.4
小学	24.5	10.6	16.7	6.3
初中	52.4	64.8	65.2	64.4
高中	11.2	13.1	12.4	13.5
中专	3.1	6.1	2.1	9.0
大专及以上	2.2	4.3	1.4	6.4
参加职业培训(%)	14.3	28.8	26.5	30.4

二、新生代农民工外出从业的特点

(一)新生代农民工基本不懂农业生产,目前还"亦工亦农"兼业的比例很低

从外出从业的时间看,新生代农民工2009年平均外出从业时间已经达到9.9个月。与上一代农民工相比,新生代农民工还"亦工亦农"兼业的比例很低。上一代农民工在2009年外出从业之外,还从事了农业生产活动的比例为29.5%;而新生代农民工的比例仅为10%。换句话说,在2009年90%的新生代农民工没有从事过一天的农业生产活动。

而且,从农业劳动技能的角度看,新生代农民工大多没有从事农业生产活动的经验和技能,60%的新生代农民工缺乏基本的农业生产知识和技能,其中更有24%

的新生代农民工从来就没有干过农活,完全不会。因此,即使经济形势波动,就业形势恶化,新生代农民工也很少会返乡务农。新生代农民工脱离农业生产和向城市流动已经成为一个不可逆转的过程。

(二) 新生代农民工从业主要集中在制造业,从事建筑业的比例较低

表3示出了新生代农民工外出从业的主要行业分布。从中可以看出,与上一代农民工主要集中在制造业和建筑业的情况不同,新生代农民工主要集中在制造业。具体来说,上一代农民工从事制造业和建筑业的比例分别为31.5%和27.8%,而新生代农民工从事制造业的比例上升到44.4%,从事建筑业的比例仅为9.8%。同时,新生代农民工在住宿餐饮业、居民服务和其他服务业等服务行业的比重有所上升,与上一代农民工相比,比重分别提高了3.3个和1.4个百分点。这说明新生代农民工在选择行业时,不仅看重岗位的工资水平,也很看重企业提供的工作环境和职业前景。与上一代农民工相比,新生代农民工更倾向于选择较体面、较安全和有发展前景的工作岗位。

表3　新生代农民工外出从业的主要行业分布

行业分布(%)	外出农民工		
	合计	上一代农民工	新生代农民工
制造业	39.1	31.5	44.4
建筑业	17.3	27.8	9.8
交通运输、仓储和邮政业	5.9	7.1	5.0
批发和零售业	7.8	6.9	8.4
住宿和餐饮业	7.8	5.9	9.2
居民服务和其他服务业	11.8	11.0	12.4
其他行业	10.3	9.8	10.8

(三) 新生代农民工外出从业的劳动强度较大,仍然是吃苦耐劳的一代

新生代农民工平均每月工作26天,每天工作9个小时,与其他年龄段农民工的劳动强度并没有显示出显著差异。在新生代农民工中,平均每天工作8小时的比例为52.4%,平均每天工作9—10个小时的比例为38.8%,另外有6.4%的新生代农民工平均每天需要工作11—12个小时。与上一代农民工一样,新生代农民工工作勤奋,仍然是吃苦耐劳的一代。

(四) 新生代农民工跨省外出的比例更高,并且更倾向于在大中城市务工

与上一代农民工相比,新生代农民工跨省外出的比例更高。在上一代农民工中,2009年跨省外出的比例为46.8%;而在新生代农民工中,2009年跨省外出的比例达到53.7%。而且,新生代农民工更愿意在大中城市务工。在新生代农民工中,选择在地级及以上城市务工的比例为67.4%,而在上一代农民工中,相应的比例仅为57.5%。

(五) 新生代农民工初次外出的年龄更加年轻

在2009年外出农民工中,初次外出的年龄平均为26岁,其中新生代农民工初

次外出的年龄平均为20.6岁,而上一代农民工初次外出的年龄平均为33.7岁。在新生代农民工中,1980年之后且1990年之前出生的初次外出的年龄平均为21.1岁,1990年之后出生的初次外出的年龄平均为17.2岁,这意味着很多的新生代农民工一离开初中或高中的校门就走上了外出务工的道路。

(六)新生代农民工的收入水平相对较低

2009年外出农民工的平均月收入为1417元,其中新生代农民工的平均月收入水平为1328元,上一代农民工的平均月收入为1543元。如果按照月收入进行分组,在新生代农民工中,月收入水平在800元以下、800元—1000元、1000元—1200元、1200元—1500元、1500元—2000元和2000元以上的比例分别为8.6%、13.4%、21.6%、21.1%、22.5%和12.8%。

虽然与上一代农民工相比,新生代农民工的文化程度和参加职业培训的比例都更高,但是新生代农民工的月收入水平明显要低于上一代的农民工。其中主要原因是新生代农民工外出工作的年限较短,积累的工作经验较少。可见,在农民工的工资决定中,工作经验起着更为重要的作用,技能的增长主要通过干中学和熟练程度提高来实现。

(七)新生代农民工在外的平均消费倾向较高

与上一代农民工一样,新生代农民工也具有较强的家庭责任感。不过,新生代农民工寄回带回的钱相对较少。2009年新生代农民工平均寄回带回的金额为5564元,占外出从业总收入的37.2%;而上一代农民工平均寄回带回的金额为8218元,占外出从业总收入的51.1%。按照月收入水平对外出农民工进行分组,我们发现对于每一个收入组,新生代农民工寄回带回的金额都要明显少于上一代农民工,这表明与上一代农民工相比,新生代农民工在外的平均消费倾向会更高一些。

三、新生代农民工在外生活状况

(一)新生代农民工主要居住在单位宿舍

表4示出了包括新生代农民工在内的外出农民工的居住情况。可以看到,由于新生代农民工行业分布的特点,新生代农民工和上一代农民工在居住情况上也有所差异。新生代农民工居住在单位宿舍的比例高达43.9%,居住在工地工棚和生产经营场所的比例相对较低,分别为6.5%和8.2%。与上一代农民工相比,新生代农民工与人合租住房的比例相对较高,但独立租赁住房的比例较低,租房的比例合计为36.8%。另外,新生代农民工中在务工地自购房的比例为0.7%。可以看到,如果新生代农民工想在城市定居下来,住房将是一个重要的制约因素。

表4 新生代农民工的居住情况(%)

住所类型	所有外出农民工	上一代农民工	新生代农民工	夫妻一起外出的新生代农民工
单位宿舍	37.4	27.2	43.9	32.7
工地工棚	11.3	18.9	6.5	5.4
生产经营场所	8.4	8.6	8.2	7.3

续 表

住所类型	所有外出农民工	上一代农民工	新生代农民工	夫妻一起外出的新生代农民工
与人合租住房	19.3	16.0	21.3	18.5
独立租赁住房	18.8	24.0	15.5	32.7
务工地自购房	0.9	1.3	0.7	2.0
其他	3.9	4.1	3.8	1.4

（二）已成家的新生代农民工大部分是夫妻一起外出，但是将子女留在老家

调查结果显示，在已婚的新生代农民工中，59.4%的新生代农民工是夫妻一起外出的。在有子女的新生代农民工中，62.9%的新生代农民工将子女留在老家。对于夫妻一起外出务工的新生代农民工，虽然在一地务工，但是由于租不起房子，很多夫妇仍然是各自住在集体宿舍和工作地。如表4所示，夫妻一起外出务工的新生代农民工虽然独立租赁住房的比例提高到32.7%，但是仍然有超过40%的比例是居住在单位宿舍、工地工棚和生产经营场所，严重影响新生代农民工的生活质量和家庭幸福。

新生代农民工目前有子女的虽然不多，而且大多是学龄前儿童，但是从现实和前瞻性的角度看，由新生代农民工外出所带来的留守儿童问题需要引起政府和相关部门的高度重视。要解决留守儿童的问题，流入地政府不仅需要考虑农民工子女在义务教育阶段的入学问题，还需要考虑新生代农民工随迁子女的学龄前教育即幼儿园入园的问题。

（三）上网和看电视成为新生代农民工的主要业余活动

上网和看电视成为新生代农民工的主要业余活动。在业余时间经常上网和看电视的新生代农民工的比例分别占到46.9%和52.1%。网络已经成为新生代农民工获取信息的重要渠道，他们的思想观念和价值取向也将更多地受到网络的影响。另外，一部分新生代农民工选择了利用业余时间来进行充电，业余时间主要用于学习培训和读书看报的新生代农民工的比例分别为5.5%和10.1%。

四、新生代农民工面临的主要问题

（一）合同签订率低、部分岗位缺乏有效的防护措施、社会保障参保率低等权益保障的缺失是新生代农民工就业面临的突出问题

在新生代农民工中，有54.4%的新生代农民工没有与单位或雇主签订劳动合同。而在上一代农民工中，没有与单位或雇主签订劳动合同的比例为61.6%。在新生代农民工所从事的工作中，有32%的岗位不需要安全防护措施。但是，在需要防护措施的工作岗位上，防护措施较为齐全的仅占35%，有一些防护措施的占到53%，而完全没有防护措施的比例为12%。

如果遇到劳动纠纷，新生代农民工最倾向于通过"劳资双方协商"、"法律途径"和"政府"来解决问题。最倾向于通过"劳资双方协商"来解决劳动纠纷的新生代农民工占39.9%，倾向于通过"法律途径"和"政府"来解决劳动纠纷的新生代农民工分别占25.1%和19.8%。可以看到，新生代农民工更倾向于依靠自己和法律途径

来解决问题。

总体来说,新生代农民工参加社会保障的比例很低,与其他年龄段的外出农民工参加社会保障的情况没有显著差异。从全国看,单位或雇主为新生代农民工缴纳了养老保险、工伤保险、医疗保险和失业保险的比例分别为7.6%、21.8%、12.9%和4.1%。

新生代农民工不仅参加社会保障的比例很低,而且分区域和分行业的差异较大。图4和表5分别示出了新生代农民工分区域(输入地)和主要行业的社会保障覆盖情况。

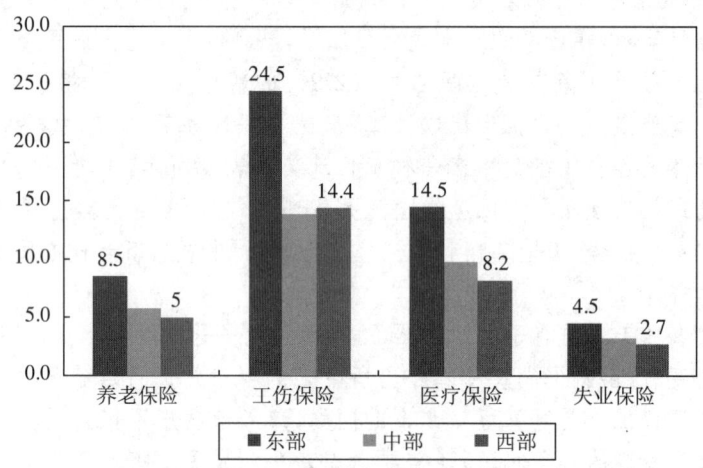

图4　新生代农民工分区域的社会保障情况

表5　主要行业中新生代农民工的社会保障覆盖率(%)

主要行业	养老保险	工伤保险	医疗保险	失业保险
制造业	7.8	26.9	14.5	3.9
建筑业	2.4	16.1	5.2	1.3
交通运输、仓储和邮政业	9.6	25.5	14.9	5.8
批发和零售业	6.2	10.1	8.0	3.2
住宿和餐饮业	3.5	11.8	7.0	1.9
居民服务和其他服务业	4.2	13.7	9.0	2.4

(二)部分新生代农民工有较大工作压力,对收入的满意度较低

由于平时工作的强度比较大,约一半的新生代农民工需要经常加班,部分新生代农民工承受了较大的工作压力。感觉"工作压力很大"和"工作压力较大"的新生代农民工的比例分别占到7.2%和28.1%。也就是说,超过1/3的新生代农民工感到有较大的工作压力。

相较于工作环境,新生代农民工对于当前收入水平的满意度更低。对于当前的工作环境,感到"不太满意"和"很不满意"的新生代农民工的比例分别占到24.1%和1.4%。而对于当前的收入水平,感到"不太满意"和"很不满意"的新生代农民工的比例分别占到41.3%和3.3%。也就是说,有接近一半的新生代农民工对于当前的收入水平不满意。

实际上,这很大程度上反映了新生代农民工本身知识技能的现实水平和新生代农民工对自身职业发展的较高预期之间的矛盾。调查显示,大部分新生代农民工都有明确的职业发展目标,比较看重自己未来的发展。对于职业发展目标,有25.8%的新生代农民工选择"掌握专业技术,有一技傍身",还有26.3%的新生代农民工选择"自主创业当老板"。因此,政府加强新生代农民工的职业技能培训,不仅能满足劳动力市场对技术工人的需求,也能解决新生代农民工自身的职业发展和收入问题。

(三)在身份认同上处于"农民"和"市民"之间的尴尬境地,缺乏幸福感,新生代农民工的精神健康和心理疏导问题需要引起重视

在身份认同上,新生代农民工处于"农民"和"市民"之间的尴尬境地。新生代农民工对于"自己是老家的人"这一说法"非常同意"和"比较同意"的比例分别为46.3%和41.6%;对于"自己是农民"这一说法"非常同意"和"比较同意"的比例分别为23%和45.5%;对于"自己是城里人"这一说法"非常同意"和"比较同意"的比例分别为4.3%和18.5%。从城市融入的角度看,这显示出大部分的新生代农民工并不认为自己是城里人,在身份认同上更倾向于自己是"老家的人"甚至是"农民"。

但是,在选择"如果要比较生活状况,您会和什么人比"时,新生代农民工选择:城市居民、城里的农民工、农村的亲戚、老家村里的人、老家乡里的人、老家县里的人和说不清的比例分别为23.4%、23.6%、6.8%、19.3%、6.7%、3.6%和16.7%。可以看到,在选择生活的参照系时,新生代农民工明显地更倾向于与城里人相比较。这意味着,当新生代农民工感受到与城市人群生活和地位有差距时,逆反心理和苦闷情绪会更加强烈。

总体而言,新生代农民工缺乏幸福感。感到"比较幸福"和"非常幸福"的新生代农民工的比例分别只有30.6%和5%,而感到"很不幸福"和"不太幸福"的新生代农民工的比例达到3.2%和7.7%。也就是说,存在11%的新生代农民工感觉很不幸福或不太幸福,他们的心理疏导和精神健康问题需要引起企业和相关政府部门足够的重视。

(四)近一半的新生代农民工有在城市定居的打算,但是收入太低和住房问题是制约新生代农民工在城市定居最主要的困难和障碍

在未来的打算上,接近一半的新生代农民工有在城市定居的打算。如表6所示,"坚决不回农村"的新生代农民工占到8.1%,"尽量留在城市,实在不行再回农村"的占到37%。从婚姻状况看,未婚的新生代农民工打算将来在城市定居的比例更高。从性别看,新生代农民工中女性在城市定居的愿望更为强烈。在未婚的女性新生代农民工中,"坚决不回农村"和"尽量留在城市,实在不行再回农村"的比例上升到12.5%和40.4%。

表6 新生代农民工未来的打算(%)

未来的打算	新生代农民工				
	合计	已婚		未婚	
		男性	女性	男性	女性
坚决不回农村	8.1	5.3	5.6	7.6	12.5
尽量留在城市,实在不行再回农村	37.0	31.7	32.2	38.8	40.4
挣够钱就回农村	22.2	27.9	29.4	21.3	15.6
一定会回农村	11.2	15.1	13.7	11.3	7.1
不好说	21.5	20.1	19.1	21.0	24.5

但是,从现实的角度看,新生代农民工要想在城市定居下来还存在诸多困难。调查结果显示,新生代农民工群体认为,在城市定居下来的最主要的困难和障碍依次是"收入太低"、"住房问题"、"社会保障不完善"、"老人无法照料"、"子女教育问题"等。

67.2%的新生代农民工认为"收入太低"是制约在城市定居的重要困难和障碍,63.2%的新生代农民工认为"住房问题"是制约在城市定居的重要困难和障碍。可见,收入问题和住房问题是目前新生代农民工在城市定居下来所面临的最大困难和障碍。同时,认为"子女教育问题"、"老人无法照料"、"社会保障不完善"、"地位不平等"、"没有归宿感,难以融入城市生活"是制约在城市定居的重要困难和障碍的比例分别为16%、20.1%、24%、7.8%和13.5%。

五、政策建议

从以上分析可以看到,随着外出农民工群体内部出现的结构性变化,新生代农民工已经成为农民工的主体,并且出现一些不同于传统农民工的新问题和新诉求,这将对中国整个的城市化进程和经济社会发展产生深远的影响。因此,需要相应的体制安排来保障新生代农民工逐步融入城市社会,使新生代农民工在就业、社会保障、获得公共服务等方面能够享受到与城市居民同等的权利,切实解决他们在城市化过程中遇到的问题和困难。

(一)积极探索有利于促进新生代农民工在城市定居下来的户口登记制度。在中小城市、小城镇实现稳定就业创业而又放弃农村责任地的新生代农民工,应取消准入门槛;大城市和特大城市应放宽新生代农民工进城落户的相关政策,采取积分制落户办法,将教育、技术资格、工龄、社保缴纳年限等作为积分内容,逐步转变为市民。

(二)加强新生代农民工的职业技能培训和创业培训,满足新生代农民工在职业发展上的诉求,最终改善他们的收入状况。政府可建立新生代农民工专项培训资金,加大支持力度。根据企业对技术工人的实际需求,进行针对性更强的职业技能培训,可通过培训券、报销部分学费等多种方式给予补助。另外,为有创业意愿的新生代农民工提供创业培训,积极探索新的培训方式,精心安排培训计划,帮助他们掌握创业知识和技能,成功创办自己的企业。

（三）从制度上和规划上整体考虑包括新生代农民工在内的农民工群体的住房问题。城市政府要把解决农民工住房问题纳入城市住房保障目标责任，在城市规划和建设中整体考虑农民工住房的需要。针对农民工的实际需求和经济社会发展的条件，运用政府支持、市场融资和农民工集资等多种手段来建造廉租房和经济适用房，逐步解决新生代农民工在城市的居住问题。

（四）进一步加强新生代农民工的权益保护。所有用人单位必须依法与农民工签订劳动合同，劳动保障部门要对不签订劳动合同的用人单位，加大依法纠正和行政处罚的力度。重点加强对危险行业、工种和职业危害严重的作业场所的安全生产进行监督检查。依法保障受工伤事故和职业危害的新生代农民工能够得到医治和赔偿。

（五）积极推进农民工的社会保障工作，提高新生代农民工的参保率。对于新生代农民工来说，社会保障不仅是权益保障的问题，同时也是影响新生代农民工能否在城市定居下来的重要制约因素。在制度设计上，要建立适应农民工特点的低交费、低水平、广覆盖、可接转和可持续的社会保障制度。加大与农民工社会保障相关的法律法规的执行力度，按照分类指导、稳步推进的原则，逐步解决新生代农民工的社会保障问题。

（六）解决新生代农民工子女的教育问题。将农民工子女的义务教育和学龄前教育都纳入城市教育规划和管理。逐步解决新生代农民工子女就读幼儿园的实际困难，适当扩大城乡接合部幼儿园建园数量，并且给予经费支持。农民工子女在居住地就地接受义务教育，建立更加灵活的学籍管理制度，规范收费标准，为农民工子女的教育管理和入学转学提供便利。凡是留守在输出地的农民工子女，输出地政府也要采取有效措施，保障其上学和受教育的权利。

（七）加强对新生代农民工的心理疏导。政府部门和企业还需要加大对新生代农民工心理健康的关注和投入，帮助他们搞好自我管理和缓解心理压力。同时，只有逐步消除户籍制度、就业制度、社会保障制度等各种制度性歧视，使新生代农民工真正享受市民待遇，才是解决新生代农民工心理健康问题的根本之道。

（课题组成员：王萍萍、张毅、彭丽荃、王冉；执笔：王冉）

第五节　策划书的写作

策划就是设计、计划。古人曰，"行成于思毁于随"，就是强调计划的重要性。策划的关键在创新，是一种思维过程，并不是一拍脑袋计上心来的事。因此，必须要有调查，有研究，有分析，有步骤，有预算等。策划有活动策划、营销策划、管理策划、公关活动策划、广告策划等。

一、策划书的性质和意义

所谓策划，是指在人类社会活动中，人们为了谋取达成某种目标或某项事业的成功而先发的设想及其创造性思维过程，是确保实现决策、计划而进行的有科学程序的谋划、构思和设计过程。策划也是策略、谋划,为了达到一定目标,在调查、分析有关材料的基础上,遵循一定的程序,对未来某项工作或事件事先进行系统的、全面的构思、谋划,制订和选择合理可行的执行方案,这是一种创造性的社会活动。

中国策划思想发展的走向是由"谋"、"断"一体化向"谋"与"断"科学分离、先"谋"后"断"式发展。进入决策科学化的现代社会,"谋"成为专门的策划职能,"断"成为专门的决策职能。策划为决策进行创意和设计,决策对策划进行选择和决断。二者共向未来,目标相同,相互制约、贯彻于社会管理的全过程。

二、策划的特征

策划具有以下几个特征:

(一)策划应是创新的

概念创新和理念创新是策划的本质特征,资源整合在一起,能不能产生新的绩效、有没有创新,这是策划的关键。没有创新的资源整合过程,就说不上是策划,策划追求创新,是策划与计划的根本区别,通过资源整合创新就是策划的精髓。

(二)策划应是有资源的

这种资源可能是物质资源,也可能是关系资源或是政府资源,因此这就决定了策划的发生过程是要使用资源的,没有资源就完全是想象、空想。资源是策划的物质基础。

(三)策划应具有整合性

这是策划的条件。策划的资源必须是能够使用的,能够整合在一块的,如果没有整合性,也就没有使用性,不能使用的资源整合在一起,本身就是不可能的,也是一种空想、想象。

(四)策划必须达到一定的目标

做任何事情都有一定的目的性,策划就应该有目的性。俗话说:"无事不谋。"要做事,就应该有方向、有目标,策划不仅是人的行为过程,也是资源配置的行为过程,因此,达到一定预期目标,是策划的目的。一个人、一个企业、一个国家在做一件事情时,都是有目的性的,目的性在一定程度上的量化过程,就成为目标。因此,达到预期目标是策划的目的。

三、策划书的写作

策划书是由策划者根据策划的结果撰写,是为策划活动提供策略指导和具体实施计划的一种应用性文书。对于整个策划活动,策划书是运作策略和计划的唯一依据。策划书的撰写标志着策划运作的结束。

(一)策划书编制的原则

为了提高策划书撰写的准确性与科学性,应首先把握其编制的几个主要原则:

1. 逻辑思维原则

策划的目的在于解决工作中的问题,要按照逻辑性思维的构思来编制策划书。首先是设定情况,交代策划背景,分析当前工作情况或产品市场现状,再把策划中心目的全盘托出;其次进行具体策划内容详细阐述;三是明确提出解决问题的对策。

2. 简洁朴实原则

要注意突出重点,抓住所要解决的核心问题,深入分析,提出可行的相应对策,针对性要强,具有实际操作指导意义。

3. 可操作原则

编制的策划书是要用于指导营销活动,其指导性涉及活动中的每个人的工作及各环节关系的处理,因此其可操作性非常重要。不能操作的方案创意再好也无任何价值。如果不易于操作也必然是耗资大、管理复杂、效率低。

4. 创意新颖原则

要求策划的"点子"(创意)新、内容新,表现手法也要新,给人以全新的感受。新颖的创意是策划书的核心内容。

(二) 策划书的基本内容

策划书的格式,依据活动内容或商品的不同要求,在策划的内容与编制格式上也有变化。但是,从策划活动一般规律来看,其中有些要素是共同的。

策划书一般包括封面、目录、正文、大型附件、封底等。

1. 封面

策划书的封面可提供以下信息:策划书的名称、被策划的客户、策划机构或策划人的名称、策划完成日期及本策划适用时间段。

2. 正文

策划目的。要对本策划所要达到的目标、宗旨树立明确的观点,作为执行本策划的动力或强调其执行的意义所在,以要求全员统一思想、协调行动、共同努力,保证策划高质量地完成。

分析当前的环境状况。对于策划所涉及的活动内容或产品市场状况、竞争状况以及宏观环境要有一个清醒的认识。它是为相应的活动或营销策略采取正确的手段提供依据的。"知己知彼方能百战不殆",因此这一部分需要策划者对环境和市场比较了解。如做一个市场营销策划,这部分主要分析当前市场状况及市场前景及影响产品市场的因素。

分析市场机会与问题。如果是营销方案,是对市场机会的把握和策略的运用,因此分析市场机会,就成了营销策划的关键。只要找准了市场机会,策划就成功了一半。

策划具体行动方案。包括活动宗旨、策略方法、营销渠道、宣传手段。

策划方案各项费用预算。这一部分记载的是整个策划方案推进过程中的费用投入,包括总费用、阶段费用、项目费用等,其原则是以较少投入获得最优效果。

[例文]

2017年新春客户联谊会策划方案

一、活动目的

1. 由于在2016年度的市场运作中取得了辉煌的成就,公司可借此机会真诚答谢所有合作伙伴、回报社会;同时,采用联谊会形式,可以树立公司企业形象,宣传企业经营优势,构建一个畅通的客户关系沟通渠道,营造宽松、良好的交流氛围。

2. 基于社会传统思维习惯的现状,每年岁末阶段,各个企业都争相举办形式多样的春节联欢活动,但是主题和形式上皆大同小异,只有具有创新意义、雅俗共赏的联谊会才能给人留下深刻的印象,继而对主办单位(企业)产生美好印象并自发进行企业口碑宣传。

3. 公司的合作伙伴以及列席联谊会的人员,在商业背景环境下,可以用功成名就和风云人物来形容。普通意义的观摩其他企业的非专业歌舞晚会,有可能出现事倍功半的结局。采用突出他们的心理优越优势,并借以发挥的互动式联谊活动会让他们感觉意义深远,最终达到联谊目的。

二、活动方式

1. 活动目的:塑造企业社会形象,巩固客户关系,增强内部员工凝聚力。

2. 活动主题:××公司 2016 年合作伙伴联谊及慈善晚会

3. 活动时间:2017 年 1 月 15 日 15:00～18:00

4. 活动地点:外商俱乐部二楼中型会议厅

5. 参加人员:公司领导、合作伙伴负责人、特邀嘉宾、企业员工总计 100 人

三、活动内容

1. 开场阶段(30 分钟)

董事长(总经理)致辞并介绍公司业务及业务开展情况。

业务负责人介绍双方合作情况。

客户介绍合作情况。

2. 表演阶段(120 分钟)

主持人:当地电视台(电台)首席主持人。

节目表演:外聘杂技、魔术、小品、相声 8 个、歌舞 4 个(公司内部组织 2 个)。

以来宾圆桌小组为评选单位,对每个节目进行评分。

奖品设置:最佳表演节目 2 个,最佳评委团队 1 个。

3. 拍卖阶段(30 分钟)

前场铺垫:《爱的奉献》主题音乐、道具物品整理。

拍卖介绍:目的是捐赠"希望工程"的慈善义举;标的由公司免费提供,竞拍者出钱得物;竞胜者现场获得"荣誉捐赠证书";新闻媒体相关报道。

拍卖活动:介绍拍卖规则,展开拍卖活动,预期成交额 15000～20000 元。

民政部门代表致答谢词。

4. 晚宴阶段

公司领导致辞祝福。

宴会开席,发放纪念品。

活动结束。

四、前期准备

1. 内部组织

文字类:公司简介,主持、拍卖解说词,新闻发布稿。

物品类:标志、号牌、请柬、零食;奖品、纪念品。

人员类:节目表演人员、辅助服务人员、组织协调人员。

2. 外部联系

活动场所:时间,地点,费用,音响灯光设备,会场布置,物料、人员准备。

节目准备:主持人,文艺表演人员的来源、条件、费用协调。

拍卖准备:拍卖师选择,"希望工程"项目的活动实施协商谈判。

新闻媒体:与当地有影响力的两家报纸记者联系。

五、费用预算

1. 物品费用(计 21500 元)

基础费用:简介、请柬、标牌、横幅制作:600 元;交通费 300 元。

礼品费用:纪念品 100×100 元＝10000 元;奖品 3×200 元＝600 元。

拍卖标的:艺术品 5×1000 元＝5000 元,日常用品 10×500 元＝5000 元。

茶水零食:寻求赞助商和宾馆提供 0 元。

2. 人员费用(计 8500 元)

演出人员:10 个节目×500 元＝5000 元,主持人 1000 元,拍卖师 500 元。

新闻媒体:记者 2 名×500 元＝1000 元。

希望工程:前期协调费用 1000 元。

3. 晚餐费用(10000 元)

圆桌 10×1000 元＝10000 元。

4. 费用合计 40000 元。

六、关键控制

1. "希望工程"拍卖项目的严肃性与细节实施把握。

2. 表演节目的质量水平和主持人、拍卖人的艺术技巧。

3. 新闻媒体的新闻价值以及内容报道的侧重点控制。

4. 出席嘉宾的节目互动参与性与现场气氛烘托调控。

【练习】

一、名词解释

1. 计划

2. 总结

3. 简报

4. 调查报告

二、简答题

1. 计划的三要素是什么?

2. 计划和总结的联系与区别是什么?

3. 简报的特点是什么?

4. 常见调查报告的种类有哪些?

三、写作训练题

1. 开学初写一份学习计划或者读书计划。

2. 请以学校某次活动为主题写一份活动策划书和一则简报。

3. 设计一份调查问卷,并做一次校内调查。

4. 写一份个人总结。

第四编　经济文书写作

第九章 经济文书概述

第一节 经济文书的性质

一、经济文书的含义和特点

经济文书是经济类应用文的通称,是法人单位或个人在经济活动和经济交往过程中反映经济情况,处理经济事务,研究解决经济实际问题的一类具有特定格式的专业应用文体。主要包括经济活动中经常出现的经济合同,市场调查报告,市场预测报告,可行性研究报告、意向书、协议书等。

二、经济文书的特点

(一) 实用性

实用,是经济文书的价值取向。任何经济文书都不是一般的有感而发,而是为事而作,力求解决实际问题。经济文书要能够反映经济建设中的新动态、新情况、新经验、新问题,并认真地加以剖析研究,从而探索和发现经济活动的发展规律,为制定经济方针、政策做出决策。

(二) 真实性

经济文书要求反映经济活动规律,解决实际经济问题,它应当从实际出发,原原本本反映客观事物的真实面貌,传递准确无误的信息。经济文书不能像文学作品那样进行艺术虚构,它必须实事求是,事必有据,不能歪曲事实,弄虚作假,夸大其词。

(三) 效益性

经济活动与其他活动相比的一个根本区别就在于它必须讲求经济效益。文章是客观事物的反映,经济文书是直接反映、影响与作用于经济活动的,就必然与经济效益发生不解之缘。这就要求经济文书从不同的角度、不同的方面,以不同的内容、形式和方法与经济效益挂钩。因此,经济文书在写作中必须牢固地树立效益观念,注重对经济活动中影响经济效益诸因素的分析,注重提供有助于提高经济效益的切实可行的措施与方案,保证经济活动的正常运行,实现最佳的经济效益。

(四) 政策性

市场经济就是法制经济,有关的经济法规和经济政策就是经济运行的基本规则,也是经济文书写作的指导方针。这就要求经济文书的内容要体现和渗透经济法规和经济政策的精神，要以有关的法规和政策为依据去分析经济现象，研究经济形势，解决经济问题；要结合具体的经济工作任务、具体的事件、具体的问题去自觉贯彻宣传国家的有关法规和政策，反映国家政权的政治意向和根本利益。

（五）程式性

经济文书专业性很强，为了表达得准确得体，处理得及时迅速，在长期的写作实践中，逐渐形成了各自不同的、相对固定的格式与写作规范。各种文体都有自己大致的模式，写作也要按照一定的规格、程式、标准和要求进行，不允许随心所欲，自行改变。规范化是实现经济文书统一性、完整性、准确性和有效性的重要保证，是提高经济文书写作的速度与效率的基本措施，同时，也为经济文书运用电脑写作，进行科学化管理奠定了基础。

第二节　经济文书的作用与分类

一、经济文书的作用

在经济活动日益频繁的今天，经济文书的作用和意义越来越凸显。

（一）经济文书可以帮助企业不断修正经营目标和发展方向

在日趋激烈的市场竞争中，通过经济文书，可以对错综复杂的经济现象进行科学研究与分析，以便总结经验，揭示规律，抓住典型，指导一般，对经济工作做出正确导向。

（二）经济文书可以帮助企业取得和提高经济效益和社会效益

通过经济文书，企业可以及时发布商品产、供、销方面的信息，加速商品流通，开拓市场，扩大销售，提高效益。

（三）经济文书可以帮助企业提高经营活动的自觉性

经济文书提供市场和社会方方面面的有效信息，有助于在领导决策时避免盲目决策。

二、经济文书的种类

从教学和实际运用角度看，经济文书可分为两大部分，即信息类文书和契约类文书。

信息类文书指企业为实现经济活动的目标，对自身因素、内部条件和客观情况、外部环境进行分析研究，提出对策建议，拟写出切实可行的经营方案的书面材料，包括市场调查报告、市场预测报告和可行性研究报告等。

契约类文书是指经济活动中双方或者多方当事人，经过谈判而形成的，规定相互权利义务关系或者表达其他谈判成果的书面材料。所谓"相互权利义务关系"，意即当事人任意一方在享受约定权利的同时，必须承担约定的相应义务，反之亦然。所谓"其他谈判成果"，是指就相互权利义务关系做出明确规定以外的谈判成果，例如双方或者多方各自就权利义务关系所持的态度，双方或者多方各自就权利义务关系达成的初步一致意见等。契约类文书包括经济合同、协议书、意向书等。

三、经济文书写作要求

(一) 不断提高自身的思想素质和政策水平

写作经济文书的"外功",就是不断地学习和掌握党和国家的路线、方针和政策,提高自身的思想和理论素质。了解掌握了国家的方针政策,对各种经济现象,就能做到认识清、反应快、判断准。有了"外功",又有了以扎实的专业知识和写作基础知识、熟练的写作技能为铺垫的"内功",写作起经济文书来,就能达到意到笔随的境界。

(二) 努力掌握相关的经济专业知识

政策、法律、必需的经济方面的专业知识以及经济领域的实践经验对于经济文书的写作来说,是至关重要的。

(三) 注意培养与写作有关的各种能力

写作经济文书,必须特别注意培养和提高调查取材能力、逻辑思维能力、安排结构能力、简明表达能力、修改文字能力。

(四) 把握文体格式规范,掌握恰当表述方法

不同的文种有它约定俗成的惯用格式,这些格式一般来说是相对固定的。恰当的语言表达方式对于经济文书的写作来讲也是至关重要的。经济文书的语言要确保其准确与简洁,叙述事件、说明情况、表述问题要恰如其分,清楚简洁,避免使用容易产生歧义的笼统语言。此外,凡是引用人名、地名、数据、资料,要查对核实,确保准确无误。

第十章 经济文书写作

第一节 市场调查报告的写作

一、市场调查报告的概念和特点

(一) 市场调查报告的概念和作用

市场调查报告是企业或企业代理人、专门的调查机构或研究人员,运用科学的方法,有组织、有计划地对国内、国际市场商品供应与需求信息、市场营销活动信息及消费信息等各种情报资料进行搜集、记录、整理、研究分析,做出恰当结论后所写成的书面报告。在消费需求变化速度加快,企业经营外部环境和内部条件越来越复杂的今天,要把握市场变化的规律,使企业的市场营销行为和外部市场环境相适应,就必须加强市场调查工作,研究市场的历史和现状,以克服经营的盲目性,提高管理的科学性。市场调查报告具有以下几个方面的作用:

1. 有利于企业生产符合消费者需要的产品

科学的市场调查报告可以从消费者的经济收入状况、文化教育水平、生活观念与生活方式以及社会风尚等方面揭示不断变化着的消费需求,让企业及时了解消费者的购买能力及其资金投向,组织生产适销对路的产品。

2. 有利于企业科学决策

市场调查报告通过市场调查揭示商品生产和商品需求的总体情况,使企业决策者牢牢把握市场脉搏,正确预测市场供求变化,从而保证决策的科学性。

3. 有利于提高企业竞争力

市场调查报告可以帮助企业做到知己知彼,了解自己产品销售情况,了解对手产品的销售信息,以迅速改变营销策略,改善经营管理,提高自身的竞争力。

(二) 市场调查报告的特点

市场调查报告的特点有针对性、科学性、时效性三方面。

1. 针对性

在一篇市场调查报告中,往往从市场实际出发,围绕企业某种产品所面临的主要问题,有针对性地调查市场营销的某一个或某几个环节,如产品质量、价格、营销状况、消费心理、市场占有率、销售环节、竞争对手状况等,但不能面面俱到。

2. 科学性

市场调查报告的科学性主要体现在运用材料确凿无误、科学的分析方法以及结论的正确性上。

3. 时效性

市场调查报告对市场瞬息万变的情况反映要迅速及时,否则,事过境迁,市场调查报告就失去其参考价值。

二、市场调查报告的种类

(一) 商品情况调查报告

这一类市场调查报告,主要反映消费者对商品的质量、价格、包装、商标、使用状况、售后服务,以及商品的市场占有率、覆盖率、知名度、美誉度等方面的评价、建议和要求。

(二) 消费者情况调查报告

这一类市场调查报告,主要反映购买某一商品的消费者的如下情况:性别、年龄、职业、民族、文化程度、数量、分布地区、个人收入和家庭平均收入、购买能力、购买的数量,以及消费者中谁是主要购买者、谁是忠实购买者、谁是使用者、谁是购买决策者、购买动机、购买习惯等。

(三) 销售情况调查报告

这一类市场调查报告,主要通过对销售情况的调查,反映如下问题:

商品销售渠道是否通畅、合理,商品在市场上的销售额、利润、占有率、供求比例以及影响销售的因素,商品的潜在销售量、储存和运输情况,中间商的销售情况,推销的效果,广告宣传的效果,售后服务。

(四) 市场竞争情况调查报告

这一类市场调查报告,主要通过对竞争对手及其产品的调查,反映如下问题:

竞争对手的企业发展战略、目标,竞争对手人力、物力、财力、经营管理水平,竞争对手产品的质量、品种、式样、花色及其特色,竞争对手产品的市场占有率,竞争对手的广告宣传战略和市场价格战略。

三、市场调查的方法

(一) 调查纲要的拟定

提出调查纲要是企业管理部门的责任,其目的主要在于帮助调查人员明确调查的范围和工作目标,使调查人员避免因在某些不必要的问题上纠缠而浪费时间、费用和人力,并保证调查工作的重点,使调查人员能够集中时间和精力研究必须解决的问题。

(二) 拟定调查方案

拟定调查方案,一般应根据对本企业作深入调查而得到的资料以及与本企业的销售目标相结合而制定。进行企业内部调查时,首先应该对本企业的生产规模、销售水平以及扩大再生产计划有所了解;其次,应该了解企业的销售政策和促销措施、产品改进或更新换代措施,以及企业为开拓新市场所能投放的费用投资。此外,还应了解企业是否有能力在不同的市场上开展工作,应该以多长时间来争取使企业产品销售业务取得较大发展等内容。

调查方案应该能够向调查人员传达企业管理部门的意愿和希望,对重要的内容详加说明,但不可掺入某些不当规定,以免造成不必要的限制和约束。而且,调查纲要应简明扼要。调查方案纲要一般应包括对销售目标的说明、对调查原则的说明和对调查预算费用的说明等内容。

(三) 市场调查工作日程表的拟定

市场调查工作日程表应采用简明的表格形式,列出整个调查项目所包括的主要工作阶段,并说明各阶段的时间分配和人员安排。

通常需要在工作日程表中列明的主要工作阶段有文献调查、实地调查、资料整理分析和市场调查报告的起草、修改与定稿。但在拟定日程表之前,必须首先进行预备性调查,至少要基本上了解应从哪些方面和应采取什么办法进行市场调查之后,才可着手拟定整个调查项目的调查工作日程表,切不可仓促行事。此外,因为客观情况是在不断发生变化的,因此调查工作日程表应具有相当大的灵活性。在时间上,必须根据各项工作的具体要求进行分配。

(四) 确定调查方法

市场调查的方法有普查、抽样调查、典型调查和重点调查等。除此之外,还常采用询问调查法、直接调查法、实验调查法和统计分析法。

1. 询问调查法

这是用口头或书面的方式取得调查资料的一种方法。调查对象可以是单独的个体,也可以是不同的群体。方法有个别访问、召开调查会、问卷调查等。

2. 直接调查法

此法多用于对企业产品销售和服务情况的调查。企业派遣调查人员到产品销售地现场观察销售人员的服务态度,直接向消费者了解对产品质量、款式等方面的意见。

3. 实验调查法

此法多用于开发新产品、改进老产品,或者尝试以一种新推销方式扩大产品销售量的时候。从影响市场调查问题的诸如设计、品质、价格、包装、广告等因素中选出一两个,在一定条件下进行小规模试验,如举行试销会、订货会、展销会、博览会等,收集消费者意见,从而预测产品销售量,决定可否大规模投产。

4. 统计分析法

这是一种间接调查法。即利用企业现成的诸如统计、会计等报表以及有关的数据,对已经进行的市场活动进行综合分析,以便审视现行的经营策略是否正确合理、有无必要调整以及如何调整等。

四、市场调查报告的格式和结构

市场调查报告包括标题、正文、落款三部分。

(一) 标题

市场调查报告常见的标题有直叙式、结论式、问题式和复合式等不同形式,可根据不同情况选择使用。

1. 直叙式标题

直叙式标题,是以"调查"或"调查报告"为中心语,有一层或两层修饰关系的名词性短语。中心语前面的修饰性短语,大多用概括性的文字交代调查的内容和范围。有的标题,还会在表示范围和内容的短语前加上介词"关于"。如"南京市 2016 年房地产市场调查"、"2016 中国女装市场调查"、"假日旅游市场调查"等。

2. 结论式标题

结论式标题，就是用一个概括性的短语，直接表明调查报告的主要观点。如"过度包装并不能提高市场占有率"。

3. 问题式标题

问题式标题，就是把调查研究的问题加以概括后作为市场调查报告的标题。如"市场在哪里——天津地区三峰轻型客车用户调查"。

4. 复合式标题

复合式标题，就是在正标题下面加副标题。正标题用来点明市场调查报告的主要观点，副标题交代调查的内容、范围、时间等。如"丰'产'更丰'收'——2015 年安徽省农村市场调查"。

（二）正文

市场调查报告正文分为开头、主体、结尾三部分。

1. 开头

开头也称前言，包括调查的原因、时间、对象（地区、范围）、经过、方法等，也可概括全文主旨或主要内容。其形式有说明式、议论式和结论式等。开头也可以省略不写。

2. 主体

主体是市场调查报告的重点和核心，一般有以下三方面内容：基本情况、分析判断、对策建议。

基本情况是展开下文的基础，可以包括历史情况和现实情况，是对市场调查了解到的客观事实、有关数据进行叙述、说明，重点放在现实情况方面。对一般情况可简要介绍，重要情况则详尽阐述，要根据调查目的的需要而有所侧重和详略。写作手法上，一般以文字叙述、说明为主，辅之以数据、图表。

分析判断，是得出市场调查结论的部分，就是对市场调查了解到的基本情况进行研究，确定调查对象在市场竞争中所处的位置，从不同方面揭示原因、判断市场前景等。写作手法上，一般以议论、说明为主。

对策建议，是市场调查报告的落脚点，是在前文基础上提出的关于未来行动方案、经营策略的建设性意见，供决策者参考。写作时要注意可行性、针对性，语气要委婉。

主体部分的写作，通常采用纵式结构和横式结构的结构形式：

纵式结构，是按照市场调查报告的内在逻辑，把主体部分分成前后为递进关系或者因果关系的若干个部分，首先叙述基本情况，再对基本情况作分析判断，得出结论，最后提出对策建议，即基本情况—分析判断—对策建议。

横式结构，是把市场调查报告的主体部分按照其逻辑关系分成相互并列的几个方面，分头叙述并分析归纳。例如：产品质量（基本情况）—分析判断（得出结论）—对策建议；产品款式（基本情况）—分析判断（得出结论）—对策建议；销售服务（基本情况）—分析判断（得出结论）—对策建议；等等。

主体部分的写作，应根据具体写作目的的不同，在结构形式上通盘考虑，灵活把握，不必拘泥于一种格式。

3. 结尾

结尾,是全文的结束部分。如写有前言,一般要有结尾,以照应开头,或重申观点,或加深认识。如果没有前言部分,或者主体部分内容已经十分完备,也可以不写结尾。

(三) 落款

如果市场调查报告是供内部参阅,则调查者在正文右下方署名,并写上完成的日期;如果是在报刊上发表,则在标题下方署名,一般不再写明写作日期。

五、市场调查报告的写作要求

(一) 明确目的

一篇市场调查报告,应该体现出明确的调查目的,突出重点,抓主要矛盾,不能面面俱到。

(二) 尊重事实

市场调查报告中所介绍的情况,引用的资料、信息必须反复核实、验证、测算,做到真实可靠。否则,由此得出的结论以及对策建议,就会差之毫厘,谬以千里。

(三) 讲究时效

市场情况变化无常,市场调查报告一定要讲究时效性。事过境迁,市场调查报告就失去了它的现实针对性。

(四) 杜绝片面

撰写市场调查报告,一定要注意观点与材料的统一,一定要以全面的观点看问题,不脱离材料,不把假象和实质、局部和整体混为一谈,以保证市场调查报告的科学性。

[例文]

长春市葡萄酒市场调查报告

一、长春市背景资料

长春市是吉林省的省会,吉林省的综合服务中心,市区人口 315 万。全市拥有众多的商贸、餐饮等服务机构,其中,星级宾馆、酒店 50 多家;餐饮业比较发达,有 A 类店 80 多家,B 类店 400 多家,C 类及以下 5000 多家;具有一定规模的商场、超市 40 多家;酒类批发企业 700 多户;烟酒专卖店 800 多家。

20××年,全市社会消费品零售总额实现 666 亿元,同比增长 11%;其中酒类销售额达 12 亿元以上;城市居民人均可支配收入为 11350 元,随着收入的增加,长春人的消费质量和消费档次有了明显的提高。长春有著名的一汽集团、长春客车厂、皓月、德大、大成等知名企业,有注册的外资企业 3500 多家,沃尔玛、可口可乐、百事可乐、大众、西门子、丰田、马自达、住友等 44 家世界 500 强企业在长春落户,这些都有效地拉动了长春市整体消费水平的提升。特别是随着国家振兴东北老工业基地政策实施以来,商贸活动日益频繁;加上电影节、汽博会、农博会、东博会、冰雪节、雕塑展等国内外比较有影响的活动,聚集了人气,活跃了市场流通,给长春市带来了新的消费理念。另外,长春市民有超前消费意识,在衣食住行消费方面追求时尚。以上这些因素和东北人特有的豪爽、热情的性格,决定了长春市人均酒类消费位居全国前列。

二、葡萄酒市场状况

长春市葡萄酒消费市场起步比较晚,但是发展速度比较快。吉林省是全国重点葡萄酒生产地区之一,应该说,地产葡萄酒在长春市场的推广有效地拉动了人们对葡萄酒的消费。"中国名牌"产品中的葡萄酒品牌吉林省占两种——通化和长白山,一直以来这两种葡萄酒始终积极运作长春市场,加上张裕等全国性品牌的逐渐渗透,长春市葡萄酒消费量每年都以两位数的速度递增。据不完全统计,去年长春市葡萄酒消费量达到了1.3亿元左右,比10年前增长了10倍以上。

(一)根据近期对长春葡萄酒市场的调查发现,目前该市葡萄酒市场呈现以下十个特点:

1. 中高收入人群是葡萄酒消费的主体。目前长春葡萄酒的主要消费群体以收入较高的中青年人为主,主要是公司职员、政府公务员以及商务人士,其所占比例分别为27%、22%、33%,在这部分人群中男女消费比例约为4:6。另外,长春市中高档葡萄酒的消费者一般收入在1800—3000元之间。低档葡萄酒消费群体月收入在1000—1500元,多为30岁以下年轻人和老年人。

2. 商超是主要购买场所,家庭是主要饮用场所。调查显示,有65%以上的消费者选购葡萄酒在信誉较好的大型商超,在烟酒专卖店购买的不足20%,这说明消费者的消费意识在加强。消费葡萄酒场合中有60%在家里,10%左右在夜场,餐饮占了30%。家庭消费葡萄酒的比例大的主要原因在于,人们的生活水平提高,保健意识增强,追求时尚的消费理念正在逐步形成;夜场消费主要是啤酒和洋酒,葡萄酒目前受价格和消费习惯的影响,在夜场还只能是配角;餐饮场合饮用葡萄酒量尽管不是很大,但呈逐年上升趋势,价格在50—130元之间的干红是餐饮店的主流消费。绝大多数消费者认为,目前餐饮场所的葡萄酒品种较少,选择空间小,而且价格比商超和烟酒店至少高出3倍,所以不情愿花"大头钱"在酒店喝葡萄酒,这也是造成葡萄酒在餐饮场所消费量较小的主要原因。

3. 干红消费超过甜酒,冰酒小试锋芒。由于吉林省葡萄酒生产企业的产品多以甜型葡萄酒为主,加上该品类比较适合北方人的口味习惯,因此长时间以来,长春市消费者对甜酒的认可度比较高。20××年以前,甜型酒的消费量要远远高于干红。但随着央视对通化部分葡萄酒企业"三精一水"现象的曝光,加上一些厂家对葡萄酒消费知识的宣传引导,干红在葡萄酒市场中所占份额比前几年有较大提升。消费者对干酒的喜爱逐渐加深,对甜酒则开始"挑剔",使多数甜酒的销售出现下滑趋势。由于口味习惯原因,虽然甜酒目前在长春仍有一定销量,但与往年相比已存在一定差距,只是认可通化、长白山、威龙、白洋河等一些大品牌产品。这一方面是因为消费者对甜酒质量的怀疑态度增加;另一方面,一些甜酒企业调整市场策略,开始开发干酒以谋求更大利润和发展,加强对消费者干酒意识的培养,从而激发了干酒消费,导致甜酒销售滑坡。目前,干红的消费量能占到67%,主要以张裕、长城、通化、长白山、王朝为主;甜酒及其他占33%,主要以通化、长白山、威龙、白洋河、农大红和嘉仕年为主;收入水平较高的消费者是干红的主要消费群体。

自从通化葡萄酒股份公司于20××年推出的雅仕樽冰酒在长春上市以来,在商超和团购消费领域树立起了较高的品牌知名度和美誉度。市场推广方面,通化对其雅仕樽冰酒的宣传始终坚持"物以稀为贵"的原则,提出了"稀有只为非凡人生"的广告语,制作精美的冰酒手册附赠在产品中以体现其高端品位,并同时在售后服务方面积极跟进。新华联收购通化葡萄酒公司后又推出两款冰酒,即通化宝石红和珍珠白冰葡萄酒,市场建议零售价为398元/瓶。据厂家介绍,通化冰酒20××年在长春市场销售达900多万。应该说,长春消费者对冰酒的认知是从通化开始的。目前随着长白山、张裕以及加拿大百喜等在长春市场的陆续上市,冰酒已经成为长春市场高端葡萄酒的典型代表,销售态势良好。

4. 国产品牌集中度越来越高,洋品牌暂难成气候。随着国内知名品牌不断进入长春市场,并且加大了终端市场的宣传推广力度,一些没有名气的葡萄酒渐渐失去了终端地位。调查表明,消费者对于葡萄酒品牌的认知度、美誉度和最终的实际购买行为存在一定的相关性。长春葡萄酒消费市场中,品牌消费比较集中,国产的通化、长白山、张裕、长城、王朝、威龙、白洋河、农大红认知度较高,其中通化、长白山、张裕、长城是在无提示情况下被消费者普遍认可的四大首选知晓品牌,市场综合占有率近60%。市场反映如此之好,跟这些品牌的宣传和终端市场的深耕策略分不开。

(1) 通化葡萄酒一直是长春市场上的畅销品牌,当地消费者对通化股份的认知度很高。尤其是20××年9月,新华联控股通化后,于20××年5月推出了"八瓣莲花"标识的15款产品,目标直指中高端市场并迅即在长春全面铺市。新通化的战略是要成为东北市场的"老大",长春是其主要的目标市场之一。新通化换装后推出的新产品大致可分为冰酒系列、高级干红葡萄酒系列、炫影干红葡萄酒、山葡萄酒系列以及喜庆系列,增加了干酒的品种,并推出1959特制山葡萄酒和两款终端零售价在400多元的宝石红、珍珠白冰葡萄酒,力拓高端市场份额。由于长春市场对通化老产品的青睐,新产品上市至今销售业绩每年都以两位数的比例递增,20××年更是达到了2000多万。新通化除了在餐饮和商超方面继续精耕细作外,还加大了特渠等领域的运作,拥有"中国名牌"、"中国驰名商标"和吉林地产名牌产品的特殊身份,在政府、企事业单位、团购等领域表现出了很强的竞争优势。

(2) 长白山葡萄酒作为吉林省葡萄酒行业骨干企业和知名品牌,一直很重视长春市场的渠道开发建设,多年来不断通过地方强势媒体加大品牌宣传力度,并多次组织消费者开展参观企业活动。公司还于去年将营销总部由吉林蛟河迁址长春,总经理亲自抓长春市场,在原有干酒、甜酒基础上,自主研发的冰酒也在市场上初显端倪。值得一提的是,长白山的五味子干红在长春红酒市场一花独放,出现供不应求局面,目前市场价格一涨再涨,供应价格已超过百元,但并没有阻挡住消费热情,单品销售额也在千万以上。

(3) 张裕1997年在长春设立办事处开始进行市场运作,是进入较早的外来葡萄酒品牌之一,奠定了张裕品牌在长春的知名度和影响力,尤其是"解百纳",在一些长春消费者心目中已是高级干酒的代名词。目前张裕长春主销品种由甜型酒逐渐转为干红系列、钓鱼台、卡斯特、级别酒、年份酒、味美思等,黄金冰谷冰酒近期也已上市。张裕在渠道促销方面采取搭赠为主、特价为辅、分阶段性的促销手段,在酒店还派驻了30名促销员,费用由厂家和经销商共同承担;销售模式为厂家办事处→经销商→终端,同时借助一些直营渠道,实行会员销售。根据经销商提供的资料,张裕20××年在长春的零售额达1700万。张裕确定了向国际化品牌迈进,要做到葡萄酒中的"五粮液",在此思路的指导下,逐渐砍掉了低端甜酒,现在甜酒很少,而且终端价格都在20元以上。以前张裕在长春市场夜场渠道一直没有专业的产品,现在开发3款产品主要针对夜场,产品已到长春,即将运到夜场,并由一家经销商来经营。在经销商方面,随着企业的整体思路的提升和产品结构的变化,其在选择经销商上也在逐渐提高层面和要求,同时和经销商更加融合地发展,利益、责任同承担更加明显。张裕在长春销售额每年都呈2位数增长,尤其是酒店销售增长迅猛,让经销商感到了品牌的无形潜力和魅力。

(4) 长城葡萄酒三个产地品牌在长春都有销售,其中以华夏长城销售最好,年实现销售在400多万。这与其市场开发力度是密不可分的。华夏长城长春市场的运作由北京紫禁红商贸公司完成,20××年紫禁红在长春成立吉林省分公司,全面进军长春。华夏长城从商超、餐饮、夜场三个渠道入手,通过细化市场结构的方式进行渗透,并侧重于对消费者的引导和习惯培养。烟台长城主要依靠经销商运作,主销为商超和烟酒专卖店渠道,由于厂商都没有市场投入,因此渠道过于单一,市场覆盖率较小,全凭自然走量,年销售在300多万。沙城长城与前两处产地相比市场表现要逊色许多,年销售也就100多万,主要原因在于厂家和经销商在市场拓展上缺乏力度。由于中粮集团正处于渠道整合期,许多经销商都表现出观望的态度,市场动作较少,销售额增长幅度不大。

(5) 洋葡萄酒品牌在长春市场较少,市场上也比较鲜见,主要散落于个别夜场和个别商超,暂时还难以形成气候。

5. 中档产品是消费主流。从价位来看,在商超和烟酒零售店等零售场所,消费者主要选择价位在20—50元的干红。在所有葡萄酒品系中,干红最受欢迎,调查中56%的人认可干红。这充分说明了中档干红葡萄酒是目前长春市场的主流消费产品。喜欢甜酒的消费者有83%的人选择价位在10—30元之间,而且会选择品牌知名度较高的产品,通化、长白山、农大红、威龙、白洋河、嘉仕年认可度较高。10元以下产品主要是老年人和收入较低消费群体,而且以桶装为主。

6. 社区便利店和农贸市场以桶装为主。在走访的近30家社区便利店和农贸市场酒类摊床发现,这些销售场所的葡萄酒主要以10元以下的低端产品为主,塑料桶装比较常见,而且100%为吉林省地产品,多为不知名商品,包装比较粗糙。这一渠道较为混乱,许多产品号称全汁,售价极低,"三精一水"不乏其中,欺骗消费者,牟取暴利。尽管价格便宜,但销售状况并不理想。

7. 淡旺季销售明显。长春是四季分明的城市,酒类消费季节性比较突出,一般而言,春、夏、秋和春节期间啤酒消费量较大;春、秋、冬三季是白酒消费旺季;葡萄酒消费主要集中在春节、端午节、中秋节、情人节、母亲节等重要节日期间,而以春节期间最为集中,能占全年消费量的30%以上。春节期间除了个人消费外,作为礼品酒和团购用量较大,并呈逐年上升趋势,首选礼品装和整箱购买是显著特点。

8. 葡萄酒经销商分散且销售规模较小。目前长春市酒类批发企业中,经营葡葡酒的不足40户,而且专营葡萄酒的更是很少,年销售量普遍较小,年销售额超过1000万的经销商几乎没有,多数在100万以下。大多数经销商都是以经营白酒为主,以葡萄酒经营为辅,借用白酒销售渠道,靠自然走量。

9. 各品牌市场覆盖率差距大。尽管通化、长白山、张裕、长城等葡萄酒品牌知名度高,但是各品牌市场综合覆盖率最高的也不足60%。长白山和通化由于属于本地企业,在长春采取的是直营、代理、分销三者结合模式,因此市场覆盖率相对较大。通化、长白山、张裕、长城、威龙、白洋河、嘉仕年在大型商超的覆盖率较高,平均能达到98%以上。而烟酒专卖店渠道只有通化、长白山相对较好,能达到60%以上,其他品牌不足30%;威龙、白洋河只做商超渠道,烟酒店几乎为零。长春餐饮渠道比较特殊,多数葡萄酒消费量比较好的A类和B类店都被一些包店商买断,因此所有品牌的葡萄酒都不能把这些店百分之百覆盖,能否进入这些酒店由包店商决定。由于进店门槛较高,加上账期、促销、消费量低等因素,因此许多葡萄酒经销商对酒店并不看好,也就造成了各酒店葡萄酒品牌较少,价格较高。相对来讲,通化、张裕、长白山在餐饮场所比较常见,长城、王朝也有销售;而威龙、白洋河、农大红、嘉仕年根本不做餐饮渠道。

10. 营销人才匮乏,营销手段相对落后。葡萄酒消费是需要长时间培养和引导的,在这方面各葡萄酒品牌普遍重视不够。目前,长春市各葡萄酒厂商的销售队伍建设还有待提高,营销人才匮乏和缺少葡萄酒专业知识是葡萄酒市场开发和宣传推广方面普遍存在的问题。促销和宣传也仅停留在传统的手段上,缺乏创新;在促销上普遍采用的是搭赠、买赠、降价、堆头、开瓶费等手段;宣传上除了地产的通化和长白山经常利用电视等媒体进行广告拉动外,其他品牌鲜见。所有品牌对酒店服务员的培养上都欠缺,大多数品牌只注重给予酒店服务员开瓶费促进其销售积极性,忽略了栽培、帮助、教育其学习葡萄酒专业知识,比如葡萄酒种类、饮用方法、如何开酒等。

(二)影响消费者选择葡萄酒品牌的主要因素

调查表明,影响其购买葡萄酒的因素有许多种,但最重要的是口感和产品知名度。在被调查者中,有75%的人认为口味是主要因素,它也是决定消费者是否重复消费的重要条件,好的葡萄酒饮用后给人的感觉很愉悦,是一种美的享受;有73%的消费者认为,知名度高的品牌其产品质量有保证,尤其是商务人士和公务员比较突出,在选择品牌上通化、长白山、张裕、长城提及率最高;调查中对价格敏感的占43%,这部分消费者主要是中低收入人群而且主要是个人消费。许多消费者表示,葡萄酒是近几年才走入寻常百姓家的,随着社会的发展,人们生活水平的提高,以及保健意识不断增强,葡萄酒越来越得到认可。这两年媒体上经常报道某些葡萄酒不合格,让消费者无所适从。因此,口感、品牌和价格是影响葡萄酒消费的三大因素。

(三)小结

调查表明,目前葡萄酒在长春酒类市场中所占市场份额很小,刚刚超过10%;但是随着各葡萄酒厂商的努力和媒体的传播,消费者在选择葡萄酒时不再盲从,对品牌越来越关注。从消费量上看,目前长春葡萄酒市场大有潜力可挖,各葡萄酒厂商在市场运作上还未真正成熟完善起来,为葡萄酒制定新的的营销方略势在必行。调查表明,目前葡萄酒的主要消费群体是收入较高的中青年人,这部分人的消费心理已基本成熟,消费更加理性,对产品的内涵和文化底蕴更加关注,但对葡萄酒的消费知识还比较匮乏。

加强销售管理和销售队伍建设是当前葡萄酒厂商做好市场的前提。良好的销售管理和一支优秀的销售队伍是任何营销方案能够顺利实施的基础,甚至可以说,是否能够具备良好的销售管理和一支优秀的销售队伍,直接决定了各品牌葡萄酒的销售额。开发市场必须重视销售渠道、销售网络建设,葡萄酒厂商如何良好地引导和管理终端渠道,将直接关系到市场的成败。目前长春葡萄酒市场尽管增长速度比较快,但是消费者对于葡萄酒的认识、葡萄酒的消费行为都还是处于一个相对不成熟的阶段。各厂商在进行市场拓展工作时,应当采取产品销售与知识营销相结合的策略,以产品销售工作为中心,以知识营销的理念推动产品销售,并以此与消费者建立起稳固的战略性营销关系,使顾客成为各品牌葡萄酒的忠实消费者。

第二节 市场预测报告的写作

一、市场预测报告的概念和特点

(一)市场预测报告的概念

市场预测报告是反映市场预测工作和分析研究过程及其成果,对市场发展趋势进行分析的书面材料。它是预测市场对企业产品总的需求量,协调市场供求关系,指导企业制定产品生产计划的重要依据。

市场预测报告要求在正确的理论指导下,在全面掌握市场情况的基础上,运用科学的方法,根据市场调查获取的资料、数据,对未来一定时期内市场供需前景和发展趋势做出预测,得出定性或定量结论,提出有针对性的措施或决策。

(二)市场预测报告的特点

1. 预见性

市场预测报告面向未来,要对市场未来一定时期内的发展变化趋势做出预计,所得结论具有预见性。

2. 科学性

市场预测报告必须能够反映客观经济规律。在分析市场现象时,要有敏锐的眼光、独到的见解。进行预测时,要突出预见的规律性。

3. 能动性

对未来市场发展趋向的分析是否正确,在一定程度上体现了人们智慧和判断力的高下。市场预测报告的确立,离不开人的主观思维,也就是人的主观能动作用。

4. 时效性

市场预测报告必须快速反映变化着的市场。及时了解国内外技术经济情报、市场需求,对企业来说,无疑有利于提高自身的竞争能力,在竞争日益激烈的市场上占有一席之地;对市场预测报告来说,才能及时地为企业或主管部门提供决策的参考意见,体现出自身的价值。

5. 近似性

市场预测报告是根据过去和现在的已知信息,分析未来一定时期内的市场变化趋势,因此,预测值不可能与实际值完全一致,只能是一个近似值。市场预测报告首先要求预测科学准确,其次也允许预测存在误差。关键是要充分掌握资料,并调动人的主观能动性,尽力减少误差程度,减少对市场未来趋势把握的盲目性,避免误导。

市场预测报告和市场调查报告既有联系又有区别。它们都必须通过提供有效信息,为企业或主管部门决策服务。所不同的是市场调查报告一定要进行实际调查,并对调查数据进行系统科学的分析,而市场预测所依据的数据和资料则既可以是通过市场调查得来的直接材料,也可以是他人调查总结出来的间接材料。另外,市场调查报告重在对市场的历史和现状进行客观反映,以期及时而正确地了解情况,掌握信息;市场预测报告则重在推测未来一定时期内市场可能的走向,分析市场的发展趋势。市场调查是决策的基础,市场预测是决策的关键。

二、市场预测的内容与方法

市场预测是一门应用性的边缘学科,它要求融合经济学、系统工程学、信息论等各门学科的知识,对市场因素进行定量定性分析,并用现代化的计算手段,对市场现象进行描绘和运算。

(一) 市场预测的主要内容

市场预测必须以过去和现在大量、全面、系统和准确的资料为依据。一般来说,要搜集市场现象的如下资料数据,如商品需求量、商品价格、商品资源、市场占有率、经济效益等,作为市场预测的内容。

(二) 市场预测的常用方法

市场预测的方法归纳起来可以分为两大类,即定性市场预测法和定量市场预测法。

1. 定性市场预测法

主要是根据预测人员的个人经验和综合分析能力,对未来市场发展变化的趋势进行预测,也称为直观预测法或判断预测法。包括:

经理人员判断预测法。由经理人员负责邀请销售、经营管理、财务以及市场研究等部门的主管人员进行集体讨论,根据他们的经验、判断,对商品销售前景进行预测。

销售人员意见法。根据直接接触市场的销售人员的意见,汇总成整个市场的预测方案。

综合判断法。把经理人员和销售人员对市场分析预测的数据和结果,通过算术平均法和加权平均法有机地结合起来,互相补充验证,使预测结果更接近实际情况。

专家意见法。包括以下程序:首先,确定预测目标。其次,从企业内外选聘专家若干人,发放背景材料或预测意见表,请专家们独立地对需要预测的问题发表意见,并按规定时间将预测表返回。再次,对专家们的意见加以综合、整理和归纳,将集中的意见反馈给每个专家,请他们再根据这些意见进一步估计和预测。最后,将专家们的估计和预测再加以综合、整理、反馈。如此循环多次,使个人预测意见得以不断修正、补充和完善,最终形成趋于一致的预测结果。

2. 定量市场预测法

又称统计预测法或数学计算法,即通过对所获得的资料、信息等进行整理、分析,并建立相应的数学模型,对市场未来发展做出定量性预测。包括:

外推法。外推法属于历史引申法,即利用过去的资料,运用数学模型,将历史统计数据按时间序列加以引申,如移动平均法、指数平滑法。

因果法。也叫相关法,即利用经济现象和影响因素之间的因果关系进行市场预测,如回归分析法等。所谓数学模型,常用数学方程式表示,也可用图表表示。

三、市场预测报告的种类

(一)按预测范围分

可分为宏观市场预测报告和微观市场预测报告。

1. 宏观市场预测报告

这是针对国内外市场各类商品和服务的总需求或发展趋势而进行的预测。它可以是一个国家、一个地区的经济发展情况,也可以是科学技术的研究情况、市场总购买力的变动情况。

2. 微观市场预测报告

这是企业针对自己的某一经济行为,或对自己生产与经营的产品进行的某方面的预测。例如《××产品市场需求量预测报告》、《××商品销售预测报告》、《××产品成本预测报告》。

(二)按预测时限分

可分为短期、中期、长期预测报告。

1. 短期市场预测报告

预测时限一般在1年左右。主要预测季节性产品、产销变化大的产品。

2. 中期市场预测报告

预测时限为2~5年。主要预测较为耐用、使用周期较长的产品。

3. 长期市场预测报告

预测时限一般在5年以上。主要用于预测生产周期和使用周期都比较长的产品。

(三)按预测方法分

可分为定性预测和定量预测。

定性预测有节约费用、节省时间、简便易行的优点,但是容易带有预测者的主观因素。

定量预测的特点是比较客观,但是影响市场的某些人为因素、社会因素等不易量化。

(四)按预测内容分

可以分为材料供应情况预测、生产预测、产品销售情况预测等。

四、市场预测报告的格式与结构

市场预测报告由标题、正文、落款三个部分构成。

(一)标题

市场预测报告的标题一般由预测时限、预测范围、预测内容和文种四要素组成。

1. 完整式标题

这一类标题最为常见。包括预测时限、预测范围、预测内容和文种四种要素。如"2014～2018年南京市家用轿车需求量预测报告"。文种有时以"预测"、"趋势"、"走势"、"研究"、"分析"、"展望"、"前瞻"、"发展前景"等词语表明。

2. 非完整式标题

这一类标题不要求四要素俱全,往往只有其中的三种或者两种。如果是面向全国市场,有时候就可以省略预测范围,如"'十三五'期间电视机市场需求预测报告";如果是在报纸杂志上发表的预测报告,则常常省略时间,只要在标题中点明主要内容即可,如"电视机产销趋势预测"。

3. 相关式标题

这一类标题,通常在交代清楚预测的有关要素之前,先交代与此相关的回顾分析的内容。如"2016年汽车市场预测"。这种预测报告一般出现在两个时间段交接之时,如季度末或季度初、年末或年初等。

4. 结论式标题

这一类标题,直接表明预测的主要观点,如"今年××销售市场不容乐观"。

5. 复合式标题

这一类标题,由主标题和副标题两部分组成。主标题表明预测得出的主要观点,副标题交代预测时限、预测范围、预测内容等。如"产量供过于求市场竞争加剧——2017年××市场预测"。

(二) 正文

市场预测报告的正文一般分为开头、主体、结尾三部分。

1. 开头

也称前言。形式不拘,灵活多样。可以揭示全篇主旨,可以交代写作目的、写作动机,可以介绍预测方法、预测过程,也可以开门见山直陈其事,即没有前言部分,直奔主体。

2. 主体

市场预测报告的主体一般包括基本情况、分析预测、对策建议三部分。

基本情况。这一部分是分析预测的基础,是保证预测报告质量的重要前提。主要任务是,选取搜集来的市场信息,根据数据资料,说明预测对象的历史和现实状况。数据和资料要确凿、充分,具有代表性、典型性。写作手法上,一般运用概括叙述的表达方式。

分析预测。这一部分是整个预测报告的核心和重点。主要任务是,依据上个部分叙述的基本情况,对预测对象在未来市场的发展趋势和可能发生的状况做出估计和判断,分析、比较、推断,揭示本质,引领方向。要考虑到影响市场变化的各种因素,不要以偏概全,防止被个别现象掩盖了事物的本质。写作手法上,主要采用叙议结合、夹叙夹议的表达方式。

对策建议。根据分析预测的结果,从不同的方面提出具有针对性的应变措施、对策、建议、设想,如调整企业经营方向,改善企业经营管理状况,重新确定企业经营方案等。写作手法上,一般采用说明的表达方式;形式上,一般采用分条列项的形式。对策建议部分并不是预测报告必须具备的内容,也可以不写。

市场预测报告的结构可以参阅市场调查报告部分。

市场预测报告一般没有专门的结尾。如果写专门的结尾,通常是总结上文观点,提示要注意的问题等。

(三)落款

市场预测报告如果是用于单位内部,要在文末标明作者和写作时间;如果是在报刊上发表,则在标题下面写明作者。

五、市场预测报告的写作要求

(一)掌握理论、方法

写好市场预测报告,没有正确的理论指导,不掌握科学的方法,是不可能的事。写作者要系统学习和掌握经济学、统计学、社会学、心理学、社会调查方法、应用文写作、计算机应用等基本理论、基本知识、基本技能,并能够综合运用这些理论、知识和技能,进行分析、推理、判断。

(二)明确把握目标

一般而言,预测对象应该是关系企业前途命运的目标市场,或者是企业经营销售中遇到的新情况、新问题。只有明确把握住预测目标,才能以其为中心搜集材料,分析预测。如果搜集和分析的材料不能紧扣目标,写出的预测报告是毫无用处的。

(三)遵循正确程序

首先确定预测范围、内容、期限;接着搜集整理数据资料;然后选择适当的预测方法,进行预测,得出预测结论;最后写出预测报告。

(四)层次分明清楚

要做到层次分明,主题集中。市场预测报告一般按照"提出问题—分析问题—解决问题"的顺序来安排结构。

(五)语言精当准确

市场预测报告不需要华美的辞藻,只要语言准确,能够用精当的专用预测词语、术语、数据以及概括性的词语,把预测内容恰到好处地表述出来就可以了。

[例文]

2016年全球汽车市场发展预测分析

2015年,世界经济仍处于深度调整阶段,全球汽车市场整体缓慢增长,汽车销量和产量均达到新高度。新能源汽车继续保持高速增长态势,但是所占市场份额仍然较小。

展望2016年,世界经济依旧复杂多变、复苏艰难,油价将继续维持较低水平,中美两国消费需求有所回升,全球汽车产销量将延续"微增长"态势,新能源汽车市场将实现快速增长。在新一代信息技术和第三次工业革命的推动下,无人驾驶汽车和车载系统技术将广受关注。

一、2015年全球汽车市场发展概况

(1) 全球汽车产销总量继续增长

2015年,在全球经济不景气、经济增长放缓的背景下,世界汽车产销总量依然增加。根据世界汽车组织（OICA）的统计，全年全球累计生产各类汽车9068.31万辆，同比增长1个百分点。

其中生产乘用车6856.19万辆，同比增长1.20%，占全球汽车总产量的75.6%；生产轻型商用车1836.96万辆，同比增长2.6%，占全球汽车总产量的20.6%；生产重型汽车342.86万辆，同比下降9.3%，占全球汽车总产量的3.8%；生产大客车32.30万辆，同比增长2.2%。

同年，全球累计销售汽车8967.80万辆，同比增长2.0%，其中销售乘用车6631.19万辆，同比增长1.4%，占全球汽车销量的73.9%；销售商用车2336.61万辆，同比增长3.8%，占全球汽车销量的26.1%。

表1　2008~2015年全球汽车销售情况

指标	2008年	2009年	2010年	2011年	2012年	2013年	2014年	2015年
销量(万吨)	6834.31	6559.39	7500.51	7819.76	8216.64	8564.16	8792.01	8967.80
产量(万辆)	7072.97	6176.23	7758.35	7988.09	8423.62	8735.4	77.65	9068.31

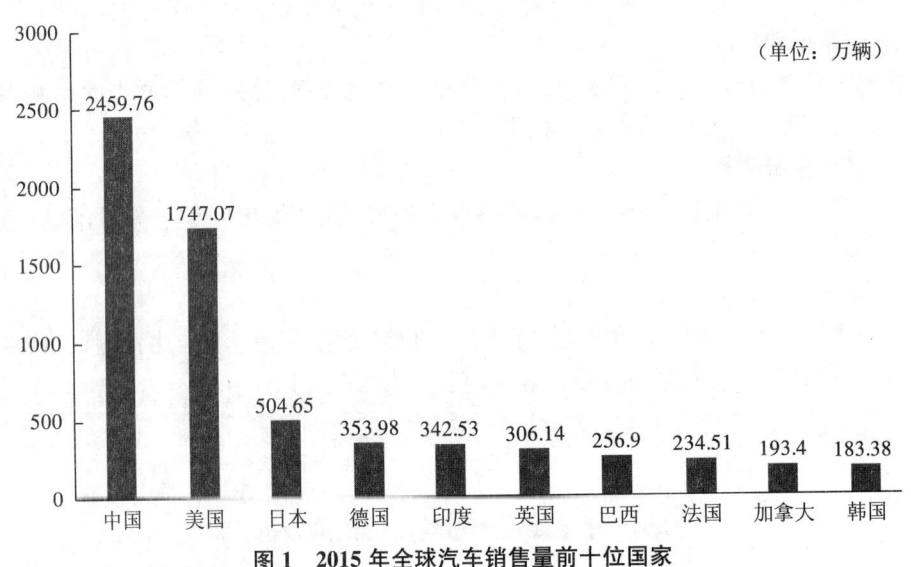

图1　2015年全球汽车销售量前十位国家

(2) 丰田汽车销量卫冕全球桂冠

2015年，全球五大整车企业丰田、大众、通用、雷诺—日产、现代起亚共销售汽车4643万辆，同比减少33万辆。上半年，虽然大众销量赶超丰田占据全球销量排行榜首，但是9月受柴油动力车排放数据造假事件的影响，大众汽车全球市场销售受到严重打击，导致全年销量同比减少21万辆，负增长2.0%。

因此，丰田汽车全球销量同比虽然有所下降（负增长0.8%），但是依然能超越大众，连续四年问鼎全球汽车销售桂冠。销售量排在第三位的通用汽车公司同比微增0.2%。总体上，各大车企2015年汽车销量有所下降或者仅微弱增长，基本上都难以完成预定目标。

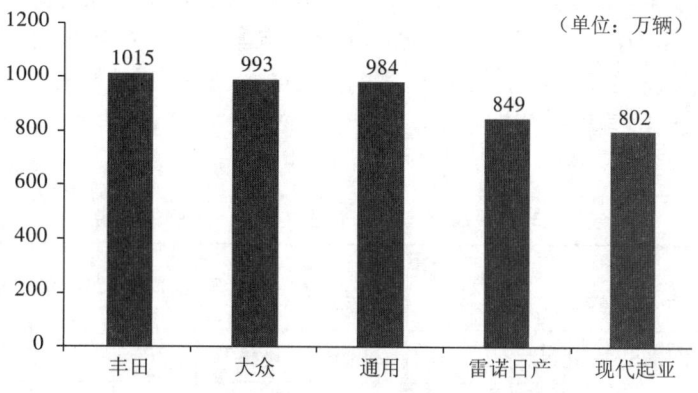

图2　2015年全球五大汽车企业销售量

(3) 全球豪车市场格局发生新变化

从增长速度来看,相对于全球汽车市场的低迷,全球豪车市场销量保持较快增长速度,如保时捷销量同比增长了19%,英菲尼迪销量同比增长了15.6%,奔驰销量同比增长了13.4%,雷克萨斯销量同比增长12%。

从市场格局来看,2015年全球销量前十大豪车品牌依次为宝马、奔驰、奥迪、雷克萨斯、沃尔沃、捷豹路虎、凯迪拉克、保时捷、英菲尼迪和讴歌。相比2014年,奔驰销量超过奥迪跻身第二位,仅次于宝马;讴歌销售增长速度较慢,相继被保时捷和英菲尼迪赶超。

从市场占有率来看,宝马、奔驰和奥迪三大豪车品牌在豪车销售市场的统治地位仍然十分显著,排名第三的奥迪销售量几乎是排名第四的雷克萨斯销售量的3倍。

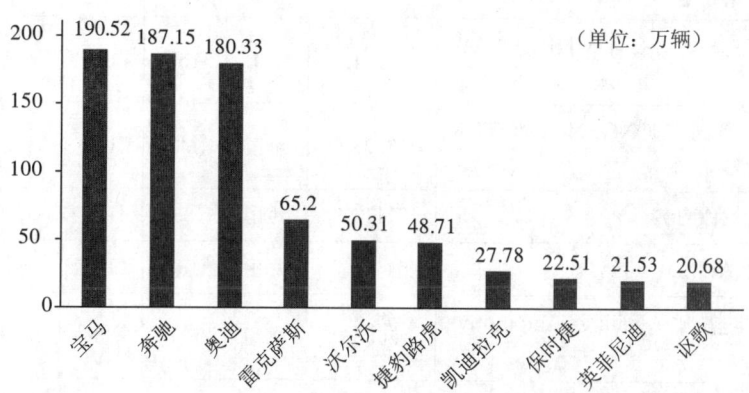

图3　2015年十大豪车品牌全球销量

(4) 大众公司继续成为全球综合实力最强的汽车企业

2015年《财富》世界500强企业榜单中,共有24家汽车企业入围。虽然汽车销售量不如丰田,但是大众公司以268566.6百万美元营业收入继续排在世界500强企业第8位,成为全球综合实力最强的汽车企业,而销售量桂冠的丰田汽车公司则排在第9位。

大部分汽车企业营业收入相比 2014 年都有所提高,排位保持稳定或者上升,但是标致公司亏损了 936.5 百万美元。上海汽车集团股份有限公司、北京汽车集团、印度塔塔汽车公司、宝马、马自达汽车株式会社、富士重工等汽车企业 2015 年排名大幅度上升,宝马公司营业收入超过了日产汽车公司,马自达汽车株式会社营业收入超过了铃木汽车。

表 2　2012～2015 年汽车企业在世界 500 强的排名

企　业	营业收入（百万美元）	所在国	2012 年	2013 年	2014 年	2015 年
大众公司(VOLKSWAGEN)	268566.6	德国	12	9	8	8
丰田汽车公司(TOYOTA MOTOR)	247702.9	日本	10	8	9	9
戴姆勒股份公司(DAIMLER)	172279.1	德国	21	23	20	17
EXOR 集团(EXOR GROUP)	162163	意大利	45	26	24	19
通用汽车公司(GENERAL MOTORS)	155929	美国	22	19	21	21
福特汽车公司(FORD MOTOR)	144077	美国	27	26	26	27
本田汽车(HONDA MOTOR)	121221.5	日本	64	45	45	44
宝马(BMW)	106654.3	德国	69	68	68	56
日产汽车(NISSAN MOTOR)	103459.6	日本	42	47	61	59
上海汽车集团股份有限公司(SAIC MOTOR)	102248.6	中国	130	103	85	60
现代汽车(HYUNDAI MOTOR)	84771.7	韩国	117	104	100	99
中国第一汽车集团公司(CHINA FAW GROUP)	80194.5	中国	165	141	111	107
东风汽车集团(DONGENG MOTOR GROUP)	78978.6	中国	142	146	113	109
标致(PEUGEOT)	71111.3	法国	85	121	119	128
雷诺(RENAULD)	54460.7	法国	158	184	190	191
北京汽车集团(Beijing Automotive Group)	50566	中国	—	336	248	207
起亚汽车(RIA MOTORS)	44730.7	韩国	266	252	246	242
印度塔塔汽车公司(TATA MOTORS)	42975.4	印度	314	316	287	254
沃尔沃集团(VOLVO)	41230.1	瑞典	208	227	258	268
广州汽车工业集团(Guangzhou Automotive Industry Group)	33237.4	中国	—	483	366	362

续 表

企　业	营业收入（百万美元）	所在国	2012 年	2013 年	2014 年	2015 年
马自达汽车株式会社（MAZDA MOTOR）	27593.9	日本	428	440	449	429
铃木汽车（SUZUKI MOTOR）	27426.2	日本	350	367	414	436
富士重工（Fuji Heary Iadustries）	26175.1	日本	—	—	494	452
浙江吉利控股集团（ZHEJIANG GEELY HOLDING GROUP）	24986.4	中国	475	477	466	477

资料来源：根据年份《财富》世界 500 强企业榜单整理。

（5）新能源汽车销量继续大幅增长

根据 EV Sales Blogspot 和各国汽车工业协会数据显示，2015 年全球电动车（乘用车）总销量达到 549414 辆，同比大幅攀升 72.8%。其中，中国市场的电动车销量最高，电动乘用车销量达到 207382 辆，比美国的 115350 辆高出近一倍，占全球总销量的 37.7%。

销量居于全球前 7 位的中国、美国、挪威、英国、法国、日本、德国共销售电动汽车 442985 辆，几乎占到全球的 80%。相比 2014 年日产聆风、三菱欧蓝德 PHEV、特斯拉 Models、雪佛兰沃蓝达、丰田普锐斯 Plug-In、宝马 i3、比亚迪秦、福特 FusionEnergi、雷诺 ZOE、康迪 EV 十大畅销新能源车型，2015 年销量排名前十位的车型依次为特斯拉 Models、日产聆风、三菱欧蓝德 PHEV、比亚迪秦、宝马 i3、康迪 K11 熊猫 EV、雷诺 ZOE、比亚迪唐、雪佛兰沃蓝达、大众高尔夫 GTE，凸显新能源汽车领域竞争的激烈性。

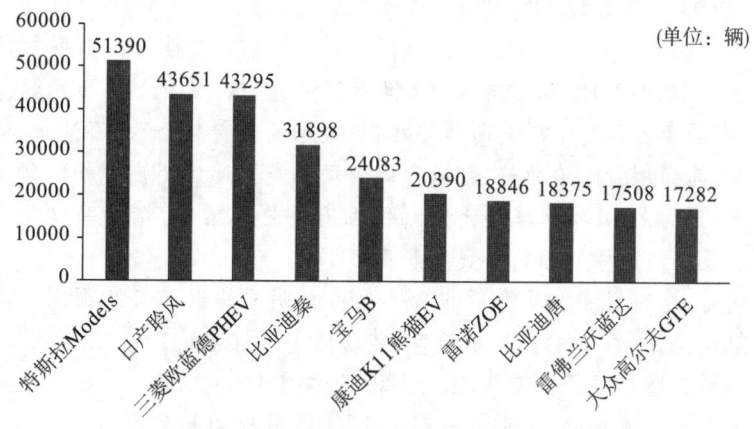

图 4　2015 年全球新能源汽车销量前十位车型

（6）欧、美、日主导全球汽车零部件市场发展

根据《美国汽车新闻》（Auto-motive News）发布的 2015 年全球汽车零部件供应商百强榜，博世、麦格纳国际、大陆、电装、爱信精机、现代摩比斯、佛吉亚、江森自控、采埃孚和李尔汽车零部件销售额位居前十名，其中博世集团已经连续五年蝉

联百强名单榜首,电装集团因销售额同比下滑9.7%,排名从2014年的第二位降到第四位。在百强榜中,日系零配件企业30家(2014年29家),美系零配件企业25家(2014年23家),德国18家(2013年19家),韩国5家,法国4家,西班牙3家。

中国虽然是全球最大的汽车销售国,但是仅有延锋汽车内饰系统公司、中信戴卡两家汽车零配件企业入围,2014年入围的香港德昌电机公司则跌出100强之外。总体而言,欧、美、日仍然牢牢占据全球汽车零配件市场的主导地位。

表3 2015年全球汽车零部件配套供应商十强名单

排名	公司	总部地址	2014年销售额（亿美元）	2013年销售额（亿美元）	2012年销售额（亿美元）	增幅(%)	名次变化
1	博世	德国	442.40	401.83	367.87	10.1	0
2	麦格纳国际	加拿大	363.25	343.75	304.28	5.7	1
3	大陆	德国	344.18	335.00	328.00	2.70	1
4	电装	日本	323.65	358.49	342.00	−9.70	−2
5	爱信精机	日本	280.72	271.25	300.80	3.50	0
6	现代摩比斯	韩国	274.05	246.77	213.51	11.10	0
7	佛吉亚	法国	250.43	239.50	225.00	4.60	0
8	江森自控	美国	235.89	234.40	225.15	0.60	0
9	采埃孚	德国	221.92	204.34	188.43	8.60	0
10	李尔	美国	177.27	162.34	145.67	9.20	0

资料来源:盖世汽车。

二、2016年全球汽车市场前景展望

(1)汽车市场整体延续"微增长"态势

2016年,全球经济依旧面临较大挑战,难以实现实质性改观。根据国际货币基金组织在2016年1月19日发布的《世界经济展望》,受到新兴市场经济体增长普遍减缓、中国经济正处于再平衡调整之中、大宗商品价格下跌、石油价格波动、市场情绪多变、局部地缘政治动荡、金融市场波动和美国逐步退出宽松的货币政策等因素的影响,预计2016年全球经济活动的回升将更为缓慢,增长率仅为3.4%,新兴市场和发展中经济体复苏前景更加悲观。

与此同时,全球经济复苏的不均衡性也特别明显。世界银行预测发达国家除了美国可望获得3%左右的较高增长率(美联储则预计增长2%—2.5%之间)之外,其余国家的经济增长率普遍较低,欧元区和日本仅1%左右。

在发展中国家体系中,巴西增长率为1%,俄罗斯增长率则是−2.9%,中国的增长率也同比下降。这些国家都是全球最主要的汽车生产和销售国,经济增速下滑必然会影响到企业效益、居民收入、消费预期等,进而波及全球汽车市场,导致汽车生产和销售增长速度同步放缓。此外,全球汽车保有量不断上升,各国为治理"城市病"和交通拥堵问题大力发展公共交通,对私人汽车实行限行限购政策,也在一定程度上减少汽车消费需求。

表4　一些世界组织对2016年全球经济增长预测

组织	联合国	IMF	世界银行	OECD	经济学人智库
预测	2.9%	3.4%	2.7%	3.0%	2.7%

资料来源：根据各个组织发布报告整理。

当然，全球汽车市场也存在一些积极要素，作为两大汽车生产销售国，中国经济虽然告别改革开放30年的高速增长时代，但仍然可保持6.5%左右的中高速增长，且随着中国政府大力推进供给侧结构改革、新型城镇化，城乡汽车消费需求将会进一步得到释放。

美国经济发展虽然仍处低迷阶段，但是国内消费也有好转趋势，对汽车市场产生一定促进作用。全球油价也还处于低水平时期，根据中国社会科学院世界经济与政治研究所发布的世界经济黄皮书（《2016年世界经济形势分析与预测》），受到全球经济下行、OPEC以及相关石油供给国难以就减产达成一致等因素的影响，石油供给短期内仍然供过于求，未来5~10年全球石油价格仍将维持在低水平，2015~2016年油价将维持在50~65美元/桶的均值水平。经济学人智库则预计布伦特原油的平均价格仍将维持在每桶53美元左右。

传统汽车以汽油作为主要燃料动力，因此低油价将使得人们用车成本普遍降低，刺激许多原本犹豫的人群下决心购车，进而有利于汽车尤其是传统燃油车销售量的增长。事实上，低油价的影响效应已经显现，在过去两年中，耗油量相对较大的SUV汽车销量增长速度远高于小型轿车的销量增长速度。

综合这些因素，全球汽车市场将继续保持微弱增长态势，一些预测机构对2016年增长率的预测也大致保持在2.5%~3%之间：杜伊斯堡—埃森大学汽车研究所认为在低油价的刺激下，2016年全球小汽车新车销量将额外增加60万辆，整体比2015年增长2.5%；标准普尔预计2016年全球汽车销售量将增长3%左右；《经济学人》预计2016年全球汽车市场销量将增长3.1%左右。

表5　2016年汽车销售增长率预测

组织	杜伊斯堡-埃森大学汽车研究所	标准普尔	《经济学人》
预测	2.5%	3.0%	3.1%

资料来源：根据各组织发布报告整理。

发达国家、发展中国家和新兴市场国家汽车销售增长速度相对稳定，金砖四国汽车销量的下滑趋势将得以扭转，实现增长，欧洲、亚洲和北美地区主要发达国家仍将保持增长，拉美市场预计会出现反弹，东欧转型国家将会出现复苏，中东和非洲国家则会受到政治风险的影响。在生产端，中国、俄罗斯和一些新兴市场国家汽车产能将大于市场销量，不得不依赖于出口加以消化，部分产能将会闲置。

（2）新能源汽车市场保持快速发展态势

随着人口增加和经济社会发展，全球空气质量下降和资源能源消耗加剧，排放和燃油限制性标准不断严格，新能源汽车替代燃料汽车的步伐将继续加快。

事实上,虽然经过多年的孕育和发展,新能源汽车市场占有量整体上还比较低,仅占全球机动车总量的0.6%左右,高速增长潜力巨大。Evsaleblog 预计2016年全球电动车销量将达到85万辆,普华永道预计到2021年全球电动汽车生产量将会达到120万辆,中国将是全球最大的电动车市场。

表6　2016年全球电动车销量预测

地　区	销量(辆)
全球	850000
中国	400000
欧洲	250000
美国	175000
日本	30000
挪威	45000
英国	40000
法国	37500
德国	37500

资料来源:Evsaleblog。

为抢占新能源汽车市场,各大汽车厂商纷纷加大研发力度,将不断有更加方便、更加成熟的新车型推出,如特斯拉将推出大众车型 Model3,现代将推出 IONIQ 作为旗下全新新能源产品,雪铁龙计划推出全电动汽车 E-Mahari,捷豹路虎计划在奥地利工厂正式投产首款纯电动车型等等。

随着市场准入门槛的进一步降低,除了谷歌、苹果等高科技企业巨头之外,2016年将有更多的初创公司进入电动汽车市场,如 Faraday、Nex-tEV、Atieva、Rimac 等新兴企业。可以预见,在新老企业的共同推动下,未来新能源汽车技术将不断取得新的突破,作为研发核心的电池续航能力将得以提升,电池生产使用成本将会降低,同时新能源汽车市场竞争也将会空前激烈。

从区域市场来看,中国仍将是全球最大的新能源汽车市场。2016年,中国将迎来新一轮的新能源补贴推广政策,国家相关部委相继下发了《关于2016~2020年新能源汽车推广应用财政支持政策的通知》《关于加强城市电动汽车充电设施规划建设工作通知》《关于"十三五"新能源汽车充电基础设施奖励政策及加强新能源汽车推广应用的通知》《电动汽车充电基础设施发展指南(2015~2020年)》,明确了新能源汽车和充电桩建设的补贴政策,并对新能源汽车推广设置了具体目标,如2016~2020年,北京、上海、天津、河北、山西、江苏、浙江、山东、广东、海南10个大气污染治理的重点地区,每年的新能源汽车推广数量逐年递增,分别要达到3.0万辆、3.5万辆、4.3万辆、5.5万辆、7万辆以上,占新车及更新车辆中比例要达到2%、3%、4%、5%、6%以上。安徽、江西、河南、湖北、湖南、福建等其他省份的新能源汽车推广数量也有明确要求。

事实上,不仅在国家层面,许多省、市地方政府也自己设定了新能源汽车使用推广计划。受益于各级政府的大力推动和市场的现实需求,2016年中国新能源汽车市场将继续保持快速增长,根据前瞻产业研究院《2016~2021年中国新能源汽车行业市场前瞻与投资战略规划分析报告》的预测,全年销量有望超过60万辆。在美国,虽然2015年新能源汽车销售同比有所下滑,但随着新车型的推出,在2016年将会呈现止跌回升趋势,纯电动车总销量有望达到15万辆。

(3) 汽车技术创新持续深化

随着新一代信息技术的发展和广泛应用,制造业和服务业深度融合推动汽车产业链重心不断向研发设计和使用服务等环节转移,汽车已经告别仅作为代步工具的时代,而是朝着提供更多智能化和网联化服务的方向演进。

其中,无人驾驶汽车作为智能、网联汽车的终极目标,近年来持续成为行业热点。美国公路安全局(NHTSA)把自动驾驶技术划分为无自动(0级)、个别功能自动(1级)、多种功能自动(2级)、受限自动驾驶(3级)和完全自动驾驶(4级)五个级别。

2016年,大部分汽车企业无人驾驶技术研发的目标是实现从多种功能自动向受限自动驾驶转变,特斯拉、宝马、奔驰、奥迪、沃尔沃、日产、丰田、通用等国际知名汽车企业以及来自中国的一些汽车企业将会推出无人驾驶概念车,并开展相关道路测试。以谷歌、百度等为代表的网络高科技企业致力研发的完全自动驾驶技术也将不断得以完善提升。

事实上,2015年6月谷歌无人驾驶车正式开上美国加州的公路进行测试。2015年12月百度无人驾驶车就已经首次实现城市、环路及高速道路混合路况下的全自动驾驶。在汽车企业和网络科技企业无人驾驶技术研发取得突破的同时,适应于无人驾驶汽车发展需要的相关汽车、道路安全法规修改完善也将被提上议事日程。

车载信息娱乐系统技术也非常有望在2016年取得新突破。一方面,苹果、谷歌、百度等高科技企业将不断开发推出车载娱乐软件和技术,另一方面传统汽车企业巨头也想把控这一庞大市场。未来,更加智能的人车对话界面、智能汽车大灯、手机控制汽车停车、汽车与智能家居联网等技术将会实现。

在新能源汽车领域,2016年混合动力汽车将在新能源汽车市场占有更加突出的地位,各大汽车厂商将会重点加强高效电池和动力马达的研发,提升混合动力汽车的整体性能。

为满足汽车科技发展和汽车智能程度提升的需要,智能交通系统技术也会得以同步提高,其应用将愈来愈广泛,人、车、路之间将建立更加和谐紧密的联系。一个典型的例子就是日本研发的一种能为电动车进行车外充电的方法,2016年3月,日本丰桥技术科学大学的研究人员通过试验将安装有特殊轮胎的电动车直接从嵌入道路的钢轨中获取能量。虽然这一技术研究尚处早期阶段,但确实表明,车、路结合可能为汽车科技发展提供一种新的路径和模式。

第三节 可行性研究报告的写作

一、可行性研究报告的概念和作用

(一) 可行性研究报告的概念

可行性研究报告是针对准备实施的新政策、新方案，拟订开发的新项目、新技术，分析其必要性、可能性、客观条件与未来前景的书面报告。它围绕所确立的课题、项目，进行全面、深入的调查研究，运用预测、比较、分析等研究手段，对各种方案予以论证，为决策部门定夺可否实施某方案提供科学的、权威性的意见。进行可行性研究，并撰写可行性研究报告，是决策前期的一项重要工作，是决策过程的首要的和关键的环节。因此，国务院及各主管部门明确规定，颁布重要政策，推行新体制，一切大中型项目和重要工程建设项目立项之前，都要进行可行性研究。

(二) 可行性研究报告的作用

1. 为领导者提供决策依据

可行性研究报告的肯定性或否定性结论，最终决定着决策者对准备实施的新政策、新方案或拟订开发的新项目、新技术同意与否的态度。

2. 为项目的各个环节提供实施依据

项目设计及编制设计任务书、申请建设执照、向银行申请贷款、与各协作单位签订合同和有关协议、安排施工、组织生产等，都要以可行性研究报告为依据，不得随意改变可行性研究报告中的各类控制性指标。

3. 为实现社会效益和经济效益提供保证

由于可行性研究报告对准备实施的新政策、新方案或拟订开发的新项目、新技术在政策上、经济上、技术上以及自然、社会环境上都做了周密的研究、分析、评估，这就避免了由于盲动而造成严重损失的失误，从而有力地保证了社会效益和经济效益的实现。

二、可行性研究报告的种类和特点

(一) 可行性研究报告种类

1. 从内容的角度分

新政策、新方案可行性研究报告。它对准备实施的新的经济、技术政策或改革方案的必要性和可行性进行分析论证，为领导者提供决策依据。

建设项目可行性研究报告。这是最为常见、最广泛使用的可行性研究报告。它是指为了减少投资决策的失误，减少风险，对一切大中型项目和重要工程建设项目进行的可行性研究。

引进或开发性项目可行性研究报告。它主要从生产需要、发展前景、技术或设备的先进性、效益、效率等方面，对开发新产品和新技术、引进新设备、采用新工艺和新管理方法之类的活动进行可行性研究。

2. 从性质的角度分

从性质的角度,可行性研究报告可以分为肯定、认可拟议项目实施的必要和可行的肯定性可行性研究报告;对拟议项目予以部分否定或彻底推翻的否定性可行性研究报告;以及对原拟议项目提出两个或两个以上实施方案,否定其他方案,肯定一个方案,或者是在肯定原项目可行的前提下否定其具体实施方案,再提供两个或两个以上可行性方案供选择使用的选择性可行性研究报告。其中肯定性可行性研究报告占大多数。

(二) 可行性研究报告的特点

1. 科学性

可行性研究报告是运用大量的数字、资料、技术性指标,通过介绍、分析、比较、图表、数据等说明方法,对拟议项目的必要性、合理性、可靠性、可能性、可行性进行科学论证的书面材料,必须以科学的态度、科学的方法,得出科学的结论。

2. 预见性

可行性研究报告中的报告都是在实际方案实施之前进行的,实质上是对拟议项目的一种预测,因此,它既要系统地论证现实的条件,又要预测其未来的发展与效益,预计可能出现的风险。

3. 系统性

可行性研究报告不能只从经济或技术层面去片面、孤立地论证,而应对社会、政策、法律、经济、技术、环境等诸因素做系统的分析。也就是说,既要做微观的研究,又要做宏观的分析。

4. 有效性

经过可行性研究报告认可的拟议项目及其实施方案,一般说来,付诸实施以后,都有比较大的成功把握。

三、可行性研究报告的写作格式

一份完整的可行性研究报告,一般由封面、编制说明、正文、附件等部分组成。

(一) 封面

可行性研究报告的封面,包括报告名称、编制单位名称、成文时间。报告名称通常由事由和文种构成,如"关于合资经营××厂的可行性研究报告"。

(二) 编制说明

通常包括项目名称、项目建设单位、项目建设单位负责人、编制单位、编制单位负责人和报告审核人。

(三) 正文

正文,即报告内容,是可行性研究报告的主体部分。通常分为三个部分:总论、主体、结尾。

1. 总论

这是报告内容的概述,介绍背景资料、理论依据、项目的必要性、经济意义、可行性研究的单位、采用的分析方法和基本评价等。

2. 主体

又被称为分论部分。具体、详尽地从不同角度对项目的必要性、可行性展开论证。主体

主要包括以下内容:

市场调查情况。着重说明产品有无市场、市场需求量的大小以及现有供给量与市场需求量之间的差距,目的是依据市场情况来证明拟建项目与拟建规模的必要性、可行性。包括:项目产品的国内外市场需求量;项目产品的市场占有率;项目产品可能的价格变化;项目产品的出口对象;项目产品已有和潜在的竞争对手;项目产品的销售渠道、手段和措施;项目产品投产后的生产能力(生产规模)。

建设条件和厂址选择。包括原材料、燃料问题,交通运输、供电、供水、消防等公用设施落实情况,地理位置、水文、气象、地形、地质条件等。

设计方案。包括工艺流程、设备和技术的来源、可靠性、先进性,辅助设施,对原有固定资产的利用情况等。

组织机构设置,专业人员管理、培训。包括机构设置的情况,人员来源、数量、培训设想等。

环境保护、劳动保护、安全防护的手段。

投资预算和资金保障。对所需投资数额要进行估算,其中包括资金来源(财政拨款、银行贷款、单位自筹)、资金成本、现金流量、需要垫付的流动资金等的估算与分析,并要详细开列项目所需资金的使用进度。

财务分析。分析现金流量、投资回收期、投资回报率、净现值、现值指数等,对可能的盈亏情况做出预测。

编制可行性研究报告时,应该将方案涉及的问题一一分析清楚,但又要依据实际情况的不同而有所侧重。

3. 结尾

对论证的提议和项目的必要性、可行性做出明确的判断,还可以再次强调重点问题或关键性的内容,提出有关建议。

(四)附件

参考文件、图表等,合称附件。主要有相关的政策文件、调查资料、批准文件、协议书、统计图表、设计图纸等。如项目建议书的批准文件,银行、财政部门给予支持的证明材料,环境影响报告书,供电、供水、消防等方面的协议书,投资估算表,成本概算表,财务平衡表,利润预测表,地埋位置图,总平面设计图,等等。

四、可行性研究报告的写作要求

(一)材料真实

数据资料是可行性研究报告的支柱,离开了大量真实、精确的数据资料,就失去了判断的可靠依据,可行性研究报告的结论就会出现差错和失误。国务院《关于加强基本建设计划管理、控制基本建设的若干规定》强调:"项目可行性报告中各项条件及计算,如有错误或不落实之处,应由主管部门及承担协作部门负责,凡由此造成重大损失的,要追究主管部门的责任,直到追究法律责任。"

(二)观点鲜明

撰写可行性研究报告,不能掺杂任何个人私念,不能屈从于任何外界压力,不能作任何夸大或缩小,态度要明确,观点要鲜明。对可行性研究报告的结论,应该在材料真实的前提下,毫不动摇地遵从论证逻辑,做出"可"或"否"的判断,或者提供可供选择使用的可行性方案。

(三) 格式规范

撰写可行性研究报告,虽然可以根据实际情况的不同而有所侧重,但是总体上要严格遵从可行性研究报告的格式,做到既重点突出,又不至于遗漏必需的内容。篇幅较大的可行性研究报告,要按照"封面—目录—编制说明—正文—附件"的顺序装订成册。

[例文]

×市×区农业生态旅游园区项目可行性研究报告

一、项目概要

该项目由×市×区财政局申报,×区×镇×村组织实施,农业生态旅游园区坐落在×镇×村,新扩建2460亩,建设时间从××年9月开始,于××年9月结束,时限3年。

主要建设内容:

1. 鲜果采摘区扩建1500亩;

2. 鲜花温室基地建设花卉日光温室70栋,到××年末达到180栋,占地500亩;

3. 开发历史遗迹区——日本碑和俄国坟,占地200亩;

4. 鲜花观赏基地建设花卉日光温室40栋,新奇花卉品种达到20余种;

5. 建设占地160亩的水上娱乐垂钓区,开发水面50亩;

6. 建设占地110亩的森林浴场一处;

7. 农事实践基地建设日光温室50栋;

8. 建设200亩葡萄园,建日光温室50栋;规划100亩,作为新品种水果实验基地;

9. 别墅度假区建设别墅30栋;

10. 园区基础设施及配套设施建设,主要是园区建柏油路、水泥路、田间作业道、整治田间排水沟、引水上山及治河、水电配套、绿化美化等工作;

11. 水产、花卉、果树、蔬菜新品种、新技术的引进示范推广;

12. 无公害农产品检测室的建设。

该项目总投入资金7473万元,其中农民投入2535万元,招商引资2774.3万元,村集体投入563.7万元,市区财政自筹480万元,申请国家财政投入960万元。

二、背景分析

该园区位于×市东北部,距市中心12公里,邻近机场、港口、火车站及丹大、沈丹高速公路起点,三维交通十分便利。园区距鸭绿江断桥12公里,距虎山长城10公里,距河口度假区50公里,能增加丹东沿江旅游的景点,园区内青山绿水,山水相映,既有日俄战争遗址——日本碑和俄国坟,又有远销俄罗斯、黑龙江等国家和地区的无公害水果——燕红桃和寒富苹果;可以说,独特的地理位置,优越的自然、人文景观,发展迅猛的无公害水果、蔬菜、花卉、水产品,为发展农业生态旅游观光奠定了坚实基础。

×市是全国优秀旅游城市之一，虎山长城、鸭绿江已成为丹东的代名词；燕红桃、寒富苹果已走出国门；×杜鹃花誉满全球；以鸭绿江公鱼为代表的水产品畅销全国。

园区扩建后，在向世人展示独特的自然、人文景观的同时，重点展示园艺型农业、示范型农业、观光型农业。成立×市生态农业旅游协会，负责生态农业旅游市场的开发，把园区与鸭绿江断桥、虎山长城、河口度假区连接起来，扩大园区知名度和影响力，使丹东旅游业内容更加丰富。

三、需求分析

1. 市场需求

随着我国加入世贸组织和都市农业的大力发展，园艺型农业、示范型农业、观光型农业将是今后农业发展的主导方向，果农、菜农、花农的科技水平逐渐提高，无公害水果、蔬菜、花卉、水产品的生产、加工、销售环节中的难题逐步得到解决，现在丹东水果产量在30万吨左右，水产品产量22.7万吨，无公害蔬菜产量3万吨左右，远远满足不了市场需求，有必要大力发展生态农业；每年×市杜鹃花生产总量在1亿株左右，商品量在1000万株以上，占全国杜鹃花商品量的25％，每年到×游客达280万人次，旅游产业渐成规模，有必要大力发展观光农业。园区建成后，将带动发展果树面积8000亩，水果商品量达到8000吨以上；水产品养殖水面1000亩，商品量可达500吨；无公害蔬菜10000亩，商品量30000吨；花卉面积7000亩，商品量3500万株左右。

2. 社会需求

随着城市功能的不断完善，城市规模的不断扩大，城乡发展格局正逐步向"以城带乡，城中有乡，乡中有城，城乡一体化"的方向迈进，这就要求城郊农业要为市民提供旅游休闲娱乐场所；要为市民提供无污染、无公害的新鲜水果、蔬菜、花卉和特种鲜活或观赏用农产品；要为农产品的精深加工，提高科技含量和附加值提供场地；要为城区建设提供合理的绿色空间，改善都市生态条件，美化都市环境；要为农民致富奔小康提供载体。

3. 生态改善

该园区扩建完成后，植被状况良好，具有水资源涵养保护、调节气候、生物多样性等重要生态功能，达到山清水秀、环境优美的生态效果。

4. 经济发展

园区扩建完成后，经济效益、社会效益、生态效益将大幅度提高，科技示范辐射作用进一步增强，旅游产业的内容将更加丰富，可吸纳农村剩余劳动力5000人，带动果农增加收入1400万元；花农增加收入5600万元；渔民增加收入300万元；菜农增加收入××万元；将吸引社会闲置资金1000万元投入到农业、旅游业发展中，带动其他相关产业增加产值1800万元。

四、条件分析

1. 资源条件

×市是全国优秀旅游城市之一，旅游资源丰富，软环境建设正在向国际化方向迈进,与国际接轨;无公害水果燕红桃、寒富苹果等已远销俄罗斯等国家,农业的出口创汇能力正逐步提高;鸭绿江水系特有的品质,使其水产品畅销海内外;花卉品种丰富,适宜的温度、丰富的水资源取之不尽,用之不竭;无公害蔬菜的生产已被广大干部和群众所接受,并越来越被重视。果农、花农、菜农、渔民群体大,农业绿色证书持有率逐年加大,技术含量逐年提高。

2. 原材料条件

日光温室等基础建设材料可就地取材加工,无公害农产品检测仪可国内外采购,项目发展不会受到原材料的限制。

3. 交通运输

距边境口岸鸭绿江断桥12公里,距×机场20公里,距大东港35公里,距丹东火车站12公里,距沈丹、丹大高速公路17公里。

4. 经营管理能力及技术情况

×镇×村委会成立农业生态旅游园区管理委员会,负责日常服务协调工作。水果、蔬菜、水产品的生产、加工、销售由无公害农产品协会负责;花卉的生产、加工、销售由花卉协会负责;旅游市场的开发及对外宣传工作,由农业生态旅游协会负责。广泛聘请省内外专家为技术顾问,成立区级无公害农产品科学研究所,负责新品种选育和新技术开发推广。

五、方案设计

1. 目标

(1) 园区扩建2460亩,到××年全区果树面积发展到10000亩,花卉面积发展到7000亩,无公害蔬菜种植面积发展到10000亩,水产养殖水面达到1000亩;

(2) 水、电、河、路配套环境优化;

(3) 无公害农产品检测体系完善,自我检测能力增强;

(4) 该园区年产水果9000吨,花卉300万株,水产品100吨,无公害蔬菜××吨,发展成为全国效益最好的农业生态旅游园区,该园区扩建部分,年产值可达8000万元,年纯收入1870万元,年上缴税金100万元。

2. 实施地点和范围

地点:建于×省×市×区×镇×村7000亩山峦、耕地内。园区位于×市东北郊区,距市中心12公里,园区内耕地平坦,果树茂盛,自然环境优美,无城市和工业污染,有郊线班车路经该园区,临近沈丹、丹大高速公路,直通港口、飞机场、火车站,交通十分便利。

3. 实施内容

(1) 鲜果采摘区扩建标准果园1500亩;

(2) 鲜花温室基地建设高标准日光温室70栋;

(3) 开发日俄战争遗址——日本碑和俄国坟;

(4) 鲜花观赏基地建高标准日光温室40栋;

(5) 建设水上娱乐垂钓区和森林浴场各一处;

(6) 农事实践基地、葡萄园各建设高标准日光温室50栋;

(7) 别墅度假区建设别墅30栋;

(8) 建设无公害农产品检测室 200 平方米，综合服务楼 3000 平方米；

(9) 引进新品种、新技术 50 种、40 项；

(10) 基础配套设施：修柏油路 6.8 万平方米，水泥路 11.1 万平方米，硬化田间作业道 6 万平方米，田间排水沟护坡 4 万延长米，绿化美化 2.92 万延长米，治河三条浆砌石护坡 1 万延长米，修建农用桥 8 座，铁索吊桥一座，打机电井 500 眼，提水站 50 个，蓄水池 50 个，室外给排水管网各 1.2 万延长米。

4. 实施计划

园区建设从××年×月—××年×月。完成扩建果园 1500 亩；建设高标准日光温室 210 栋、别墅 30 栋；完成引水上山工程及治河工程；完成柏油路、水泥路、田间作业道、田间排水沟的整治任务；完成森林浴场、水上娱乐垂钓区和综合服务楼的建设任务；完善宣传网络；引进和应用新品种 50 种、新技术 40 项。

5. 支持环节

(1) 50 个新品种、40 项新技术的引进应用资金；

(2) 无公害农产品检测仪器配套资金；

(3) 公用基础设施配套资金。

6. 组织落实

园区成立项目领导小组，由分管区长负责，财政、农业、城建等部门负责项目的技术指导和检查监督，并负责制订园区实施方案，×镇×村委会具体实施。聘请中国农科院、沈阳农业大学、×农科院、×市风景旅游局等十名专家为技术顾问，成立专家科技指导组；园区组织建设，管理协调服务由管委会负责，对外宣传由农业生态旅游协会负责，生产、经营由花卉协会和无公害农产品协会负责，国家投资的资金实行专户管理，基础设施建设实行公开招标，设备、仪器购买实行政府采购。

六、效益分析（略）

1. 成本效益分析（略）

2. 财务效益分析（略）

3. 国民经济效益分析

基本评价指标：项目扩建投产后，可带动农民发展花卉生产 7000 亩，果树 8000 亩，无公害蔬菜 10000 亩，水产品养殖水面 1000 亩，农民增收 9300 万元。

就业效果：直接、间接解决 5000 个农民就业，同时可带动 23000 人发展同类产业。

农民增收：项目区农民人均纯收入增加××元。

对财政的贡献：财政年收入增加 500 万元。

投资盈亏：以产量表述的盈亏平衡点为估算产量的 30.14%，表明项目有较好的资金回收能力。

风险分析：项目中产品的价格和产量相对比较稳定，表明项目有较强的抗风险能力。

七、项目资金筹措（单位：万元）（略）

1. 财政投入××

2. 项目单位投入××

3. 银行贷款××

4. 其他资金投入 ××

八、结论

根据以上研究成果,项目投产后,年增加收入2870万元,并通过示范基地的示范辐射作用,引导和带动周边农民发展花卉、果树、水产养殖和无公害蔬菜生产,可有力地推动我市农业产业结构的进一步调整,促进农村经济的发展。

项目区位于×市近郊,距市中心12公里,项目投产后,在发展水果、蔬菜、水产品的生产、加工、销售的同时,还可发展现代生态农业旅游观光服务项目,随着×市对外开放工作的进一步发展,项目在旅游观光服务方面将有更加广阔的前景。项目总投资7473万元,根据财务评价结果,项目静态投资回收期4年,动态投资回收期6年,表明项目具有较好的资金回收能力;投资利润率25.02%,财务内部收益率21.87%,均高于同行业平均水平;项目净现值$npv=4759$万元,大于0,表明项目具有财务上的可行性。根据国民经济评价结论,项目投产后,可带动农民发展花卉7000亩,果树8000亩,无公害蔬菜10000亩,水产养殖1000亩,农民增收9300万元,财政收入增加500万元,项目具有较好的盈利能力和较强的抗风险能力,因此项目具有经济上的可行性。

项目投产后,不但具有较好的经济效益,而且具有较好的社会效益,因此投资该项目是可行的。

第四节 招标书和投标书的写作

招标投标是在兴建工程、采购或定做商品时,以业主为招标人或由业主委托专门的招标机构为招标人,事先公布竞争条件,由投标人竞投,然后依照有关规定择优选定中标人的活动。以上所称的专门的中标机构是指按国家规定设立的,具有法人资格和招标资格,从事国内、国际招标业务的专职机构;业主是指兴建工程、采购或定做商品的法人和其他组织;投标人是指按招标文件规定参加竞投的建造商、供应商、制造商或其他组织;中标人是指招标投标中被招标人、业主选定为工程承包商、供应商、制造商的法人或其他组织。

招标投标书是国际上普遍采用的一种贸易方式,能够促进市场经济体制的建立与完善,加快公平竞争机制的建立,保障资金得到合理有效的使用。招标投标书必须遵循公开、公正、公平的竞争原则和诚实、信誉、效率的原则。

一、招标书的写作

(一) 招标书的概念

招标人在进行科学研究、技术攻关、工程建设、合作经营或大批物资交易之前,所发布的用以公布项目内容及其要求、标准和条件,以期择优选择承包对象的文书,即招标书。

(二) 招标特点

1. 公开性

这是由招标的性质决定的。因为招标本身就是横向联系的经济活动,凡是投标者需要知道的内容,如招标条件、招标要求、注意事项等,都应在招标书中予以公开说明。

2. 紧迫性

因为招标单位或招标者只有在遇到难以解决的任务和问题时,才需要外界协助解决,而且要在短期内尽快解决,若拖延,势必会影响工作任务的完成,这就决定了招标书具有紧迫性的特点。

（三）招标书的种类

招标书的种类繁多,按照不同的分类方法有不同的种类。

若按招标内容分类,可分为建筑工程招标书、劳务招标书、大宗商品交易招标书、设计招标书、企业承包招标书、企业租赁招标书等。

若按招标范围分类,可分为国际招标书、国内招标书、部门系统内招标书和单位内部招标书等。

若按合同期限分类,可分为长期招标书和短期招标书两类。

若按招标环节分类,可分为招标公告、招标通知书、招标章程等。

（四）招标书的写作格式

在招标书中,用得最多的是招标公告和招标通知书。招标公告,是公开招标时发布的一种周知性文件。招标通知书,则是用以向有承包能力的若干单位直接发出投标邀请的内部招标文件。二者都要公布招标单位、招标项目、招标时间、招标步骤及联系方法等内容,以吸引投资者参加投标。这两种文书的结构一般由以下几个部分组成:

1. 标题

由招标单位的全称、招标项目、文种组成,如"中国技术进出口总公司国际招标公司招标公告";也可由招标单位和文种名称组成,如"××公司招标通知书"。还有的招标书用双行标题,以正标题标明招标单位和文种名称,以副标题点明招标项目。

2. 招标号

标题下方一般应标列招标号。招标号一般由招标机构的英文缩写、编号两部分组成。

3. 正文

正文分开头和主体两部分。

开头,是指在招标公告的开始,简要说明招标的缘由、招标项目的资金来源、招标的依据或目的。

主体部分又包括三个方面的内容:

招标项目的情况。具体说明招标项目名称,如工程名称、要采购的商品的名称,并说明项目的主要情况,如工程的主要内容、规模,商品的具体品类和数量等。如项目包含内容较多,应分类列出。

招标范围。说明投标人应具备的条件,使潜在投标人明确自己是否能成为投标人。

招标步骤。说明潜在投标人与招标人联系的单位名称,招标文件发售的时间、价格,投标截止的时间,开标的时间、地点。有的还说明签约的时间或时限,项目计划开工和预期完成的时间或时限。

上述三个方面内容在写作时可有所变化,如将招标范围在招标步骤中一笔带过而不专门列项交代。

4. 落款

在招标公告的文末写明招标单位的名称、招标公告发布的日期。如果招标公告是刊发在报纸等媒体上,也可不署日期。同时这部分还要注明招标单位地址、电话、传真、邮政编码等,以便投标人与招标人联系。

[例文]

天地大厦建筑安装工程招标书

为了提高建筑安装工程的建设速度,提高经济效益,经市建工局批准,天地公司对天地大厦建筑安装工程的全部工程进行招标。

一、招标工程的准备条件

本工程的以下招标条件已经具备:

1. 本工程已列入北京市年度计划。
2. 已有经国家批准的设计单位出具的施工图和概算。
3. 建设用地已经征用,障碍物已全部拆迁;现场施工的水、电、路和通信条件已经落实。
4. 资金、材料、设备分配计划和协作配套条件均已分别落实,能够保证供应,使拟建工程能在预定的建设工期内连续施工。
5. 已有当地建设主管部门颁发的建筑许可证。
6. 本工程的标底已报建设主管部门和建设银行复核。

二、工程内容、范围、工程量、工期、地质勘查单位和工程设计单位(见附表)

三、工程可供使用的场地、水、电、道路等情况(略)

四、工程质量等级,技术要求,对工程材料和投标单位的特殊要求,工程验收标准(略)

五、工程供料方式和主要材料价格,工程价款结算办法(略)

六、组织投标单位进行工程现场勘察,说明招标文件交底的时间、地点(略)

七、报名、投标日期,招标文件发送方式

报名日期:××××年×月×日。

投标期限:××××年×月×日起至××××年×月××日止。

招标文件发送方式:(略)

八、开标、评标时间及方式,中标依据和通知

开标时间:××××年×月×日。

评标结束时间:××××年×月××日。

开标、评标方式:建设单位邀请建设主管部门、建设银行和公证处参与。

中标依据及通知:本工程评定中标单位的依据是工程质量优良,工期适当,标价合理,社会信誉好,最低标价的投报单位不一定中标。所有投标企业的标价都高于标底时,如属标底计算错误,应按实况予以调整;如标底无误,通过评标剔除不合理的部分,确定合理标价和中标企业。评定结束后五日内,招标单位通过邮寄(或

专人送达)方式将中标通知书送发给中标单位,并与中标单位在一月内签订天地大厦建筑安装工程承包合同。

  九、其他(略)

  本招标方承诺,本招标书一经发出,不得改变原定招标文件内容,否则,将赔偿由此给投标单位造成的损失。投标单位按照招标文件的要求,自费参加投标准备工作和投标,投标书(即标函)应按规定的格式填写,字迹必须清楚,必须加盖单位和代表人的印鉴。投标书必须密封,不逾期寄达。投标书一经发出,不得以任何理由要求收回或更改。

  在招标过程中发生争议,如双方自行协商不成,由负责招标管理工作的部门调解仲裁,对仲裁不服,可诉诸法律。

  建设单位:天地公司
  地 址:海淀区光明路5号
  联系人:高叶
  电 话:(010)××××××××
  附:施工图纸、勘察、设计资料和设计说明书(略)

××××年×月×日

二、投标书的写作

(一)投标书的概念和特点

投标书是指投标单位按照招标书的要求和规定,专门向招标单位提交的文书。

投标书一般有以下几个特点:

1. 真实性

投标书的内容一定要真实可信、切合实际。如果单纯为了中标而增加水分,就会适得其反,使招标者产生怀疑,以致对中标产生不利影响。

2. 竞争性

投标书既是一种表明自己实力、经营策略、管理手段等的书面材料,又是一种可以在招标答辩会上发表自己意见的演说稿,招标单位要通过投标书择优,选择中标者,所以投标书具有很强的竞争性。

3. 针对性

编写投标书既要针对招标者提出的条件和内容,也要针对企业或工程任务的现状经过分析和论证,决定是否投标和投标的程度,因此具有很强的针对性。

(二)投标书的种类

投标书按不同的标准划分为不同的类别。

按投标内容划分,可分为建筑工程投标书、大宗商品交易投标书、招聘经营者投标书、企业承包投标书、企业租赁投标书等。按投标范围划分,可分为国际投标书、国内投标书。按投标方的身份划分,可分为个人投标书、合伙投标书、法人投标书、联合投标书等。按投标书的性质划分,可分为投标申请书、投标审查书及投标书等。

一般来说,投标申请书和投标书最为广泛。所谓投标申请书是指投标单位得知招标公告之后,按公告通知的时间,向招标单位申请参与投标而报送的申请书。所谓投标书则是指投标单位在充分领会招标文件、进行现场实地考察和调查的基础上所编制的投标文书。它是对招标书提出的要求的响应与承诺,并同时提出具体的标价及有关事项来竞争中标。

(三) 投标书的写作格式

投标文书种类很多,其中较为常用的是投标申请书和投标书,一般由标题、送达单位、正文和结尾组成。

1. 标题

由投标方名称、投标项目与文种三部分组成,如"××公司承包××大学新教学楼建设工程投标书";也可由投标方名称与文种两部分组成,如"×××建筑工程公司投标书";更多的是用文种直接代替标题。

投标书的正文结构是:送达单位+引言+主体+结尾。

2. 送达单位

顶格书写。

3. 正文

投标申请书的正文只需用简洁的文字直接表明态度,写明保证事项即可。有时也可根据需要介绍一下本单位的情况,或者写明其他应标条件及要求招标单位提供的配合条件等,必要时还可附上标价明细表。一般说来可分为前言和主体两大部分。

前言部分要采用简练的语言说明投标方名称、投标的方针、目标以及中标后的承诺等内容,开宗明义,提纲挈领。

主体部分则应包括以下内容:写明投标的具体指标。若为大宗货物贸易投标,还要写明投标方对应履行责任义务所作出的承诺;若为建筑工程项目投标,则应写明项目开工、竣工日期。说明此投标书的有效期限。说明投标方将按招标文件要求交纳银行担保书和履约保证金。

4. 结尾

写明投标单位的名称、地址、电话号码和传真等。

[例文]

天地大厦建筑安装工程投标书

天地公司招标办公室:

在研究了天地大厦建筑安装工程的招标条件和勘察、设计、施工图纸,以及参观了建筑安装工地以后,经我们认真研究核算,愿意承担上述全部工程的施工任务。我们的投标书内容如下:

一、标函内容(略)

包括工程名称、建筑地点、建筑面积、建筑层数、结构形式、设计单位、工程内容、包干形式等。

二、标价

总造价:100万元(直接费、间接费、材料差价)。

每平方米造价:100元(直接费、间接费、材料差价)。

其他:(略)

三、工期(略)

包括开工日期、竣工日期、合计天数等。

四、质量(略)

达到等级,保证质量主要措施,施工方法和选用施工机械等。

五、投标企业概况(略)

企业名称、地址、所有制类别、审定企业施工级别、平均人数。

六、企业简历(略)

七、技术力量(略)

工程师以上人数、助理工程师人数、技术员人数、五级工以上人数、平均技术等级。

八、施工

机械装备情况(略)

九、营业执照(略)

批准机关、执照号码。

我们特此同意,在本投标书发出后的30天之内,都将受本投标书的约束,愿在这一期(即从××××年×月×日起至××××年×月×日止)的任何时候接受贵单位的中标通知。一旦我们的投标被接纳,我们将与贵单位共同协商,按招标书所列条款的内容正式签署天地大厦建筑安装工程施工合同,并切实按照合同的要求进行施工,保证按质、按量、按时完工。我们承诺,本投标书(标函)一经寄出,不得以任何理由更改,中标后不得拒绝签订施工合同和施工;一旦本投标书中标,在签订正式合同之前,本投标书连同贵单位的中标通知,将构成我们与贵单位之间有法律约束力的协议文件。

投标书发出日期:××××年×月×日×时

投标单位:辉煌建筑公司

企业负责人:万明光

联系人:杨杰

电话.(010)××××××××

地址:永定路2号

第五节　意向书的写作

一、意向书的概念

意向书是当事人双方或多方之间,在对某项事务正式达成协议、签订合同之前,表明基本态度的书面材料。它是一种表达意图和目的的文书,是协作各方通过初步谈判,就合作事宜表达初步设想的协约文书。意向书多用于经济技术的合作领域,可以在企业之间使用,也可以在地区和地区之间、国家和国家之间使用,它为进一步正式签订协议奠定了基础,是协议书和合同的先导。

意向书的使用大多和某一经济合作项目,如联合经营、技术开发与转让、中外合资经营等合作有关。当合作各方通过谈判磋商,对有关问题达成了原则性的初步一致的意见,就可以用意向书的形式把谈判磋商的初步成果确认下来。

二、意向书的特点

意向书与协议书及合同有所不同,它不具备法律效力,只具有对立约各方信誉的约束力。一般说来,意向书有下面几个特点:

(一) 协商性

意向书是共同协商的产物,也是今后协商的基础。在双方签署之后,仍然允许协商修改;其内容也往往和谈判协商的最后结果有出入,有时甚至可以提供几种方案,供今后谈判协商选择。

(二) 一致性

意向书虽然只是某一阶段而不是最后阶段的成果,但其内容应是协商双方一致同意的,能表达双方的共同意愿。具备了一致性,意向书才能成为双方认可的今后谈判的基础。

(三) 临时性

意向书只是表达当事人双方或多方谈判的初步成果,为今后谈判作先导。一旦谈判深入,并且最终确定了合作双方或多方的权利义务关系,协议书或合同就会取而代之。

(四) 灵活性

意向书不像协议、合同那样,一经签约就不能随意更改。意向书比较灵活,在协商过程中,当事人各方均可以按各自的意图和目的提出意见,在正式签订协议、合同之前,可以随时变更或者补充,最终达成协议。

(五) 简略性

意向书不像合同那样是当事人之间为明确各自的权利义务而订立的共同遵守的详细、具体的条文,甚至不像协议书那样往往要求条款的原则性较强,它只是协作各方通过初步谈判,就合作事宜表达初步设想的契约文书,所以意向书的文本往往比较简略。

三、意向书的作用

意向书虽然不具备法律效力,但它具有如下三个方面的作用:

第一,意向书体现了到签署意向书之前为止这一阶段的谈判成果,对合作项目进一步的实质性谈判起促进作用,为谈判最终签订协议书或合同做准备。

第二,意向书是企业编制项目建议书上报有关部门批准立项和对项目进行可行性研究的基础,它同时还被作为项目建议书和可行性研究报告的附件。

第三,在当事人双方或多方彼此之间并不非常了解而需做进一步调查时,往往会出现当事人一方对合作时效或者其他问题尚未进行充分的调查研究或调查研究后尚未取得一致意见的情况,在中断谈判再做研究之前先就达成共识的问题签署意向书,既能够保持谈判的延续性,又能保证审慎决策、科学决策。如过急签订协议书或合同,将来可能无法履行,导致利益受损。

四、意向书的写作格式

意向书一般包括标题、正文、落款三个部分。

(一) 标题

在文种"意向书"前面写明协作的内容,如"合资兴建××生产线意向书";在协作内容前写明协作各方名称,如"中法合资扩建南京如意娱乐城意向书";也可以直书"意向书"三字。

(二) 正文

正文包括引言和主体两部分。

1. 引言

写明签订意向书的缘由、目的、依据。在引言部分,还要交代清楚签订意向书各方的名称,并在名称后加括号注明"简称甲方"、"简称乙方"等,以便行文简洁方便。也可以在引言部分说明双方谈判磋商的大致情况,如谈判磋商的时间、地点、议题以及考察经过等,篇幅相对较长。意向书引言部分的表述比合同、协议书相对灵活。

2. 主体

以条款形式表述合作各方达成的具体意向,可以参照协议书或者合同的主体部分。如中法合资扩建南京如意娱乐城,需就合资项目整体规划、合营期限、货币结算名称、投资金额及规模、双方责任分担、利润分配及亏损分担等问题,标明各方达成的意向。一般来说,主体部分还应写明未尽事宜的解决方式,即还有哪些问题需要进一步洽谈,洽谈日程的大致安排,预计达成协议最终需要的时间等。在主体部分最后应写明意向书的文本数量及保存者。中法合资扩建南京如意娱乐城系中外合资项目,还应交代清楚意向书所使用文字的语种。

意向书主体部分的写作应注意语言相对比较平和。意向书内容不像合同、协议书那样带有鲜明的规定性和强制性,而是具有相互协商的性质。因此,行文中多用商量的语气,一般不要随便使用"必须"、"应该"、"否则"等词语。同时,因为意向书不具备按约履行的法律约束力,所以,在主体部分里不写违反约定应该承担什么责任的条款,也不规定意向书的有效期限。

(三) 落款

落款包括签订意向书各方当事人的法定名称、谈判代表人的签字、签署意向书的日期等内容。

[例文]

意 向 书

中国纺织品进出口公司(以下简称甲方)与法国××服装公司(以下简称乙方)经过友好协商,双方本着平等互利的原则,进行补偿贸易。现已达成初步意向,内容如下:

一、为了扩大中国丝绸服装贸易,乙方要求甲方提供稳定生产的服装工厂,为乙方生产中国丝绸服装,甲方同意在××县××乡新建一家服装工厂,生产乙方所需的以真丝为面料,不绣花的女装衬衫、男式睡衣、女式睡袍等。产量暂定为年产

30~35万件。为了确保质量,乙方希望该厂从一开始就注意质量和生产能力的逐步提高。甲方同意乙方的意见,并同意在工厂筹建结束时作具体安排。

二、乙方向甲方提供价值约××万美元的制作丝绸服装的专用设备和附属设备。

三、甲乙双方的贸易和乙方的来料加工业务,其价格、规格、交货期等均应逐项签订合同。

四、甲方根据乙方提供之服装设计原图及施工工艺要求进行加工生产,保证质量。

五、乙方应派员来××市××县××乡服装工厂进行技术辅导及质量监督。乙方人员来××市所需一切费用概由乙方自行负担。

六、未尽事宜,在签订正式合同或协议书时再予以补充。

甲方	乙方
中国纺织品进出口公司	法国××服装公司
代表:××	代表:××
××××年×月×日	××××年×月×日

第六节　协议书的写作

一、协议书的概念

协议书是由双方或双方以上的多方当事人为了共同实现一定的目的,明确相互之间的权利、义务关系而制定的契约性文书。协议书的双方或双方以上的多方当事人,可以是国家机关、社会团体,也可以是企事业单位,还可以是公民个人。

合同的订约主体是作为平等民事主体的法人、其他经济组织、个体工商业者、农村承包经营者,有较为严格的限制。协议书没有这样的限制,其签约主体可以是各种性质的单位之间签订,也可以是单位和个人、个人和个人之间签订,还可以是单位内部的上下级之间、单位和单位内职工之间签订。

合同是当事人之间为实现一定经济目的而订立的,主要用于调整生产经营领域的商品交换关系,如购销合同、基建合同、借贷合同、储运合同等在《合同法》中列明的合同。协议书的使用范围更广。

合同是当事人之间为明确各自的权利、义务而订立的共同遵守的条文,其内容明确、详细、具体,并规定违约责任。协议是当事人之间就重大的原则问题达成的书面协议,其内容往往原则性较强。

合同的时效即有效期一般比较固定。相对来说,协议书的时间长短则比较灵活,比如赔偿协议书在赔偿完毕后即结束其有效期,而如子女收养、领养协议书,国家之间的条约等有时则是永久性的。

在复杂的经济合作过程中,协议书签订在前,合同签订在后,协议是签订合同的依据与基础，合同是协议的具体化。如果同一宗买卖，既订立了协议书，又订立了合同，而协议书条款与合同条款相互抵触时，以合同为准。

在具体实践中，不能只从名称上来区分协议书与合同，而应该根据其实质内容来确定。如果协议的内容写得比较明确、具体、详细、齐全，并涉及违约责任，即使其名称写的是协议，也是合同；如果合同的内容写得比较概括且很不具体，也不涉及违约责任，即使其名称写的是合同，也不能称其为合同，而是协议。

二、协议书的分类

较为常见的协议书有以下八种。

（一）联营协议书

联营协议书即联合经营协议书，是指两个或两个以上的经济组织、个体工商业者、农村承包经营者，共同出资、共同生产经营、共享所得利益、共担风险而达成的明确相互权利义务关系及生产经营活动原则的书面协议。

根据各方利害的紧密程度和组织结构的不同，联营协议书可以分为法人型联营协议书、合伙型联营协议书、协作型联营协议书。

法人型联营协议书又称紧密型联营协议书，是指联营各方以财产、技术、劳务等出资而达成的共同经营，组成新的具有法人资格的经济实体的书面协议。其法律特征是：参加联营的方式是出资；联营各方共同经营；联营的组织形式是法人；法人型联营，法人的权利受到联营各方意志的约束。

合伙型联营协议书又称半紧密型联营协议书，是指联营各方各自以资金、厂房或技术、设计能力等为股份共同进行生产经营，共同承担联营所产生的风险责任并分享联营所得的利益的书面协议。其法律特征是：合伙型经济联合组织不是法人，也没有形成独立核算的经济实体；合伙型联营组织对外承担无限连带责任；经营业务受到联营成员经营范围的限制。

协作型联营协议书又称松散型联营协议书，是以某个或某几个大中型企业或科研机构为骨干，以某个优质产品为龙头，联合若干企事业单位，在各自独立经营的基础上确立相互权利义务关系的松散的联合经营的书面协议。其法律特征是：联营各方既不组成新的经济实体，也不共同出资，只是在联营各方之间有协议所确定的权利义务关系；联营各方各自独立经营，经济上独立核算，财产责任互不连带。

（二）经销协议书

经销协议书是一个企业为另一个企业销售产品而订立的明确相互权利义务关系的书面协议。如批发商为工矿企业销售产品、零售商店为工矿企业或批发商销售产品时约定一定的条件以书面形式确认下来，即为经销协议书。

（三）国际贸易代理协议书

国际贸易代理协议书是出口企业与国外代理商之间就双方的共同目标、双方的权利义务关系、双方的业务关系等进行协商后达成的书面协议。

（四）委托协议书

委托协议书是指当事人双方约定一方为他方处理事务的书面协议。委托的一方称为委托方，为他方处理事务的一方为受托方。当事人约定委托事项为一项或数项事务的称特别委托协议书，当事人约定委托事项为一切事务的称概括委托协议书。如关于不动产处理或设定抵押,争议的和解或提交仲裁,行使赠与或股东、董事的表决权等事项的委托,必须签订委托协议书。

(五) 仲裁协议书

仲裁协议书是指当事人双方在争议发生前或争议发生后达成的将争议提交某一仲裁委员会仲裁的书面协议。《合同法》第一百二十八条规定:"当事人可以通过和解或者调解解决合同争议。当事人不愿和解、调解或者调解、和解不成的,可以根据仲裁协议向仲裁机构申请仲裁。当事人没有代理仲裁协议或者仲裁协议无效的,可以向人民法院起诉。"仲裁协议是仲裁机构审理案件的法律依据。任何仲裁机构都不受理无仲裁协议书的案件。

(六) 和解、调解协议书

当双方发生经济纠纷或其他民事纠纷时,双方可以自行协商解决。双方协商解决纠纷达成和解的,应制作和解协议书。和解协议书如果符合法律法规的规定,没有损害国家和社会公共利益,双方平等自愿,则具有法律效力。

当双方发生经济纠纷或其他民事纠纷,当事人通过协商不能解决时,根据当事人的申请,双方可在第三方的主持下,通过协商一致,自愿达成解决纠纷的调解协议书。

(七) 变更或解除合同或原有协议书的协议书

这种协议书是双方经协商一致,变更或解除原有合同或协议书所确立的权利义务关系的书面协议。变更合同的部分条款或解除整份合同时应使用协议书的形式。同理,双方或多方变更原有协议书的部分条款或解除整份协议书时也使用协议书的形式。

(八) 补充协议书

合同或协议书签订时对其中某一特殊而又具有一定独立性的问题需要单独列出,或签订后发现条款有遗漏需要加以补充,或执行到一定时期出现了新的情况,需要在原有基础上增加新内容,双方或多方经协商一致,可订立补充协议书。补充协议书一经订立,即具有与原合同或协议书相同的法律效力。

除了上面所提及的协议书外,在具体的社会生活中还有各种各样的协议书,如赡养协议书、收养协议书等。另外,国家、政府之间订立的协议,较多使用"条约"、"协定"、"议定书"等名称。

三、协议书的特点

(一) 合法性

协议书的规范程度虽然比合同低,但是其内容、形式、程序也必须遵守国家的法律,符合国家的政策,这样才能得到认可和保护。如果违反了国家的政策法规,并由此给社会公共利益造成了一定的损害,当事人必须承担一定的法律责任。

(二) 约束性

协议书订立后,一旦经过公证部门的公证,就具备了法律约束力。当事人都必须履行协议书中的规定,信守协议书中的条款。由于故意或疏忽大意而造成的违约行为,都必须承担相应的法律责任。

(三) 平等性

协议书必须贯彻平等互利、协商一致、等价有偿的原则。平等协商、自愿互利是签订协议的前提和基础,订立协议的双方或双方以上的多方当事人在各方面也许存在着差别,甚至可能是上下级关系,但在签订协议时,彼此的地位是完全平等的,应该充分尊重对方,任何一方不得以自己的意志强加于对方,任何单位和个人也不得从中干预。协议书的平等性还同时体现在双方或多方的权利和义务是对等的,当事人都必须平等信守协议。

四、协议书的写作格式

协议书一般由标题、正文、生效标志与订立日期等部分构成。

(一) 标题

标题一般由事由和文种两部分组成,即在"协议书"这一文种名称前明确其内容范围,如"图书出版协议书"。有时也可以只写明文种,即只写上"协议书"三个字就可以了。

(二) 正文

1. 当事人

一般写在标题之下,写明订立协议的双方或多方当事人的单位名称或个人姓名,要写全称,并注明一方是甲方,一方是乙方,以便在正文中称呼。

2. 前言

主要交代订立协议的原因、依据、目的,紧接着以程式化的"现将有关事宜分列如下"、"达成如下协议"等语言引出主体部分。例如:"为了提高市场占有率,扩大市场份额,经过友好协商,在平等互利的原则下,甲乙双方就追加投资扩大生产规模一事,达成如下协议。"

3. 协议条款

这是协议书的主体部分。通常以条款分列的形式,就协议牵涉的有关事宜做出全面而又明确的说明,尤其要着力写好协议书中双方的权利和义务。至于具体应写明哪些条款,要视协议书的性质和双方或多方当事人协商的结果而定。

(三) 生效标志与订立日期

写明订立协议的各方当事人的单位全称或个人姓名,并加盖公章。必要时还得写上见证者或公证单位的名称、意见、日期,并加盖公章。最后,写明订立协议的时间,要具体到年、月、日。

[例文]

国际互联网战略伙伴合作协议书

  甲方:北京金建英才科技发展有限公司

  乙方:南京新天地公司

  甲乙双方本着平等互利、优势互补的原则,就结成长期、全面的 INTERNET 战略伙伴关系,实现资源共享、共同发展,并为以后在其他项目上的合作建立一个坚实的基础,经友好协商达成以下共识:

  1. 权利与义务

  (1) 甲乙双方皆承认对方为自己的战略合作伙伴,并在彼此互联网站的显著位置标识合作方的旗帜徽标链接或文字链接。

  (2) 甲乙双方授权合作方在其互联网站上转载对方网站上的某些信息,该信息将由双方协商同意后方可引用(具体合作项目另签协议)。

(3) 甲乙双方在彼此互联网站中转载引用合作方的信息时须注明"该信息由×××(合作方网站)提供"字样,并建立链接。

(4) 甲乙双方必须尊重合作方网站信息的版权及所有权,未经合作方同意,另一方不得采编其站点上的任何信息,且不得在其网站以外媒体发布来自合作对方站点的信息,否则构成侵权。被侵害方有权单方面终止合作并视情节选择要求对方承担损害赔偿的方式。

2. 相互宣传

(1) 甲乙双方应在彼此站点追踪报道合作方的市场推广计划及相关营销活动。

(2) 在甲乙双方都认可的适当时间内,双方在彼此站点上开设专栏,撰写并宣传与合作对方商业行为有关的话题(具体合作项目另签协议)。

(3) 甲乙双方在有关INTERNET专题的研讨会及各自行业的各种展览会上,互相帮助、共同宣传,共同推进双方的品牌。

(4) 双方还可就其他深度合作方式进行进一步探讨。

3. 其他

(1) 甲乙双方的合作方式没有排他性,双方在合作的同时,都可以和其他相应的合作伙伴进行合作。

(2) 本协议有效期为×年,自××××年×月×日起到××××年×月×日为本协议商定合作方案的执行期限。

(3) 甲乙任何一方如提前终止协议,需提前一个月通知另一方;如一方擅自终止协议,另一方将保留对违约方追究违约责任的权利。

(4) 本协议一式两份,双方各执一份,具有同等法律效力。

(5) 本协议为合作框架协议,合作项目中具体事宜需在正式合同中进一步予以明确。框架协议与正式合作合同构成不可分割的整体,作为甲乙双方合作的法律文件。

(6) 本协议期满时,双方应优先考虑与对方续约合作。

(7) 双方的合作关系是互利互惠的,所有内容与服务提供均为免费。

甲方:北京金建英才科技发展有限公司　　　　乙方:南京新天地公司
代表签字:　　　　　　　　　　　　　　　　代表签字:
××××年×月×日　　　　　　　　　　　××××年 ×月 ×日

第七节　合同的写作

一、合同的概念与作用

(一) 合同的概念

《中华人民共和国合同法》第二条指出:"合同是平等主体的自然人、法人、其他组织之间设立、变更、终止民事权利义务关系的协议。"它是由平等主体的自然人、法人、其他经济组织、个体工商户、农村承包经营户之间,为了实现各自的目的,按照法律规定,在平等互利、协商一致的原则下,明确各自的权利和义务而共同订立并遵守的具有经济关系的契约。

(二) 合同的作用

1. 有利于商品经济活动走上法治轨道

社会主义市场经济,既是商品经济,也是法治经济。订立合同,正是以法律形式运用各种经济杠杆,把国有、集体、个体各种经济成分的生产经营活动纳入市场需求的有序发展中。

2. 有利于加强和改善企业的经营管理

在经济活动中,任何企业和个人都要通过加强和改善经营管理追求经济效益,追求利益最大化。合同的签订,就能够保证经济活动按照原来已经考虑和设想好的途径进行,从法律上保障企业的经济利益,保证企业经营管理活动的顺利进行。

3. 有利于促进生产经营的专业化

产、供、销既专业分工又有机地连接起来,按时、按质、按量完成各自的任务,分工合作,效益倍增。签订合同,是高度发达的商品经济时代组织专业化生产经营、组织协作关系的有效方式。

4. 有利于商品经济活动中的诚信建设

合同是在平等互利的基础上,靠着各方的诚信,以法律承认的形式固定下来的。同时,它还要依靠各方的诚信,在经济活动中信守合同。

二、合同的种类与特点

(一) 合同的种类

按照不同的角度,合同可以分为许许多多不同的种类。分类的角度大致有:按合同内容分,按合同性质分,按合同有效期分,按合同结构形式分。《中华人民共和国合同法》按照如下顺序,列出了15种合同:

1. 买卖合同

"买卖合同是出卖人转移标的物的所有权于买受人,买受人支付价款的合同。"

买卖合同除了要写明双方当事人共同约定的一般内容外,还可以包括包装方式、检验标准和方法、结算方式、合同使用的文字及其效力等条款。

2. 供用电、水、气、热力合同

"供用电合同是供电人向用电人供电,用电人支付电费的合同。"供用电合同的内容包括供电的方式、质量、时间,用电容量、地址、性质,计量方式,电价、电费的结算方式,供用电设施的维护责任等条款。供用水、气、热力的合同,尽管标的不同,但合同的订立要求基本相同,可以互为参考。

3. 赠与合同

"赠与合同是赠与人将自己的财产无偿给予受赠人,受赠人表示接受赠与的合同。"赠与合同是一种单向行为的合同,即合同生效后,赠与方有把赠与物交给受赠方的义务,受赠方有领取受赠物的权利。

4. 借款合同

"借款合同是借款人向贷款人借款,到期返还借款并支付利息的合同。"借款合同适用于商业银行及其他非银行金融机构向借款人发放贷款和自然人之间进行的民间借贷。借款合同的内容包括借款种类、币种、用途、数额、利率、期限和还款方式等条款。自然人之间的借款利率要符合国家有关限制利率的规定，否则约定的利率不受法律保护。

5. 租赁合同

"租赁合同是出租人将租赁物交付承租人使用、收益，承租人交付租金的合同。"租赁合同的内容包括租赁物的名称、数量、用途、租赁期限、租金及其支付期限和方式、租赁物维修等条款。

6. 融资租赁合同

"融资租赁合同是出租人根据承租人对出卖人、租赁物的选择，向出卖人购买租赁物，提供给承租人使用，承租人支付租金的合同。"融资租赁合同的内容包括租赁物名称、数量、规格、技术性能、检验方法、租赁期限、租金构成及其支付期限和方式、币种、租赁期限届满租赁物的归属等条款。融资租赁合同既融资又融物，既可以使承租人财力不足时得到所需设备，又可以使出租人充分利用资金开展经营业务，获取利益。

7. 承揽合同

"承揽合同是承揽人按照定做人的要求完成工作，交付工作成果，定做人给付报酬的合同。"承揽包括加工、定作、修理、复制、测试、检验等工作。

8. 建设工程合同

"建设工程合同是承包人进行工程建设，发包人支付价款的合同。"建设工程合同包括工程勘察、设计、施工合同。

9. 运输合同

"运输合同是承运人将旅客或者货物从起运地点运输到约定地点，旅客、托运人支付票款或者运输费用的合同。"根据运输对象的不同，运输合同包括客运合同和货运合同两种。

10. 技术合同

"技术合同是当事人就技术开发、转让、咨询或者服务订立的确立相互之间权利和义务的合同。"技术合同包括技术开发合同（含委托开发合同、合作开发合同）、技术转让合同（含专利权转让合同、专利申请权转让合同、技术秘密转让合同、专利实施许可转让合同）、技术咨询合同和技术服务合同。

技术合同的内容由当事人约定，一般包括如下条款：项目名称；标的的内容、范围和要求；履行的计划、进度、期限、地点、地域和方式；技术情报和资料的保密；风险责任的承担；技术成果的归属和收益的分成办法；验收的标准和方法；价款、报酬或者使用及其支付方式；违约金或者损失赔偿的计算方法；解决争议的方法；名称和术语的解释。按照当事人的约定，与履行有关的技术背景资料、可行性论证和技术评价报告、项目任务书和计划书、技术标准、技术规范、原始设计和工艺文件以及其他技术文档，可以作为合同的组成部分。

11. 保管合同

"保管合同是保管人保管寄存人交付的保管物，并返还该物的合同。"

12. 仓储合同

"仓储合同是保管人储存存货人交付的仓储物，存货人交付仓储费的合同。"

13. 委托合同

"委托合同是委托人和受托人约定，由受托人处理委托人事务的合同。"委托合同的标的是处理事务的行为，如代办运输、代管财务、律师代理等。委托合同适用范围比较广泛。

14. 行纪合同

"行纪合同是行纪人以自己的名义为委托人从事贸易活动,委托人支付报酬的合同。"行纪合同与委托合同看似相同,都是为委托人代办事务,但权限是不同的。行纪合同是以自己的名义为委托人从事贸易活动,自由度较大;而委托合同是以委托人的名义,在委托人授权范围内从事活动,自由度相对较小。

15. 居间合同

"居间合同是居间人向委托人报告订立合同的机会或者提供订立合同的媒介服务,委托人支付报酬的合同。"居间合同又称为中介合同。居间人就是中介人。

另外,还有《合同法》中没有列出的出版合同、房屋装修合同、旅游组团合同等。

劳务合同也是常用到的合同。它是劳动者与用人单位确立劳务关系,明确双方权利与义务的合同。内容大体包括劳务性质、劳务地点、劳务时间、劳务纪律、劳务报酬以及养老保险、医疗保险、税金交纳、休假、探亲待遇等事项。

(二) 合同的特点

1. 合同的当事人具有确定性

合同的当事人是平等主体的法人、其他经济组织、个体工商户、农村承包经营户,他们都能够独立地进行经济活动,享有权利,承担义务。

2. 合同是当事人意思表示的一致

只有当事人之间经过充分协商,各自内在的意思和外在表示都一致后,才能产生相互的合同关系。订立合同时,任何一方当事人都不得将自己的意志强加给他方当事人。

3. 合同一旦依法订立,就具有法律约束力

当事人必须按照合同约定,正确地行使权力,履行义务。否则,将被视为违法行为,当事人必须承担由此引起的法律责任。

4. 合同中,当事人的权利和义务是相互的

订立合同的当事人,彼此间法律地位是平等的,因而决定了权利和义务也是相互的。一方当事人取得权利,是以承担义务为条件的;他方当事人承担义务,也应该享受相应的权利。

三、合同的写作格式

(一) 合同的体式

合同的体式有条文式、表格式、条文表格结合式三种。

1. 条文式

以文字说明为主,将合同的内容逐条写出。适合于比较复杂或者缺少惯例的合同关系的确立。

2. 表格式

表格式合同,当事人各方把协商同意的内容逐项填入预先印制的表格中即可。适合于一方同意另一方的条件而达成的合同。

3. 条文表格结合式

将合同涉及的标的、数量、金额等内容以表格形式列出,其余内容用条文形式列出,这种合同既有条文式合同细致全面的优点,又有表格式合同醒目方便的长处。

（二）合同的结构

合同一般包括标题、正文、生效标志与签订日期等部分。

1. 标题

一般由合同的事由加"合同"二字组成，如"租赁合同"。有的标题直接写明订立合同的双方单位和合同的项目，如"南京市电信局与飞达科技服务有限公司关于大客户项目管理系统软件开发合同"。财产保险合同标题常在事由后加"保险单"或"投保单"字样，如"企业财产保险单"。运输合同的标题常在事由后加"运单"、"计划表"等字样，如"南京市汽车运输公司货物运单"、"南京市汽车运输公司五月份货运计划表"。

标题下方注明合同编号。

2. 正文

当事人：名称首次出现时应写全称，其后用括号注明代称，如"甲方（供方、卖方）"、"乙方（需方、买方）"。

前言：写明当事人签订合同的目的、依据等，篇幅简短。如"为了……（目的），依据……（法律法规名称），经甲、乙双方协商一致，签订本合同，共同遵守"。

条款：条款是合同的主体部分，见下文"经济合同的条款"。

附则：写明合同的有效期限、份数、保存者、附件。通常还写上合同的补充办法，如"本合同未尽事宜，经双方商定后可以补充。补充的条文与本合同具有同等效力"等。附件可注明所附的表格、图纸、实样的名称和件数。双方当事人的地址以及各种联系办法、开户银行名称、账号等也一并写上。

3. 生效标志

双方法定代表人或委托代理人签名。双方当事人加盖印章。根据国家规定必须经过鉴证或公证、双方约定进行鉴证或公证的合同，应由鉴证机关或公证机关加盖印章。最后，写明签订合同的日期。

（三）合同的条款

1.《合同法》规定的条款

《合同法》第十二条规定："合同的内容由当事人约定，一般包括以下条款：（一）当事人的名称或者姓名和住所；（二）标的；（三）数量；（四）质量；（五）价款或者报酬；（六）履行期限、地点和方式；（七）违约责任；（八）解决争议的方法。"现简要说明如下：

标的是指合同当事人权利和义务共同指向的对象。如货物、劳务、工程项目、科研成果等。没有标的，就不成其为合同；标的不明确，合同就无法执行。

数量是指标的的计量。合同中必须明确规定标的的数量、计量单位和计量方法。

质量是指标的的特征和品质，是标的的内在品质与外观形态的综合表现，由标的的品种、规格、型号、性能、成分、包装等体现。

价款或者报酬是取得标的的一方当事人向对方支付的以货币数量来表示的金额，简称价金。

履行期限、地点和方式。履行期限，是指合同履行的时间界限，即合同具有法律效力的期限；履行地点和方式，通常由双方当事人约定。

违约责任是依法对不按合同规定履行义务的制裁措施。法律法规没有具体规定的，则由双方当事人协商确定具体的违约责任条款。

解决争议的方法为友好协商解决，或者向经济合同仲裁委员会申请仲裁。

2. 当事人一方要求必须规定的条款

指订立合同时,一方当事人为了满足自身的特殊要求而提出的特殊条款。经双方协商达成一致,常以"其他约定事项"这样的约定条款出现。

四、合同的写作要求

(一)准备要充分

订立合同之前,首先要了解国家的有关法律、法令、政策、规定,以保证不至于订立了法律上无效的合同。其次,展开市场调查和可行性研究,以确定该不该订立合同以及与谁订立更好。此外,还要对对方进行资格审查和信用审查,以防止上当受骗。

(二)条款要具体

合同条款越具体、明确、周密,就越有利于合同的履行。合同中应该有的项目都应该列上,不能缺漏,不能含混不清。否则,履行过程中就可能发生争执,甚至最终难以执行。

(三)用词要准确

合同的文字表达要准确、简洁,要精心琢磨,字斟句酌,把可能出现的偏差、争议,都要考虑到,以防止合同履行时出现文字理解上的歧义现象。甚至连标点符号都要仔细推敲,马虎不得。这方面的教训不可谓不多。

(四)文面要整洁

合同一旦成文就不得随意涂改,如有修改必要,需征得对方同意,并在修改处加盖双方印章。如要添加条款,应该作为合同附件备案。未经对方同意并加盖印章,擅自涂改过的合同是无效的,不受法律保护。

[例文]

买卖合同

甲方:××市××柴油机厂
乙方:××市××汽车厂
经双方充分协商,特签订本合同,以资共同信守。
一、品名、规格、数量、金额、交货日期。
二、质量标准:按部颁质量标准。
三、产品原材料来源:由供方解决。
四、产品验收方法:由需方按质量标准验收。
五、产品包装要求:用木箱包装。
六、交(提)货方法、地点及运费:由供方托运到需方厂,运费由需方负责。
七、货款结算方法:通过工商银行托收。
八、经济责任:按《合同法》规定的原则执行。如供方因产品规格、质量不符合合同规定,供方负责包修、包换、包退,并承担因此支付的费用;因产品数量短少,不符合合同规定,供方应偿付需方以不能交货的货款总值5%的罚金;因包装不符合要求造成的货物损失,应由供方负责赔偿;因交货日期不符合合同规定,比照人民银行延期付款的规定,多延期一天,按延期交货部分货款总值3‰偿付需方延期交货的罚金。如需中途退货,由需方偿付退货部分货款总值5%的罚金;需方未按合同规定日期付款,比照人民银行延期付款规定偿付供方罚金。

九、供需双方由于人力不可抗拒和确非企业本身造成的原因而不能履行合同时,经双方协商和合同鉴证机关查实证明,可免于承担经济责任。

十、本合同自签订(或鉴证)日起生效,任何一方不得擅自修改或终止。需要修改或终止时,应经双方协商同意,签具修订撤销合同的协议书,并报合同双方业务主管部门和鉴证机关备案。

十一、本合同正本两份,供需双方各执一份;副本四份,送供需双方业务主管部门、鉴证机关、工商银行各一份。

十二、本合同有效期到××××年×月×日截止。

甲方:××市××柴油机厂　　　乙方:××市××汽车厂
负责人:×××　　　　　　　　负责人:×××
代表人:×××　　　　　　　　代表人:×××
电话:××××　　　　　　　　电话:××××
账号:××××　　　　　　　　账号:××××
地址:×××××××　　　　　地址:×××××××

【练习】

一、名词解释
1. 市场调查报告
2. 市场预测报告
3. 可行性研究报告
4. 招标书
5. 经济合同

二、简答题
1. 市场调查报告的特点是什么?
2. 市场预测有哪些常用方法?
3. 协议书的特点是什么?
4. 经济合同主要有哪些条款?

三、做一次市场调查,写一篇市场调查报告

四、根据下面的材料,写一份投标书

天地公司拟订做1000套桌椅,由天地公司(招标公司)提供原材料,现投标单位包工。天地公司对桌椅的规格及质量要求已提出书面材料。2004年1月11日至2004年3月10日为工程招标的起止日期。2004年3月15日在天地公司会议室公开招标。交工时间为2004年8月25日。天地公司地址:开明路5号;电报挂号××;电话:××××××;联系人:李铭。

五、根据下面的材料,写一份合同

华盛茶叶公司法人代表王志勇和红叶茶场法人代表蔡德熙于2008年3月10日签订了一份茶叶购销合同,具体货物是红叶特级绿茶,数量为500公斤,每千克价格为164元,2008

年6月20日之前由茶场直接运往公司,运费由茶场负责,检验合格后,公司于收货10天以内通过银行托付货款。茶叶必须用大塑料外包,纸袋内装,外用纸箱或麻包袋装。包装费仍由茶场负责。茶场地址为:××省常清县城北区,开户银行是常清县农业银行,银行账号:×××),电话:×××××××。茶叶公司地址为海口市××路××号,开户银行为海口市工商银行,账号××××××,电话:××××。合同签订后,如双方不履行,在正常情况下拒不交货或拒付款都须处以货款20%的罚金,迟交货或迟付款,则每天罚万分之三的滞纳金,数量不足,按不足部分的货款计赔,仍按20%的比例赔偿。质量不合格,则重新酌价。如遇特殊情况,则提前20天通知对方,并赔偿损失费10%,本合同由常清县工商行政管理所鉴证。

六、试述意向书、协议书、合同之间的联系与区别

第五编　个体文书写作

第十一章 个体文书写作概述

第一节 个体文书的性质和特点

一、个体文书的性质

随着社会的不断发展,特别在当今就业和从业的职场竞争都很激烈的情况下,对于每个职业人和学习者来说,了解和学习个人文书的写作就显得十分必要了。个体文书指在日益频繁的商务活动中和个人工作学习交往中应该掌握和了解的文书,是个人才华和形象的书面表达,是职业生涯中的必备技能。

二、个体文书写作的特征

(一) **个人性**

个体文书是个体为了谋求职位或学习研究而进行的写作。写作时写作者根据写作目的和需求,或向用人单位推荐自己,或把自己最突出的地方表现出来,或展现自己某方面的特长、能力和职场经验。

(二) **针对性**

个体文书写作的针对性比较强,特别是求职类文书往往要针对应聘单位所需要的条件介绍自己的情况,需要实事求是,任何夸大其词、答非所问的方式都是不可取的。

(三) **目的性**

个体文书写作的目的就是求职或职务的升迁,或考试或科研,所以写作的目的性很强。在写作中观点要鲜明,表达要准确,语言要简练。

第二节 个体文书的类别

一、个体文书的类别

个体文书的内容比较广泛,但本书所涉及的个体文书主要从学习和就业方面考虑,包括个人在谋求职位时所需的书面材料和个人在学习中继续求得发展的必要文书。因此可分为:

（一）职场类文书

职场文书是为了谋求职位而进行的个体写作。写作时作者根据用人单位的需求，向用人单位推荐自己，使用人单位在"众里寻他"中发现自己。

（二）礼仪类文书

礼仪文书是社会活动中人们相互交往的书面表达，是一种在人际交往中能够体现个人和组织礼仪水准的应用文体，在社会交际和社会活动中起着调整和沟通人际关系的作用。

（三）学习考试类文书

个人在学习、工作、考试中需要的文书。它可以用来交流思想感情，表达自己的主张看法，也可以用来介绍自己的学习工作情况，或发表自己的学术见解，参加各类考试等。

二、个体文书写作要求

（一）内容客观

个体文书的内容必须实事求是、客观真实、全面准确。如述职报告，既要讲成绩，又要讲失误；既要讲优点，又要讲不足；既不能夸大成绩，也不能回避问题。

（二）重点突出

个体文书写作时往往抓住带有影响性、全局性的内容进行陈述，议论深刻，重点突出。

（三）语言严谨

个体文书写作时语言要简洁得体，措辞严谨。一般以陈述为主，也可稍加议论，不得描写、抒情，更不能使用夸张的语言。

第十二章 个体文书写作

第一节 求职信的写作

一、求职信的概念和作用

（一）求职信的概念

求职信，又名自我推荐书、自荐信，它是职场中个人向用人单位介绍个人情况、表达求职意愿的个人信笺。

（二）求职信的作用

求职信是求职者谋求职位的主要手段。

1. 介绍个人情况

通过求职信，求职者可以介绍个人的成长经历、求学经历、个人所长和性格爱好等信息，它有助于用人单位了解求职者是否为所聘职位的恰当人选。

2. 表达求职的主观愿望

求职信写作的主要方面就是表达求职者个人的求职意愿。通过个体性的语言，传达求职者的真挚情感、诚恳态度，以及对所应聘公司和职位的强烈向往。

二、求职信的特点

（一）真实性

求职信的首要原则是所叙述资料的真实性。它包括的个人的成长经历、求学经历、职业经历和个性性格等内容都应与生活真实相符合。这反映了求职者的个人素养和职业道德等内涵，是现代职场中人力资源考核的最为重要的因素。

（二）针对性

求职信的内容应该针对所应聘的职位来写作，尽量表述适合该职位的技能和专业知识等相关内容，而无需面面俱到。

（三）短小精悍

求职信的篇幅要短小，语言表达要亲切自然，内容则要恰到好处地表达出求职者适合所聘职位的所长，而不能写成长篇大论。

三、求职信的格式和写法

求职信和一般书信的格式基本一致，一般由标题、称呼、正文三个部分组成。

（一）标题

求职信的标题通常为"求职信"、"自荐信"、"自荐书"等。

（二）称呼

称呼通常写于标题下方换一行左面顶格的位置。一般写尊称和领导的职务名称，如"尊敬的某某公司经理"、"尊敬的人事部经理"等。

（三）正文

正文是求职信的主体。一般由个人基本情况、个人的求职条件、致谢、落款四部分构成。

个人基本情况包括姓名、就读学校、专业名称、毕业时间等；个人的求职条件主要简述个人的学业基本情况、个人的综合素质、个人所长、求职动机和求职意愿等；致谢部分写感谢对方阅读求职信，希望对方能给予面试机会或答复；落款包括署名和日期。署名写于结尾祝词下一行的右下方，日期写于署名的正下方。若有附件，可在信笺左下角注明。如：

附件：1. 简历
      2. 成绩表

[例文1]

自 荐 信

尊敬的校领导：
  您好！
  我是中国农业大学中文系汉语言文学专业2013级的一名毕业生，怀着对贵校的尊重与向往，我真挚地写了这封自荐信，向您展示一个完全真实的我。
  大学期间，我谨记"崇德尚学，厚积薄发"这一校训。我深知知识就是力量，不断充实和完善自己，圆满地完成了学校开设的心理学、教育学等课程的学习任务，取得了良好的成绩，为从事教育工作打下了坚实的基础。在教师基本技能方面，经过努力，我顺利通过了全国普通话等级考试，获得了一级乙等证书。课余时间，我掌握了Word等办公软件及多媒体课件制作技术。除专业课外，我注意优化自己的知识结构，适应时代要求，通过了国家计算机二级考试和大学外语四级考试。
  充实的大学生活，极大地丰富了我的知识，也增长了我在组织领导方面的才能，这也是当好一名教师的必备条件。大学伊始，经同学选举，我担任了班级团支部组织委员。大学一年级，开始担任班级团支书，任职以来，我积极配合校、系分团委的各项工作，因时制宜地开展各种校内外活动，拓宽了大家的视野，丰富了大学的学习生活，我班团支部也因此被评为"系优秀团支部"，我本人则被评为"系优秀团干部"、"校优秀团员"等称号，并参加了校第十六期党校学习班。对于校、系学生会组织的各项活动，我也积极参与，我与同学编排的英语短剧，在系英语短剧大赛中获第一名，受到全校师生的好评。
  在课余时间里，我喜欢阅读各类书籍，从书中汲取养料来充实自己、更新观念、开拓胸怀。除了读书，适当的体育运动对我来说也是必不可少的，强健的身体是进行工作的前提，因此，每天我都会进行适量的体育活动。

21世纪的中国,竞争会越来越激烈,对大批优秀人才的需求,使教师面临严峻的考验,作为一名有志的年轻人,我希望自己能成为教育战线上的新生力量,更愿意在教育领域奉献一切。"海阔凭鱼跃,天高任鸟飞。"我相信,在老一辈教师的鼓励和帮助下,在自己的勤奋和努力下,我一定会成为一名优秀的人民教师!

希望贵校能给我一次展现自我的机会。

祝贵校事业蒸蒸日上!

此致

敬礼

自荐人:×××
×年×月×日

[例文2]

求 职 信

尊敬的人力资源部经理:

您好!

首先感谢您在百忙之中查看我的个人简历。我叫×××,来自山东青岛,毕业于青岛农业大学海都学院电气工程及自动化专业。

大学四年里,我努力学习专业知识,多次获得学业奖学金、国家励志奖学金。在学好专业知识的同时,我也注重培养和锻炼自己的能力。我一直担任班长,连续两年担任海都学院《心晴报》主编。策划及组织多项集体活动,工作得到了老师和同学的肯定,并多次被评为院"三好学生"、"优秀学生干部"。在课余时间我又与本专业多名同学组成"电气实验小组",投入到单片机的开发与创新中,广泛查阅资料,完成多件作品,并于××××年×月代表青岛农业大学海都学院参加山东省第八届大学生机电创新设计大赛,荣获三等奖。××××年×月,"便携式充气折叠拖鞋"获"国家实用新型专利"。我在苏宁电器公司做过销售工作,也在完美一生摄影店做过宣传工作。通过这些社会实践锻炼,我具有了较强的组织能力、社交能力和良好的合作精神。

因为喜欢,所以选择!既然我选择了就要全力以赴把它做好,我愿从事贵公司安排的工作,我愿意在贵公司成长,真诚地服务公司、服务社会。

最后,衷心祝愿贵公司事业发达、蒸蒸日上!

此致

敬礼

××
×年×月×日

第二节　简历的写作

一、简历的概念和作用

（一）简历的概念

简历也叫履历，它是求职者向用人单位介绍其资格、职位、教育和工作经历等情况的文书，它是求职和人才流动的重要文书，是求职者争取进一步获得面试机会的书面文书。

（二）简历的作用

简历的主要作用是介绍个人情况；应聘岗位；搭建应聘者和用人单位之间的沟通桥梁。

二、写简历的原则

（一）要有重点

简历的篇幅不能长，内容不能面面俱到。因此，要有重点地介绍个人情况和所长，重点展示适应所聘岗位的特长和专业技能，这样能引起用人单位的关注，增大应聘成功几率。

（二）富有感召力

简历不能写得枯燥乏味，应该表达出发自内心的真实情感和愿望。用人单位不是招聘一个机器人，而是有真情实感的活生生的人。在简历中，也需要建立一种双方互相信赖的情感，而这往往是求职者易于忽视的地方。

（三）尽量陈述有利信息

写简历的首要原则是不能有虚假信息。但是，个人信息中有些信息有利于应聘职位，有些信息则不利于所应聘的职位。这种情况下，求职者可以自主选择有利的信息传达，而省略掉不利于求职的信息。比如，有求职者有色盲现象，但是所应聘的岗位对此没有特殊要求，则可以在简历中省略。

三、简历的格式和写法

简历可以打成表格的形式，也可用其他形式呈现。简历一般由个人资料、教育背景、工作经历、所获得的荣誉、兴趣与特长、自我评价、附件七个部分组成。

（一）个人资料

包括求职者的年龄、性别、身高、民族、出生地、婚姻状况、住址等。

（二）教育背景

一般只写大专（中专）以上的教育情况。中学的教育状况一般不要写上，主要包含了学校、专业知识、专业技能等。如专业知识可以写主修课、专业课、选修课、实习等内容。

（三）工作经历

一般按照时间顺序写上工作经历，如大学期间的学生工作、社会实践工作或兼职经历等。

(四) 所获荣誉

所获荣誉包括"三好学生"、"优秀团员"、"优秀学生干部"、专项奖学金获奖情况。它指毕业生在院(校)、系、班各种层次各种活动中的获奖情况,也包括院(校)外的各种组织举办的活动中的获奖情况。

(五) 兴趣与特长

它包括了文学、体育、艺术等各个方面的兴趣爱好和特长,这些有助于用人单位深入了解应聘者的综合素质。如某学生喜爱足球运动,曾担任中学校队、大学系队、校队队长,并率队多次参加比赛;曾获吉林市足球联赛(中学组)"最佳射手"称号,并参加过"98 嘉士伯北京市大学生足球联赛",这无疑是该求职者履历中加分的内容。

(六) 自我评价

包括性格、为人、交友、学习、工作能力等方面。如某人的自我评价"活泼开朗、乐观向上、兴趣广泛、适应力强、勤奋好学、脚踏实地、认真负责、坚韧不拔、吃苦耐劳、勇于迎接新挑战"。

(七) 附件

简历后面可以附上个人的获奖证明,如"三好学生"、"优秀学生干部"证书的复印件,外语四、六级证书的复印件,计算机等级证书的复印件等。

四、写简历应注意的问题

充分调查研究了解所求职位的具体情况,做到有的放矢;让用人单位能较为全面地了解自己,简历真实;突出工作经历和特长;设计与众不同的封面;多次修改,确保不要出现任何拼写、语法、标点或者打印错误;切忌千篇一律。

[例文 1]

个人简历

姓名:××   性别:男   出生年月:1977 年 6 月
家庭所在地:山东潍坊   身体状况:健康
婚姻状况:未婚   爱好:摄影、爬山、游泳
学习经历:
1994.9 至今 北京大学地球物理系 主修地球物理专业,辅修国际经济专业
1991.9 至 1994.7 山东潍坊一中学习
获奖情况:
1995~1996 学年 北京大学学习优秀奖
1996~1997 学年 北京大学汇凯奖学金
1996~1997 学年 北京大学社会工作奖
主要社会工作及社会实践:
1995~1996 担任班体育委员
1996~1997 担任班长

1996年7月　参与美国三鸣公司的市场调查活动,对现代化高质量的优秀企业在目标市场的选择与市场潜力的调查及研究方面有了基本的认识。

1997年8月　参加北大学生实践团,赴陕西省志丹县考察、体验生活,返校后与同学合作写了数万字的调查报告。此后还在校内组织参与了图片展览及为老区希望小学募捐的活动。

专业特长：

通过国家大学英语六级考试,具有较强的英语听、说、读、写能力。

取得全国计算机等级考试二级合格证书,能熟练操作使用 DOS、WINDOWS 系统,运用 WPS、WORD 进行文字编辑,运用 VISUAL FOXPRO 进行编程。

附件：
1. 大学英语六级证书复印件
2. 全国计算机考试二级合格证书复印件
3. 北京大学学习优秀奖荣誉证书复印件
4. 北京大学汇凯奖学金荣誉证书复印件
5. 北京大学社会工作奖荣誉证书复印件

[例文 2]

个人简历

个人概况

姓　　名：××　　　　　　　　性　　别：男
出生年月：1983-9-15　　　　　健康状况：良好
学　　历：大学本科　　　　　　专　　业：统计学
研究方向：投资决策与分析方向
联系方式：××××××

教育背景

2002年9月至2006年7月就读于厦门大学经济学院。

1999年9月至2002年7月就读于福建省武平一中。

所修课程

主修课程：投资经济学、房地产投资学、投资项目评价与风险分析、证券投资学、投资项目概预算

辅修课程：管理学、西方经济学、国际经济学、计量经济学、货币银行学、财政学、统计学、运筹学、中级财务会计、市场营销学、公司理财、管理信息系统、企业经营与市场竞争、经济预测与决策、C语言及应用实例、计算机在统计学中的运用

科研、论文情况

毕业论文《房地产泡沫问题初探》。

英语水平

顺利通过全国大学生英语四、六级考试(四级75.5分,六级497分)。

计算机水平

顺利通过全国计算机等级考试三级网络技术考试。

所获奖励

2002年获龙岩市"三好学生"。

2003学年获校三等奖学金。

2004～2005连续两年获厦门市政府助学金。

2005学年获国家一等助学金。

工作实践

参加2003年厦门市交通旅游市场调查。

参加2004年福建省大学生模拟炒股大赛。

参加2005年晋江市房地产消费者市场调查。

现供职厦门基兴阁房地产代理公司。

个性特点

做事认真,能吃苦,工作责任心强。

求职意向

1. 投资顾问(房地产投资,证券投资,金融银行)

2. 统计分析(财务)

3. 网络管理(网站维护,程序开发)

个人博客:http://blog.sina.com.cn/fucan

[例文3]

Resume

Name:	Wang guozi	姓名:	王果子
Address:	Zhulin xincun, Room ××, Gulou District, Nanjing, Jiangsu Province	地址:	江苏省南京市鼓楼区竹林新村××室××号
Telephone:	130××××××××	电话:	130××××××××
Code:	210009	邮编:	210009
Date of Birth:	August,1972	出生日期:	1972年8月
Nationality:	Chinese	国籍:	中国
Sex:	Male	性别:	男
Marital status:	Married	婚姻状况:	已婚
Education:	95.9—98.7 Studying in Economics management at Hohai College passed computer skill examination at Yuejin group	学历情况:	95.9～98.7 河海大学 经济管理专业,大专 通过跃进集团计算机能力考核

Working experience： 1991—1993 working at inner-decoration workshop, IVECO corp, Yuejin group 1994—1996 quality-inspector and production management at assemble factory of light truck corp in Yuejin group 1997—2001 storage management and administrative in production department in Nanjing FIAT corp Plan and Management in parts department 2002.1—Material flow department, In charge of plan and following of inlet parts of assembly factory（process：Abroad provide businesser —corp assigned by custom—Abroad harbor—Shanghai harbor—Nanjing harbor—Custom Management—Storage of 南京FIAT—Assembly line）	工作经验： 1991～1993 跃进集团依维柯公司，内饰车间 1994～1996 跃进集团轻卡公司总装厂，配件部检查员，制造部调度员 1997～2001 南京FIAT制造部库房管理兼行政管理 配件科：配件计划、执行和管理 2002.1—至今南京FIAT制造部物流科，负责总装厂进口件计划以及跟踪（过程：国外供货商—清关公司委托的国外代办—国外港口—上海港—南京港—清关—南京FIAT库房—总装配生产线）
Language Proficiency：Chinese, English	语言技能：中文、英文
Computer literae：Word, Excel	电子计算机技能：文字、表格、办公和物流管理软件
Special skills：Calligraphy	其他特长：书法艺术
References available on request	若有需要可提供证明人
Position apply： Material plan and management	应聘职位： 物流计划或管理职位

第三节　述职报告的写作

一、述职报告的含义和作用

（一）述职报告的含义

述职报告是指党政机关、社会团体、企事业单位的机关和部门负责人，向所在单位的权力机关、上级机关或者代表大会、董事会等部门陈述自己在一定时间内履行岗位工作的成绩、问题、情况等。这是推动社会组织工作的重要环节，对于促进和监督其各项工作有着重要的意义。

述职报告可看作工作报告中的总结性报告。它除了向上级管理机关陈述自己某一阶段工作情况之外，还要进行总结、回顾、分析、评价，找出内在规律性的东西，用以指导未来实践工作，是一种具有较强综合性的公文。

（二）述职报告的作用

述职报告在各级机关、企事业单位人事管理中有着很大的作用。

1. 有利于上级考核和使用干部

通过述职报告，组织人事部门可以全面了解所使用干部和工作人员履行职责的情况，从而发现他们的长处和不足。这不仅为合理选拔、调配干部提供了依据，而且有利于干部考察、选拔工作制度化、合理化和规范化。

2. 有利于群众监督

领导者定期向本单位的群众报告履行职责的情况，有利于增加干部工作的透明度，有利于群众进行监督和评议。

3. 有利于干部自身素质的提高

写作或宣读述职报告的过程，是述职者进行自我提高、自我检查的过程。通过对照自己的岗位职责进行回顾、反思、总结经验和教训，可以不断改进工作，提高自身的素质。

二、述职报告的特点和分类

（一）述职报告的特点

述职报告不同于总结或思想汇报，它的特点归纳起来有以下几点：

1. 注重实绩

述职报告是述职者在全面总结任期内履行职责的基础上，重点写真切的实绩，即在任期内做了哪些工作，有哪些突出的成绩，实事求是地做出自我评价。因此，述职报告必须把工作实绩、经验教训、建议及实质性内容表述清楚，切忌空谈。实绩是述职报告必写、重点写的，考核是根据实绩决定晋升与否或划分等级。

2. 限定内容

述职报告的内容必须紧紧围绕岗位职责和目标来写，工作成绩、存在问题、今后打算等必须限定在述职人特定时期的职责范围内。

3. 行文严肃

述职报告是为考核而写的，考核是一项庄重、严肃的工作。这就决定了述职报告的写作态度要严肃认真，内容要真实无误，陈述要具体简明，语言要平实质朴，评价要准确恰当，不允许以偏概全、"合理想象"，报喜不报忧，也不允许贪他人之功为己有。

4. 自我鉴定

述职人在述职报告中讲述履行职责的情况时，要对自己工作中的表现，对成绩和问题进行总结评价，实际上是对自身工作能力、水平和效果作自我鉴定。

5. 限定时间

述职报告的时间也有严格的规定：述职的内容必须是任期内的，述职者必须在考核期内写出书面报告。

（二）述职报告的分类

根据不同的划分标准，述职报告有不同的种类：

按时间可分为任期述职报告、年度述职报告、临时述职报告。

按范围可分为个人述职报告、部门述职报告。

按表达形式可分为口头述职报告和书面述职报告。

按内容可分为专题（单项）述职报告和综合述职报告。专题（单项）述职报告是指对某一方面工作或某项具体工作进行的专门汇报，如《开发项目建设，必须增加投资力度——××公司项目部经理述职》。综合述职报告是指对一个时期内所做工作的总体情况进行汇报，如《2016年度各部门经理述职报告》。

三、述职报告的格式和写法

述职报告一般由标题、称谓、正文、署名和日期四部分组成。

（一）标题

述职报告的标题常用的有四种：一是年度＋文种，如"2016年度述职报告"；二是只写文种，如"述职报告"；三是任职期限＋担任职务＋文种，如"××××年××月到××××年××月担任××职务的述职报告"；四是概括全文主旨，并用副标题加以补充说明，如"思想政治工作要结合经济工作一起抓——××公司党委书记×××的述职报告"。

（二）称谓

称谓是报告者对听取述职报告的对象的称呼。称谓要根据会议性质及听众对象而定，如"各位领导、同志们"，或"组织部"、"人事处"等。

（三）正文

一般包括开头、主体和结尾。

1. 开头

开头又叫引言，用平直、精练的文字概述述职者的身份、岗位职责、工作目标、总体评价等，常以"现将任职期间的情况报告如下"等过渡到下文。

2. 主体

对开头内容的展开，是述职报告的核心部分。详细、明确、具体地介绍自己在任职期间的岗位职责的履行情况及工作目标的实现情况、主要政绩、决策能力发挥的作用和效果，做了哪些开拓性的工作，基本的经验体会以及存在的主要问题、教训，今后工作的设想、建议等。

3. 结尾

表明自己的意愿和态度，请求审议、批评和帮助，常见的结束语有"以上述职，请予审查"、"述职完毕，请批评指正"等。由于述职报告要面向本单位全体人员口头表达，结尾还有"谢谢大家"之类的话。

（四）署名与日期

在正文右下方署上述职者的姓名、单位名称和述职日期。

四、述职报告写作注意事项

（一）内容要具体真实，述职要全面

述职报告作为自述性的文体，是本人对自己水平能力的综合评价，内容必须真实，否则会影响述职人的公众形象。在述职报告中，述职者应将自己负责的工作全面系统地进行叙述，不能顾此失彼，也不能只叙成绩，不叙问题。只有全面地叙述，才能使组织和群众了解述职者的工作情况，对述职者做出全面公正的评价。

（二）针对岗位职责，突出重点

撰写述职报告，必须按照一定的标准对自己的工作进行评价，这个标准就是所在岗位的职责。因此，在写述职报告时，要突出重点，突出岗位职责所要求的能力和业绩，不应面面俱到。

（三）注重群体的作用

述职者在叙述成绩时，不能单方面强调主观因素，过分强调自己的能力；讲到存在的问题时，不能一味地归为客观原因。要处理好集体与个人的关系，客观地对待自己，报告一定要正确、客观，绝不能文过饰非，甚至贪他人之功为己有，忽视集体的作用。

［例文］

2015年税务局局长述职报告

各位领导，同志们：

2015年，本人在市局党组和县委、县政府的正确领导下，在县局班子成员的全力配合及全体干部职工的大力支持下，积极践行科学发展观，从"举旗帜、抓班子、带队伍、促发展"抓起，团结和带领一班人创新实干、狠抓落实，较好地完成了各项工作任务。现将自己一年来的思想、工作以及廉政等方面取得的成绩及不足做一简要汇报。

一、举旗帜，坚持勤学善思，为××国税事业发展掌好舵

旗帜就是方向。对于自己而言，就是要坚持把"带好队、收好税"作为一切工作的出发点和落脚点，任何时候都不能含糊，更不能偏离。为此，自己牢固树立终身学习观念，加强自身建设，深刻认识到不学习就要落后，不学习就要被历史所淘汰，通过不断学习，增强了自身免疫力，激发了工作创新力，提高了贯彻执行力。一方面是坚持科学发展观，注重学习党的路线、方针、政策，努力培养自己的全局意识、战略思维，不断增强政治敏锐性和政治鉴别力，不断提高自身驾驭全局的能力。另一方面努力学习法律以及经济、税收征管等各种业务知识；始终坚持贯彻执行党的路线和各项方针、政策，自觉坚持党的领导，加强党性锻炼，在重大原则问题上带头领会和贯彻好上级党组意图，严格遵守党的政治纪律，服从和服务于税收工作大局。

为更好把握新的发展机遇，我始终把贯彻落实科学发展观作为第一要务，全身心探寻强局之路，坚持"个人努力与集体智慧"相结合，注重发展思路的延续性、工作实践的创造性，紧密结合××国税实际，研究制定了一系列加快发展的思路和抓落实的措施。年初确立了全局"××3456"工作思路，提出了"以人为本、以规治局、依法行政、满意服务"的治局方针，统一广大干部思想，调动干部积极性，将全局各项工作部署转变为干部职工的自觉行动。作为一把手，我始终把收入工作放在首位，今年以来，我局一方面受税收政策改革等一系列大环境减收因素的影响，另一方面面对××公司和××公司减收因素的严重影响，变压力为动力，牢固树立"税源有限，管理无限"的管理理念，坚持在常规工作上寻找创新点，在难点工作上寻找突破点，确保了税收收入持续稳定增长。截至目前，累计完成各项税收收入11885.5万元，占计划221170的83.1%，同比增长111.1%，增收11189万元。

二、抓班子,坚持统筹协调,为××国税事业发展领好班

作为县局第一责任人,主要是要发挥好总揽全局、协调各方的领导核心作用。在工作实践中,从推进整体工作的要求出发,注意把握了以下几点:一是坚持原则,敢抓敢管。工作中我坚持一切从工作出发,不搞无原则的一团和气,公正处事,该放权的坚决放权,该压担子的坚决压担子,善断不武断,信任不放任,充分发挥和调动大家的聪明智慧和工作积极性;讲民主,搞众谋,讲善断,敢决策、敢负责;要求真抓实干,说实话,办实事,求实效,力戒摆花架子,做表面文章,全力抓好各项工作落实。二是发扬民主,集思广益。认真遵守党组、局长办公会议议事规则,坚持民主集中制。涉及全局的重大决策时,认真听取班子成员的意见,更好地集中集体智慧和力量,推进了决策的科学化、民主化。三是胸怀坦荡,以诚待人。大事讲原则,小事讲风格,带头讲团结,积极开展批评与自我批评。对工作中的矛盾和问题,坚持开诚布公,主动沟通,分清是非,积极协调,交流思想,增进了解。班子成员在共识中求团结,在信任中求融洽,形成了心往一处想,劲往一处使,创先争优的良好局面,做到了"该管的不失位,职能明确不错位,承担责任不缺位"。同时在集体决议上,坚持"集体领导、民主集中、个别酝酿、会议决定"的原则,实行集体领导和个人分工负责制,各司其职、各尽其责、相互协调、相互支持,形成了推进全局工作的整体合力。

三、带队伍,坚持正确导向,为××国税事业发展带好队

自己始终坚持"以人为本、依法行政、满意服务"的管理理念,明晰队伍建设思路,丰富队伍建设载体,把抓工作首先抓干部思想,抓落实关键抓科长、分局长的工作思路贯穿于始终。在抓中层干部的过程中,注重加强中层干部思想教育,明确既是指挥员,又是战斗员,人常说,"思想对了头,干事有劲头",重点教育引导干部要有攻坚克难的决心,完成任务的勇气,树立正确的人生观、世界观、价值观;在抓科长、分局长工作落实的过程中,帮助他们进一步理清年度工作思路,完善工作制度。加强干部党性教育,营造爱岗敬业的工作氛围;背靠背征求基层干部意见、掌握群众思想动态,确保了干部的知情权、参与权和监督权;改善干部职工工作生活条件,办好职工灶,提高干部福利待遇,进一步凝聚了队伍的向心力;建立健全科学用人机制,用良好的机制形成了人心思上、人心思齐、人心思干的氛围。同时,从着力解决税务干部爱岗不敬业、淡化责任、疏于管理的问题入手,在全局扎实开展了日常执法检查和季度重点执法检查,进一步规范了干部执法行为,对存在的问题限期进行整改,彻底转变那种事不关己、高高挂起的思想认识,在全系统形成了"心齐气顺、乐于奉献、风正劲足"的工作氛围。

四、强征管,坚持身体力行,为××国税事业发展服好务

为官之要,贵在落实。我始终保持从大局着眼,小事着手,对涉及全局的重点工作,坚持深入工作一线,掌握一手资料,并亲自过问,从严要求,抓好落实,督促相关部门从快解决。一年来,我带领一班人求真务实、真抓实干,找准工作的突破口和着力点,有效地促进了各项工作的落实。

一是通过利用省、市、县各级税收数据分析平台,加强重点税源企业监控。对辖区重点税源开展收入分析,实时跟踪企业的产、销、申报情况,按月提取各类税收

信息,强化收入调度,确保重点税源企业管理不出问题;二是强化稽查,提升以查促管、以查促收的职能作用。稽查各项指标较往年同期都有较大的增长。三是从税源管理的实际情况出发,以一员一卡为延伸,把"服务提示卡"纳税服务创新项目和信息管税作为亮点工作常抓不懈,极大促进了全局工作的良好发展。四是加强文明创建工作。始终把精神文明建设作为全局工作的重点,通过不断完善制度、创新形式、丰富内容,保证了文明创建工作的稳步推进,取得显著成效,今年四月,我局成功创建成省级精神文明建设先进单位。五是优化纳税服务,努力提高纳税遵从。按照需要,安装了POSS机,更换了查询机,进一步规范了办税服务厅建设。通过整合窗口职能,简化办税流程,不断提高了办税效率。先后推出了办税服务"八公开"、服务承诺、首问责任制、服务投诉、责任追究五项制度和"八大品牌服务",极大提高了服务质量和水平,塑造了国税团队新形象,提高了纳税遵从。

五、重自律,坚持廉洁从政,为××国税事业发展树榜样

"公生明,廉生威",打铁还须自身硬。作为一把手,我牢固树立"一岗双责"意识,在抓好全局党风廉政建设的同时,不断加强自身廉政建设。在思想上,我始终保持清醒头脑,经常提醒自己洁身自好,做人要有原则,办事要有制度。本着对组织负责,对干部职工负责的态度,自觉用好权、服好务,以实际行动维护党在人民群众中的形象。凡是要求班子成员和下属做到的,先带头做到,自觉地从一点一滴做起,从小节、小事抓起。自觉置身于组织和群众的教育管理和有效监督之下,把监督视为健康成长和不断进步的重要保证,主动积极地对待监督。在生活上,我始终保持严谨作风,不拿原则做交易,不用职权谋私利,注重自己言行举止,严格履行《廉政准则》,并认真开展了《廉政准则》自查自纠活动,并对照《廉政准则》、"八个严禁"、"52个不准"以及税务系统领导干部廉洁从政"八不准"积极开展了自查自纠,开展了批评与自我批评,率先垂范,发挥了表率作用。

六、存在问题

一年来,自己虽然履行了自己的职责,发挥了一定的作用,与党组其他成员带领全局干部共同动脑筋、出主意、想办法,扎实工作,付出了一定的心血和汗水,使全局各项工作都取得了一定的成绩,但与市局党组的要求相比还有一定的不足,主要有:

一是政治理论和业务学习不扎实、不全面,缺乏认真钻研的精神。税收工作具有多头性、复杂性,自己因长期忙于处理各类繁杂的事务,对自身的政治理论和业务学习有所放松。

二是先锋模范作用发挥不够明显。随着社会主义市场经济建设的不断深入,税收工作的形势越来越复杂,要求也越来越高。而发挥好"一把手"的先锋模范作用对于做好新时期税收工作就显得尤为重要。如何发挥好党员的先锋模范作用、带头迎难而上,将各项工作做得更优秀更到位,我认为自己做得还很不够。

三是在抓全局性的工作上缺乏超前和创新意识。在具体工作筹划上,对组织收入工作抓得比较多,而对部分工作的落实效果没有全面掌握,致使一部分工作进展较缓慢。

七、针对自身不足的改进

一是进一步坚定理想信念,增强宗旨意识。做到个人利益永远服从于党和人民的利益,坚决摒弃工作浮在面上、喊在口上、落实不到行动上的不良作风。

二是树立刻苦学习的精神,积极改造主观世界。要切实地把理论学习作为第一需要,把学习理论与实际工作紧密结合起来,克服就理论学理论的"两张皮"现象,要以税收工作为中心,着眼于对实际问题的思考,着眼于税收科学化、精细化管理的目标要求,着眼于领导班子和干部队伍建设的需要,理论联系实际,主观与客观高度统一,在努力改造主观世界的同时改造客观世界。

三是树立开拓创新精神,永葆工作中的蓬勃生机。除坚持实现国税工作主要目标外,我自己将深挖工作中存在的问题和不足,主动查找自身存在的问题,不敷衍、不回避,正视困难和问题,积极加以改进和提高。将实施科学化、精细化、专业化管理作为今后工作的重中之重,勇于开拓创新,大胆探索实践,全身心投入到实际工作之中去。

四是树立无私奉献和艰苦奋斗精神。把个人的追求融入税收事业之中,坚持税收事业第一,个人利益无条件地服从组织利益,保持思想道德的纯洁性。

以上报告,请领导和同志们评议,欢迎对我的工作多提宝贵意见,并借此机会,向一贯关心、支持和帮助我的各位领导、同志们表示诚挚的谢意。

××县国税局局长××
2016年12月5日

第四节 演讲稿的写作

一、演讲稿的含义和特点

(一)演讲稿的含义

演讲稿又叫演说词,它是在大会上或其他公开场合发表个人的观点、见解和主张的文稿。演讲稿的好坏直接决定了演讲的成功与失败。

演讲稿像议论文一样论点鲜明、逻辑性强,但它又不是一般的议论文。它是一种带有宣传性和鼓动性的应用文体,经常使用各种修辞手法和艺术手法,具有较强的感染力。

演讲未必都使用演讲稿,不少著名的演讲都是即兴之作,由别人经过记录流传开来的。但重要的演讲最好还是事先准备好演讲稿,因为演讲稿至少有两个方面的作用:其一,通过对思路的精心梳理,对材料的精心组织,使演讲内容更加深刻和富有条理。其二,可帮助演讲者消除临场紧张、恐惧的心理,增强演讲者的自信心。

(二)演讲稿的特点

1. 有声性

演讲稿是口头传播的文稿,是讲给听众听的,要求运用口语化的表达,明白如话,说者顺畅上口,听者清楚明白易懂,短时间内能弄明白演讲者的意图。

2. 鼓动性

演讲稿是宣传发动群众的一种有效形式,所以具有鼓动性。理、事、情的交融统一,冷静严肃的层层剖析,高度概括的哲理,生动形象的叙事,辅之以热情的鼓动、感人的情怀,造成一种感染力极强的氛围。

3. 临场性

演讲稿是供演讲用的,内容要根据听者的反应而随之微调,以适应听众的需要。所以既要有简单的提纲,又要有详细的提纲。在说明主要问题或疑难问题时,要准备几个能说明问题的例子,以便必要时使用。

二、演讲稿的种类

演讲按不同的分类标准,可以分成很多种类型,譬如领导人演讲、竞赛性演讲、论辩性演讲、竞选演讲、就职演说等。我们根据内容性质的不同,把演讲稿分为以下几种类型:

(一) 政治鼓动类

这是指政治家或代表某一权力机构的要员阐述政治主张和见解的演讲稿。各级领导的施政演说,新当选的领导人的就职演说,政治家的竞选演说等等,都属于这一类型。著名的范例有《林肯在葛底斯堡的演讲》、《丘吉尔在美国圣诞节的即兴演讲》以及马丁·路德·金的《我有一个梦》等。

(二) 学术交流类

学术演讲稿是传播、交流科学知识、学术见解及研究成果的演讲文稿。随着科学事业的发展,国内外学术交流活动日益增多,学术演讲或学术报告的活动也越来越多。不仅专业科学技术工作者要参加各种各样的学术活动,进行学术演讲,一些机关、企事业单位的领导也要经常参加学术类的活动,也要成为科学技术方面的内行。因此,学术演讲稿具有广阔的应用范围。

(三) 思想教育类

思想教育类的演讲稿是针对现实生活中人们的思想动态、思想倾向和思想问题,以真切的事实、有力的论证、充盈的感情来讴歌真善美、鞭挞假恶丑,引导听众树立正确的人生观、世界观,激励听众为崇高的理想、事业而奋斗。这类演讲稿适用于演讲比赛、主题演讲会、巡回报告等。

三、演讲稿的基本写法

演讲稿的结构包括标题、称呼语、开头、主体、结尾五个部分。

(一) 标题

演讲稿的标题是演讲内容和主旨的概括。一个新颖、生动、恰当而富有吸引力的题目,不仅能在演讲前给人急欲一听的强烈愿望,而且在演讲结束之后,同其内容一样,给人留下永久的记忆。演讲稿的标题有很多种。有的巧设比喻,如"扬起生命的风帆";有的直接点明观点,如"生活中不能缺少诚信";有的以反问形式成题,如"这不是21世纪的精神吗"。

(二) 称呼语

称呼语是演讲开始时对听众问候的方式,如"尊敬的各位评委、老师,亲爱的同学们:大家晚上好!"

(三) 开头

演讲的开头,也叫开场白。它在演讲稿的结构中处于显要的地位,具有特殊的作用。演

讲稿的开头,通常有以下几种:

1. 开门见山,亮出主旨

这种开头不绕弯子,直奔主题,开宗明义地提出自己的观点。如1914年李卜克内西《在德国国会上反对军事拨款的声明》开头就说:"我投票反对这项提案,理由如下:"。

2. 叙述事实,交代背景

开头向听众报告一些新发生的事实,引起人们的注意,吸引听众倾听。如1941年7月3日斯大林《广播演说》的开头:"希特勒德国从6月22日向我们祖国发动的背信弃义的军事进攻,正在继续着。虽然红军进行了英勇的抵抗,虽然敌人的精锐师团和他们的精锐空军部队已被击溃,被埋葬在战场上,但是敌人又从前线调来了生力军,继续向前闯进。……我们的祖国面临着严重的危险。"

3. 提出问题,发人深省

通过提问,引导听众思考一个问题,并由此造成一个悬念,引起听众欲知答案的期待。如曲啸的《人生·理想·追求》就是这样开头的:"一个人应该怎样对待自己青春的时光呢?我想在这里同大家谈谈我的情况。"

4. 引用警句,引出下文

引用内涵深刻、发人深省的警句,引出下面的内容来。如某大学生的演讲稿,标题叫"我的思考与奋起",开头就很精彩:"一个人如果一辈子都不曾混乱过,那么他从来就没有思考过。"

开头的方法还有一些,不再一一列举。总之无论采用什么形式的开头,都要做到先声夺人,富有吸引力。

(四) 主体

演讲稿的主体部分是演讲的核心部分,也是演讲稿的高潮所在。主体部分要层层展开,步步推向高潮。所谓高潮,即演讲中最精彩、最激动人心的段落。主体部分展开的方式有以下三种:

1. 并列式

并列式就是围绕演讲稿的中心论点,从不同角度、不同侧面进行表现,其结构形态呈放射状四面展开,宛若车轮之轴与其辐条。而每一侧面都直接面向中心论点,证明中心论点。

2. 递进式

即从表面、浅层入手,采取步步深入、层层推进的方法,最终揭示深刻的主题,犹如层层剥笋。用这种方法来安排演讲稿的结构层次,能使事物得到由表及里的深入阐述和证明。

3. 并列递进结合式

这种结构,或是在并列中包含递进,或是在递进中包含并列。一些纵横捭阖、气势雄伟的演讲稿常采用这种方式。

(五) 结尾

演讲稿的结尾,是主体内容发展的必然结果。结尾或归纳,或升华,或希望,或号召,方式很多。好的结尾应收拢全篇,卒章显志,干脆利落,简洁有力,切忌画蛇添足,节外生枝。

演讲的结束语常见的有如下几种:

1. 总结要点

苏格拉底说:"对于演讲的结尾……就是说总结性地将讲过的内容再重复一遍,将同样的内容,用不同的话再讲一遍。"这样可以达到突出中心、强化主题的作用。

2. 展望未来,鼓舞斗志

在演讲结束时,提出任务,指明前途,提出希望,发出号召,鼓舞听众振奋精神,坚定信念,从而收到预期的效果。

3. 用充满激情的话语作结

充满激情的话语能激起听众情绪的激动,激越的感情会使听众受到感染,并受到鼓舞。

4. 用名言、诗句作结

用名言、诗句作结可以使演讲的主题得到有力的升华,加强演讲的力度,使听众在联想和印证中得到深刻启示。例如周恩来《在上海鲁迅逝世十周年纪念会上的演说》的结尾,用鲁迅的著名诗句给演讲的论点一个强有力的证明,进一步深化了主题,把演讲推向一个新的高潮。

5. 用幽默作结

幽默的结尾会使听众余兴不尽,收到加深印象的效果。

6. 步步加深的结尾法

这种方法也叫"阶升法",好像阶梯一样步步升高,一句比一句有力量。不过这种方法是不容易运用的,它要求在理论上、语气上层层加深,在较短的时间内,把演讲的语势迅速推向高峰。

7. 用议论作结

在演讲的结尾处,适当地运用恰当、精辟的议论,会使演讲富有诗意和哲理性,从而感染听众,说服听众。如高尔基《科学万岁》的结尾:"自由展翅的科学上升得越高,它的视野就越充分。正如我们大家知道的那样,在自然界,没有什么东西比人脑更奇妙,没有什么东西比思维更美好,没有什么东西比科学研究的成果更可宝贵。科学万岁!"

五、演讲稿写作要求

(一) 要摆事实、讲道理、层次清晰地展开论述

演讲者可在演讲中反复设问,并根据设问来阐述自己的观点,在结构上环环相扣,层层深入。此外,演讲稿用过渡句,或用"首先"、"其次"、"然后"等语词来区别层次,也是使层次清晰的有效方法。论述中运用事例要典型,才能有说服力。

(二) 感情真挚,结构安排张弛有致,跌宕起伏

演讲具有鼓动性,所以演讲稿要有充沛的激情,而且感情要真挚。因此演讲稿结构的节奏既要鲜明,又要适度。平铺直叙,使听众紧张疲劳,而内容频繁变换,也会造成听众注意力涣散。所以,插入的内容应该为实现演讲意图服务,注意节奏的频率才能抓住听众的心理。

(三) 边叙事边议论,行文变化,富有波澜

把说理和抒情结合起来,既有冷静的分析,又有热情的鼓动。有起有伏,有张有弛,有强调,有反复,有比较,有照应,才能构成演讲稿的起伏节奏。

[例文1]

葛底斯堡演讲

林 肯

87年以前,我们的先辈们在这个大陆上创立了一个新国家,它孕育于自由之中,奉行一切人生来平等的原则。

现在我们正从事一场伟大的内战,以考验这个国家,或者说以考验任何一个孕育于自由和奉行上述原则的国家是否能够长久存在下去。

我们在这个战争中的一个伟大战场上集会。烈士们为使这个国家能够生存下去而献出了自己的生命,我们在此集会是为了把这个战场的一部分奉献给他们作为最后的安息之所。我们这样做是完全应该而且非常恰当的。

但是,从更广泛的意义上来说,这块土地我们不能够奉献,我们不能够圣化,我们不能够神化。曾在这里战斗过的勇士们,活着的和去世的,已经把这块土地神圣化了,这远不是我们微薄的力量所能增减的。

全世界将很少注意到、也不会长期记起我们今天在这里所说的话,但全世界永远不会忘记勇士们在这里做过的事。

毋宁说,倒是我们这些还活着的人,应该在这里把自己奉献于勇士们已经如此崇高地向前推进但尚未完成的事业。倒是我们应该在这里把自己奉献于仍然留在我们面前的伟大任务,以便使我们在这些光荣的死者身上汲取更多的献身精神,来完成那种他们已经完全彻底为之献身的事业;以便使我们在这里下定最大的决心,不让这些死者白白牺牲;以便国家在上帝福佑下得到自由的新生,并且使这个民有、民治、民享的政府永世长存。

[例文2]

在美国度圣诞节的即兴演讲

丘吉尔

(一九四四年十二月二十四日)

各位为自由而奋斗的劳动者和将士:

我的朋友,伟大而卓越的罗斯福总统,刚才已经发表过圣诞前夕的演说,已经向全美国的家庭致友爱的献词。我现在能追随骥尾讲几句话,内心感到无限的荣幸。

我今天虽然远离家庭和祖国,在这里过节,但我一点也没有异乡的感觉。我不知道,这是由于本人母亲的血统和你们相同,抑或是由于本人多年来在此地所得的友谊,抑或是由于这两个文字相同、信仰相同、理想相同的国家,在共同奋斗中所产生出来的同志感情,抑或是由于上述三种关系的综合。总之,我在美国的政治中心地——华盛顿过节,完全不感到自己是一个异乡之客。我和各位之间,本来就有手足之情,再加上各位欢迎的盛意,我觉得很应该和各位共坐炉边,同享这圣诞之乐。

但今年的圣诞前夕,却是一个奇异的圣诞前夕。因为整个世界都卷入了一种生死搏斗之中,使用着科学所能设计的恐怖武器来互相屠杀。假若我们不是深信自己对别国领土和财富没有贪图的恶意,没有攫取物资的野心,没有卑鄙的念头,那么我们今年的圣诞节,一定很难过。

战争的狂潮虽然在各地奔腾,使我们心惊肉跳,但在今天,每一个家庭都在宁静的、肃穆的气氛里过节。今天晚上,我们可以暂且把恐惧和忧虑抛开、忘记,而为那些可怜的孩子们布置一个快乐的晚会。全世界说英语的家庭,今晚都应该变成光明的和平的小天地,使孩子们尽量享受这个良宵,使他们因为得到父母的恩物而高兴,同时使我们自己也能享受这种无牵无挂的乐趣,然后我们担起明年艰苦的任务,以各种的代价,使我们孩子所应继承的产业,不致被人剥夺;使他们在文明世界中所应有的自由生活,不致被人破坏。因此,在上帝庇佑之下,我谨祝各位圣诞快乐。

[例文 3]

在宁静中创造美好未来——在清华大学 2016 级本科生开学典礼上的讲话

邱 勇

亲爱的同学们:

今天,3300 多名 2016 级新同学来到清华园,成为这里的新主人。我代表全校师生员工,对你们的到来表示热烈的欢迎!祝愿你们在清华园里扬起理想的风帆,挥洒绚烂的青春!

同学们,此时此刻,我能够真切地感受到你们心中的喜悦和激动。你们和很多年轻人一样都有一个清华梦。在你们之中有一位叫索朗旦增的同学,他的家在西藏靠近边境的浪卡子县,他经历了 47 个小时的旅途奔波后来到清华,这是他第一次来到北京,也是他第一次走出西藏。索朗旦增家境贫寒,在拉萨上中学期间每年只回家两次,靠奖学金和助学金完成学业,并取得了优异的成绩。祝贺索朗旦增通过自己的努力成为清华的一员,也祝贺全体 2016 级的同学们圆梦清华!

亲爱的同学们,从今天开始,你们将在美丽的清华园开启新的人生旅程。在清华,你们将浸润在深厚的文化积淀中,体会自强不息、厚德载物的校训,行胜于言的校风,中西融汇、古今贯通、文理渗透的办学风格。在清华,你们将有机会聆听学术大师的教诲,有机会到世界各地交流学习,在更具柔性的培养体系中自主选择学习内容和成长路径。在清华,你们可以在 200 多个兴趣社团中寻找志同道合的伙伴,在全球最大的校园创客空间里实现天马行空的创意。我相信,你们将在清华收获最美好的大学生活。1981 年,70 岁高龄的季羡林学长在散文《清华颂》中写道:"春的信息,在清华园要比别的地方来得早","清华园却不仅仅是像我的母亲,而且像一首美丽的诗,它永远占据着我的心灵"。确实,在所有校友心里,清华永远是美丽的。今天,我想对你们说,"有你的清华会更美!"

秋天是北京最美的季节,你们可以发现园子里"溪光初透彻,秋色正清华"的诗情画意。秀美安谧的环境确实能涤荡人的心灵,让人憧憬、引人遐思。今年,同学们收到录取通知书的同时,也收到了我送给你们的书——《瓦尔登湖》。《瓦尔登湖》是美国著名作家、诗人亨利·梭罗的不朽名著,讲述了 1845 年 7 月到 1847 年 9 月作者在瓦尔登湖边远离尘嚣、简朴至极的生活和瓦尔登湖随四季变幻的湖光山色。当时的美国,随着经济迅猛发展,拜金主义和享乐主义泛滥,人们把追逐物质财富作为唯一目标。梭罗对此进行了强烈的批判和反思,他不屈从于庸俗的现实,追求生活的本真,最终收获了超凡高洁的思想。一个多世纪后,我们仍能从《瓦尔登湖》中获得灵魂的滋养。今天,我们同样需要摆脱物质的奴役,在安静思考、默默守望、执着追求的过程中,感受宁静的巨大力量。

大学是一个需要宁静的地方。随着时代的发展,大学的职能越来越多,社会也越来越喧嚣浮躁,大学在当下尤其要强调远离世俗利益的诱惑,驱除急功近利的障蔽,真正成为人类的精神家园。"万物得其本者生",大学必须牢记并笃行育人的根本任务,将精力和资源集中到人才培养上。大学需要一个安静美丽的校园,校园的风貌体现了大学的品位和境界。在我心中,清华园的美丽景象还应该包括:繁花落叶间教授行走在去教室的路上,藤影荷声里同学们在长椅上读书,墨韵书香中校长与师生谈心论道。我相信,宁静的清华一定会孕育更加美好的未来。

同学们,你们已经迈进清华的大门,丰富多彩的大学生活从此展开。我想,你们现在首先要做的事情就是让自己安静下来,忘却曾经的成绩和掌声,忘却一时的满足和得意,解放心灵、释放真我,在宁静中寻找新的梦想。

希望你们在宁静中追问本心。青年人应该努力充实精神而不是崇拜物质,应该直面内心而不是随波逐流,应该独立思考而不是人云亦云。一个人如果缺乏内心的指引,就很容易在一片嘈杂声中迷失自我,耗尽个人的潜能和创造力,最多只能得到平庸的优秀和贫乏的成功。同学们,你们需要反复地追问,什么是自己最喜欢、最热爱的?什么是最有意义、最有价值的?发自内心的热爱,是你们前进的不竭动力。追随本心的召唤,你们才能铸就无悔的人生。

希望你们在宁静中坚守初心。人生是一个漫长的过程,在追寻梦想的道路上,你们会面对很多选择,只有坚守初心,才能抵御诱惑,才能不忘记为什么出发。今年刚刚毕业的2012级经管学院本科生卢昌婷,进入大学后被戏剧的魅力所折服。她加入话剧队编剧组,创建音乐剧社,坚持早上7点朗读莎士比亚、易卜生、曹禺的作品……毕业时,面对进入投资、互联网领域工作的机会,她最终选择到美国加州艺术学院戏剧专业深造。我相信,只要不忘初心、矢志不渝,卢昌婷同学就一定能够抵达梦想的彼岸。

希望你们在宁静中笃学砥砺。诸葛亮在《诫子书》中说:"夫学须静也,才须学也,非学无以广才,非志无以成学。"学习不仅需要安静的环境,更需要安静的内心。只有心无旁骛、潜心笃学,才能获得真知、增长才干;只有坚韧不拔、百折不挠,才能超越自我、升华人生。清华校友、世界著名数学家华罗庚,曾因沉迷于数学而被称为"呆子",他在追梦数学的传奇人生中,以"人家每天八小时的工作,我要工作12小时以上才觉得心安"的精神刻苦钻研,成为中国解析数论等多个研究领域的创始人。同学们,勤奋是理想的阶梯,困难是人生的试金石,在宁静中笃学、在砥砺中前行,你们就一定能创造无限美好的未来!

清华国学研究院四大导师之一的王国维先生,在《人月圆·梅》这首词中写道:"殷勤唤起,大地清华。"这里"清"意味着纯洁、安详,"华"意味着茂盛、希望。同学们,从今以后,美丽的清华将成为你们新的家园。我相信,清华园一定会因你们而更加精彩,你们的青春足迹也一定将为清华园所铭记!

第五节　感谢信的写作

感谢信是一种礼仪类文书,属于应用文体的一种,用于商务活动中的许多场合。它是集体单位或个人对关心、帮助、支持本单位或个人表示衷心感谢的函件。在日常生活和工作中,得到人家的帮助和支持,可用这种文体"感谢"一下。

一、感谢信的特点

公开感谢和表扬;感情真挚;表达方式多样。

二、感谢信的种类

(一) 按感谢对象的特点来分

1. 写给集体的感谢信

这类感谢信,一般是个人处于困境时,得到了集体的帮助,并在集体的关心和支持下,自己最终克服了困难,渡过了难关,摆脱了困境,所以要用感谢信的方式表达自己的感激之情。

2. 写给个人的感谢信

这类感谢信,可以是个人也可以是单位也可以是集体为了感谢某个人曾经给予的帮助或照顾而写的。

(二) 按感谢信的存在形式来分

1. 公开张贴的感谢信

这种感谢信包括可在报社登报、电台广播或电视台播报的感谢信,是一种可以公开张贴的感谢信。

2. 寄给单位、集体或个人的感谢信

这种感谢信直接寄给单位、集体或个人。

三、感谢信的结构与写作

感谢信的结构一般由标题、称谓、正文、结语、署名与日期五部分构成。

(一) 标题

可只写"感谢信"三字;也可加上感谢对象,如"致张小鸣同学的感谢信"、"致平安物业公司的感谢信";还可再加上感谢者,如"赵明全家致××社区居委会的感谢信"。

(二) 称谓

写感谢对象的单位名称或个人姓名。如"××交通大队"、"王自立同志"。

(三) 正文

主要写两层意思,一是写感谢对方的理由,即"为什么感谢",二是直接表达感谢之意。

1. 感谢理由

首先准确、具体、生动地叙述对方的帮助,交代清楚人物、时间、地点、事迹、过程、结果等基本情况;然后在叙事基础上对对方的帮助作恰当、诚恳的评价,以揭示其精神实质,肯定对方的行为。在叙述和评价的字里行间要自然渗透感激之情。

2. 表达谢意

在叙事和评论的基础上直接对对方表达感谢之意,根据情况也可在表达谢意之后表示以实际行动向对方学习的态度。

(四) 结语

一般用"此致敬礼"或"再次表示诚挚的感谢"之类的话,亦可自然结束正文,不写结语。

(五) 署名与日期

写感谢者的单位名称或个人姓名和写信的时间。

四、注意事项

事情经过叙述清楚。叙述对方对自己或本单位的帮助,要将人物、时间、地点、原因、结果以及事情经过叙述清楚,便于组织了解和群众学习。

信中要洋溢着感激之情。在叙述事实的过程中,除了要突出对方的好思想和表示谢意外,行文要始终饱含感情。感情要真挚、热烈,使所有看到信的人均受到感染。

表示谢意要得体。既要符合被感谢者的身份,也要符合感谢者的身份。

感谢信以说明事实为主,切忌不着边际大发议论。

[例文1]

感 谢 信

敬爱的老师:

又是桃红流丹的季节,又是李熟飘香的秋天,值此第 30 个教师节来临之际,我们把最衷心的祝愿与最诚挚的慰问以最深情的寄语送给您:辛苦了,亲爱的老师们!

你们推崇真诚与廉洁,因而你们的心灵永远那么坦荡而年轻;你们信奉付出与汗水,因而你们的收获永远那么殷实而厚重;你们播种希望与快乐,因而你们的笑容永远那么灿烂而迷人;你们打造现在与未来,因而你们的名字永远那么响亮而多情。

你们的辛勤奉献,换来了我校教育教学成绩的逐年攀升;你们的谆谆教导,激励着我校 900 多名学生的健康成长;你们的含辛茹苦,培育了一批又一批祖国需要的栋梁之材;你们的爱岗敬业,推进了我校教育现代化建设步伐。

感谢你们再接再厉,永攀高峰!

感谢你们笔尖耕耘桃李地,墨水浇开智慧花!

感谢你们在教育战线的最前沿,用青春和热血谱写更加绚丽的新篇章!

此致

敬礼

××
×年×月×日

[例文 2]

感 谢 信

尊敬的叶杰全先生：

您好！

我叫毛贝娜，就读于宁波大学建筑工程与环境学院建筑系，现已是大五学生。这次能获得您设立的"有容奖学金"，我感到非常荣幸和高兴。因此，特写这封信向您表示由衷的谢意和崇高的敬意！谢谢您！

从我大一入学时我就知道"有容奖学金"，也听说了叶先生的许多事迹。您一直热心支持家乡的教育事业，"有容奖学金"的设立，表达了海外宁波帮朴实的爱乡情，代表了您对我们青少年的深情和期望。金钱有价，情义无价，它不仅是物质奖励，同时还是对我们勤奋学习、勇于进取的精神的肯定，更是对我们当代大学生价值观念取向的正确引导。您的高贵品质、泽乡情怀以及艰苦创业、热心公益事业的精神，也将永远值得我们学习。在大学的最后一年，我有幸获得这项奖学金，这将成为我人生道路上一个闪亮的路标。

在过去的四年里，我一直很刻苦地学习，学习成绩一直保持班级第一；在担任院学生会干部和班干部期间，认真负责地完成每一项工作；对自己要求非常严格，争取精益求精，牢记"实事求是，经世致用"的校训，努力充实和完善自我。但是，这都是不够且不足道的，从您的事迹和精神中我深深体会到，人生除了要尽力做好自己的事，更多的还应该为社会做些贡献，做些事情。如今，再过半年我将踏上工作岗位，我会以您为榜样，尽我所能，达我所成。我也相信一定会有更多的宁大学子在您所设的这些奖学金的资助与感召下学业有成，今后在为祖国的建设事业上做出巨大的贡献，将您的这份深情厚谊回报社会。

最后，借此新年来临之际，我衷心地祝福您，在新的一年里，有新的喜悦，新的收获！并祝您和您家人身体健康，万事如意！再次谢谢您！

此致

敬礼

×××

×年×月×日

第六节　慰问信的写作

一、慰问信的含义和种类

慰问信是表示向对方（它是有关机关或者个人，以组织或个人的名义）在他人处于特殊的情况下（如战争、自然灾害、事故），或在节假日，向对方表示问候、关心的应用文。应用文可分为表示同情安慰，在节日表示问候。

二、慰问信的结构与写作

慰问信的结构一般由标题、称谓、正文、结语、署名与日期五部分构成。

(一)标题

可写成"慰问信"、"写给×××的慰问信"或者"×××致×××的慰问信"。第一行正中写"慰问信"三个字;如果写成"×××致×××慰问信",那么"慰问信"三个字可移至第二行写在中间。接着换一行顶格写受慰问的单位或者个人的称呼。

(二)称谓

称谓在下一行顶格写,以表示尊敬。写单位要写全称;写个人,要在姓名之后加上称呼如"同志"、"先生"、"师傅"之类,后边用冒号。在个人姓名前边,往往还要加上"敬爱的"、"尊敬的"、"亲爱的"等字样,以表示尊重。

(三)正文

正文的内容,应该先说明写慰问信的原因,或是因为对方在工作中取得的成绩,或是因为对方遭到了暂时的困难和挫折。其次叙述对方的模范事迹或遇到的困难时表现出来的高尚品质,并向对方表示慰问。

(四)结语

写一些鼓励和祝愿的话,表示慰问、祝福、希望。

(五)署名与日期

在正文后面或是另起一行空两格写"祝"、"此致",然后在下一行顶格写"节日愉快"或"敬礼"等。署名要写在另起一行的右半行。如果写慰问信的单位、个人不止一个,也都要一一写上。日期写在署名的下方,年、月、日写全。

三、注意事项

要根据所慰问的不同对象,确定信的内容。对在工作中有贡献的集体和个人,应侧重于赞颂他们的巨大成绩;对遭到暂时困难的集体和个人,则应侧重于向他们表示关怀和支持。

字里行间要洋溢着深厚的感情。要充分体现组织的关心和温暖,使受慰问者在精神上得到安慰和鼓励,增强克服困难的勇气和继续前进的信心。

慰问信的抒情性较强,语言亲切、生动。

[例文]

致全校教职工教师节慰问信

全校教职员工同志们:

金秋九月,丹桂飘香。在举国上下隆重纪念中国人民抗日战争暨世界反法西斯战争胜利71周年之际,我们满怀丰收和喜悦的心情迎来了第32个教师节。在此,我们向辛勤耕耘在教学科研、管理服务第一线的全体教职员工,向为学校建设发展做出重要贡献的离退休老同志致以节日的祝贺和诚挚的问候!向长期关心、支持、帮助学校建设发展的各级领导、全体校友和社会各界朋友们表示衷心的感谢!

2016年是学校全面深化改革的攻坚年、全面推进依法治校的开局年,也是"十二五"规划的收官年。在省委省政府正确领导下,学校认真学习贯彻党的十八大,十八届三中、四中全会和习近平总书记系列重要讲话精神,全面加强党的建设,深入开展"三严三实"专题教育,扎实推进培育和践行社会主义核心价值观;不断深化各项改革,目标管理责任制全面实施;全面推进依法治校,《兰州理工大学章程》正式颁布实施,学校规章制度体系进一步完善。经过全校上下共同努力,学校人才培养取得新成绩,成功召开本科教学工作会议,创新创业教育成绩喜人;科技创新取得新突破,获批国家自然科学基金61项,国家社会科学基金2项,专利、软件著作授权51项;人才队伍建设取得新成效,新引进高层次人才65人,杜永峰教授被评为全国先进工作者,四位教师被评为学校师德标兵;办学基础条件得到新改善,西校区图书馆按期封顶,1506套保障房建设顺利完工;开放式办学开创新局面,甘肃省政府与国防科工局共建我校协议正式签署,校友工作会议、能动学院50年院庆成功举办;"工作落实年"各项要求全面落实,"十三五"规划制定工作顺利推进。上述成绩的取得,是全校各级干部、广大党员和师生员工团结奋斗、无私奉献的结果,在此,我们代表学校,向全校干部职工,特别是广大教师表示崇高的敬意和衷心的感谢!

在学校建设国内高水平教学研究型大学的征程中,广大教师是攻坚克难的主力军。学校将继续把师资队伍建设作为重中之重,坚持以科学理论武装人,努力建设一支信念坚定、热爱教育事业的教师队伍;坚持以先进典型引领人,鼓励广大教师做贯彻党的教育方针,践行社会主义核心价值观的"排头兵";坚持以宏伟目标凝聚人,鼓舞广大教师努力为建设国内高水平教学研究型大学建功立业;不断完善政策激励机制,努力搭建广大教师干事创业的平台。希望全校广大教师珍爱教师身份,珍惜职业荣耀,爱岗敬业、潜心治学、教书育人、勇于担当,努力做有理想信念、有道德情操、有扎实学识、有仁爱之心的好老师,以自己的实际行动,做出无愧于时代、无愧于党和政府、无愧于人民群众、无愧于人民教师光荣称号和神圣使命的业绩,为把学校建设成为国内高水平教学研究型大学做出新的更大的贡献!

衷心祝愿全体教职员工和离退休老教师、老同志节日愉快,工作顺利,身体健康,阖家幸福,万事如意!

兰州理工大学
2016年9月10日

第七节　学术论文的写作

一、学术论文的含义和特征

学术论文是某一学术课题在实验性、理论性或观测性上具有创新价值的科学研究成果汇报,或创新性见解的分析探讨过程,或是某种已知原理应用于实践中取得新进展的科学总结,用以提供学术会议上宣讲、交流或讨论,或在学术刊物上发表,或作其他用途的书面文件。简言之,学术论文是学术研究成果的具体反映,是学术研究人员阐述学术观点的手段,是进行学术交流的工具。

学术论文属于议论文的文体,但比起一般的议论文写作,学术论文的写作有着更高、更严格的要求，这是由学术论文的基本特性决定的。

（一）创新性

学术论文的根本价值就在于其创新性。这就要求学术论文的写作者在研究过程中要善于从新的角度去发现问题；用新方法、新材料去解决问题；在实践过程或思辨过程中总结出新经验、新观点，形成新理论。即便研究有误或失败，也可以提供借鉴和教训，启发新思考，以使自己或他人在后继研究中少走弯路，另辟新途径，加大获取新成果的机率。

（二）客观性和合理性

客观性和合理性无疑是学术论文的重要价值和现实意义。这是由科学研究的目的和任务所决定的。作为社会意识形态之一的科学，是关于自然、社会和思维发展规律的知识体系，是人类长期实践经验的总结。它分为自然科学和社会科学两大类，哲学则是对二者的高度概括和总结。科学研究就是要探求和揭示客观事物的本质和规律。而高质量的学术论文写作则不仅要正确反映客观事物的本质和规律，还要将人们对客观事物的本质和规律加以概括，并上升到理论的高度，使人们对客观事物的感性认识上升为理性认识，得出有学术理论价值的结论，提出有学术理论价值的观点和主张，从而构建起系统、全面的理论知识体系。

这就要求学术论文的作者，在立论上，不带个人偏见，不主观臆断，必须正确反映客观事物，并从中得出有价值的结论；在论据上，要求经过周密的观察、调查、实验、求证，以最充分、确凿而有力的论据作为立论的依据；在理论方法的运用上，务求理论逻辑的顺畅条达。

（三）清晰、严谨性

首先，学术论文在表述上的清晰、严谨是其客观性和合理性的根本保证。其次，学术论文是科研人员在某一科研领域的科研水平和学术成果的反映，是科研人员综合素质的具体体现，也是科研人员进行学术交流的重要途径。不同的科研人员有不同的研究方向和研究课题，即使同一方向和同一课题，也有不同的特点和方法，研究成果也有差别，这体现了人类个体思维的差异性和创造性。人们正是通过"百花齐放，百家争鸣"的方式，取长补短，优势互补，将科研人员的理论成果不断加以筛选、整合，去伪存真，去粗取精，最后形成大家公认的知识体系，加以利用和改进。为了切实有效地达成这一交流、利用的目的，这就要求学术论文的作者遣词造句上力求清晰和严谨。当然，相对于理论问题的复杂性而言，要做到这一点甚为困难，但这也正是所谓"深入浅出"的难能可贵之处。

（四）规范性

学术论文写作在形式上有严格的规范要求。规范的形式不仅是治学严谨态度的体现，同时也是增进学术交流的有效手段，尤其在当今这个网络年代，基本上学术论文都可以实现网上查找、阅读和利用。为了方便检索，现在国内国际上都颁布了相关标准，对论文的结构和编排格式进行了详细的规定。

二、学术论文的分类

学术论文按不同标准，可分为不同门类。一般有两种分类方式。

根据其不同的研究领域，可分为自然科学类和哲学社会科学类。当然，在此两大类之下，还可根据学科分类法再分出相应的细目。

根据论文功能不同,可分为交流性论文与考核性论文。

交流性论文,是指以在学术刊物上刊登,或在学术会议上提交和宣读;或在学术论坛上提交等多种形式发表的学术论文。这类论文篇幅适中,不能太长,主要是就某一单个的问题进行探讨,并将这一新的探讨成果向学术界加以公布。

考核性论文,是写作者为了完成某一考核性任务而完成的学术论文,一般包括学生为获得学分而作的学期论文、学年论文和为获得学位而作的学位论文。

在我国颁布的《科学技术报告、学位论文和学术论文的编写格式》标准中将学位论文指明为"表明作者从事科学研究取得创造性的成果或有了新的见解,并以此为内容撰写而成、作为提出申请授予相应的学位时评审用的学术论文",它主要包含本科毕业论文、硕士论文和博士论文这三个级别。不同级别的学位论文,在篇幅和内容上的要求都不同。

三、学术论文的写作过程

学术论文的写作过程往往也是相关问题的研究过程。

(一)初步选题

论文的选题很重要,好的选题等于论文成功了一半。论题可能是由写作者的论文指导老师为其指定的,也可能是由写作者根据自己的阅读、思考、研究经历自行选定的。如果是自行选题,一定要考虑到某些因素。例如,选题的新颖性和独创性;选题的切口大小要与切口所能达到的深度相吻合;论文篇幅的大小;所允许的写作时间和所能驾驭的中、外文文献多少是否匹配,等等。一般说来,论文篇幅越大,越能适度增加所探讨的问题的广度和深度,当然,与之相应的,需要的写作时间更长,所需驾驭文献数量也要求更多。另外,选题切口越小,对论题探讨的程度则能更深,反之亦然。

(二)收集文献资料

初步选题之后,就要去快速查找图书馆资源,看看是否能获取足够的文献资料。这通常可以通过图书馆的网上在线系统来着手。比如,图书馆的馆藏书目电子检索系统和电子资源系统。然后查找一般性的相关文献,像百科全书、专业辞典等。

(三)细化选题

在浏览图书馆中的文献之后,那些相关的书目、论文题目和论文摘要等会提示写作者目前相关选题大致的研究现状和已有成果,这将有助于写作者回避重复已有的研究,启发进一步思考,同时收窄选题切口,使论题方向变得更为具体、明确。

(四)进行研究

针对已有的论题方向进行研究,形成论点,并按照论题所需的方向进一步寻找任何可能有帮助的文献。

(五)做阅读笔记

切记在阅读文献的同时一定要做好阅读笔记。做阅读笔记没有一定之规。不同的写作者在自己的写作过程中都会形成自己认为行之有效的方式。有人会创建一个超链接式的电子文档,有人会利用传统的小型资料卡片。但不管你采用哪种方式,都必须记下原文作者的全名和原文的出版信息。

做阅读笔记时,基本上有三种方法可以选择,即复述、总结和引用。

复述就是把原作者的观点转换成你自己的语言,与此同时保留原文的论述过程和论述重点。对原文重点与难点的复述将有利于写作者在此基础上提出自己的评价,并进而运用它来支撑自己论文中的观点。

总结就是用自己的话来陈述相关文献的全文总体观点,正因为如此,总结必然是大大短于原文的。

引用,则是逐字逐句把全文摘抄下来,只有当引用原文确实有益于论文的论述时,才使用引用的方式。

在写作过程中,我们可以尽量将这些有用的文献材料——复述、总结、引用——不着痕迹地融入论文,但别忘了,一定要加上原文作者的姓名,以避抄袭之嫌。

(六) 拟写论文的主题中心句

主题中心句,是对论文核心论题的简要陈述。在写作过程中,作者的任务就是用一系列的论点来证明和支持这一核心论题,这一系列论点可以由作者自己的观点、研究中所获得的成果以及从其他文献中找到的相关的支撑性观点来组成。

当然,在论文写作和修改的过程中,论文的中心主题也会有改变的可能,但是,在写作之前拟好主题中心句可以使论点集中,而且让写作者有可能结构出论文的主体框架——提纲。

(七) 开列提纲

论文提纲是文章的脉络、框架,它起着理清思路、安排材料、确定结构的作用。因此,论文正式动笔之前,先要拟定写作提纲,使写作思路具体化、明确化和系统化。拟好全文主题中心句后,就可以开始这项工作了。提纲一般包括大小标题、中心论点和内容纲要三个部分。按照一定的理论逻辑和论证规律,以章、节、目的形式依次将基本观点逐项排列。

(八) 开始论文写作

根据中心论点和写作提纲,有效地组织材料,合理安排结构,注意表达方式,讲究论证方法,严格按照论文写作要求,严谨规范地撰写,最后修改定稿、打印成文。

四、学术论文的结构与形式规范

学术论文在长期的写作和使用过程中,形成了一定的写作范式,同时国家也颁布了相关的规则对此加以进一步的规范,如国家颁布的《科学技术报告、学位论文和学术论文的编排格式》(GB 7713—87)、教育部颁布的《中国高等学校社会科学学报编排规范》等。而在交流性学术论文的具体写作和发表过程中,一定要注意阅读学术期刊中的《敬告作者》、《投稿须知》等内容。各类学术期刊或学报都会把从题名、作者署名、工作单位、摘要、关键词、作者简介到正文的标题、内容、注释、参考文献、篇幅、投稿方式等一一加以说明,应该详细阅读,并严格遵循。一般学术期刊都遵循相关国家标准和相应的编排规范,但也会各有侧重和调整,产生细微差别,要注意不同期刊的具体要求。而在学位论文的写作过程中则要关注不同级别学位论文的写作规范要求,颁发学位的相关高校都会发布相应级别的写作模板,以对形式进行规范。不同学校的模板也会有些格式上的差别。

从结构上来看,一篇规范的学术论文是由标题、作者姓名、内容摘要、关键词、正文、注释、参考文献等部分构成的。

(一) 标题

标题要求简明、具体、恰当,能概括文章的特定内容,一般不超过20个字。应尽量避免使用非公知公用的缩略语、字符、代号和公式。

论文的标题一般有三个作用:第一,提示作用,以简洁的词语来概括论文的核心内容和主要观点、论点;第二,吸引作用,一方面,读者首先从题名来判断文章是否对自己有用,从而决定是否阅读全文,另一方面,一个精彩的标题也更容易引起读者的阅读兴趣;其三,检索作用,给二次文献机构和数据库系统提供检索和录用的便利。学术论文的标题大致有两种拟定方式。一是用标题提示论文中心论点,如《中西"经文辩读"的可能性及其价值》、《"移就"为什么可能?》;二是用标题提示论文研究范围或对象,如《消费者低碳消费行为的心理归因和政策干预路径》、《中国农村土地制度改革:需求、困境与发展态势》。

(二)作者姓名与单位

一般来说,学术写作不同于文艺写作,要求署真实姓名。即便署笔名,也应注明真实姓名。若以团体作者署名,具体执笔人姓名应标注于篇首页地脚处。作者单位应标明全称,及其所在省(区)、城市名及邮政编码,以便读者联系。

(三)论文摘要

摘要应能客观地反映论文的主要内容信息,具有独立性和自含性,一般不超过200字。国家曾颁发了国家标准《摘要写作规则》(GB6447—86)和《科学技术报告、学位论文和学术论文的编写格式》(GB7713—87),对摘要的编写做出了若干规定。

1. 要素齐全

学术论文摘要应包含文章要解决的主要问题及其研究结果和结论以及研究的目的、方法等。

2. 表述准确

摘要的内容与论文的内容要对应、相称,不要出现论文没涉及的信息,也不要丢失论文的重要内容,以保证摘要准确无误地传达论文的主旨,不要用"据估计"、"可能"等语义含糊的语句。

3. 用语简明

不得简单重复题名中已有的信息,不用图、表或化学结构式、非公知公用的符号和术语,以及相邻专业的读者尚难以清楚理解的缩略语、简称、代号(如果确有必要,在首次出现时必须加以说明),切忌把应在引言中出现的内容全部写入摘要。一般不用引文。

4. 描述客观

要用第三人称,不使用"本文"、"我们"、"本研究"等作为主语对论文的中心内容进行客观叙述。如果用第一人称撰写,则可能让人感觉到这是作者自己在对"本文"进行主观评价。但目前仍有不少论文摘要仍以"本文"或"我们"、"作者"、"本人"、"笔者"等第一人称做主语撰写摘要。如"经分析我们发现……现象","本文中笔者要探讨的是……"等。

5. 结构严谨

摘要一般不分段落。句子要求合乎语法,内容要求符合逻辑,上下连贯,互相呼应。

(四)关键词

关键词是反映论文主题概念的词或词组,一般应选3~8个,应该尽量从《汉语主题词表》中选取。

(五)中图分类号

应按照《中国图书馆分类法》(第4版)对论文标引分类号。涉及多主题的论文,一篇可给出几个分类号,主分类号排在第1位,分类号之间以分号分隔。

（六）正文

正文一般由引言、主体和结尾组成。

引言，又称前言、绪论等，主要是介绍论文的研究背景、目的、范围、任务、方法、意义等，以及通过这些介绍引出论文的中心论点。我们应该更进一步强调的是，严谨的学术论文在引言或文章开头部分应该对与本文研究有关的学术史做出交代，说明该课题前人研究的成就、目前研究的新进展以及不足之处，自己的研究与前人研究的继承关系或创新之处等。

主体，又称本论，主要是通过采用充分的论据，以一定的结构形式进行严谨、科学而有力的论证。这部分是论文的核心内容，充分体现了作者的科研水平和写作水平。

结尾，又称结论，高度概括总结全文，强调结论，加强读者印象。

（七）注释

主要是对文中的引文注明出处或对文中某些解释不尽的问题加以进一步的补充说明。篇名注释和作者注释一般用脚注；文内有关特定内容注释可用脚注置于当页地脚，也可用尾注的方式集中置于文末。

（八）参考文献

列出论文写作过程中参考过的文献目录。这既表示对他人成果的尊重，也反映出作者对本课题、本研究领域的历史与现状的了解程度，提高论文的可信度，同时也方便读者进一步查找相关文献资料，延伸阅读。因此，我们要力求杜绝参考文献著录工作中的引文不准、注释不详、项目缺失等问题。

参考文献的著录可采用顺序编码制，即按照其所引用文献在论文中出现的先后顺序加以排序。同一文献在一文中被反复引用者，以第一次出现的顺序为准进行排序，同时在著作信息之后标注每次引用出处所在的页码或章、节、篇名。这一排序方式多在交流性学术论文中被采用。

参考文献的著录还可采用首字母编码制，即按照所引用文献的篇名首字母的顺序加以排序。这一排序方式往往出现在参考文献数量更多的学位论文中。

（九）附录

附上不便在正文中收录的图表、数据、图片或相关文件等。这一部分多见于学位论文和学术专著中。

总的来说，学术论文写作是一个漫长而艰苦的过程。但我们相信，只要课题研究不断深入，笔耕磨炼长期不辍，每位写作者都能够撰写出选题新颖、论述明晰、格式规范的高质量论文。

第八节 申论的写作

一、申论的定义

申论，是中国国家公务员进行资格考试的一个科目。在公务员考试中，通过对设定资料的阅读，回答有关问题，考察应试者七种能力（阅读理解能力、分析判断能力、提出和解决问题的能力、语言表达能力、文体写作能力、时事政治运用能力、行政管理能力)的一种考试形式。作为一种应试文体,申论最早出现于2000年中央国家机关公务员录用考试之中。经过几年的实践,以及专家学者们的改进与完善,申论现已成为国家公务员录用考试的一门基本科目,日益受到人们的重视。

申论,取自孔子的"申而论之",即申述、申辩、论述、论证之意。它既有别于古代科举考试中要求就给定题目论证某项政策或对策,撰写论文的策论形式,也有别于以往公务员考试中的作文形式。但申论考试的内容、方法及其要达到的测评功能,实际涵盖了策论和作文这两种考试形式的基本方面。

二、申论考试的性质

《中央、国家机关录用考试公共科目考试大纲》里说:"申论主要通过应考者对给定材料的分析、概括、提炼、加工,测试应考者解决实际问题的能力、综合分析能力、提出问题能力和文字表达能力。"申论考试把阅读和表达有机结合起来,能够综合测试出应试者的阅读理解能力、综合分析能力、提出和解决问题的能力及文字表达能力。

申论考试,是具有模拟公务员日常工作性质的能力测试。但在规定时间内进行考试,无论如何不可能与日常工作等同。在考场上,不可能从召开调查会开始着手调查研究,也不可能把大量原始信息一股脑儿摆在考生面前令其筛选。所以申论考试所面对的背景材料,是经过初步加工的"半成品"。但也仅仅是"半成品"——头绪往往并不很清楚,前后的顺序也未必很有条理,究竟反映了哪些问题也并不分明——还有待考生阅读材料时完成进一步的"梳理"。虽然这种材料已不是纯的"毛坯",但进一步的梳理、进一步的加工工作,与公务员日常工作仍然是近似的。

申论考试所提供的,一般都是社会性较强的背景材料,对政治、经济、法律、文化问题均有所涉及;申论考试的试题,一般也都是现实性问题。因为公务员对社会生活的方方面面都应当关心,应当有所认识、有所思考,对社会热点或大众传媒关注的焦点也应有所了解,否则很难有较高的思想水平和较强的分析问题、解决问题的能力。

申论考试,要求考生具有比较丰富的常识,但不会对某种专业知识特别倾斜。由于考生来自各个方面,所学专业很不相同,所以申论考试中让考生处理加工的材料必须具有普遍性、非专业性。申论考试的试题,对学哪个专业的考生都是公平的。

申论考试所给的材料,可能涉及面很广,但试题具有较强的针对性、合理性,也就是说,问题的解决一定是具有可行性的。申论考试不会引导考生漫无边际地遐想,不管问题多么复杂,涉及面多广,人们的见解多么莫衷一是,都是可以解决也能够解决的。这样的命题思路,是由公务员考试性质决定的。

三、申论考试的特点

(一) 形式灵活

申论测试除了所给出的材料部分外,其答卷一般由三部分组成。一是概括部分,二是方案部分,三是议论部分。就文体而言,概括部分可能是记叙文、说明文、议论文、应用文中的某一种形式,也可能综合了多种文体形式;方案部分,则是应用文写作;第三部分自然是议论文写作了。从这个意义上来说,申论测试既考查了普通文体的写作能力,也考查了公文写作能力,测试形式非常灵活、实用。

(二) 背景面广

申论测试的目的是选拔国家公务员,因此十分注重对考生的分析、判断、解决问题的能力等综合素质的测试。为反映这一要求,申论所给定背景资料涵盖了政治、经济、法律、教育等诸多方面的内容,涉及范围极其广泛,且表述比较准确,一般不会出现偏差。申论的背景资料所反映的问题大部分已有定论,也有一些问题尚无定论或存在争议,需要考生自己去理解、分析和判断,并做出结论。至于一些难以定论的问题,特别是一些争议激烈的前沿问题,一般不会成为背景材料。

(三) 针对性强

申论的题目有很强的针对性。虽然申论考试题目的背景资料涉及面广,内容复杂,但是重点突出。针对性和可行性是申论考试中两个基本要求,认识和抓住了这两点,才算真正领会了申论考试的精髓,找准了答题的突破口,从而能够高屋建瓴、鞭辟入里地建构思路和完成论证。因此,考生应认真仔细地阅读给定资料,不要匆忙提笔作答和写作,在把握资料本质内容的基础上,抓住重点,条分缕析,使回答和论证更富有表现力和说服力。否则,只能是四处出击,尽管洋洋洒洒,长篇论道,但不得要领,事倍功半。

(四) 测试优势

选拔公务员的申论测试,一开始就借鉴了一些发达国家的先进经验,不仅注重对应试人员能力和素质的考查,而且也注重对应试人员将要从事行政机关工作和岗位职责所需要的能力素质的考查。在科目设置、考试形式上都是按国际标准设计的,在内容上体现了中国特色。西方一些实行公务员制度时间比较长的国家的公务员考试,是分类分等、定时定期进行的,人员的选拔录用与职位紧密结合,采用不同的试卷,以满足不同岗位、不同职位对人员的不同需求。我国也将逐步在公共科目试卷中,体现中央国家机关和垂直管理系统在用人上的不同要求,逐步做到分类、分等、定期考试。

(五) 有前瞻性

申论测试注重考查考生综合运用所掌握的知识解决实际问题的能力。整个社会在不断地发展变化,公务员考试命题不仅会与这种发展趋势相适应,而且还会体现出一定的前瞻性。

四、申论的考试内容

申论考试的试卷有比较规范的结构,总体上分三大部分。首先提出"注意事项",给答卷提出重要的指导性建议;其次给定一组资料;然后提出"申论要求",要求应试者在弄清给定资料的基础上完成若干题目。

"注意事项"说明答卷的要求、时间,提出指导性建议。

给定资料的长度一般为 8000 字左右。但根据考试对象和所给时间的不同,资料长度会有变化。比如在处级、司局级公务员竞争上岗的考试中,资料可能增加到 10000 字、12000 字或更长、更复杂。

"申论要求"涉及三个方面:

对给定材料的理解、分析、整理、归纳、概括、综合;对主要问题提出见解,提出对策,提出具有可行性的解决方案;对见解、方案的论证。

这三方面的要求,在试卷中,都是通过三个题目来体现的。但题目数量允许有灵活性,可以是三个题,也可以是四个或五个。题目的样式也不会一成不变,也许要求概述事件,也许要求概括主要问题,也许会在不同层面上对解决什么问题或怎样解决问题提出不同要求。但不管题目数量、题目样式有什么变化,"申论要求"一定涉及上述三个方面。

五、申论文的结构

（一）标题

申论考试要求考生须自拟标题并展开论述。标题拟定方法很多,主要有三种。

1. 直陈论点式

直陈论点式也叫论题式标题。作者直接用论点句或论题的概括句做标题。

2. 学术论文式

一般用"论"、"说"、"谈"、"试论"、"浅析"等词语连接文章的论点句或论题的概括句。

3. 正副标题式

第一行为正题,一般用论点句或论题的概括句,或由能够揭示文章主题的词或词组构成。第二行为副题,揭示本文的论题。

当然也可以运用一些话题引出论题来作为标题,也有称为"由头";还有运用修辞方式带有幽默或其他风格的标题,如"跑'部''钱'进能发展经济么?"。

（二）正文

1. 递进式结构

按照事理的层递关系（原因—过程—结果,主要—次要—附属,表面—深层—本质）层层摆放材料,在逻辑上呈现纵向的深入关系。

2. 总分式结构

就是总说与分说相结合,可以"总说—分说",也可以"分说—总说",还可以"总说—分说—总说"。

3. 对比式结构

充分利用作者手中的材料内容之间存在的鲜明对比性（如先进—落后;科学—迷信;民主—专制;成功—失败）,使上下层次间构成横向对比关系。

六、申论考试的解题方法

申论考试的全部过程,可以归纳为阅读资料、概括主题、提出对策、进行论证四个主要的环节。

阅读理解给定资料是申论考试最基础的环节。这个环节虽然不能用文字直接在答卷上反映出来,却是完成其他三个环节的前提条件,而且在时序上位在首要,不容滞后。申论考试的时间应该说是比较充足的,考生应该也完全有必要拿出一定的时间（一般需要40分钟左右）来仔细阅读给定资料,以求真正理解和掌握资料的叙述思路和内容实质。只有读懂读通全部给定资料,才能把握资料所反映的事件的性质,也才能准确地概括出给定资料所反映的主要问题,完成第二环节的要求。切不可匆匆忙忙浏览一遍,不求甚解。

概括主题是一个重要的承上启下的环节,一方面它是对前面阅读资料环节的一个小结,另一方面，又使提出的对策或可行性方案以及论证过程更具有针对性，是其据以立论和展开的基础。若是主题概括不准确或是不够全面，下面的程序也就很难进行了。

提出对策是申论考试的关键环节，重点考查考生的思维开阔程度、探索创新意识、应变和解决问题的能力。它给考生提供了充分发挥的自由空间，考生可以根据各自的知识、阅历，对同一问题各抒己见，见仁见智。需要注意的是，在这一环节中必须结合给定资料所涉及的范围和条件，才可能提出切实可行的对策和方案。

进行论证是申论考试最后一个环节，在一定意义上，它才算是申论的真正开始。它要求应试者充分利用给定资料，切中主要问题，全面阐明、论证自己对给定资料所反映的主要问题的基本看法以及解决问题的方案。前面的三个环节尽管非常重要，不可或缺，不能有任何懈怠，但总的来说，还都只是积极有益的铺垫，此处的论证过程则需要浓墨重彩、淋漓尽致地书写。这不仅因为它的字数要求多，分值高于其他部分，更重要的是，论证才是申论考试的核心，能全面考查和衡量一个人的分析归纳能力、提出和解决问题的能力以及逻辑说理能力。

论证部分的写作应该在深入思考、运筹帷幄的基础上进行，最好事先列一个扼要的提纲，做到胸有成竹，行文流畅，并要注意论题鲜明、重点突出、线索清晰、详略得当这些写作的基本要求和规范。

七、申论考试和一般事业单位综合考试的区别

（一）材料字数不同

申论写作往往会有大量的材料，考生可以从材料中提取到更多的有效信息，从而令写作更加得心应手。但一般考试中的综合写作的材料相对较少，甚至完全没有材料，考生从材料中可以提取的有效信息较少。这就直接导致许多考生在事业单位考试的文章写作中感到无话可说，只能生编硬造，最终导致写出的文章语句生硬，缺乏流畅性和整体感，从而难以获得高分。

（二）材料的选择不相同

申论写作中的材料往往是来自政府和公众广泛关注的社会问题，材料来源广泛，如政府文件、社会时评、报纸杂志等等，这些材料尽管纷繁复杂，但大多能够比较直观地反映主题，并不会特别深奥或者晦涩。而一般事业单位考试中综合写作的材料设置则相对有些晦涩，许多综合写作题的材料往往采用寓言故事的形式呈现给考生，让考生从寓言故事中提炼中心观点，然后自选角度、自拟题目进行写作，这样一来写作的难度大为增加，如果中心提炼错误的话，还有可能导致写作的文章偏离主题甚至完全跑题。

（三）话题的大小不相同

申论写作中由于材料比较多，话题往往比较明确具体，相对也比较小，考生在写作时也比较容易入手，由小到大，由浅入深，层层深入，文章写起来相对比较顺手。但事业单位考试中的综合写作由于材料较少，话题的设置就显得比较宏大，这就使得考生在写作时感到无从下手，有点"老虎吃天，无从下口"的感觉。

[例文]

2017年中央、国家机关公务员录用考试《申论》试卷
适用于省级以上(含副省级)综合管理类

满分100分　时限150分钟

一、注意事项

1. 申论考试与传统的作文考试不同,是分析驾驭材料的能力与表达能力并重的考试。
2. 作答参考时限:阅读资料40分钟,作答110分钟。
3. 仔细阅读给定的资料,按照后面提出的"作答要求"依次作答在答题纸指定位置。
4. 答题时请认准题号,避免答错位置影响考试成绩。
5. 作答时必须使用黑色钢笔或圆珠笔,在答题纸有效区域内作答,超出答题区域的作答无效。

二、给定资料

材料1:

"四面荷花三面柳,一城山色半城湖。"这是古代诗人对城市景色的描述,读之令人心向往之。对一座城市来说,有水,才会更有灵气。水系建设不仅是城市建设的重要组成部分,更是城市生态、形象和功能提升的重要途径。而充分发掘城市的水环境之美,则是人居环境发展的大趋势和城市未来的发展方向。

S市城市水系长120公里,水域面积630万平方米,水系两岸绿地面积1220万平方米。水系不仅是市民休闲观光、健身娱乐的重要场所,也是S市城市景观的重要组成部分。

为认真落实市委、市政府"城市建设上水平、出品位"的整体要求,城市水系管理处将以建设"美丽水系"为总目标,努力打造优美环境。

城市水系的美,不仅体现在水上,也体现在两岸的绿色中。经过多年的建设和维护,S市城市水系整体绿化效果不错。但部分河道仍存在绿量不足、缺少色彩、管护水平较低等问题。

城市水系管理处负责人表示,今年,将在加强水系绿化管护的同时,重点对连心河两岸绿化水平进行提升。对连心河沿线的重要部位,将进行高标准绿化整治,增加乔木数量;对河两岸的一般绿地,将以种植灌木、彩叶树及野花组合的方式,丰富绿化色彩,增加整个连心河绿地靓度。

水是影响植物生长的第一要素。考虑到S市干旱缺水的实际,为提升连心河沿线绿地管护质量,确保绿地浇灌到位,将在连心河沿线有条件的地方铺设管道24万米,实施喷灌浇水。

为进一步提升水系绿化管护水平,水系管理部门将由粗放管理向精细化管护转变,通过奖优罚劣、末位淘汰等措施强化管护,着力打造"水系形象"。

由于缺少路灯等必要的照明设施,连心河晚上缺少了景观效果,附近居民休闲、散步也很不方便。同时在社会治安方面,也存在着一定的隐患。

"虽然岸边有路灯设施,但以前基本没亮过。"近日,记者来到连心河东岸时,小区居民对记者说,"到了晚上黑漆漆一片,根本不敢往河边走。"

经城市水系管理处调查,连心河两岸共长102公里,目前只有10公里路段上的路灯能正常使用;5公里路段上的路灯,因多年失修不能使用;另有87公里的路段上,没有安装路灯。

据了解,随着城市的发展,沿线小区如雨后春笋般出现,过去一些相对"偏僻"的地段也成了繁华区域,两岸群众对连心河夜间照明提出了更高要求。

针对群众需求,水系管理部门决定让连心河沿线亮起来,对不能使用的照明设施进行维修,在需要照明设施的地段安装路灯。

城市水系管理处有关人士表示,此次亮化工程,将重点解决周边生活区较多、但缺少照明设施地段的照明问题。同时,为使照明设施成为连心河的一景,在节点部位选用一些艺术灯具,使之与水系景观相协调。

"太平河北岸应该多建几个停车场。"市民吴先生说。城市水系管理处负责人表示,在便民提质工程中,将结合水系实际,紧紧围绕解决市民反映的重点、热点问题,大力完善服务设施建设。

针对太平河、环城水系等距离市中心区较远的情况,为方便更多的市民前往游览,在现有公交线路的基础上,城市水系管理处将积极协调相关部门,继续增加公交线路。

为满足市民健身与观光的需要,将对太平河原有的15公里绿道进行完善。到7月底,自体育大街到植物园新开辟的35公里绿道全部投入使用。同时,在确保安全的前提下,在连心河、太平河沿线选择合适地点,设立垂钓区;在两岸规划修建公共厕所、停车场等,满足游人需求。

水系管理部门没有执法权,成为当前城市水系管理工作中的一块"短板"。由于缺少必要的执法权限,水系管理人员即使发现占绿、毁绿行为,也只能劝说、教育,而没有有效手段进行制止和处罚。

"如果人家听,还好一些,如果人家不听,我们也没有更好的办法。"一位水系基层管理人员感到很无奈。由于一些违法行为不能及时得到制止和处理,水系执法陷入了"管不了,管不住"的尴尬局面。

为解决这一难题,今年,S市成立了城市水系巡查大队,对侵占绿地、烧烤、破坏设施设备、私自下河游泳、河道排污等不法、不文明行为加大执法力度。

尽管水系管理部门不断通过各种举措加强安全管理,但仍无法完全阻止人们下河野游的行为,而随之发生的那些溺亡事故则让人揪心。对此,S市水系管理部门大力强化安全体系建设,在水系河道易出现私自游泳等情况的不安全地段加装防护栏,并进一步加强安全管理。目前,已加装防护栏的河道达到15公里。

日前,记者在太平河城市广场南岸看到,岸边已安装了一排绿色防护栏。城市水系管理处监察安保科科长对记者说,这一段河道长3.5公里,现已全部完成护栏安装,装了护栏后,在这里游泳的人明显减少了。

今年秋季,水系管理部门还将在连心河等易下河游泳地段,加栽绿篱、灌木等植物1.1万米,并安装监控,及时发现、制止游泳行为。

在加装防护栏的同时，水系管理部门还在水系河道沿线安装800块警示牌、悬挂700条警示标语，提示严禁游泳；并配备100名保安，维护水系河道安全秩序，保护群众生命安全。

材料2：

某代表团考察国外城市水系建设情况，以下是代表团团长所做的考察笔记：

- 纵观世界范围内的一些著名河流，大多数经历了"先污染，后治理""先开发，后保护"的曲折历程。人们在遭受大自然的报复后，开始更加审慎地思考对河流水系的管理，并在不断实践及摸索过程中，逐步形成较为先进的河流水系规划理念及成熟的管理经验，值得我们借鉴。

- 英法两国的水管理体制不尽一致，但还是有许多共同之处，值得我们学习。英法两国都建立了比较完备的水事法律法规体系，社会各界都能够严格遵守，一切水事活动都依法办事。法律明确规定国家、地方等各级管理机构的责任、权利和义务；同时把参与水事活动的各政府机关、部门、企业的职责明确分开，各自在法律赋予的权限范围之内充分发挥作用。两国都对违规排污等违法事件进行严管重治。

- 英法两国在长期的工业化过程中，针对供水和水污染问题，通过立法不断改进水资源的取水许可权属管理和水资源的开发利用与保护工作，逐步完善管理体制，现已由过去的多头分散管理基本上统一到以流域为单元的综合性集中管理。一切与水有关的活动均由流域水管部门统一管理，具体可再按政、事、企分工合作，互相配合。

- 从上个世纪的70年代起，一些城市化程度很高的欧美发达国家，开始重视对城市河流湿地的保护，并着手对部分已经被破坏的城市河流湿地进行回归自然的修复。广泛采用"多自然型河流"的理念建设城市生态河堤，构筑近、亲水的城市滨水空间景观等，在确保防洪安全的基础上，恢复城市河流湿地的自然生态和环境功能。上世纪70年代中期，德国进行了关于自然的保护与创造的尝试，在全国范围内开始拆除被混凝土渠道化了的河道，将河流恢复到接近自然的状态。

- 早在1903年，美国著名设计师葛里芬在澳大利亚新首都堪培拉设计方案中，提出了一个人与自然融合一体的城市规划方案：在位于市中心的地带开凿一个人工湖，它将首都一分为二，湖的东、西两端各有一座横跨湖面的大桥，又将全城连成一体。这座人工湖为堪培拉城市整体空间的优美格局奠定了基础。

- "人水共存"理念改变了传统的把洪水逐出城市的抗洪策略，提出城市水系应结合城市土地利用规划和楼宇结构技术，通过不断提高区域水面率，调整雨水径流的下渗和蒸发比例，逐步恢复水系自然循环之路。在维持水体生态平衡的同时，允许部分低洼地区作为洪水期的滞洪区，把洪水纳入城市景观的重要组成部分，强调了人水之间的和谐共存。

- "健康工作河流"理念既强调了保护河流生态系统的重要性，也承认人们适度开发水资源的合理性，力图在河流保护与开发利用之间取得平衡。其关键点是，确保被管理的河流既处在一种合适的工作水平上，又处在一种合适的健康状态中。"健康工作河流"理念既强调保护和恢复河流生态系统的重要性，也承认了人类社会适度开发水资源的合理性；既划清了与主张恢复河流原始自然状态、反对任何工程建设的绝对环保主义之间的界线,也扭转了"改造自然"、过度开发水资源的盲目行为,力图寻求开发与保护的共同准则。

• "动态河流管理"是从区域河流水系角度把流域作为一个系统进行考虑、分析。动态河流管理吸取河道水系建设管理中以往的经验教训,在管理过程中依据河流生态、公众反馈和新的信息,不断改进、调整管理方法。

• 在流域管理过程中,一些国家的合作分为两个层次,即国家之间的合作和地区之间的合作。协作机制包括信息的交流,定期的会晤、协调,增加了双方认同和合作的机会。

• 英法两国的河道管理费用除来自防洪保安税、城市居民生活和工厂的污水排放费、特殊工业污染费、罚款收费外,其余全部由政府拨款,为流域河道管理提供了强有力的资金保障。

• 在英法两国,水管理不仅仅是政府的职能,也是沿河工厂、企业、农场主和居民共同的利益所在。投资者或投资者集体,在参与计划的实施过程中发挥了重要的作用。各类水务理事会参加重要的决策讨论,充分发表意见,使得决策具有广泛的透明度和可操作性。对污染情况的监督,则主要依靠民众举报。

• 英法两国十分重视建立和健全各种监测网站。沿河的监测点,除了常规的水文监测,更重要的是监测水质变化,并实时公布,供各界查询。完善的监测体系已成为管理部门决策及执法的重要依据。

材料3:

汉代许慎《说文解字》中说,"儒,柔也"。一个"柔"字,切中要义,味道全出。宋词专家叶嘉莹先生在一档节目中就特地提到了中国文化的"弱德之美"。她由"儒"字的"柔"这一本义出发,加以阐释,把儒家所代表的中国文化性格多维度地彰显出来了。

"儒"字中含一个"需"字,"需"有"等待"之义。孔子就说过:"君子藏器于身,待时而动,何不利之有?"孔子这里说的其实就是"需"的意思,它体现的显然是一种等待的姿态。

华裔英籍女作家韩素音,在描述一位华侨时说:"他是个中国人,有极好的耐心,能等待和忍耐。"这的确典型而鲜明地体现了中国人所特有的品性。韩素音在参观走访了中国内地之后,曾经感慨道:"我在这里重新发现了中国的弹性——它所固有的柔顺性,这使它不受外界危机的影响,同时也使它克服一次又一次动乱。"因此,我们虽说"儒者柔也",但并不是说柔就是软弱无力,就是废弃一切作为。老子认为,"天下莫柔弱于水",但是"攻坚强者莫之能胜",这正是"天下之至柔,驰骋天下之至坚"的道理所在。俗话说"水滴石穿",就是"以柔克刚"的一个十分典型的例子。

其实,我们只有通过"水"的意象,才能最真切地体味到"儒"之"柔"。柔是"水"最为突出的特性。在中国文化中,以水喻道是有其古老传统的。譬如,老子说"上善若水",他还说"弱者道之用",此所谓"弱者"指的就是水的柔弱。他又说"水善利万物而不争",就是说,水善于滋养万物而从不争夺,水中因此蕴涵着大道理。管子就认为:"水者何也?万物之本原也。"如此等等,不一而足。我们知道,水是不定形的,它被放进怎样的容器中就成为什么样子的形状,但正是因为没有一种固定不变的形状,所以才能变成一切可能的形状,这正是"道"的品格。更为重要的是,它以隐喻和象征的方式,透露出中国文化的传统性格。以水来比喻道的高明之处在于,它的意义是双关的:一方面确立了存在论的基本意象,让人们能够由此及彼地去领会"道"的深刻内涵;另一方面又奠定了道德论的基本取向,借助于水的"至柔"的性格来凸显道德的品性。

应该说,中国传统文化所采取的等待姿态,与儒家固有的"柔"的性格之间,是有极深的渊源关系的,它在很大程度上影响着中国人同自然界、同他人打交道的方式。

在这里,不妨比较一下古典技术同现代技术文化性格和文化取向上的分野,我们从中可以更深切地体会出中国古代文化的柔性特点。这种文化取向塑造出来的古典技术,不具有征服自然界的进攻性和侵略性。例如我国古代伟大的水利工程都江堰,就是采取因势利导、巧夺天工的办法,而不是采取逆自然而行的办法,使大自然为人类造福。它可以涝排洪、旱蓄水,通过自然而然的方式来对水加以调节。

材料4:

近日,"秋水长天,水美中国"采访团调研了G市的水生态文明建设情况。记者经过走访发现,G市某些区县的"水生态+扶贫"模式,对欠发达地区在保持青山绿水的同时大力推进脱贫工作,具有很强的借鉴意义。

G市以山地、丘陵为主,占总面积的80.98%。全市溪水密布,河流纵横。G江是G市最大的河流,其在市内各地又分布有一级支流两条,二级支流十条。资料显示,上世纪80年代,G市所辖的三区十四县水土流失面积达到28.37%。经过30多年的治理,部分地区的生态环境有了明显改善,基本实现了从穷山恶水到青山绿水的转变。

周大姐五年前从上河县回到了园村老家经营农家乐,记者沿河查看水草长势时,她正在岸边洗菜,竹篮里盛满了自家地里产的水灵灵的白萝卜。

"在县城打工时听说家里的河治好了,还建了漂流项目,就回来开个农家乐,现在每年能挣十多万,比打工好多了。"周大姐的脸上带着笑意。

石县大畲村村主任张某更是直言,"治理前这里就是穷山恶水,治理后可以种莲、种烟、种水稻,还能发展旅游业。"

大畲村的"南庐屋"始建于清朝乾隆年间,历经风雨仍巍然屹立,现在还有人居住,是游客体验客家民俗文化的好去处。

在"南庐屋"旁的一棵大树下,几位村民正坐在石凳上聊天,村里的年轻姑娘文文解答了记者关于为何新房子没人住的疑惑,"这是村里统一规划,我们出钱盖的,建好时间不长,有些人家还在装修呢。"

当记者到达宁县还安小流域时,县水保局副局长符某站在种满了脐橙的山坡上介绍了小流域治理的诀窍:山顶戴帽涵养水源,山腰开垦梯田种果,山窝挖塘筑库养鱼和供水抗旱。据悉,在小流域治理过程中,宁县坚持把水土流失治理和现代农业发展结合起来,把小流域治理同水保科技示范园建设结合起来,按照"整体规划、分步实施、多业并举、滚动发展"的思路,通过项目资金扶持,引导治理大户——

绿森现代农业生态科技开发有限公司,租用了1500多公顷水土流失山地。

绿森公司的现场管理人员赖某,退休后来扶贫点工作,带领乡亲们在保持水土的同时增加收入,黝黑的脸庞见证了这位老人对种植脐橙的热爱。

下山时记者遇到骑着摩托车上山干活的李大哥,他是绿森公司的雇工,年近六旬。他描述了自己的收入情况,"60到80块钱一天,每个月能干15到20天。将山地租给绿森公司的农户,5年后还能分到每亩两成的利润。"

"年纪大了,在外面打工挺难的,现在的收入已经很不错了。"李大哥对家门口的工作显得很满意。

石县水土保持科普示范园所在的地方曾经林草稀疏,农田水利设施简陋,土壤贫瘠,沙土流失严重,生态环境脆弱。示范园项目启动后,通过工程措施与生物措施、农业耕作措施相结合,治山与治水相结合,坡面治理与沟壑治理相结合,建成了"名、优、特、新"的经济果木林,实现了生态和经济效益的有机统一。

示范园于2014年10月启动建设,吸引了大量民间资本及广大群众参与水土流失治理。在建设过程中,采取了政府主导、部门配合、统一规划设计的方式,将示范园区建设与生态旅游有机结合,使水土资源得到了最大程度的保护性开发。

鸿达生态农业开发有限公司参与了这一园区的建设。公司负责人黄某已经投资了约两千万。他告诉记者:"自己投资一部分,政府配套一部分。"

黄某在深圳有家贸易公司,生意不错。"本来就是想回家开个农家乐试一试,没想到政府这么重视,就留下来了。"在忙着让记者品尝园区产的葡萄时,他眼神坚定地讲了下一步的打算,"把水留住,把山治好,让乡亲们过上好日子。"

G市水保局局长对黄某的自学能力赞不绝口:"他办公室里讲水保的书比我还多呢。"

"民营水保大户雇当地的农民参与治理和开发,群众可直接获得和外出务工一样的报酬,也进一步推动了水土流失治理工作。"石县水保局的王某这样解释"水生态+扶贫"的好处。

小陈就是回乡的外出务工人员,在鸿达公司一个月的收入有4000多元。"以前在广东打工,离家太远,现在可以骑摩托车上班,还可以照顾到家里。"

"脐橙飘香,水保先行"就是生态优先和民生优先并重的鲜活案例,是水土流失地区百姓对水生态文明建设的充分肯定,也是"水生态+扶贫"模式开花结果的生动写照。

材料5:

《易经》是中国最早的哲学著作之一。易者变也,易经主旨是万物皆变。水变化多端:水无定形,随境而适;水有三态,常温为水,低温结冰,高温化气,云雨雾露霜雪雹皆水之不同形式。水无处不在:土壤中含水,岩石中有结晶水,植物从根到叶皆含水,动物从头到脚皆含水,人体含水量达60%以上。无处不在的水千变万化,我们的祖先可能首先从水的变化中悟出万物皆变,这成为千古不易之哲理。水的形态千变万化,其结构却非常简单。水分子由一个氧原子和两个氢原子构成,是自然界最简单的化合物之一。这阐明一条重要的哲理:宇宙万物千变万化,万变不离其宗,复杂源于简单。古今中外伟大的哲学家和科学家均深谙此理。老子曰:"道生一,一生二,二生三,三生万物。"爱因斯坦说:"更简单的理论,涵盖更多不同内容,具有更广阔的应用,这才是更令人信服的理论。"皆此之谓也。

孔子曰:"智者乐水,仁者乐山;智者动,仁者静。"师从善动之水可以益智,这种"智者乐水"和"智者动"的说法很容易获得认同。不过,仁者也是乐水的。海纳百川,水与仁者均具有包容性,此其一。孔子曰:"仁者人也。"仁者普济众人,水惠及一切生物。每逢大旱,禾苗枯焦,赤地千里,一场甘霖普济众生,此其二。孔子还提倡中庸之道,主张凡事不可走极端。水适度有益,过多则成灾;正如父母关爱子女有利其健康成长,溺爱则反害之。《论语》说:"过犹不及。"此乃至理,水的哲学岂能例外?回顾生物进化史,从一个共同祖先不断分化出各种物种,水在每个环节都起到关键作用。对生物起源目前尚无定论,陆地起源说、深海起源说、宇宙起源说……众说纷呈,有待验证。但无论何种起源都离不开水。水是一切生物所必需,无水则无生物。水孕育出一切生物,此乃至仁大爱。明乎此理,仁者怎能不乐水?仁者智者携手悠游于山水之间,既乐山又乐水,仁智兼备相得益彰。

三、作答要求

1. 阅读"给定资料1",概括S市为建设美丽水系,打造优美环境实施了哪些主要措施。

(① 分条归纳概括;② 表述准确,完整;③ 不超过150字。)

2. 假如你是随团秘书,请根据"给定资料2",把代表团团长的考察笔记,归纳整理为一份《国外城市水系建设考察报告》提纲。

(① 提炼准确,归纳合理;② 层次分明,分条表述;③ 不超过350字。)

3. "给定资料3"中画线句子写道:"我们只有通过'水'的意象,才能最真切地体味到'儒'之'柔'。"这句话内涵丰富。请你根据"给定资料3",谈谈对这句话的理解。

(① 准确、全面,逻辑清晰;② 不超过300字。)

4. 给定资料4介绍了G市某些区县在实施"水生态+扶贫"模式过程中取得的成效等内容。假如你是G市人大代表,准备提交一份"关于在全市推广'水生态+扶贫'模式的建议"。请依据"给定资料4",提出推广"水生态+扶贫"模式的理由和可推广的相关措施。(20分)

(① 紧扣材料,内容具体;② 理由充分,措施明确;③ 层次分明,有逻辑性;④ 不超过500字。)

5. 参考给定资料,以"以水为师"为题,联系实际,写一篇文章。

① 见解明确、深刻;

② 参考"给定资料",但不拘泥于"给定资料";

③ 思路明晰,语言流畅;

④ 总字数1000—1200。

【练习】

一、名词解释

1. 简历

2. 述职报告

3. 演讲稿

4. 申论

二、简答题

1. 求职信有哪些特点?

2. 演讲稿有些什么特点?

3. 感谢信的写作要注意什么?

4. 学术论文的写作过程是怎样的?

三、写作练习

1. 自命题写一个演讲稿。

2. 给你的老师或父母写一封感谢信。

3. 针对专业特点写篇学年论文。

4. 写一封求职信,字数要求 600 左右。

附录一

党政机关公文处理工作条例

中办发〔2012〕14 号

第一章 总 则

第一条 为了适应中国共产党机关和国家行政机关(以下简称党政机关)工作需要,推进党政机关公文处理工作科学化、制度化、规范化,制定本条例。

第二条 本条例适用于各级党政机关公文处理工作。

第三条 党政机关公文是党政机关实施领导、履行职能、处理公务的具有特定效力和规范体式的文书,是传达贯彻党和国家方针政策,公布法规和规章,指导、布置和商洽工作,请示和答复问题,报告、通报和交流情况等的重要工具。

第四条 公文处理工作是指公文拟制、办理、管理等一系列相互关联、衔接有序的工作。

第五条 公文处理工作应当坚持实事求是、准确规范、精简高效、安全保密的原则。

第六条 各级党政机关应当高度重视公文处理工作,加强组织领导,强化队伍建设,设立文秘部门或者由专人负责公文处理工作。

第七条 各级党政机关办公厅(室)主管本机关的公文处理工作,并对下级机关的公文处理工作进行业务指导和督促检查。

第二章 公文种类

第八条 公文种类主要有:

(一)决议。适用于会议讨论通过的重大决策事项。

(二)决定。适用于对重要事项作出决策和部署、奖惩有关单位和人员、变更或者撤销下级机关不适当的决定事项。

(三)命令(令)。适用于公布行政法规和规章、宣布施行重大强制性措施、批准授予和晋升衔级、嘉奖有关单位和人员。

(四)公报。适用于公布重要决定或者重大事项。

(五)公告。适用于向国内外宣布重要事项或者法定事项。

(六)通告。适用于在一定范围内公布应当遵守或者周知的事项。

(七)意见。适用于对重要问题提出见解和处理办法。

(八)通知。适用于发布、传达要求下级机关执行和有关单位周知或者执行的事项,批转、转发公文。

(九)通报。适用于表彰先进、批评错误、传达重要精神和告知重要情况。

(十)报告。适用于向上级机关汇报工作、反映情况,回复上级机关的询问。

（十一）请示。适用于向上级机关请求指示、批准。

（十二）批复。适用于答复下级机关请示事项。

（十三）议案。适用于各级人民政府按照法律程序向同级人民代表大会或者人民代表大会常务委员会提请审议事项。

（十四）函。适用于不相隶属机关之间商洽工作、询问和答复问题、请求批准和答复审批事项。

（十五）纪要。适用于记载会议主要情况和议定事项。

第三章 公文格式

第九条 公文一般由份号、密级和保密期限、紧急程度、发文机关标志、发文字号、签发人、标题、主送机关、正文、附件说明、发文机关署名、成文日期、印章、附注、附件、抄送机关、印发机关和印发日期、页码等组成。

（一）份号。公文印制份数的顺序号。涉密公文应当标注份号。

（二）密级和保密期限。公文的秘密等级和保密的期限。涉密公文应当根据涉密程度分别标注"绝密"、"机密"、"秘密"和保密期限。

（三）紧急程度。公文送达和办理的时限要求。根据紧急程度，紧急公文应当分别标注"特急"、"加急"，电报应当分别标注"特提"、"特急"、"加急"、"平急"。

（四）发文机关标志。由发文机关全称或者规范化简称加"文件"二字组成，也可以使用发文机关全称或者规范化简称。联合行文时，发文机关标志可以并用联合发文机关名称，也可以单独用主办机关名称。

（五）发文字号。由发文机关代字、年份、发文顺序号组成。联合行文时，使用主办机关的发文字号。

（六）签发人。上行文应当标注签发人姓名。

（七）标题。由发文机关名称、事由和文种组成。

（八）主送机关。公文的主要受理机关，应当使用机关全称、规范化简称或者同类型机关统称。

（九）正文。公文的主体，用来表述公文的内容。

（十）附件说明。公文附件的顺序号和名称。

（十一）发文机关署名。署发文机关全称或者规范化简称。

（十二）成文日期。署会议通过或者发文机关负责人签发的日期。联合行文时，署最后签发机关负责人签发的日期。

（十三）印章。公文中有发文机关署名的，应当加盖发文机关印章，并与署名机关相符。有特定发文机关标志的普发性公文和电报可以不加盖印章。

（十四）附注。公文印发传达范围等需要说明的事项。

（十五）附件。公文正文的说明、补充或者参考资料。

（十六）抄送机关。除主送机关外需要执行或者知晓公文内容的其他机关，应当使用机关全称、规范化简称或者同类型机关统称。

（十七）印发机关和印发日期。公文的送印机关和送印日期。

（十八）页码。公文页数顺序号。

第十条　公文的版式按照《党政机关公文格式》国家标准执行。

第十一条　公文使用的汉字、数字、外文字符、计量单位和标点符号等,按照有关国家标准和规定执行。民族自治地方的公文,可以并用汉字和当地通用的少数民族文字。

第十二条　公文用纸幅面采用国际标准 A4 型。特殊形式的公文用纸幅面,根据实际需要确定。

第四章　行文规则

第十三条　行文应当确有必要,讲求实效,注重针对性和可操作性。

第十四条　行文关系根据隶属关系和职权范围确定。一般不得越级行文,特殊情况需要越级行文的,应当同时抄送被越过的机关。

第十五条　向上级机关行文,应当遵循以下规则:

(一)原则上主送一个上级机关,根据需要同时抄送相关上级机关和同级机关,不抄送下级机关。

(二)党委、政府的部门向上级主管部门请示、报告重大事项,应当经本级党委、政府同意或者授权;属于部门职权范围内的事项应当直接报送上级主管部门。

(三)下级机关的请示事项,如需以本机关名义向上级机关请示,应当提出倾向性意见后上报,不得原文转报上级机关。

(四)请示应当一文一事。不得在报告等非请示性公文中夹带请示事项。

(五)除上级机关负责人直接交办事项外,不得以本机关名义向上级机关负责人报送公文,不得以本机关负责人名义向上级机关报送公文。

(六)受双重领导的机关向一个上级机关行文,必要时抄送另一个上级机关。

第十六条　向下级机关行文,应当遵循以下规则:

(一)主送受理机关,根据需要抄送相关机关。重要行文应当同时抄送发文机关的直接上级机关。

(二)党委、政府的办公厅(室)根据本级党委、政府授权,可以向下级党委、政府行文,其他部门和单位不得向下级党委、政府发布指令性公文或者在公文中向下级党委、政府提出指令性要求。需经政府审批的具体事项,经政府同意后可以由政府职能部门行文,文中须注明已经政府同意。

(三)党委、政府的部门在各自职权范围内可以向下级党委、政府的相关部门行文。

(四)涉及多个部门职权范围内的事务,部门之间未协商一致的,不得向下行文;擅自行文的,上级机关应当责令其纠正或者撤销。

(五)上级机关向受双重领导的下级机关行文,必要时抄送该下级机关的另一个上级机关。

第十七条　同级党政机关、党政机关与其他同级机关必要时可以联合行文。属于党委、政府各自职权范围内的工作,不得联合行文。党委、政府的部门依据职权可以相互行文。部门内设机构除办公厅(室)外不得对外正式行文。

第五章　公文拟制

第十八条　公文拟制包括公文的起草、审核、签发等程序。

第十九条　公文起草应当做到：

（一）符合国家法律法规和党的路线方针政策，完整准确体现发文机关意图，并同现行有关公文相衔接。

（二）一切从实际出发，分析问题实事求是，所提政策措施和办法切实可行。

（三）内容简洁，主题突出，观点鲜明，结构严谨，表述准确，文字精练。

（四）文种正确，格式规范。

（五）深入调查研究，充分进行论证，广泛听取意见。

（六）公文涉及其他地区或者部门职权范围内的事项，起草单位必须征求相关地区或者部门意见，力求达成一致。

（七）机关负责人应当主持、指导重要公文起草工作。

第二十条　公文文稿签发前，应当由发文机关办公厅（室）进行审核。审核的重点是：

（一）行文理由是否充分，行文依据是否准确。

（二）内容是否符合国家法律法规和党的路线方针政策；是否完整准确体现发文机关意图；是否同现行有关公文相衔接；所提政策措施和办法是否切实可行。

（三）涉及有关地区或者部门职权范围内的事项是否经过充分协商并达成一致意见。

（四）文种是否正确，格式是否规范；人名、地名、时间、数字、段落顺序、引文等是否准确；文字、数字、计量单位和标点符号等用法是否规范。

（五）其他内容是否符合公文起草的有关要求。需要发文机关审议的重要公文文稿，审议前由发文机关办公厅（室）进行初核。

第二十一条　经审核不宜发文的公文文稿，应当退回起草单位并说明理由；符合发文条件但内容需作进一步研究和修改的，由起草单位修改后重新报送。

第二十二条　公文应当经本机关负责人审批签发。重要公文和上行文由机关主要负责人签发。党委、政府的办公厅（室）根据党委、政府授权制发的公文，由受权机关主要负责人签发或者按照有关规定签发。签发人签发公文，应当签署意见、姓名和完整日期；圈阅或者签名的，视为同意。联合发文由所有联署机关的负责人会签。

第六章　公文办理

第二十三条　公文办理包括收文办理、发文办理和整理归档。

第二十四条　收文办理主要程序是：

（一）签收。对收到的公文应当逐件清点，核对无误后签字或者盖章，并注明签收时间。

（二）登记。对公文的主要信息和办理情况应当详细记载。

（三）初审。对收到的公文应当进行初审。初审的重点是：是否应当由本机关办理，是否符合行文规则，文种、格式是否符合要求，涉及其他地区或者部门职权范围内的事项是否已经协商、会签，是否符合公文起草的其他要求。经初审不符合规定的公文，应当及时退回来文单位并说明理由。

（四）承办。阅知性公文应当根据公文内容、要求和工作需要确定范围后分送。批办性公文应当提出拟办意见报本机关负责人批示或者转有关部门办理；需要两个以上部门办理的，应当明确主办部门。紧急公文应当明确办理时限。承办部门对交办的公文应当及时办理，有明确办理时限要求的应当在规定时限内办理完毕。

（五）传阅。根据领导批示和工作需要将公文及时送传阅对象阅知或者批示。办理公文传阅应当随时掌握公文去向，不得漏传、误传、延误。

（六）催办。及时了解掌握公文的办理进展情况，督促承办部门按期办结。紧急公文或者重要公文应当由专人负责催办。

（七）答复。公文的办理结果应当及时答复来文单位，并根据需要告知相关单位。

第二十五条　发文办理主要程序是：

（一）复核。已经发文机关负责人签批的公文，印发前应当对公文的审批手续、内容、文种、格式等进行复核；需作实质性修改的，应当报原签批人复审。

（二）登记。对复核后的公文，应当确定发文字号、分送范围和印制份数并详细记载。

（三）印制。公文印制必须确保质量和时效。涉密公文应当在符合保密要求的场所印制。

（四）核发。公文印制完毕，应当对公文的文字、格式和印刷质量进行检查后分发。

第二十六条　涉密公文应当通过机要交通、邮政机要通信、城市机要文件交换站或者收发件机关机要收发人员进行传递，通过密码电报或者符合国家保密规定的计算机信息系统进行传输。

第二十七条　需要归档的公文及有关材料，应当根据有关档案法律法规以及机关档案管理规定，及时收集齐全、整理归档。两个以上机关联合办理的公文，原件由主办机关归档，相关机关保存复制件。机关负责人兼任其他机关职务的，在履行所兼职务过程中形成的公文，由其兼职机关归档。

第七章　公文管理

第二十八条　各级党政机关应当建立健全本机关公文管理制度，确保管理严格规范，充分发挥公文效用。

第二十九条　党政机关公文由文秘部门或者专人统一管理。设立党委（党组）的县级以上单位应当建立机要保密室和机要阅文室，并按照有关保密规定配备工作人员和必要的安全保密设施设备。

第三十条　公文确定密级前，应当按照拟定的密级先行采取保密措施。确定密级后，应当按照所定密级严格管理。绝密级公文应当由专人管理。

公文的密级需要变更或者解除的，由原确定密级的机关或者其上级机关决定。

第三十一条　公文的印发传达范围应当按照发文机关的要求执行；需要变更的，应当经发文机关批准。

涉密公文公开发布前应当履行解密程序。公开发布的时间、形式和渠道，由发文机关确定。

经批准公开发布的公文，同发文机关正式印发的公文具有同等效力。

第三十二条　复制、汇编机密级、秘密级公文，应当符合有关规定并经本机关负责人批准。绝密级公文一般不得复制、汇编，确有工作需要的，应当经发文机关或者其上级机关批准。

复制、汇编的公文视同原件管理。复制件应当加盖复制机关戳记。翻印件应当注明翻印的机关名称、日期。汇编本的密级按照编入公文的最高密级标注。

第三十三条　公文的撤销和废止,由发文机关、上级机关或者权力机关根据职权范围和有关法律法规决定。公文被撤销的,视为自始无效;公文被废止的,视为自废止之日起失效。

第三十四条　涉密公文应当按照发文机关的要求和有关规定进行清退或者销毁。

第三十五条　不具备归档和保存价值的公文,经批准后可以销毁。销毁涉密公文必须严格按照有关规定履行审批登记手续,确保不丢失、不漏销。个人不得私自销毁、留存涉密公文。

第三十六条　机关合并时,全部公文应当随之合并管理;机关撤销时,需要归档的公文经整理后按照有关规定移交档案管理部门。

工作人员离岗离职时,所在机关应当督促其将暂存、借用的公文按照有关规定移交、清退。

第三十七条　新设立的机关应当向本级党委、政府的办公厅(室)提出发文立户申请。经审查符合条件的,列为发文单位,机关合并或者撤销时,相应进行调整。

第八章　附　　则

第三十八条　党政机关公文含电子公文。电子公文处理工作的具体办法另行制定。

第三十九条　法规、规章方面的公文,依照有关规定处理。外事方面的公文,依照外事主管部门的有关规定处理。

第四十条　其他机关和单位的公文处理工作,可以参照本条例执行。

第四十一条　本条例由中共中央办公厅、国务院办公厅负责解释。

第四十二条　本条例自2012年7月1日起施行。1996年5月3日中共中央办公厅发布的《中国共产党机关公文处理条例》和2000年8月24日国务院发布的《国家行政机关公文处理办法》停止执行。

2012年4月

附录二

党政机关公文格式

目　次

前言
1　范围
2　规范性引用文件
3　术语和定义
4　公文用纸主要技术指标
5　公文用纸幅面尺寸及版面要求
　5.1　幅面尺寸
　5.2　版面
　　5.2.1　页边与版心尺寸
　　5.2.2　字体和字号
　　5.2.3　行数和字数
　　5.2.4　文字的颜色
6　印制装订要求
　6.1　制版要求
　6.2　印刷要求
　6.3　装订要求
7　公文格式各要素编排规则
　7.1　公文格式各要素的划分
　7.2　版头
　　7.2.1　份号
　　7.2.2　密级和保密期限
　　7.2.3　紧急程度
　　7.2.4　发文机关标志
　　7.2.5　发文字号
　　7.2.6　签发人
　　7.2.7　版头中的分隔线
　7.3　主体
　　7.3.1　标题
　　7.3.2　主送机关

7.3.3　正文
7.3.4　附件说明
7.3.5　发文机关署名、成文日期和印章
　　7.3.5.1　加盖印章的公文
　　7.3.5.2　不加盖印章的公文
　　7.3.5.3　加盖签发人签名章的公文
　　7.3.5.4　成文日期中的数字
　　7.3.5.5　特殊情况说明
7.3.6　附注
7.3.7　附件
7.4　版记
7.4.1　版记中的分隔线
7.4.2　抄送机关
7.4.3　印发机关和印发日期
7.5　页码
8　公文中的横排表格
9　公文中计量单位、标点符号和数字的用法
10　公文的特定格式
10.1　信函格式
10.2　命令(令)格式
10.3　纪要格式
11　式样

前 言

本标准按照 GB/T 1.1—2009 给出的规则起草。

本标准根据中共中央办公厅、国务院办公厅印发的《党政机关公文处理工作条例》的有关规定对 GB/T 9704—1999《国家行政机关公文格式》进行修订。本标准相对 GB/T 9704—1999 主要作如下修订：

  a) 标准名称改为《党政机关公文格式》，标准英文名称也作相应修改；

  b) 适用范围扩展到各级党政机关制发的公文；

  c) 对标准结构进行适当调整；

  d) 对公文装订要求进行适当调整；

  e) 增加发文机关署名和页码两个公文格式要素，删除主题词格式要素，并对公文格式各要素的编排进行较大调整；

  f) 进一步细化特定格式公文的编排要求；

  g) 新增联合行文公文首页版式、信函格式首页、命令(令)格式首页版式等式样。

本标准中公文用语与《党政机关公文处理工作条例》中的用语一致。

本标准为第二次修订。

本标准由中共中央办公厅和国务院办公厅提出。

本标准由中国标准化研究院归口。

本标准起草单位：中国标准化研究院、中共中央办公厅秘书局、国务院办公厅秘书局、中国标准出版社。

本标准主要起草人：房庆、杨雯、郭道锋、孙维、马慧、张书杰、徐成华、范一乔、李玲。

本标准代替了 GB/T 9704—1999。

GB/T 9704—1999 的历次版本发布情况为：

——GB/T 9704—1988。

1 范围

本标准规定了党政机关公文通用的纸张要求、排版和印制装订要求、公文格式各要素的编排规则,并给出了公文的式样。

本标准适用于各级党政机关制发的公文。其他机关和单位的公文可以参照执行。

使用少数民族文字印制的公文,其用纸、幅面尺寸及版面、印制等要求按照本标准执行,其余可以参照本标准并按照有关规定执行。

2 规范性引用文件

下列文件对于本标准的应用是必不可少的。凡是注日期的引用文件,仅所注日期的版本适用于本标准。凡是不注日期的引用文件,其最新版本(包括所有的修改单)适用于本标准。

GB/T 148 印刷、书写和绘图纸幅面尺寸

GB 3100 国际单位制及其应用

GB 3101 有关量、单位和符号的一般原则

GB 3102(所有部分) 量和单位

GB/T 15834 标点符号用法

GB/T 15835 出版物上数字用法

3 术语和定义

下列术语和定义适用于本标准。

3.1 字 word

标示公文中横向距离的长度单位。在本标准中,一字指一个汉字宽度的距离。

3.2 行 line

标示公文中纵向距离的长度单位。在本标准中,一行指一个汉字的高度加 3 号汉字高度的 7/8 的距离。

4 公文用纸主要技术指标

公文用纸一般使用纸张定量为 60 g/m^2 ~80 g/m^2 的胶版印刷纸或复印纸。纸张白度 80%~90%,横向耐折度≥15 次,不透明度≥85%,pH 值为 7.5~9.5。

5 公文用纸幅面尺寸及版面要求

5.1 幅面尺寸

公文用纸采用 GB/T 148 中规定的 A4 型纸,其成品幅面尺寸为:210 mm×297 mm。

5.2 版面

5.2.1 页边与版心尺寸

公文用纸天头(上白边)为 37 mm±1 mm,公文用纸订口(左白边)为 28mm±1mm,版心尺寸为 156 mm×225 mm。

5.2.2 字体和字号

如无特殊说明,公文格式各要素一般用 3 号仿宋体字。特定情况可以作适当调整。

5.2.3 行数和字数

一般每面排 22 行,每行排 28 个字,并撑满版心。特定情况可以作适当调整。

5.2.4 文字的颜色

如无特殊说明,公文中文字的颜色均为黑色。

6 印制装订要求
6.1 制版要求
版面干净无底灰,字迹清楚无断划,尺寸标准,版心不斜,误差不超过 1 mm。
6.2 印刷要求
双面印刷;页码套正,两面误差不超过 2 mm。黑色油墨应当达到色谱所标 BL100%,红色油墨应当达到色谱所标 Y80%、M80%。印品着墨实、均匀;字面不花、不白、无断划。
6.3 装订要求
公文应当左侧装订,不掉页,两页页码之间误差不超过 4 mm,裁切后的成品尺寸允许误差±2 mm,四角成 90°,无毛茬或缺损。

骑马订或平订的公文应当:

a) 订位为两钉外订眼距版面上下边缘各 70 mm 处,允许误差±4 mm;
b) 无坏钉、漏钉、重钉,钉脚平伏牢固;
c) 骑马订钉锯均订在折缝线上,平订钉锯与书脊间的距离为 3 mm~5 mm。

包本装订公文的封皮(封面、书脊、封底)与书芯应吻合、包紧、包平、不脱落。

7 公文格式各要素编排规则
7.1 公文格式各要素的划分
本标准将版心内的公文格式各要素划分为版头、主体、版记三部分。公文首页红色分隔线以上的部分称为版头;公文首页红色分隔线(不含)以下、公文末页首条分隔线(不含)以上的部分称为主体;公文末页首条分隔线以下、末条分隔线以上的部分称为版记。

页码位于版心外。

7.2 版头
7.2.1 份号
如需标注份号,一般用 6 位 3 号阿拉伯数字,顶格编排在版心左上角第一行。
7.2.2 密级和保密期限
如需标注密级和保密期限,一般用 3 号黑体字,顶格编排在版心左上角第二行;保密期限中的数字用阿拉伯数字标注。
7.2.3 紧急程度
如需标注紧急程度,一般用 3 号黑体字,顶格编排在版心左上角;如需同时标注份号、密级和保密期限、紧急程度,按照份号、密级和保密期限、紧急程度的顺序自上而下分行排列。
7.2.4 发文机关标志
由发文机关全称或者规范化简称加"文件"二字组成,也可以使用发文机关全称或者规范化简称。

发文机关标志居中排布,上边缘至版心上边缘为 35 mm,推荐使用小标宋体字,颜色为红色,以醒目、美观、庄重为原则。

联合行文时,如需同时标注联署发文机关名称,一般应当将主办机关名称排列在前;如有"文件"二字,应当置于发文机关名称右侧,以联署发文机关名称为准上下居中排布。
7.2.5 发文字号
编排在发文机关标志下空二行位置,居中排布。年份、发文顺序号用阿拉伯数字标注;年份应标全称,用六角括号"〔〕"括入;发文顺序号不加"第"字,不编虚位(即 1 不编为 01),在阿拉伯数字后加"号"字。

上行文的发文字号居左空一字编排,与最后一个签发人姓名处在同一行。

7.2.6 签发人

由"签发人"三字加全角冒号和签发人姓名组成,居右空一字,编排在发文机关标志下空二行位置。"签发人"三字用3号仿宋体字,签发人姓名用3号楷体字。

如有多个签发人,签发人姓名按照发文机关的排列顺序从左到右、自上而下依次均匀编排,一般每行排两个姓名,回行时与上一行第一个签发人姓名对齐。

7.2.7 版头中的分隔线

发文字号之下4 mm处居中印一条与版心等宽的红色分隔线。

7.3 主体

7.3.1 标题

一般用2号小标宋体字,编排于红色分隔线下空二行位置,分一行或多行居中排布;回行时,要做到词意完整,排列对称,长短适宜,间距恰当,标题排列应当使用梯形或菱形。

7.3.2 主送机关

编排于标题下空一行位置,居左顶格,回行时仍顶格,最后一个机关名称后标全角冒号。如主送机关名称过多导致公文首页不能显示正文时,应当将主送机关名称移至版记,标注方法见7.4.2。

7.3.3 正文

公文首页必须显示正文。一般用3号仿宋体字,编排于主送机关名称下一行,每个自然段左空二字,回行顶格。文中结构层次序数依次可以用"一、""(一)""1.""(1)"标注;一般第一层用黑体字、第二层用楷体字、第三层和第四层用仿宋体字标注。

7.3.4 附件说明

如有附件,在正文下空一行左空二字编排"附件"二字,后标全角冒号和附件名称。如有多个附件,使用阿拉伯数字标注附件顺序号(如"附件:1.××××××");附件名称后不加标点符号。附件名称较长需回行时,应当与上一行附件名称的首字对齐。

7.3.5 发文机关署名、成文日期和印章

7.3.5.1 加盖印章的公文

成文日期一般右空四字编排,印章用红色,不得出现空白印章。

单一机关行文时,一般在成文日期之上、以成文日期为准居中编排发文机关署名,印章端正、居中下压发文机关署名和成文日期,使发文机关署名和成文日期居印章中心偏下位置,印章顶端应当上距正文(或附件说明)一行之内。

联合行文时,一般将各发文机关署名按照发文机关顺序整齐排列在相应位置,并将印章一一对应、端正、居中下压发文机关署名,最后一个印章端正、居中下压发文机关署名和成文日期,印章之间排列整齐、互不相交或相切,每排印章两端不得超出版心,首排印章顶端应当上距正文(或附件说明)一行之内。

7.3.5.2 不加盖印章的公文

单一机关行文时,在正文(或附件说明)下空一行右空二字编排发文机关署名,在发文机关署名下一行编排成文日期,首字比发文机关署名首字右移二字,如成文日期长于发文机关署名,应当使成文日期右空二字编排,并相应增加发文机关署名右空字数。

联合行文时,应当先编排主办机关署名,其余发文机关署名依次向下编排。

7.3.5.3 加盖签发人签名章的公文

单一机关制发的公文加盖签发人签名章时,在正文(或附件说明)下空二行右空四字加盖签发人签名章,签名章左空二字标注签发人职务,以签名章为准上下居中排布。在签发人签名章下空一行右空四字编排成文日期。

联合行文时,应当先编排主办机关签发人职务、签名章,其余机关签发人职务、签名章依次向下编排,与主办机关签发人职务、签名章上下对齐;每行只编排一个机关的签发人职务、签名章;签发人职务应当标注全称。

签名章一般用红色。

7.3.5.4 成文日期中的数字

用阿拉伯数字将年、月、日标全,年份应标全称,月、日不编虚位(即1不编为01)。

7.3.5.5 特殊情况说明

当公文排版后所剩空白处不能容下印章或签发人签名章、成文日期时,可以采取调整行距、字距的措施解决。

7.3.6 附注

如有附注,居左空二字加圆括号编排在成文日期下一行。

7.3.7 附件

附件应当另面编排,并在版记之前,与公文正文一起装订。"附件"二字及附件顺序号用3号黑体字顶格编排在版心左上角第一行。附件标题居中编排在版心第三行。附件顺序号和附件标题应当与附件说明的表述一致。附件格式要求同正文。

如附件与正文不能一起装订,应当在附件左上角第一行顶格编排公文的发文字号并在其后标注"附件"二字及附件顺序号。

7.4 版记

7.4.1 版记中的分隔线

版记中的分隔线与版心等宽,首条分隔线和末条分隔线用粗线(推荐高度为0.35 mm),中间的分隔线用细线(推荐高度为0.25 mm)。首条分隔线位于版记中第一个要素之上,末条分隔线与公文最后一面的版心下边缘重合。

7.4.2 抄送机关

如有抄送机关,一般用4号仿宋体字,在印发机关和印发日期之上一行、左右各空一字编排。"抄送"二字后加全角冒号和抄送机关名称,回行时与冒号后的首字对齐,最后一个抄送机关名称后标句号。

如需把主送机关移至版记,除将"抄送"二字改为"主送"外,编排方法同抄送机关。既有主送机关又有抄送机关时,应当将主送机关置于抄送机关之上一行,之间不加分隔线。

7.4.3 印发机关和印发日期

印发机关和印发日期一般用4号仿宋体字,编排在末条分隔线之上,印发机关左空一字,印发日期右空一字,用阿拉伯数字将年、月、日标全,年份应标全称,月、日不编虚位(即1不编为01),后加"印发"二字。

版记中如有其他要素,应当将其与印发机关和印发日期用一条细分隔线隔开。

7.5 页码

一般用 4 号半角宋体阿拉伯数字,编排在公文版心下边缘之下,数字左右各放一条一字线;一字线上距版心下边缘 7 mm。单页码居右空一字,双页码居左空一字。公文的版记页前有空白页的,空白页和版记页均不编排页码。公文的附件与正文一起装订时,页码应当连续编排。

8 公文中的横排表格

A4 纸型的表格横排时,页码位置与公文其他页码保持一致,单页码表头在订口一边,双页码表头在切口一边。

9 公文中计量单位、标点符号和数字的用法

公文中计量单位的用法应当符合 GB 3100、GB 3101 和 GB 3102(所有部分),标点符号的用法应当符合 GB/T 15834,数字用法应当符合 GB/T 15835。

10 公文的特定格式

10.1 信函格式

发文机关标志使用发文机关全称或者规范化简称,居中排布,上边缘至上页边为 30 mm,推荐使用红色小标宋体字。联合行文时,使用主办机关标志。

发文机关标志下 4 mm 处印一条红色双线(上粗下细),距下页边 20 mm 处印一条红色双线(上细下粗),线长均为 170 mm,居中排布。

如需标注份号、密级和保密期限、紧急程度,应当顶格居版心左边缘编排在第一条红色双线下,按照份号、密级和保密期限、紧急程度的顺序自上而下分行排列,第一个要素与该线的距离为 3 号汉字高度的 7/8。

发文字号顶格居版心右边缘编排在第一条红色双线下,与该线的距离为 3 号汉字高度的 7/8。

标题居中编排,与其上最后一个要素相距二行。

第二条红色双线上一行如有文字,与该线的距离为 3 号汉字高度的 7/8。

首页不显示页码。

版记不加印发机关和印发日期、分隔线,位于公文最后一面版心内最下方。

10.2 命令(令)格式

发文机关标志由发文机关全称加"命令"或"令"字组成,居中排布,上边缘至版心上边缘为 20 mm,推荐使用红色小标宋体字。

发文机关标志下空二行居中编排令号,令号下空二行编排正文。

签发人职务、签名章和成文日期的编排见 7.3.5.3。

10.3 纪要格式

纪要标志由"××××纪要"组成,居中排布,上边缘至版心上边缘为 35 mm,推荐使用红色小标宋体字。

标注出席人员名单,一般用 3 号黑体字,在正文或附件说明下空一行左空二字编排"出席"二字,后标全角冒号,冒号后用 3 号仿宋体字标注出席人单位、姓名,回行时与冒号后的首字对齐。

标注请假和列席人员名单,除依次另起一行并将"出席"二字改为"请假"或"列席"外,编排方法同出席人员名单。

纪要格式可以根据实际制定。

11 式样

A4型公文用纸页边及版心尺寸见图1;公文首页版式见图2;联合行文公文首页版式1见图3;联合行文公文首页版式2见图4;公文末页版式1见图5;公文末页版式2见图6;联合行文公文末页版式1见图7;联合行文公文末页版式2见图8;附件说明页版式见图9;带附件公文末页版式见图10;信函格式首页版式见图11;命令(令)格式首页版式见图12。

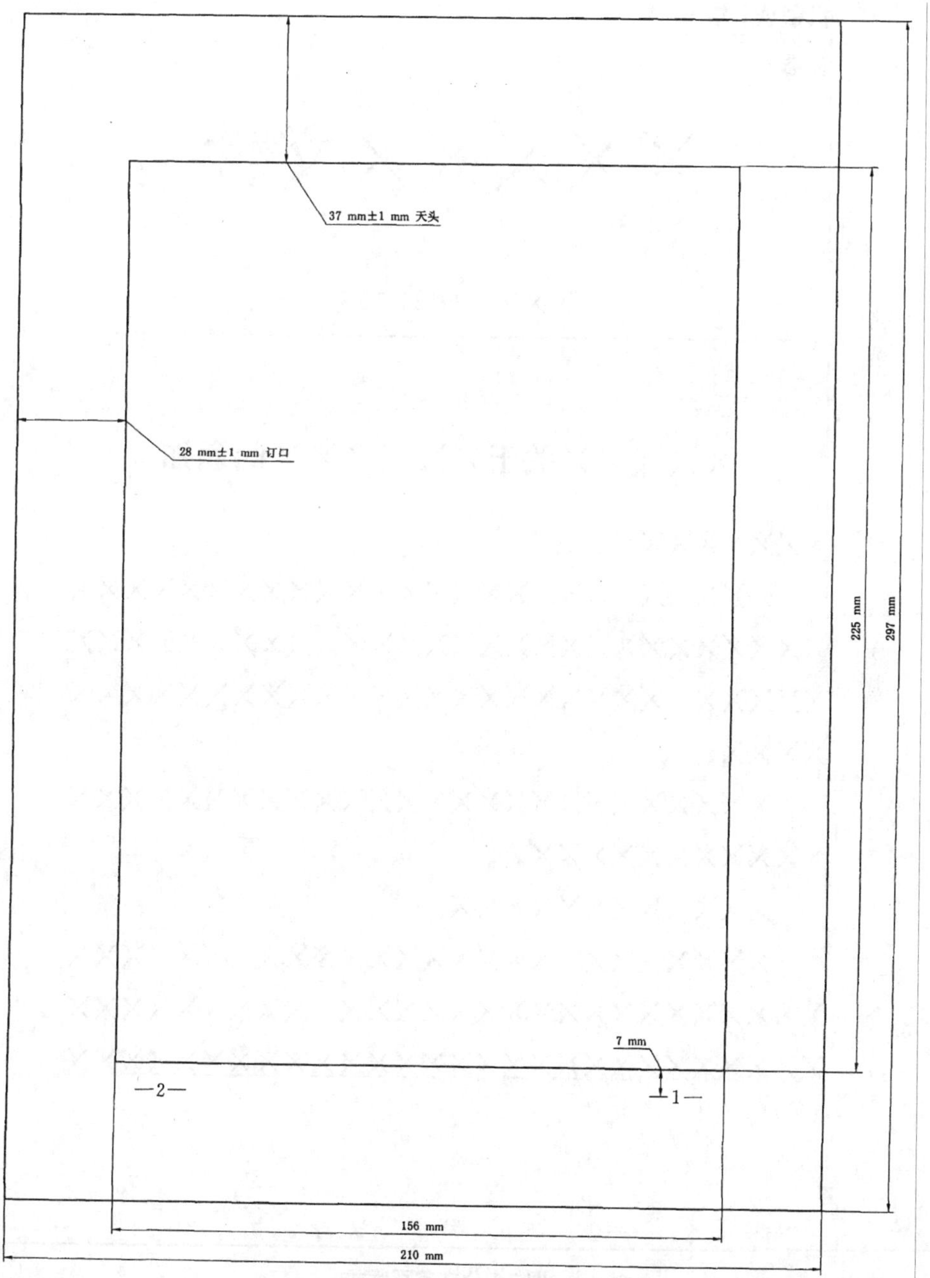

图1　A4型公文用纸页边及版心尺寸

图2　公文首页版式

注：版心实线框仅为示意，在印制公文时并不印出。

附录二　党政机关公文格式

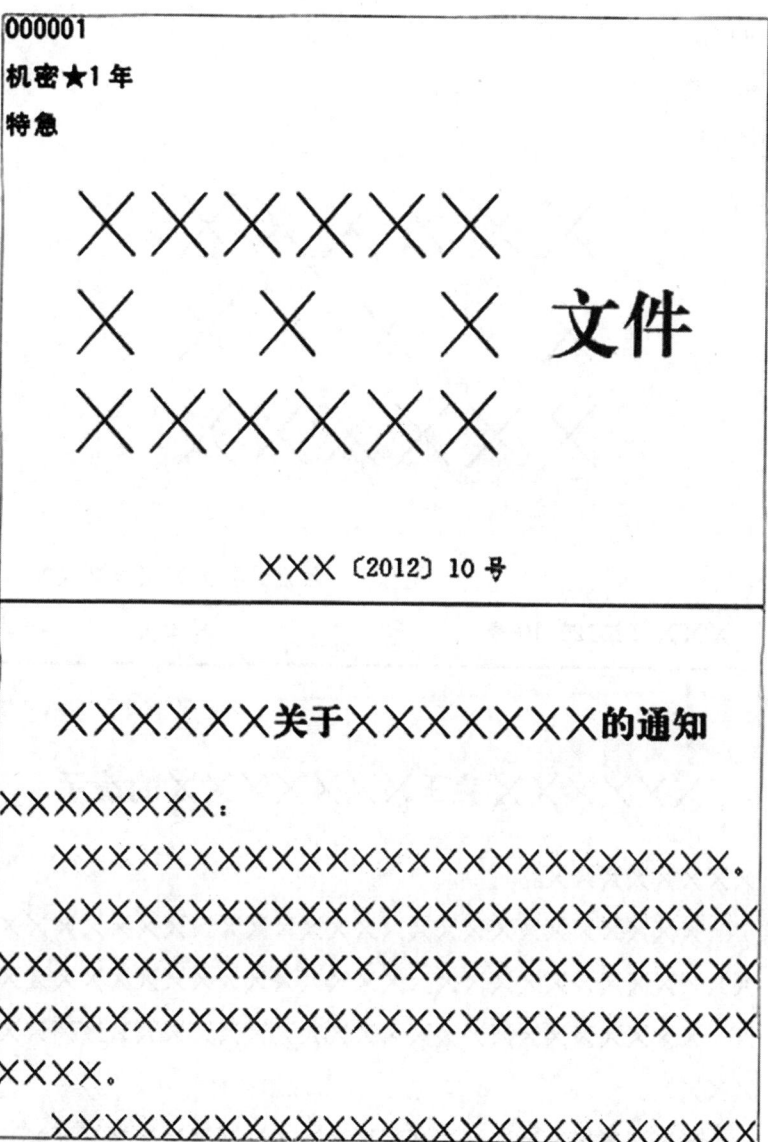

图3　联合行文公文首页版式1

注：版心实线框仅为示意，在印制公文时并不印出。

```
┌─────────────────────────────────────────────┐
│  000001                                     │
│  机  密                                     │
│  特  急                                     │
│                                             │
│          ××××××                           │
│                                             │
│           ×   ×   ×                         │
│                                             │
│          ××××××                           │
│                                             │
│                          签发人：×××  ×××  │
│  ×××〔2012〕10号                    ×××   │
├─────────────────────────────────────────────┤
│                                             │
│       ××××××关于×××××××的请示        │
│                                             │
│  ×××××××：                              │
│    ××××××××××××××××××××××  │
│  ××××××××××××××××××××××××│
│  ××××××××××××××××××××××××│
│  ××××。                                   │
│  ××××××××××××××××××××××××│
│                                             │
│                                   — 1 —    │
└─────────────────────────────────────────────┘
```

图 4　联合行文公文首页版式 2

注：版心实线框仅为示意，在印制公文时并不印出。

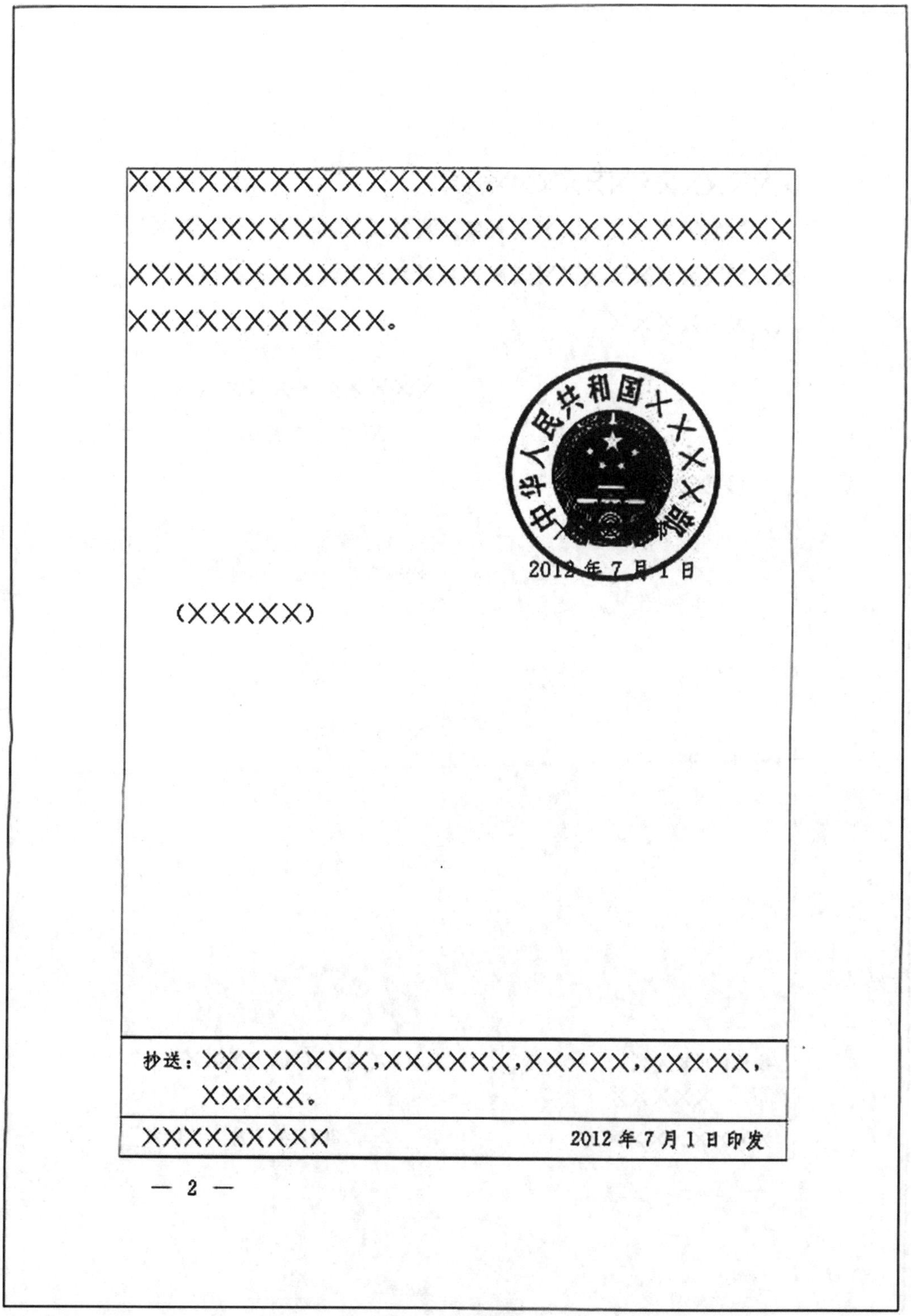
XXXXXXXXXXXXXXX。

XXXXXXXXXXXXXXXXXXXXXXXXXX XXXXXXXXXXXXXXXXXXXXXXXXXXXXX XXXXXXXXXXXXX。

2012年7月1日

（XXXXX）

抄送：XXXXXXXX，XXXXXX，XXXXX，XXXXX，XXXXX。

XXXXXXXXX　　2012年7月1日印发

— 2 —

图5　公文末页版式1

注：版心实线框仅为示意，在印制公文时并不印出。

图6　公文末页版式2

注：版心实线框仅为示意，在印制公文时并不印出。

附录二 党政机关公文格式

×××××××××××××××。
　×××××××××××××××××××
×××××××××××××××××××
××××××××××。

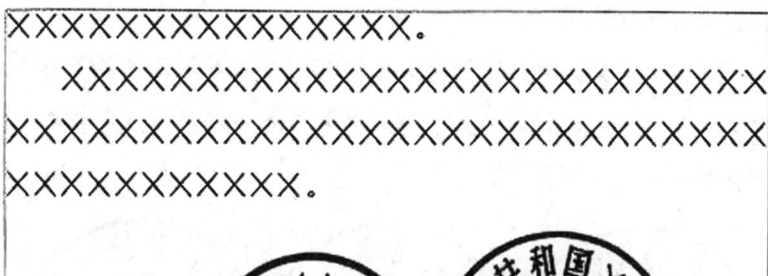

（×××××）

抄送：××××××××，××××××，×××××，×××××，
　　　×××××。
×××××××× 　　　　　　　2012年7月1日印发

— 2 —

图7　联合行文公文末页版式1

注：版心实线框仅为示意，在印制公文时并不印出。

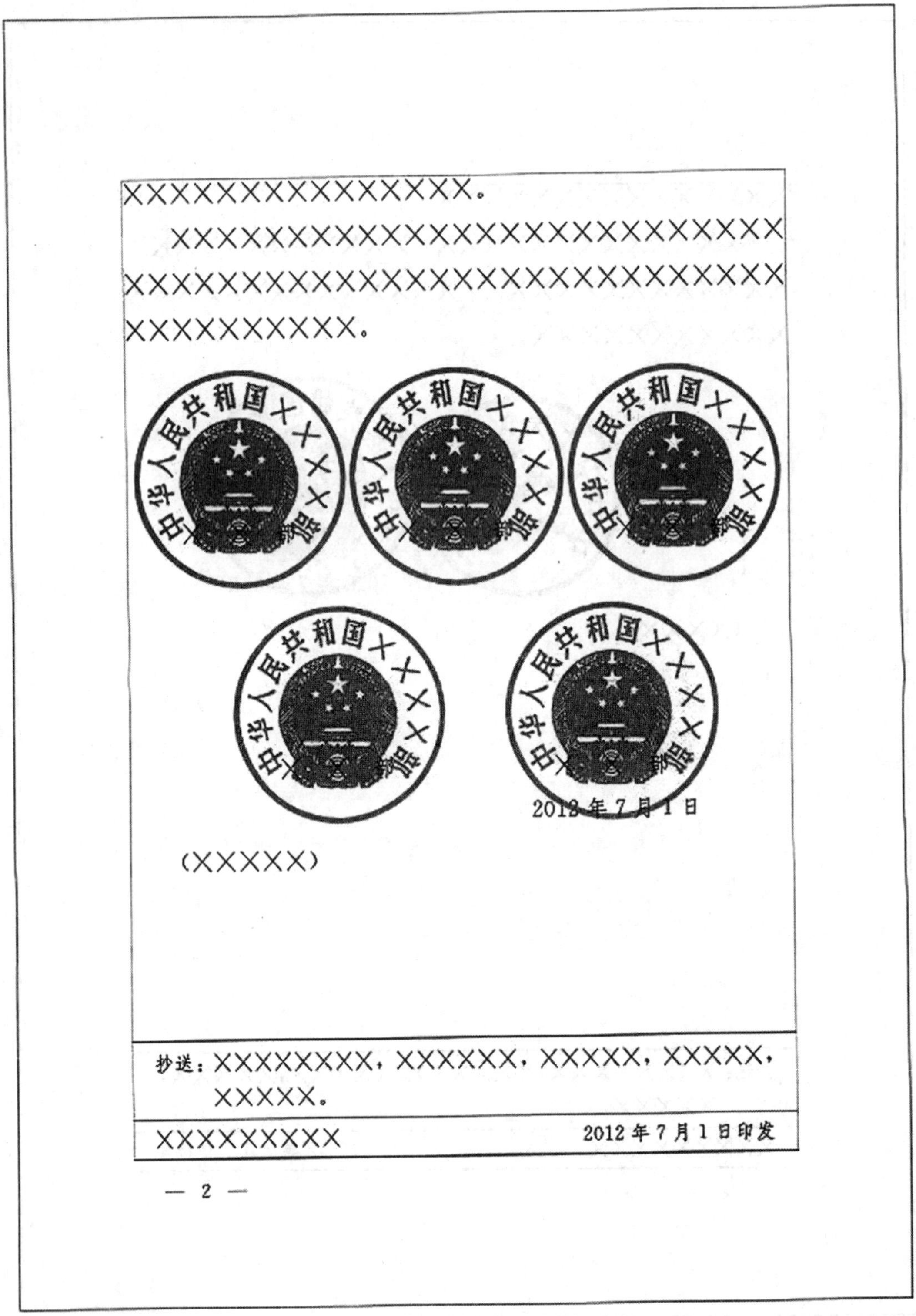

图8　联合行文公文末页版式2

注：版心实线框仅为示意，在印制公文时并不印出。

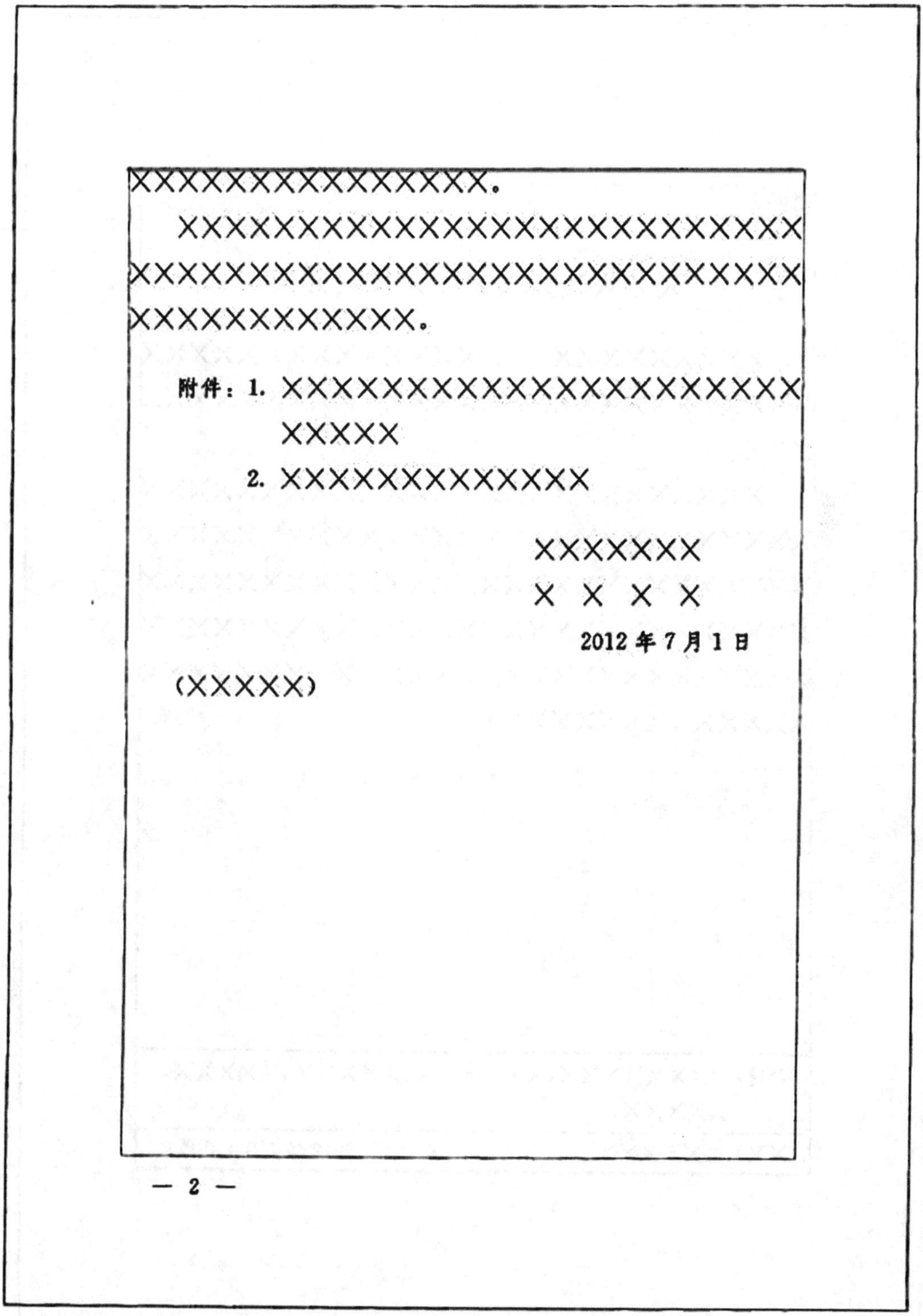

附录二　党政机关公文格式

×××××××××××××××。
　　××××××××××××××××××××
×××××××××××××××××××××
××××××××××。
　　附件：1. ××××××××××××××××
　　　　　　×××××
　　　　　2. ××××××××××

　　　　　　　　　　　　　　×××××××
　　　　　　　　　　　　　　×　×　×　×
　　　　　　　　　　　　　　2012年7月1日

（×××××）

— 2 —

图 9　附件说明页版式

注：版心实线框仅为示意，在印制公文时并不印出。

图 10　带附件公文末页版式

注：版心实线框仅为示意，在印制公文时并不印出。

附录二 党政机关公文格式

中华人民共和国×××××部

000001　　　　　　　　　　　×××〔2012〕10号

机　密

特　急

×××××关于×××××××的通知

×××××××：

　　××。

　　××。

　　×××。

图11　信函格式首页版式

注：版心实线框仅为示意，在印制公文时并不印出。

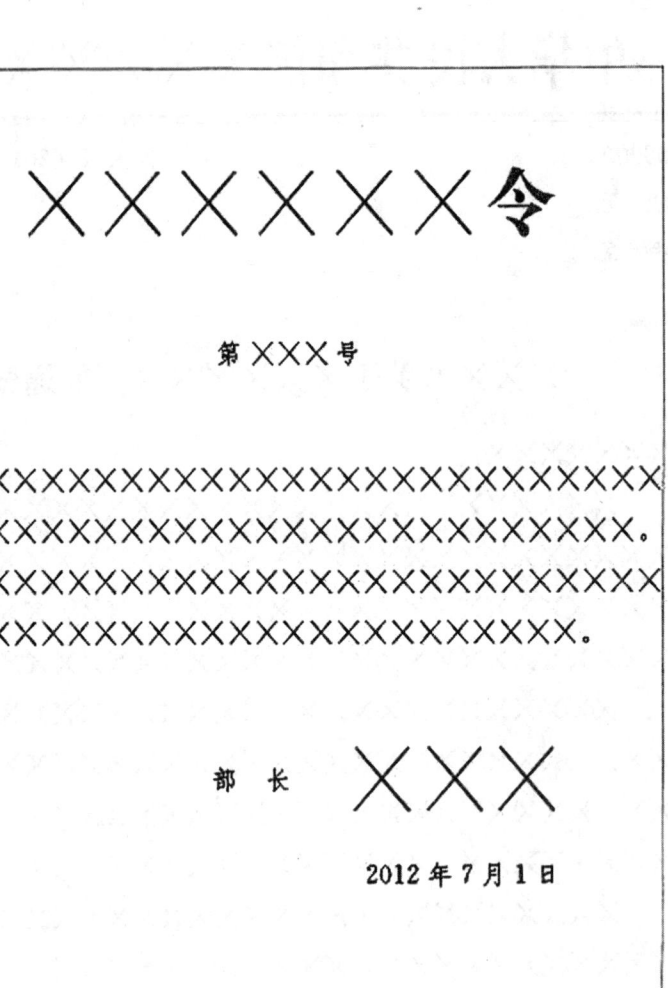

图 12 命令(令)格式首页版式

注：版心实线框仅为示意，在印制公文时并不印出。

参考文献

1. 杨文丰.现代应用文写作(修订版)[M].北京:中国人民大学出版社,2003.
2. 赵玉柱.现代通用应用文写作教程[M].北京:首都经济贸易大学出版社,2009.
3. 石秋仙.大学应用文写作教程[M].杭州:浙江大学出版社,2009.
4. 赵锁龙.现代应用文写作教程[M].南京:东南大学出版社,2011.
5. 陆琳.现代应用文写作精编[M].南京大学出版社,2010.